Athen und Sparta in klassischer Zeit

Charlotte Schubert

Athen und Sparta in klassischer Zeit

Ein Studienbuch

Verlag J. B. Metzler
Stuttgart · Weimar

Bibliografische Information Der Deutschen Bibliothek
Die Deutsche Bibliothek verzeichnet diese Publikation in der
Deutschen Nationalbibliografie; detaillierte bibliografische Daten
sind im Internet über <http://dnb.ddb.de> abrufbar.

Gedruckt auf chlorfrei gebleichtem, säurefreiem und alterungsbeständigem Papier

ISBN 3-476-01940-3

© 2003 J. B. Metzlersche Verlagsbuchhandlung und Carl Ernst Poeschel Verlag GmbH in Stuttgart
www.metzlerverlag.de
info@metzlerverlag.de
Einbandgestaltung: Willy Löffelhardt
Satz: Grafik-Design Fischer
Druck und Bindung: Ebner & Spiegel GmbH, Ulm
Printed in Germany
April / 2003

Verlag J. B. Metzler Stuttgart · Weimar

Inhalt

VI. Lebenswelt und Politik

VII. Der Peloponnesische Krieg

VIII. Spartas Politik und Gesellschaft in der 2. Hälfte des 5. Jahrhunderts: Die Stabilisierung

IX. Athen und Sparta im 5. Jahrhundert: Gleichheit und Verschiedenheit

Anhang

Einleitung

Das fünfte Jahrhundert ist unbestritten eine der ereignisreichsten, aufregendsten und innovativsten Epochen der Antike. Im Politischen richtet sich der Blick auf die Perserkriege, den Konflikt zwischen Athen und Sparta, den Peloponnesischen Krieg mit der grandiosen Niederlage Athens, die grundlegenden Weichenstellungen der ersten Demokratie in Athen einerseits und die Verfestigung der sog. Oligarchie Spartas andererseits. Das Besondere, das diese Epoche jedoch aus anderen, sicher ebenso ereignisreichen Perioden der Antike heraushebt, ist der sich gleichzeitig ausbildende Höhepunkt der kulturellen Entwicklung: die klassische Tragödie in den Werken von Aischylos, Sophokles und Euripides, die Kunst- und Bauwerke auf der Athener Akropolis (u. a. der Parthenon, die Propyläen), schließlich die literarischen Werke der in Athen lebenden oder von dort stammenden Historiker wie z. B. Herodot und Thukydides sowie die naturphilosophisch-sophistische Philosophie gehören in denselben zeitlichen Kontext wie die politischen Ereignisse.

Zwar spielt Athen eine zentrale Rolle, doch haben nicht nur das jeweils regionale Umfeld vom Osten (Ionien) bis zum Westen (Unteritalien und Sizilien) der griechischen Lebenswelt und die lokalen politisch-gesellschaftlichen Bezüge die Dichte und Differenziertheit dieser Entwicklung begründet, sondern auch das Gegen- und Miteinander der beiden größten Stadtstaaten der damaligen griechischen Welt. Bereits in der Antike ordnete man dieser Epoche mit dem Begriff der Klassik den Wert zeitloser Gültigkeit zu. Typisch für diese Sichtweise ist das Urteil Plutarchs über die in perikleischer Zeit errichteten Bauten auf der Akropolis (Plutarch, Perikles 13), sie wirkten in ihrer Perfektion schon auf die damaligen Zeitgenossen so ehrwürdig als seien sie bereits alt und machten doch in seiner eigenen (Plutarchs) Zeit noch einen neuen Eindruck.

Die Spannbreite des heute verwendeten Klassik-Begriffes reicht von dem Aspekt des zeitlos gültigen Vorbildes bis zu der Vorstellung eines historischen Prozesses, der Antike und Moderne vergleicht, Epochen der Klassik verschiebt, ausdehnt, einengt, doch immer noch das 5. Jahrhundert sowohl in der Kunst wie auch in der Literatur und der Politik als Beginn und Bezugspunkt sieht. Die aber ebenfalls seit der Antike festzustellende Kritik an dieser zur Idealisierung neigenden Sicht setzt nun wiederum bei Athen an, jedoch ausschließlich bei der politischen Entwicklung dieser Stadt. Seit dem 4. Jahrhundert v. Chr. wird die Demokratie Athens, insbesondere diejenige des 5. Jahrhunderts, mit dem Bild vom moralischen Niedergang beschrieben. Demgegenüber erscheint der alte Kontrahent Athens, Sparta, bis weit in das 18. Jahrhundert hinein in immer goldnerem Licht. Der erst seitdem einsetzenden Idealisierung Athens als Hort der klassischen Kunst und Literatur, später dann auch als Wiege der Demokratie steht eine für die abendländische Tradition weitaus stetiger zu beobachtende Idealisierung der spartanischen Gesellschaft gegenüber. Der »Mythos Sparta« mit seinen Elementen der strengen, soldatischen Erziehung und von militärischen Elementen durchdrungenen Lebensweise, der elitären Schicht von Herrschenden über die unterjochten Staatssklaven der Helotenschicht, der fremden- und kunstfeindlichen Abgeschlossenheit ist jedoch schon in der Antike ein als Gegenbild zu Athen konzipiertes Konstrukt gewesen.

Dieses Bild änderte sich mit der Historisierung der Antikenrezeption im 18. und 19. Jahrhundert, die für die politischen wie für die kulturellen Aspekte zu einer Neubewertung führte, in der heute bei aller Faszination durch das demokratische Athen auch dessen Schattenseiten nicht außer Acht gelassen werden. Dem jedoch oft dabei zu beobachtenden »Athenozentrismus«, dem weitestgehend auf Athen ausgerichteten Blick, soll hier eine Perspektive gegenübergestellt werden, in der hervorgehoben wird, dass weder Athen noch Sparta sich in dieser, gerade für die Nachwelt so bedeutungsvollen und faszinierenden Weise entwickelt hätten, wenn es nicht eine Entwicklung im Mit- und Gegeneinander beider gewesen wäre.

Die in diesen Rahmen eingebundene Darstellung soll sich daher eigens der Epoche der klassischen Zeit in Athen und Sparta widmen. Die beiden ersten Kapitel behandeln die kleisthenische Phylenreform und deren Vorgeschichte aus der Zeit der Tyrannis in Athen sowie die Ereignisse in Athen während der Perserkriege. Die so geschaffenen Grundlagen für den Aufstieg Athens im 5. Jahrhundert zur Großmacht lassen sich letztlich auf die durch die Phylenreform eingeleitete Entwicklung der Demokratie zurückführen. Die Reform des Kleisthenes wird hier als eine grundlegende Transformation des gesellschaftlichen und politischen Raumes interpretiert, die sich sowohl in einer architektonischen Neugestaltung des bürgerlichen Zentrums auf der Agora und der Akropolis als auch in der kultischen Repräsentation der Bürgerschaft in dem Fest der Dionysien niedergeschlagen hat. In dem Begriff der Isonomie findet diese Neuordnung auch einen sprachlichen Ausdruck, der die inhaltliche Konzeption der Reform widerspiegelt.

Demgegenüber beginnt in Sparta in dieser Zeit ein lang andauernde Krise, die sich bis zur Mitte des 5. Jahrhunderts hinzieht. Das dritte Kapitel beschreibt diese Entwicklung, die in der Hauptsache mit dem Handeln der spartanischen Regenten Kleomenes und Pausanias verbunden ist. Hierbei ist vor allem die permanente Interaktion zwischen Sparta und Athen zu beobachten, die deutlich

werden läßt, wie stark die Entwicklungen der beiden Poleis aufeinander bezogen
waren. Kapitel vier und fünf sind wiederum Athen gewidmet. Die schwierigen
chronologischen Fragen der Zeit zwischen 480 und 460 v. Chr. werden mit den
nach wie vor umstrittenen Aspekten verbunden, die den sog. Kallias-Frieden und
den sog. Sturz des Areopags betreffen. Für die Einschätzung der inneren und
äußeren Entwicklung Athens im 5. Jahrhundert werden diese Ereignisse als grundlegend eingeordnet, und in beiden Fällen wird hier gegen die angenommene Historizität argumentiert.

Das fünfte Kapitel stellt Athens Herrschaft dar, wobei der Bogen von der
Außenpolitik über die Vorherrschaft im Seebund bis zu den kulturellen Höhe-
punkten in perikleischer Zeit gespannt wird. Das Kapitel schließt mit einer Charakterisierung des Perikles ab, dessen Person schon in der Antike als Inbegriff der
attischen Herrschaft verstanden wurde.

Das siebente Kapitel beschäftigt sich mit dem Zusammenhang von Lebenswelt
und Politik. Die Entwicklung der vorsokratischen Naturphilosophie und auch
die später einsetzende Bewegung der Sophisten haben wichtige Impulse für das
ordnungs- und gesellschaftspolitische Denken der Antike gegeben. Viele der Philosophen des 5. Jahrhunderts waren gleichzeitig Berater oder Erzieher von Politikern
oder selbst Gesetzgeber bzw. Planer. Generell galt der Anspruch, die philosophisch
begründeten Ordnungsprinzipien auf alltägliches Leben der eigenen oder einer
anderen Polis übertragen zu können und für viele der Philosophen läßt sich ein
überregionaler Bekanntheitsgrad auch nachweisen. Inwieweit die gegenseitige
Durchdringung zwischen grundlegenden Fragestellungen und alltäglicher Lebenswelt fortgeschritten war, läßt sich jedoch gerade für Athen eher am Beispiel
des Dramas, insbesondere der Tragödie belegen, die eine wirkliche Besonderheit
des demokratischen Athen im 5. Jahrhundert ist.

Aber auch Sparta gelingt in der zweiten Hälfte des 5. Jahrhunderts eine be-
merkenswerte Stabilisierung, die mit Reformen und deutlichen Veränderungen
der spartanischen Gesellschaft einherging (Kapitel 6) und die dann wiederum die
Grundlage für den Sieg Spartas im peloponnesischen Krieg bildete (Kapitel 7).
Das Ende des peloponnesischen Krieges wird hier als Epocheneinschnitt angesehen, markiert durch die Niederlage Athens, den Verlust und die gewaltsame
Wiederherstellung der Demokratie, die – wie das Todesurteil gegen Sokrates 399
v. Chr. zeigt – für die Athener durchaus mit traumatischen Erlebnissen verbunden war.[1] Auch für Sparta ist dieses Jahr ein Einschnitt gewesen, dessen wirkliche
Bedeutung jedoch erst in der verheerenden Niederlage bei Leuktra 371 v. Chr.
historisch sichtbar geworden ist. Aus diesen Gründen scheint eine Konzentrie-
rung auf das 5. Jahrhundert durchaus legitim, insbesondere wenn es um die Verschränkung, Abhängigkeit und Konfrontation zwischen Athen und Sparta geht,
ohne die weder Athen noch Sparta zu dem geworden wären, was sie für so lange
Zeit zu Objekten der Idealisierung gemacht hat.

Aus der vergleichenden und parallelen Darstellung Athens und Spartas, aber auch aus der anderen Einschätzung sog. Einschnittereignisse wie dem »Sturz des Areopags«, der aller Wahrscheinlichkeit so gar nicht stattgefunden hat, ergibt sich eine Perspektive, die weniger auf scheinbare Wendepunkte der Entwicklung gerichtet ist als auf die langen Entwicklungslinien. So wird dann abschließend im neunten Kapitel auch eine vergleichende Auswertung gegeben, die dem Leser weniger ein Resumee bietet als die Bilder beider Poleis kritisch akzentuiert, die sich auf der Basis ihrer Geschicke im 5. Jahrhundert verfestigt haben.

Für wertvolle Hinweise, hilfreiche Mitarbeit und kritische Lektüre danke ich Ulrich Huttner (Dortmund), Mathias Pfeiffer (Leipzig), Peter Rudolf (Leipzig), Reinhold Scholl (Leipzig) und Alexander Weiß (Leipzig). Für die Genehmigung, die entsprechenden Übersetzungen aus HGIÜ hier verwenden zu dürfen, danke ich Hatto H. Schmitt. Dem Lektor des Metzler-Verlages, Herrn Dr. Oliver Schütze, danke ich für eine konstruktive Zusammenarbeit, die viel zur Verbesserung des Manuskriptes beigetragen hat. Die Aufmerksamkeit und Bereitschaft zur kritischen Auseinandersetzung, auf die ich in Vorträgen und Seminaren zu den hier behandelten Themen gestoßen bin, hat mich ermutigt, viele der hier erörterten Fragen immer wieder neu zu überdenken, gerade weil es dazu keine einfachen Erklärungsmuster gibt und gerade weil das Interesse an dieser komplexen und anregenden Epoche heute lebhafter denn je ist.

Leipzig, im September 2002   Charlotte Schubert

I. Der Sturz der Peisistratiden und die Phylenreform des Kleisthenes

514	Ermordung des Tyrannen Hipparchos durch Harmodios und Aristogeiton; Verbannung der Alkmeoniden
513	Befestigung von Leipsydrion (Attika) durch die Alkmeoniden
511/0	Erste spartanische Intervention zur See
	Zweite spartanische Intervention: Sturz des Tyrannen Hippias; die Peisistratiden übergeben die Akropolis den Athenern und verlassen die Stadt
508/7	Isagoras gewinnt die Archontenwahl; Beschluß der Phylenreform auf Vorschlag des Alkmeoniden Kleisthenes
507/6	Dritte Intervention Spartas aufgrund eines Hilfegesuchs des Isagoras; Kleisthenes geht ins Exil; die Athener erzwingen Abzug der Spartaner und des Isagoras sowie die Rückkehr der Alkmeoniden
506	Bündnisverhandlungen mit Persien; Zusage der Unterwerfung Athens durch Überreichen von Wasser und Erde im Zusammenhang von Verhandlungen mit den Persern; vierte spartanische Intervention, jedoch erfolglos; Sieg Athens über Chalkis; Ablehnung der durch die Gesandten zugesagten Unterwerfung gegenüber Persien in Athen
503/2	Erstmalige Überlieferung der Konstitution der Boule durch den symbolischen Akt eines Eides
502/1	Die Großen Dionysien sind erstmals öffentliches Fest in der finanziellen Trägerschaft der gesamten Bürgerschaft
501/0	Wahl der ersten zehn Strategen
um 500	Bau des Alten Bouleuterions, der Stoa Basileios und weiterer kleiner Tempel auf der Agora

1. Der Sturz der Peisistratiden

Entwicklung der Polis und attische Demokratie

Am Ende der archaischen Zeit waren die Tyrannenherrschaften in Griechenland weitestgehend gestürzt. Seit dem Beginn des 6. Jahrhunderts hatten sich in den griechischen Poleis in den verschiedensten Regionen politische Organisationsstrukturen herausgebildet, die seitdem zur ›Grundausstattung‹ der griechischen

1

Polis gehören sollten.[1] Sie setzten sich zusammen aus einer Vollversammlung aller Bürger,[2] einem Rat und jeweils funktionsspezifischen Gremien.[3]

Diese Organisationsstruktur ist in den verschiedensten Poleis ganz unabhängig von der Frage zu erkennen, seit wann die Herausbildung von speziellen Verfassungstermini wie Aristokratie, Oligarchie oder Demokratie zu beobachten ist.[4] Die eigentlichen Unterschiede dürften in den Modi für den Zugang zu und die Bestellung von Ämtern und Funktionen gelegen haben, d. h. in der Auswahl nach Adel oder Zensus bzw. der Bestellung durch Wahl, Los oder Kooptierung. Über diese Unterschiede ist aus der archaischen Zeit zu wenig erhalten, um eine wirkliche Klassifizierung nach Verfassungstypen zu ermöglichen.[5] Insgesamt läßt sich daher wohl sagen, daß in vielen griechischen Poleis seit der archaischen Zeit eine vergleichsweise breite Lagerung der politischen Macht existierte, der Zugang zur Volksversammlung jedoch in der Regel auf die Schicht der grundbesitzenden und der zur militärischen Selbstausrüstung befähigten Bürger beschränkt war.[6] Verbunden fühlte sich diese Schicht durch die Konzeption einer fiktiven gemeinsamen Abstammung.

Die Besonderheit der Entwicklung im 5. Jahrhundert ist demgegenüber die Herausbildung der Demokratie in Athen, die sich als eigener Entwicklungsstrang innerhalb der allgemeinen Organisationsformen der griechischen Poleis formierte. Dies ist jedoch nicht zu trennen von der Geschichte der verschiedenen Regionen des griechischen Kulturraumes, insbesondere den großen Ereignissen der Perserkriegszeit, die die politischen Veränderungen und den Bewußtseinswandel im 5. Jahrhundert entscheidend geprägt haben.

Athen war am Ende der archaischen Zeit eine große, aber keineswegs dominierende oder besonders einflußreiche Stadt. Sparta hingegen galt als die unbestrittene Vormacht in Griechenland, an die sich die Griechen in Ionien und Unteritalien mit ihren Bitten um militärischen Beistand wandten.[7] Auch bei den innerathenischen Auseinandersetzungen am Ende des 6. Jahrhunderts, die zum Sturz der Tyrannis führten, spielen die Bitten um eine spartanische Intervention und die Gewährung derselben die entscheidende Rolle.

Vorgeschichte des Sturzes

Die Vorgeschichte des Sturzes zeigt die typischen Merkmale aristokratischer Machtkämpfe. Nach dem Tod des Peisistratos im Jahr 528, der seit 540 dauerhaft eine Tyrannis in Athen begründet hatte, führten dessen Söhne die Herrschaft der Familie in Athen weiter, wobei dem ältesten, Hippias, die führende Position zukam.[8] Aus einer Liebesaffäre zwischen dem jüngeren Tyrannensohn Hipparchos[9] und einem jungen Adligen, Harmodios aus dem Geschlecht der Gephyraier, wurde eine regelrechte Verschwörung zum Sturz der Tyrannen (514 v. Chr.).

2

Am Anfang stand die Kränkung aristokratischen Stolzes: Aristogeiton, der Liebhaber (*erastes*) des Harmodios und ebenfalls ein Gephyraier, fürchtete um seinen Geliebten (*eromenos*); die jüngere Schwester des Harmodios wurde durch den nicht erhörten und daher verärgerten Hipparchos von der ihr zustehenden Ehrenaufgabe des Korbtragens bei dem Fest der Panathenäen ausgeschlossen.[10] Harmodios und Aristogeiton verschworen sich mit Gleichgesinnten, die Tyrannen während des Panathenäenfestes, zu dem damals offensichtlich noch Waffen getragen wurden, zu ermorden. Der Plan scheiterte, da man sich irrtümlicherweise verraten fühlte, und die beiden Hauptverschwörer sowie Hipparchos und andere Aristokraten kamen dabei um. Der überlebende Hippias verschärfte danach seine Herrschaft und verbannte verschiedene Adelsfamilien, insbesondere die mit den Peisistratiden konkurrierende Familie der Alkmeoniden.[11]

Interventionen der Alkmeoniden und Spartaner in Athen

Unter den exilierten Adelsfamilien übernahmen die Alkmeoniden die führende Rolle. Zwei Versuche, die Peisistratiden aus eigener Kraft durch bewaffnete Invasionen zu stürzen, scheiterten: Herodot berichtet von einem Einmarschversuch in Attika, den Hippias zurückschlagen konnte. Danach (513 v. Chr.) befestigten sie den Ort Leipsydrion im Norden Attikas, aber auch dies ohne Erfolg.

Schließlich bemühten sie sich um die Unterstützung der Spartaner. Sie setzten offenbar größere Geldmittel zu diesem Zweck ein. Im Auftrag der delphischen Amphiktyonie übernahmen die Alkmeoniden den Bau des Apollontempels in Delphi. Sie verwendeten dazu nicht nur die ihnen übertragenen Geldmittel, sondern auch beträchtliche Beträge aus eigenen Ressourcen, um etwa die Vorderseite in parischem Marmor statt wie vorgesehen nur in Poros (attischer Kalkstein) zu gestalten.[12] Nach einer in Athen umlaufenden Version, die Herodot zitiert, bestachen sie auch die Pythia (weibliches Medium des Apollon-Orakels in Delphi), um alle Spartaner, die nach Delphi kamen, gleich in welcher Angelegenheit, zur Befreiung Athens aufzufordern. Herodot scheint hier skeptisch zu sein, und der Verfasser der *Athenaion Politeia* führt eine ganz andere Version an: Hiernach haben die Alkmeoniden durch die Übernahme des Baues genügend Mittel bekommen, um ein spartanisches Söldnerheer bezahlen zu können.[13]

Aber auch dynastische Verbindungen, die Hippias nach Argos und nach Ionien, insbesondere mit dem Blick auf gute Kontakte zu dem Perserkönig, knüpfte,[14] scheinen die Spartaner so beunruhigt zu haben, daß sie die *xenia* (Gastfreundschaft), die die Peisistratiden und Sparta verband, ignorierten. Die Machtstellung Spartas war in dieser Zeit unangefochten; Sparta konnte das peisistratidische Athen durchaus als abhängige Polis betrachten.[15]

3

Die Geschichtsschreiber des 5. Jahrhunderts, Herodot und Thukydides, sind sich darin einig, daß die durch die Alkmeoniden herbeigeführte Intervention Spartas zum Sturz des Hippias geführt habe.[16] Es kam zu vier spartanischen Interventionen in Attika, die eng mit der innenpolitischen Entwicklung Athens verbunden waren. Eine erste Expedition sandte Sparta 511, vielleicht auch erst im Frühjahr 510 (s. Zeittafel zu Kap. III), auf dem Seeweg nach Athen. Bei der Landung in der Ebene von Phaleron wurde dieses Expeditionskorps durch die Soldaten des Hippias mit Unterstützung thessalischer Reiter zu großen Teilen vernichtet. Ein zweites, größeres Heer unter der Führung des spartanischen Königs Kleomenes kam auf dem Landweg nach Attika, schlug die thessalische Reiterei in die Flucht und schloß die Tyrannen in Athen innerhalb der pelasgischen Mauern ein. Da die Spartaner ebensowenig wie die Athener auf eine Belagerung eingestellt waren, hätten die Peisistratiden sich wahrscheinlich erfolgreich halten können, wenn es nicht gelungen wäre, die Söhne der Peisistratidenfamilie, die heimlich außer Landes gebracht werden sollten, gefangen zu nehmen. So waren die Peisistratiden, insbesondere Hippias, gezwungen, einen Vertrag mit ihren Belagerern zu schließen, um die Gefangenen zu retten: Sie übergaben die Akropolis den Athenern und verließen innerhalb von fünf Tagen Attika.[17]

Dies war der Moment der Befreiung von der Tyrannis, jedoch nach der Ansicht Herodots keineswegs schon der Beginn der politischen Reformen,[18] die den Weg Athens zu einer Demokratie einleiten sollten.

Die Tyrannentöter

In späterer Zeit wurden die Ereignisse, die zum Sturz der Tyrannis und zur politischen Reform in Athen führten, teilweise anders dargestellt: Thukydides kritisiert seine Mitbürger scharf und wirft ihnen eine Unkenntnis der eigenen Vergangenheit vor, wenn sie behaupten, Harmodios und Aristogeiton hätten ihnen die Befreiung gebracht. Die kritisierte Tradition, auf die Thukydides hier hinweist, ist einerseits durch ein Trinklied aus der kleisthenischen Zeit belegt, in dem es heißt, daß die beiden Tyrannentöter den Athenern durch ihre Tat die Isonomie gebracht hätten, und andererseits durch die hohe Verehrung, die die Nachkommen der beiden noch im 5. Jahrhundert in Athen genossen. Ihnen war ein lebenslanger Unterhalt auf öffentliche Kosten gewährt worden.[19] Das Trinklied lautet folgendermaßen:

Harmodioslied (Athenaios XV 695 ab)

10

Im Myrtenzweige tragen will ich mein Schwert,
so wie Harmodios und Aristogeiton,
da den Tyrannen sie erschlugen,
Isonomie den Athenern schufen.

4

11

O Harmodios, Lieber, nicht bist du gestorben:
Auf der Seligen Insel, heißt es, weilst du
bei Achilleus, schnell von Füßen,
und dem tapferen Tydeussohn Diomedes.

12

Im Myrtenzweige tragen will ich mein Schwert,
so wie Harmodios und Aristogeiton,
da sie bei Athenes Opfer
den Tyrannen Hipparch erschlugen.

13

Ewig soll euer Ruhm auf Erden leben,
liebster Harmodios und Aristogeiton,
da den Tyrannen ihr erschluget,
Isonomie den Athenern schufet.

(aus: U. und K. Treu, Athenaios v. Naukratis, Das Gelehrtenmahl, Leipzig 1985)

Auch die besondere Bedeutung des Denkmals, das für die beiden Tyrannentöter
in Athen aufgestellt wurde, zeigt die Verbindung, die man zwischen ihrer Tat und
der demokratischen Tradition in Athen postulierte. Man setzte ihnen ein erstes
Denkmal, die sog. Antenorgruppe, die während der Eroberung Athens durch
die Perser 480 v. Chr. verschleppt wurde.[20] Die von Kritias und Nesiotes kurz
danach (477/76 v. Chr.) auf der Agora neu errichtete Statuengruppe – eine für
das 5. Jahrhundert singuläre Ehrenbezeugung – war ein Versammlungsort für
attische Bürger, an dem auch jährliche Opfergaben durch den Polemarchen dargebracht wurden.[21]

Machtkampf in Athen und Phylenreform des Kleisthenes

Nach dem Abzug der Spartaner begann der innere Machtkampf zwischen Isagoras,[22] nach der *Athenaion Politeia* ein Anhänger der Tyrannen, und Kleisthenes,
dem Haupt der Alkmeoniden-Familie, der auch für die Bestechung der Pythia
und die spartanischen Einmärsche verantwortlich gewesen war. Isagoras konnte
die Wahlen zum Archontat für 508/7 für sich entscheiden, und erst daraufhin,
nach dieser Wahlniederlage, entschloß sich Kleisthenes zu jenem folgenschweren
Schritt, der die politischen Veränderungen einleiten sollte.[23] War Kleisthenes den
Freundschaftsbeziehungen, den Hetairiai, seiner Gegner unterlegen, so nahm er
jetzt das Volk zu seinen Hetairoi und versprach, »dem Volk die Kontrolle über
die Politeia zu verschaffen«.[24] Kernstück dieses Vorgehens war eine Phylenreform,
die zehn neue Phylen einrichtete und eine völlig neue Zusammensetzung der Phylen aus den drei großen Regionen Attikas (Stadt, Küste, Binnenland) vornahm.[25]
Die komplizierte Struktur aus neu einzurichtenden Trittyen und Demen, die
Einrichtung neuer Ämter (Demarchen, Strategen) sowie eines neuen Rates der
500, der den solonischen Rat der 400 ersetzen sollte, ist, auch wenn die exakte

Chronologie dieser Jahre nach 508/7 nicht bekannt ist, doch wohl ein längerer Prozess gewesen (vgl. dazu unten S. 7 ff.).[26]

Die Phylenreform ist nach Herodot und der *Athenaion Politeia* während des isagoreischen Archontats 508/7 beschlossen worden. Da jedoch unmittelbar danach der nun seinerseits unterlegene Isagoras sich um Hilfe an den Spartanerkönig Kleomenes wandte und die dritte Invasion Spartas in Attika in Gang setzte, ist eine sofortige Umsetzung der Reform nicht anzunehmen. Kleomenes forderte als erstes eine Verbannung des Kleisthenes und anderer, die – lange vor der Zeit des Peisistratos – an dem sog. Kylonischen Frevel beteiligt waren.[27] Kylon war, nach einem mißlungenen Versuch, sich die Alleinherrschaft in Athen zu verschaffen, in den Schutz der Göttin Athena geflüchtet. Daraufhin wurde er, trotz eines Schutzversprechens der Alkmeoniden, mitsamt seinen Anhängern hingerichtet. Durch den Bruch dieses Versprechens hatten die Alkmeoniden einen Fluch auf sich geladen, der auch der Gemeinschaft der ganzen Polis angelastet werden konnte. So waren die Politiker aus der Familie der Alkmeoniden jederzeit diskreditierbar. Politisch wurde dies sowohl in derAuseinandersetzung zwischen Kleisthenes und Isagoras als auch später gegenüber Perikles verwendet.[28]

Kleisthenes ging daraufhin ins Exil und Kleomenes erschien mit einer kleinen Streitmacht in Athen. Wahrscheinlich handelte es sich hierbei nicht um ein reguläres Heer, und die Aktion des Spartanerkönigs war inoffiziell, denn Herodot erwähnt diesen Zug, im Gegensatz zu den anderen Einmärschen des Kleomenes, bei der Übersicht der spartanischen Invasionen in Attika überhaupt nicht.[29] Auf Initiative des Isagoras vertrieb Kleomenes 700 Familien und wollte weiterhin den damaligen Rat, mit großer Wahrscheinlichkeit noch den alten solonischen Rat der 400, auflösen. Es sollte dann eine oligarchische Herrschaft von 300 Anhängern des Isagoras in Athen installiert werden. Der Rat widersetzte sich jedoch und Kleomenes, Isagoras und deren Anhänger zogen sich auf die Akropolis zurück. Dort wurden sie zwei Tage vom attischen Volk belagert.[30] Diese Demonstration von Entschlossenheit und politischem Selbstbewußtsein,[31] die umso bemerkenswerter ist, als die Führung – Kleisthenes und die 700 Familien – im Exil war, bewirkte den Abzug der Spartaner, unter ihnen auch des Isagoras. Alle anderen, die mit auf die Akropolis gezogen waren, wurden hingerichtet.

Kleisthenes und die vertriebenen 700 Familien konnten nach Athen zurückkehren, Kleomenes bereitete jedoch eine vierte Invasion vor. Diesmal sammelte er ein Heer aus der gesamten Peloponnes, ohne daß er aber das Kriegsziel angegeben hätte, das in der Installierung des Isagoras als eines Tyrannen in Athen bestehen sollte. In Absprache mit den Chalkidiern und Böotern griffen die Spartaner in Eleusis an. Allerdings gab es unter den Spartanern selbst und auch gegenüber ihren peloponnesischen Bundesgenossen so große Meinungsunterschiede, daß dieser Feldzug scheiterte. Nicht nur waren die beiden spartanischen Könige uneins, sondern auch die massive Kritik der Korinther an dem Vorgehen führte zu einem Abzug der spartanischen Bundesgenossen.

2. Phylenreform und Isonomie: Die Transformation des politischen und gesellschaftlichen Raumes in kleisthenischer Zeit

In diese Zeit, in der einerseits die Spartaner mehrfach in Attika einmarschierten, andererseits in Athen selbst die alten Adelsrivalitäten wieder aufbrachen, fiel die Phylenreform des Kleisthenes: zwischen 507 v. Chr., als die Reform, möglicherweise nur in konzeptioneller Form, beschlossen wurde, und 501/0 mit der Wahl der ersten zehn Strategen ist die politische Organisationsstruktur Athens neugestaltet worden.

Die Struktur der Reform

Die Beschreibung der Reform in der *Athenaion Politeia* (AP 21)

Aus diesen Gründen also vertraute das Volk dem Kleisthenes. Als Anführer des Volkes teilte dieser dann im vierten Jahre nach der Vertreibung der Tyrannen unter dem Archonten Isagoras zunächst alle Bürger in zehn statt der (früheren) vier Phylen ein, da er sie untereinander vermischen wollte, damit mehr Leute am Bürgerrecht teilhaben sollten; daher entstand auch die Redensart »nicht nach den (alten) Phylen fragen«, (die man) gegen diejenigen (richtet), die die Geschlechter prüfen wollen. Dann setzte er den Rat aus 500 statt aus 400 Mitgliedern ein, je 50 aus jeder Phyle; ehemals waren es je 100 pro Phyle. Er teilte das Volk auch deshalb nicht in zwölf Phylen ein, damit es sich nicht ergäbe, daß er (sie) gemäß den schon bestehenden Trittyen ordne; denn es gab nämlich von den vier Phylen her zwölf Trittyen, so daß sich eine Vermischung des Volkes nicht ergeben hätte. Außerdem teilte er das Land nach Gemeinden (Demen) in 30 Teile auf, nämlich zehn aus der Umgebung der Stadt, zehn von der Küste und zehn aus dem Binnenland; diese nannte er Trittyen und loste jeder Phyle drei zu, damit jede (Phyle) Anteil an allen Gegenden habe. Er faßte auch diejenigen, die jeweils in einer Gemeinde wohnten, zu Gemeindemitgliedern (Demoten) zusammen, damit man sie nicht mit Vatersnamen anredete und dadurch als Neubürger entlarvte, sondern mit Gemeindenamen; und deshalb nennen sich die Athener selbst nach ihren Gemeinden. Er bestellte auch Gemeindevorsteher (Demarchoi), die dieselbe Funktion wie die früheren Schiffsbesorger (Naukraroi) hatten; denn er setzte die Gemeinden an die Stelle der Schiffsbesorgschaften (Naukrarien). Er benannte einige der Gemeinden (Demen) nach ihren Orten, andere nach ihren Begründern; denn nicht alle Gemeinden blieben noch an ihren ursprünglichen Orten. Er erlaubte jedem Bürger, die Geschlechter, Bruderschaften (Phratrien) und Religionsgewohnheiten dem Herkommen gemäß beizubehalten. Den Phylen aber gab er als Eponymoi die zehn, die die Pythia aus den vorgeschlagenen 100 Gründungsheroen ausgelost hatte.

Die *Athenaion Politeia* beschreibt die kleisthenische Reform im wesentlichen als eine Neueinrichtung von zehn Phylen, während der Areopag und das Archontat unverändert blieben.[32] Daneben existierten die vier ionischen Phylen – benannt nach den vier Söhnen des Ion – weiter, die in Athen seit alten Zeiten bestanden, jedoch im Zusammenhang mit den Reformen Solons das erste Mal erwähnt sind. Die neuen Phylen sollten je 50 Mitglieder für den Rat, die Boule, stellen, seit Kleisthenes ein Rat der 500, statt der jeweils 100 Mitglieder, die aus den vier ionischen Phylen dorthin gesandt wurden. Weiterhin teilte er Attika in drei

Regionen ein (Stadt, Küste, Binnenland), die jeweils wiederum in zehn Einheiten untergliedert wurden. Diese 30 Einheiten nannte er nach der *Athenaion Politeia* Trittyen.[33] Durch Los seien jeweils drei Einheiten, je eine Trittys aus der Stadt, dem Binnenland und der Küste, auf die zehn Phylen verteilt worden. Somit sollte jede Phyle aus den drei Regionen Attikas zusammengesetzt sein. Die Grundeinheit dieses Systems, auf der sowohl die Trittyen als über diese auch die Phylen basierten, waren die einzelnen Gemeinden und Siedlungen, die zu Demen zusammengefaßt und mit bestimmten Funktionen betraut wurden, welche die jeweiligen Vorsteher (*demarchoi*) wahrzunehmen hatten. Hierzu gehörte sicher schon in kleisthenischer Zeit die Führung der Bürgerlisten (*lexikon grammateion*), in denen alle Mitglieder eines jeden Demos verzeichnet waren, wenngleich nicht sicher ist, ob damals neben den wohlhabenden Hopliten auch die wenig besitzenden Theten eingetragen wurden.[34] Eigene Kulte, Theater, die u. a. auch als Versammlungsorte benutzt wurden, Beteiligung an der Organisation und dem Unterhalt der Flotte sowie Finanzverwaltungen, Rechtsangelegenheiten und Bauten kamen wohl erst später hinzu.[35]

Für den Autor der *Athenaion Politeia* bedeuten die Veränderungen, die Kleisthenes im Hinblick auf die Organisation des Volkes in Phylen, Boule, Trittyen und Demen durchgeführt hat, einen weiteren Schritt in der Entwicklung der attischen Demokratie. Die Entwicklungslinie, die der Autor hierbei zieht, entstammt der Sichtweise des 4. Jahrhunderts, die die attische Demokratie bereits mit Solon, teilweise auch schon mit Theseus in Attika beginnen ließ, jedoch spätestens mit Kleisthenes eine vollentwickelte demokratische Verfassung in Athen verwirklicht sah.[36]

Nichtsdestoweniger läßt sich jedoch zeigen, daß die Elemente der attischen Verfassung, auf die hierbei immer wieder Bezug genommen wird, etwa die Einrichtung der Boule und die Existenz einer Vollversammlung des Demos (*ekklesia, demos plethyon*) ganz allgemeine Merkmale der griechischen Polisentwicklung sind, die von der speziellen Ausformung der Demokratie zu trennen sind.[37]

Boule (als Rat des Volkes im Unterschied zu einem Ältestenrat) und Volksversammlung sind nicht nur in Athen seit solonischer Zeit (ca. 590 v. Chr.) bekannt, sondern auch, zeitlich wohl parallel, aus Chios.[38]

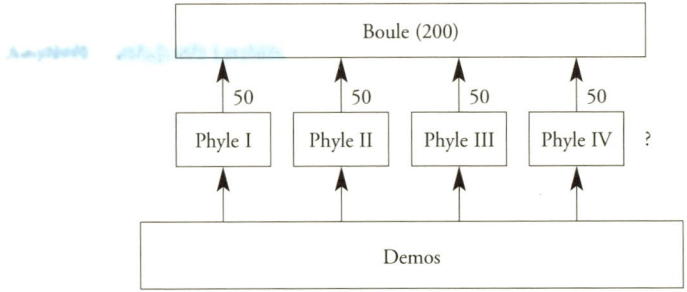

Diese aus Chios bekannte Boule setzt sich zusammen aus 50 Mitgliedern pro Phyle, die aus dem Demos gewählt sind. Sie ist zuständig für Berufungen und versammelt sich am 9. Tag jedes Monats, um die Angelegenheiten des Volkes zu beraten. Aber nicht nur für die Boule als repräsentatives und beschließendes Organ des Demos, insbesondere in Rechtsfällen, sondern auch für andere, als charakteristisch für die attische Entwicklung zur Demokratie betrachtete Elemente der politischen Struktur Athens lassen sich frühe Parallelen im Bereich der griechischen Polisentwicklung aufzeigen, wie etwa für die Rechenschaftsablegung,[39] oder die Demen als Grundeinheiten der politischen Organisation.[40] Insbesondere scheint die Reorganisation der Phylen, einschließlich Umbenennung und Erhöhung der Zahl, aus politischen Gründen schon lange vor Kleisthenes von dessen gleichnamigem Großvater in Sikyon praktiziert worden zu sein.[41]

Berücksichtigt man diese allgemeine Entwicklung und stellt man die kleisthenische Ordnung derjenigen der vorkleisthenischen Zeit gegenüber (s. Abb. 1 und 2 im Anhang), so fällt auf, daß Kleisthenes die Grundstruktur der politischen Organisation beibehalten hat, jedoch die Zahl der einzelnen Einheiten auf allen Ebenen erhöht hat. Die absolute Größe der einzelnen Einheiten ist dadurch verringert worden, und für die Bürger als Mitglieder der politischen Einheiten sind die Mitwirkungsmöglichkeiten vergrößert worden. Kleisthenes hat zehn neue Phylen geschaffen, die alten vier Phylen blieben daneben existent.[42] Die Zahl der Trittyen wurde von 12 auf 30 erhöht und die Zahl der Naukrarien, die dann in der mindestens erweiterten, wenn nicht ganz neuen Funktion als Demen die Naukrarien ablösen sollten, von 48 auf wahrscheinlich 100.[43]

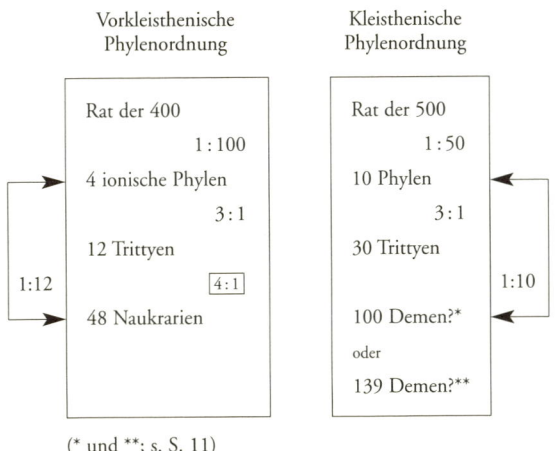

(* und **; s. S. 11)

Die Basis dieser Ordnung ist die Zahl 10, so daß hier eine durchgängig dekadische Struktur gesehen werden kann. Das eigentlich politische Element in dieser Organisation ist die breite Verankerung des Prinzips der kollektiven Verantwor-

9

tung. Im einzelnen läßt sich erkennen, daß das Verhältnis zwischen Trittyen und Phylen (3:1) auch nach der kleisthenischen Phylenreform gleichgeblieben ist, während die Zahl der Ratsmitglieder, die pro Phyle in den Rat entsandt wurde, kleiner und auch das Verhältnis der Demen zu den Phylen ein anderes geworden ist als das zwischen den alten ionischen Phylen und Naukrarien.

Da sich insgesamt das Verhältnis zwischen Trittyen und Phylen nicht geändert hat, kann hierin auch nicht der eigentliche Kernpunkt der Reform gelegen haben. Die Lokalisierung der Trittyen und der meisten der Demen auf der Basis des epigraphischen Materials, das zum allergrößten Teil jedoch aus den Prytanen- und Ratslisten des 4. Jahrhunderts stammt, läßt heute differenzierte Aussagen über die Struktur der Reform zu. Die Trittyen waren Regionen, aber keine geschlossenen, zusammenhängenden Landblöcke, sondern in einzelnen Fällen setzten auch sie sich – wie die Phylen – aus den Anteilen verschiedener Regionen (s. Abb. 3 im Anhang) zusammen.[44] Es handelte sich hierbei vielmehr um einzelne Gruppen von Bürgern, die eher weit verstreut in Gemeinden lebten und die zu einer politischen Struktureinheit zusammengeschlossen waren.

Die Zuordnung zwischen Demen und Trittyen hat zu einer Diskussion darüber geführt, ob die Trittyen eine administrative Einteilung darstellen oder ein geographisch-lokales Einteilungsprinzip. Als administrative Einheit fassen etwa Traill und Siewert die Trittyen auf, wobei als zugrundeliegendes Prinzip die Konzeption von gleichgroßen Trittyen postuliert wird, die jeweils einheitlich soviel Demen umfaßten, daß regelmäßig 16 bzw. 17 Bouleuten von der Trittys, d. h. ein Drittel der 50 Bouleuten pro Phyle, in den Rat gesandt wurden.[45] Auch die These, daß eine Militärreform den Anlaß für die kleisthenische Neuordnung dargestellt habe, basiert auf dieser Konzeption der gleichgroßen Trittyen. Die Trittyen lassen sich als Basis einer Heeresreform vorstellen, wenn man von gleichgroßen Grundeinheiten ausgeht. Denn nur, wenn die Heereseinheiten der zehn Phylen gleichen und regelmäßig großen Trittyen entsprachen, können die Trittyen als Basis für eine Einberufung und Zusammensetzung des Phylenheeres gedient haben.[46]

Die Unregelmäßigkeiten in dem Verhältnis zwischen Demen und Trittyen haben diese Überlegungen jedoch infrage gestellt.[47] Insbesondere die Trittyen der Stadt und der Inlandregion, die aus nur einem Demos bestehen, haben hierzu Anlaß gegeben (s. Abb. 2: in Phyle VI: Acharnai, IX: Aphidna, X: Alopeke). Der Demos Acharnai entsandte allein 22 Bouleuten in den Rat und sprengte damit schon den Rahmen einer zahlenmäßig gleichen Verteilung von 16 bzw. 17 Bouleuten pro Trittys. Wenn eine Trittys aus nur einem Demos besteht, so scheint die Möglichkeit, hier politischen Einfluß einzuwerben, sehr viel einfacher gegeben zu sein als etwa in den über weite Entfernungen verstreuten Trittyen wie etwa der Stadttrittys der Phyle III, die aus dem Stadtteil Athens Kydathenaion und dem an der nördlichen Küste liegenden Probalinthos bestand (s. Abb. 2).

Diejenigen Phylen, in denen jeweils eine Trittys aus einem einzigen Demos besteht, sind als lokale Bastionen der Alkmeoniden überliefert, die sich somit in mindestens drei Phylen einen überaus starken Einfluß gesichert hätten.[48] Ob die Angabe der *Athenaion Politeia*, Kleisthenes habe die Trittyen auf die Phylen verlost, damit eher unwahrscheinlich wird, ist allerdings auch nicht sicher zu sagen, da bei einer Verlosung der Trittyen auf die Phylen, bei der die innere Zusammensetzung der einzelnen Trittyen gar nicht berührt wurde, der starke Alkmeoniden-Anteil in den genannten Trittyen nicht verändert wurde.[49]

Nachdem nun auch die Siedlungsstruktur einzelner Demen von der archaischen bis in die spätantike Zeit genauer bekannt ist, ergeben sich weitere Hinweise darauf, daß das Verhältnis zwischen Demen und Trittyen wohl eher nicht nach dem Prinzip der arithmetischen Gleichheit (Gleichheit der Zahl nach) festgelegt wurde. Da manche der Demen (z. B. Atene, Thorikos) erst am Ende des 6. Jahrhunderts ihre erste Besiedlung erfahren,[50] können sie kaum Bestandteil der kleisthenischen Einteilung gewesen sein. Wenn die ersten Besiedlungsspuren aus der Zeit um 500 oder kurz davor stammen, dann war das Gebiet weit davon entfernt, als Demos konstituiert zu werden. Ebenso ist ja der Piräus als Stadtanlage Teil der Entwicklung erst des 5. Jahrhunderts. Das Gebiet um Sounion konnte noch in den 80er Jahren den mit den Athenern kollaborierenden Aigineten um Nikodromos als Siedlungsgebiet zugewiesen werden, war also wohl kaum schon von Athenern besiedelt.[51] Dies zeigt, daß nicht überall, wo später als Demen konstituierte Siedlungen vorhanden waren, diese schon in kleisthenischer Zeit existierten.

So ist also insgesamt mit einer stärkeren Fluktuation in der Anzahl der Demen und somit auch ihrer Verteilung auf die Trittyen zu rechnen und die öfter als kanonisch genannte Zahl von 139 Demen für die Zeit des Kleisthenes wohl anachronistisch. Die Angabe Herodots, daß Kleisthenes 100 Demen auf die zehn Phylen verteilt habe, gewinnt so, nicht zuletzt auch wegen ihrer Kompatibilität zu der stringenten dekadischen Struktur der Reform, erneut größere Wahrscheinlichkeit.[52]

Es läßt sich insgesamt feststellen, daß die Bildung neuer lokaler Einheiten das eigentlich Neue an der kleisthenischen Reform gewesen sein muß. Darauf deutet auch hin, daß die Einschreibung in die Demen seit Kleisthenes erblich war, wenn auch die dazugehörende Angabe der *Athenaion Politeia* (c. 21), daß gleichzeitig das Namensrecht grundlegend geändert wurde, wiederum fraglich ist: Denn eine Veränderung der Namensangabe, die statt wie bisher den Vaternamen und somit die Zugehörigkeit zu einer Familie nun nur noch das Demotikon umfaßt hätte, läßt sich in den Inschriften nicht verifizieren. Im 5. Jahrhundert wird im allgemeinen nur der Name ohne Zusatz verwendet, manchmal der Vatername und teilweise auch das Demotikon, also die Herkunftsangabe aus dem Demos.[53]

Diese Bildung einer neuen politischen Geographie Attikas kann durchaus in Verbindung mit einer Militärreform gesehen werden, wenngleich nur als ein nachwirkender Aspekt. Die zehn Phylen waren gleichzeitig auch die Basis einer neuen Heeresordnung. Aus ihnen wurden zehn Regimenter gebildet, an deren Spitze jeweils ein Stratege stand. Das Amt des Strategen war innerhalb der attischen Ämterhierarchie ein völlig neues Amt, das durch Wahl besetzt wurde.[54]

Ob die erstaunlichen militärischen Erfolge der Athener nach dem Sturz der Tyrannis allerdings damit schon zusammenhängen, ist eine Frage, die von der Bestimmung des Datums der Durchführung der Reform abhängig ist. Unberührt von der Reform blieben die hohen Ämter, insbesondere das Archontat sowie auch der alte Rat des Areopag. Wie das Verhältnis zwischen dem Areopag und dem durch die Phylenreform neu zusammengesetzten Rat der 500 war, ist für die kleisthenische Zeit schwer zu bestimmen. Überhaupt ist weder für den Areopag noch die kleisthenische Boule oder etwa den solonischen Rat der 400 eindeutig zu sagen, welches ihre Tätigkeiten und Funktionen am Ende des 6. Jahrhunderts waren.[55]

Die Existenz eines Rates der 400, dessen Schaffung Solon zugeschrieben wird, ist nicht zweifelsfrei zu beweisen,[56] jedoch im Kontext der solonischen Zeit und der anderen Polis-Verfassungen mit Rat und Volksversammlungen auch nicht anachronistisch.[57] Da der Areopag sich aus den ehemaligen Archonten zusammensetzte und entsprechend der von Solon eingeführten höchsten Vermögensqualifikationen als Voraussetzung für die Bekleidung des Archontates möglicherweise für andere Gruppen verschlossen blieb, wäre die Einrichtung eines zweiten Rates neben dem Areopag durchaus sinnvoll gewesen. Zu diesem Rat hätten dann die anderen Zensusgruppen Zutritt gehabt.[58] Der Unterschied zwischen dem neuen kleisthenischen Rat der 500 und dem alten solonischen Rat wäre dann, neben der Verankerung in der neuen politischen Struktur, auch die Beseitigung der Vermögensqualifikationen als Zugangvoraussetzung überhaupt.

Im Rückschluß aus der späteren Verteilung der Kompetenzen zwischen Areopag und Rat der 500 läßt sich immerhin erkennen, daß die kleisthenische Boule von Anfang an probouleutische, d. h. vorberatende Funktionen für die Volksversammlung (*ekklesia*) hatte.[59] Eine Überprüfung des nachfolgenden Jahrganges von Bouleuten dahin gehend, ob die bürgerlichen Qualifikationen erfüllt waren (*dokimasia*), ist wohl auch von Anfang an anzunehmen.[60] Umstritten ist, ob die kleisthenische Boule von Beginn an das Recht hatte, Berufungen gegen Urteile und Richtersprüche zu hören (*eisangeliai*), oder ob sie dieses Recht erst mit den Reformen des Ephialtes erhielt.[61] Generell ist völlig offen, welchen Institutionen die einzelnen Rechtsverfahren und auch die Überprüfung der Rechenschaftslegung (*euthynai*) zugeordnet waren. Es scheint so, als habe der Areopag auch bei Kapitalverbrechen schon seit solonischer Zeit kein Monopol mehr gehabt, da die Berufung an das Volk (*ephesis*) möglich war, wenngleich auch kein diesbezüglicher Fall überliefert ist.[62]

Für 501/0 ist erstmals der Schwur eines Eides überliefert, den die Boule alljährlich zu ihrem Amtsantritt abzulegen hatte, der als symbolischer Akt der Konstituierung zu betrachten ist.[63] Damit wurde das Gremium in die rituelle Ordnung der Polis eingegliedert. Da in diesem Jahr auch die erste Wahl der Strategen stattfand, ist mit einer längeren Zeitphase zu rechnen, bis die neue politische Ordnung in Athen ihre endgültige Form gefunden hatte. Da kaum vorstellbar ist, daß die neue militärische Ordnung ohne die den zehn Phylen entsprechenden Strategen als Befehlshaber der Regimenter praktikabel war, ist für einige Jahre sicher mit einem Nebeneinander von alten und neuen Strukturen zu rechnen.

Als Ergebnis der kleisthenischen Reform, möglicherweise auch als ihr Ziel, zeigt sich aus der Rückschau, daß Boule und Heer durch die Schaffung einer neuen Struktur und neuer Auswahlmodi dem aristokratischen Einfluß entzogen wurden.[64] Gerade die Einführung der erblichen Zugehörigkeit zu den Demen, dem Grundbaustein der neuen Ordnung, belegt die Absicht, diese beiden neuen Einrichtungen mit der neuen politischen Geographie Attikas zu verbinden. Diese knüpft jedoch so deutlich an die alte Ordnungsstruktur an, daß darin, ebenso wie in der Beibehaltung der Relation zwischen Trittyen und Phylen, kein Zufall gesehen werden kann. Auch die Schaffung der Demen baut auf vorhandenen Strukturen auf: Teilweise behielten sie ihre alten Namen und damit auch die alten Traditionen. Nichtsdestoweniger bilden aber gerade die Demen ein ganz wesentliches, wenn nicht das entscheidende Element der Reform: Die Mischung alter mit neugeschaffenen Demen, die Erweiterung des Funktionsbereiches und die Koppelung der Einschreibung in die Demenlisten mit dem Bürgerrecht (s. u.) bilden das Fundament der neuen politischen Geographie Attikas.

Die Rolle der kleisthenischen Phylenreform in der Entwicklungslinie, die zu der vollausgeprägten Demokratie Athens im 5. und 4. Jahrhundert v. Chr. führte, wird ganz unterschiedlich eingeschätzt.[65] Die Bewertung schwankt dabei zwischen einer evolutionären Betrachungsweise, die schon bei Solon erste Ansätze in Richtung auf eine Demokratie sieht,[66] und einer solchen, die den eigentlichen Einschnitt, der in Athen die Demokratie begründete, in der Zeit nach den Perserkriegen oder sogar erst bei Ephialtes lokalisiert.[67] Im Zuge der verstärkten Diskussion der kleisthenischen Reformen während der verschiedenen Symposien aus Anlaß des 2500. Geburtstages der Demokratie, der sich aus dem Datum der kleisthenischen Reform 508/7 errechnet, ist jedoch »shadowy Cleisthenes« wieder in den Vordergrund gerückt.[68]

Wo der eigentliche Schwerpunkt der Reform lag, läßt sich an drei Dingen gut darstellen: an den Neubauten auf der Agora, dem bürgerlichen Zentrum Athens seit der kleisthenischen Zeit; am Schlagwort der Isonomie, das in der modernen Diskussion immer wieder mit der Reform verbunden wird; schließlich auch an der ritualisierten Verbindung von Bürgerrecht und Bürgerbewußtsein.

13

Die Bauten auf der Agora

Das Zentrum des bürgerlich-politischen Lebens Athens in der klassischen Zeit des 5. Jahrhunderts war die Agora. Eine Antwort auf die Frage, inwieweit die Bautätigkeit auf der Agora mit den politischen Reformen des Kleisthenes in Verbindung steht, hängt vor allem von der Datierung der für das politische Leben zentralen Gebäude, etwa des Bouleuterions, des Tagungs- und Versammlungsortes der Boule, und seiner möglichen Vorphasen ab.[69]

Insgesamt ist jedoch auffällig, daß im Athen der archaischen Zeit Gebäude, deren Funktion für die politische Organisation steht, um einiges später entstehen als das politische Leben selbst. Die ältesten Spuren hiervon finden sich unterhalb des östlichen Akropolis-Felsens, wo sich das alte Prytaneion, der Sitz des Archon Eponymos sowie das Boukolion, der Sitz des Archon Basileus, vielleicht auch der Phylenkönige (*Phylobasileis*) der alten ionischen Phylen, und das Epilykeion, der Sitz des Archon Polemarchos befanden.[70] Dies dürfte die bei späten Lexikographen erwähnte alte Agora sein.[71]

Demgegenüber zeigen sich an dem Ort, an dem später die klassische Agora entsteht, seit der geometrischen Phase private Felder und Familiengräber.[72] An der SW-Seite dieser späteren Agora befand sich ein größerer privater Gebäudekomplex mit Werkstätten, der sich bis in das 7. Jahrhundert v. Chr. zurückverfolgen läßt. Diese privaten Bereiche werden langsam aufgegeben und damit wohl gleichzeitig zu öffentlichem Land. Das in nördlicher Richtung liegende kleinere Gebäude, das sog. Gebäude C (s. Abb. 5), ist unterschiedlich interpretiert worden: Da es an der Stelle liegt, an der später das Bouleuterion, in dem im 5. Jahrhundert der Rat tagte, errichtet wurde, ist in ihm ein Vorgängerbau dieses Ratsgebäudes vermutet worden.[73] Allerdings scheint dieser Bau C auch für den älteren solonischen Rat der 400 zu klein zu sein und doch wohl eher ein Wohnhaus darzustellen.[74]

Um die Mitte des 6. Jahrhunderts werden praktisch sämtliche Brunnen, die gerade in ihrer hohen Anzahl ein typisches Merkmal privaten Wohnens sind, in dem Gebiet geschlossen. Darin könnte eine größere Ausdehnung des öffentlichen Bereiches zu erkennen sein. Da dies auch in etwa mit dem Beginn der Tyrannis des Peisistratos und seiner Söhne zusammenfällt, für die eine lebhafte öffentliche Bautätigkeit überliefert ist,[75] scheinen sich hier die ersten Anzeichen für die Planung eines öffentlichen Zentrums zu zeigen. Bauten mit direkter politischer Funktion lassen sich jedoch in dieser Phase noch nicht nachweisen.

Der eigentliche Einschnitt liegt in den Jahren um 500.[76] In dieser Phase entstehen auf der Agora drei kleinere Tempel, das große Versammlungsgebäude für den kleisthenischen Rat der 500, das als das sog. ›Alte Bouleuterion‹ bezeichnet wird,[77] und ein kleineres Amtsgebäude, die Stoa Basileios. Insbesondere das Alte Bouleuterion und die Stoa Basileios zeigen Gemeinsamkeiten in der monumentalen Architektur, der Ausstattung und ihrer dorischen Säulenordnung. Die Datierung der beiden Bauten stützt sich heute im wesentlichen auf die stratigraphischen Befunde und die in den Fundamentaufschüttungen gefundenen Scherben. Bei beiden Gebäuden hat sich gezeigt, daß es keine Funde gibt, die zwingend auf eine Datierung nach 500 weisen. Der Zusammenhang des Bouleuterions als Versammlungsort des Rates der 500 mit der Entstehungszeit dieses Rates ist kaum aufzulösen.[78] Gleichzeitig spricht dies aber auch für die Datierung der Stoa Basileios in diese Jahre, da sie die gleichen architektonischen Merkmale aufweist, insbesondere die Ausstattung mit dorischen Säulen. Denn dies ist das erste Mal, daß in Athen die bis dahin für sakrale Bauten vorbehaltene Säulenordnung für einen Bau mit öffentlich-politischer Funktion verwendet wird. Mit der Relokation der beiden Amtsgebäude von der alten Agora zu dieser neuen Agora hin, die allerdings schon durch die peisistratidische Bautätigkeit gebahnt worden sein kann,[79] ist das erste Auftreten des Demos als eines öffentlichen Bauherrn verbunden. Zusammen mit der beiden Gebäuden eigenen neuartigen Ausstattung für solche öffentlichen Gebäude – in der dorischen Säulenordnung und dem umlaufenden Fries deutlich sichtbar – läßt sich hier durchaus von einer spezifischen öffentlichen Architektur sprechen.[80] Der Beginn einer Bautätigkeit, die sich auf Gebäude mit rein politisch-öffentlicher Funktion konzentriert, ist sichtbarer Ausdruck einer veränderten politischen Organisation und bringt in den neuen politischen Zentren auch das Prinzip der kollektiven Verantwortung zum Ausdruck.

Inwieweit dieses Prinzip schon zu Kleisthenes' Zeiten unter dem Aspekt der Demokratie wahrgenommen und möglicherweise bewußt gestaltend eingesetzt wurde, läßt sich am Beispiel des schon damals verwendeten Schlagwortes der Isonomie und den daran anknüpfenden modernen Überlegungen zur Entstehung einer Bürgeridentität beschreiben.

Isonomie

Besondere Aufmerksamkeit ist immer wieder der Aussage Herodots zugewandt worden, Kleisthenes sei derjenige, der den Athenern die Demokratie gebracht habe.[81] Der Begriff *demokratia* begegnet erst vergleichsweise spät im 5. Jahrhundert und wird von den späteren Autoren unterschiedslos auf die verschiedensten Stufen und Entwicklungsformen der Polis angewandt.[82] Daher wird mit der Zeit des Kleisthenes im allgemeinen der politische Begriff der Isonomie (wörtl. »gleiche Verteilung« der politischen Rechte) verbunden, der zeitgenössisch belegt ist.[83]

Nach Herodot werden im 6. Jahrhundert bzw. am Ende des 6. Jahrhunderts bereits in Samos und Milet isonome Ordnungen eingerichtet. Und auch in der berühmten Verfassungsdebatte, die Herodot auf das Jahr 522 v. Chr. datiert, wird der Monarchie bzw. Oligarchie die Isonomie als Herrschaft der breiten Menge gegenübergestellt. Natürlich beschreibt Herodot hier die Volksherrschaft aus der Sichtweise und mit dem Diskussionsstand seiner eigenen Zeit der zweiten Hälfte des 5. Jahrhunderts,[84] aber nichtsdestoweniger ist daraus die Geläufigkeit des Begriffes der Isonomie für das 6. Jahrhundert abzuleiten, insbesondere da Herodot sie für diesen Zeitraum beschrieben hat und schließlich auch für Athen den von der Isonomie kaum zu trennenden Begriff der Isegoria benennt.[85]

Herodot beschreibt die neue politische Struktur Athens nach den Reformen des Kleisthenes mit dem Wort *isegoria*, dem gleichen Recht auf Rede für alle, womit für ihn ein Kernstück der attischen Demokratie gemeint ist. Deren Einführung in Athen führt er an anderer Stelle namentlich auf Kleisthenes und dessen Phylenreform zurück, so daß die Isegoria hier aus späterer Sicht als stellvertretend für die Neuordnung und die Demokratie verstanden werden kann.[86]

Der zeitliche und kausale Kontext, in dem Isonomie aber bei Herodot immer steht, ist derjenige des Gegensatzes zur Tyrannis. Genauso versteht auch die Herodot vorausgehende Tradition die Isonomie: In einer Sammlung von Trinkliedern, die teilweise aus der Endzeit der attischen Tyrannis, teilweise aus den ersten Jahren nach ihrem Sturz stammt, begegnet der Ausdruck zum ersten Mal (s. o. S. 4 f.).[87] Die Strophen thematisieren die aristokratische Opposition gegen die Tyrannis der Peisistratiden und die verschiedenen, anfangs vergeblichen Versuche attischer Adliger, sie zu stürzen. Harmodios und Aristogeiton schließlich bringen den Athenern, dadurch daß sie den Tyrannen Hipparch getötet haben, die Isonomie. Namen und Begriffe mit dem Wortbestandteil *isos* finden sich in dieser Zeit öfter.[88] Der Arzt und Naturphilosoph Alkmaion von Kroton, der in den Umkreis der Pythagoreer in Unteritalien gehört (dazu s. u. Kap. VI), hat in einem erhaltenen Fragment, das ebenfalls in die Jahre um 500 v. Chr. gehört,[89] den politischen Terminus der Isonomie verwendet. Für ihn bedeutet sie die Ausgewogenheit der Anteile einzelner in einer Gruppe in klarem Gegensatz zu der Vorherrschaft eines Einzelnen, eines Tyrannen. Auch der möglicherweise zeitgleich mit Herodot schreibende Autor der kulturtheoretischen Schrift *Über die Umwelt*, der sich des ionischen Dialektes bedient und wohl kaum in Athen geschrieben hat, benutzt die Vorstellung von Isonomie, um eine Gegenüberstellung zwischen einem in Selbstbestimmung verfaßten Volk und Tyrannenherrschaften zu charakterisieren.[90]

Alle Erwähnungen und Beschreibungen von Isonomie, die über den gesamten griechischen Kulturraum verstreut sind, meinen jedoch keine spezifische Verfassung oder politische Organisationsstruktur, sondern zielen grundsätzlich auf den Charakter einer Ordnung, die als gerechte Ordnung im Gegensatz zu der ungerechten des Tyrannen und Alleinherrschers steht.

Nach der Schilderung bei Herodot hat der Sekretär des Polykrates, Maiandrios, 522 v. Chr. in Samos versucht, eine besondere Form der Gerechtigkeit zu praktizieren, indem er für Zeus Eleutherios einen Altar errichtete und anschließend in einer Vollversammlung der Bürger von Samos ankündigte, die von Polykrates übernommene Herrschaft niederzulegen. Da er nicht billigen könne, daß ein einzelner über Gleiche herrsche, wolle er die Herrschaft in die Mitte (*es meson*) legen und Isonomie verkünden.[91]

Ein höheres Maß an Selbstbestimmung durch Beteiligung des Volkes, wie Herodot dies für Samos beschreibt, ist nun nicht unbedingt mit einer Demokratie gleichzusetzen, noch ist damit eine Oligarchie, d. h. eine durch die Aristokratie dominierte Ämterstruktur mit einem Adelsrat, auszuschließen.[92] Das Mehr an Selbstbestimmung der Bürger einer Polis realisiert sich in der Beteiligung der Volksversammlung und, darüberhinausgehend, in einem aus dem Volk gewählten Rat. Möglicherweise existierten daneben auch Adelsräte, die uns aber nicht sicher überliefert sind. Die politische Komponente des Isonomie-Begriffes liegt darin, daß sich in ihm der Anspruch einer Gruppe äußert, insgesamt das gleiche Recht auf die politische Ordnung zu haben, d. h. immer auch auf die Ämter. Im Gegensatz zu einer hierarchischen Gesellschaftsordnung wird dabei vorausgesetzt, daß die Mitglieder der Gruppe gleich sind. Ob es sich dabei jedoch um einen kleineren Kreis Gleicher (Aristokratie) oder einen größeren (Demokratie) handelt, ist mit dem Isonomie-Begriff allein nicht definiert.[93] Somit ließen sich mit dem politischen Schlagwort der Isonomie viele der frühen Ordnungen des 6. und auch des 5. Jahrhunderts charakterisieren, die keine Tyrannenherrschaften waren und für die eine gewisse Beteiligung des Volkes in Volksversammlungen, in Ämtern und Räten bekannt ist, ohne daß dies als eine evolutionäre Entwicklung auf die attische Demokratie des 5. Jahrhunderts hin verstanden werden muß.[94]

Die später entstandene und seither die Diskussion beherrschende Vorstellung von der Dreiteilung in der Verfassungstypologie scheint aus dem Gegensatz von Isonomie und Tyrannis entstanden zu sein. Die erste Erwähnung der ›klassischen‹ Dreiteilung der Verfassungen in Monarchie, Aristokratie und Demokratie findet sich in einer Umschreibung bei Pindar aus den 70er Jahren des 5. Jahrhunderts: Er stellt die Tyrannis, die Herrschaft der Weisen und diejenige eines stürmischen *stratos*, des Heeres, womit hier das Volk gemeint ist, nebeneinander.[95] Das läßt sich so verstehen, daß sich von der Isonomie her die beiden anderen Konzeptionen differenzieren, also so, wie sich aus einem Ordnungsprinzip systematische Einteilungen bilden.[96]

Sehr schwer einzuschätzen ist hierbei, inwieweit sich die Rolle des Adels, geprägt von der archaischen Wettbewerbsethik, in den politischen Strukturen niedergeschlagen hat. Wenn man den Anteil der archaischen Adelskultur an der Entwicklung der Polisgesellschaft als einen tragenden einschätzt,[97] ist die Reform des Kleisthenes ein tiefer Einschnitt gewesen, der einen großen Teil der Handlungsspielräume des Adels beschnitt. Andererseits zeigen sich in der Herausbildung der typischen politischen Struktur der Polis Organisationsformen, die sich eindeutig aus nicht-adligen Gruppen rekrutieren. Bei der Frage, aus welchem sozialgeschichtlichen Entwicklungsstrang sich diese nicht-adlige Organisationsform der Polis gebildet hat und seit wann die sie tragenden Schichten nach politischem Einfluß strebten bzw. diesen als Möglichkeit bewußt wahrnahmen, ist immer wieder die Schicht der Hopliten, der wehrfähigen Bürger, diskutiert worden.[98]

Insbesondere die von Aristoteles erst im 4. Jahrhundert entwickelte Konzeption einer Gruppe von Mittleren zwischen den Extremen von Arm und Reich ist als Leitlinie verwendet worden, um aus den Hopliten für die archaische Zeit eine ›Mittelschicht‹ zu rekonstruieren, die als soziale Schicht das tragende Element der neuen ›Bürger-Identität‹ geworden sei. Dieses neue Selbstverständnis von breiter politischer Solidarität habe dann in der Phylenorganisation des Kleisthenes eine institutionelle Form erhalten.[99] Abgesehen davon, daß es für eine solche »Mittelschicht« aus dem 6. und 5. Jahrhundert keine Hinweise gibt,[100] sich diese vielmehr als ein Element der späteren Verfassungstheorie erwiesen hat,[101] ist die Sozialgeschichte der einzelnen Gruppen in Athen für die archaische Zeit kaum im einzelnen so genau zu differenzieren, daß eine Verbindung zur kleisthenischen Reform möglich wäre. Andererseits ist die Vorstellung von Mitte bzw. die verwandte Konzeption des maßvollen Ausgleichs im griechischen Denken unabhängig von sozialen oder historischen Differenzierungen verwurzelt. Von diesem an Mitte und Ausgleich orientierten Denken her ist die Konstruktion einer Gesellschaft vorstellbar, die Gleichheit im Politischen, nicht jedoch in sozialen und gesellschaftlichen Entwürfen erklärte.[102]

Mit dem Isonomie-Begriff eng verbunden ist derjenige der Mischung der Gruppen, d.h. in diesem Fall der unterschiedlichen politischen Gruppen.[103] Für die frühe Zeit um 500 v. Chr. ist dies kaum anzunehmen, da das Konzept einer Mischung im Sinne einer ›Durchmischung‹ zu dieser Zeit noch nicht existierte. Vielmehr verstand man unter Mischung eine gleichmäßige und ausgewogene Verteilung innerhalb eines Ganzen, wobei die Integrität der einzelnen Elemente vollständig erhalten blieb.

In einem Fragment des Alkmaion, das immerhin eine für die kleisthenische Reform zeitgenössische Vorstellung von Mischung im Zusammenhang mit Isonomie vermittelt, ist dies deutlich: Die Isonomie der beteiligten Faktoren entsteht aus einem proportionalen Verhältnis (*symmetria*) und nicht aus einer Durchmischung. Diese Sicherung von Ausgewogenheit durch die Einführung von proportionalen Verhältnissen ist auch in der kleisthenischen Ordnung zu erkennen (s. o. S. 9 ff.).

Alkmaions Theorie über Isonomie und Mischung (DK 24 B 4)

Alkmaion sagt, die Isonomie der Kräfte, des Feuchten, des Trockenen, des Kalten, des Warmen, des Bitteren, des Süßen und der übrigen, bewahre die Gesundheit. Eine Monarchie unter ihnen bewirke dagegen Krankheit. Denn die Monarchie des einen Teils rufe Verderben hervor. Und zur Krankheit komme es, was die Ursache angeht, durch ein Übermaß von Wärme oder Kälte, was den Anlaß angeht, durch eine Überfülle oder einen Mangel an Nahrung, und im übrigen was den Ort angeht, dort wo sich Blut, Mark oder Hirn finden. Sie entstünde dort aber auch durch äußere Ursachen, durch Wasser welcher Art auch immer (?), durch die Gegend, durch Anstrengungen, durch eine Zwangslage oder durch sonst etwas, was dem Genannten ähnlich ist. Die Gesundheit hingegen sei die symmetrische Mischung der Qualitäten.

Die tatsächliche Entwicklung der politischen Ordnung in Athen um 500 ist nicht singulär. Wie sehr sie in einen allgemeinen griechischen Kontext einzuordnen ist, scheint auch eine Veränderung der Bestattungssitten anzudeuten. Für Athen ist die Beobachtung gut belegt, daß die Serien prächtiger privater Grabmonumente adliger Familien um 500 v. Chr. eher abrupt aufhören, während gleichzeitig die spezifisch öffentlichen Begräbnisse für die Kriegsgefallenen, das erste für die Toten aus dem Krieg mit Chalkis 506, beginnen.[104] Dieser Verzicht auf die Zurschaustellung von Reichtum und Herkunft wird zeitlich oft mit einem bei Cicero erwähnten nachsolonischen Gesetz in Zusammenhang gebracht, das jedoch von Cicero selbst nicht mit einem Datum versehen wird.[105] Meist ist dieser Verzicht als Ausdruck eines Bürgerbewußtseins interpretiert worden, in dem die Bürger-Polis Athen die Glorie von heroischen Heldenbegräbnissen für sich in Anspruch nimmt, um die neue Identität zu festigen.[106] Diese Interpretation wird sehr schnell relativiert, wenn sie im allgemeinen Kontext der griechischen Entwicklung gesehen wird:[107] Ähnliche Zurückhaltung in der Zurschaustellung von Grabluxus läßt sich ab etwa 500 in den unterschiedlichsten Regionen beobachten, in Theben und Korinth, in denen kaum eine Entwicklung zur Demokratie hin zu verzeichnen ist.[108] Es ist nicht wahrscheinlich, aber auch nicht auszuschließen, daß es in Athen zwischen 507 und 500 ein Gesetz gegeben hat, das den privaten Grabluxus derart einschränkte, während gleichzeitig die Praxis der öffentlichen Grabmonumente begann. Da sich dieser Prozeß der Zurückhaltung allerdings in anderen, eben auch aristokratisch-oligarchischen Poleis Griechenlands gleichfalls beobachten läßt, ist aus dieser Veränderung ebensowenig auf ein neues Bürgerbewußtsein zu schließen, das sich auf eine spezifische politische Organisation gründet, wie aus der Verwendung des Isonomie-Begriffes.

Bürgerrecht und Bürgerbewußtsein in Kult und Gesellschaft

Es ist nicht leicht festzustellen, seit wann die Vorstellung existierte, daß alle Einwohner Attikas zu dem Kreis derjenigen gehörten, die die kollektive Verantwortung für das Ganze der Polis trugen. Für die Kolonien läßt sich dies am Beispiel erhaltener Gründungsdekrete, etwa desjenigen der Siedler aus Thera in Kyrene, klar bestimmen:[109] Das Eigentum an dem Land der Kolonie sowie die Teilhabe an bestimmten Ehrenämtern, die sowohl den Kult als auch öffentliche Versammlungen, öffentliche Ämter und den Rechtsschutz umfaßt haben können, aber natürlich auch die militärischen Verpflichtungen, die zum Schutz des Eigentums an Land notwendig waren, definieren die Zugehörigkeit zu der Polis als einer Gemeinschaft.[110]

Phratrien und Phylen

In Athen spielt demgegenüber in der archaischen Zeit die Phratrie als eine auf – allerdings weitestgehend fiktiver – Verwandtschaft basierende territoriale Einheit, die sich über lokale Heroenkulte und dort angesiedelte Familiengräber definierte, die entscheidende Rolle für die Zugehörigkeit zu einer Gemeinschaft.[111] Bestimmt wurde diese Zugehörigkeit durch die in den einzelnen Phratrien dominierenden aristokratischen Familien, die die dort angesiedelten Kulte beherrschten und aufgrund dieser Funktion auch den Zugang zu den Phratrien festlegten. Die genaue Zahl der attischen Phratrien in klassischer Zeit ist nicht bekannt, in archaischer Zeit waren es wahrscheinlich zwölf.[112]

Bis zu der kleisthenischen Reform war der Nachweis über die Mitgliedschaft in einer Phratrie das einzige Mittel eines in Attika Lebenden, seine Zugehörigkeit zu der Gemeinschaft der Athener zu beweisen. Jedoch war auch mit einem solchen Nachweis kein Rechtsschutz gegen Willkür oder ein Anspruch auf politische Mitwirkung gegeben.[113] Die Regelungen Solons, die das Recht zur Teilnahme an der Volksversammlung, und wohl auch zur Berufung (*ephesis*) an das Volksgericht, die Heliaia, umfaßten, also die institutionellen Voraussetzungen durchaus eingerichtet haben, scheinen keine entsprechende politische Realität geschaffen zu haben, worauf Grabinschriften aus dem 6. Jahrhundert hindeuten, die zwischen den Bewohnern der Stadt unterscheiden und denjenigen vom Lande, die als Fremde (*xenoi*) bezeichnet werden.[114] Die Bezeichnung als Fremder (*xenos*) bedeutet in diesem Zusammenhang, daß derjenige sich weder als Bürger derselben Polis noch als Teilhabender an derselben Rechtsordnung betrachtete bzw. betrachtet wurde. Auch die durch regionale Unterschiede bedingten Auseinandersetzungen der nachsolonischen Zeit zwischen den Bewohnern der Küstenregion im Süd-Osten Attikas (Paralioi), denjenigen der Ebene um die Stadt (Pediakoi) und denjenigen der Bergregion in Ost-Attika (Hyperakrioi), die sich Peisistratos für seine Machtergreifung zunutze gemacht hatte, zeigen den geringen bzw. gar nicht vorhandenen inneren Zusammenhalt Attikas.[115]

Die lange Friedenszeit unter den Peisistratiden, die durch Peisistratos geförderte Binnenkolonisation der attischen *chora* und die Auswirkungen der Realteilung haben zu einer breitflächigeren Verteilung des Landbesitzes geführt.[116] Damit einher ging auch eine stärkere soziale Stratifikation. Doch der eigentliche Einschnitt in dieser Entwicklung ist in der kleisthenischen Bestimmung zu sehen, die die Verfassung (*politeia*) dem ganzen Demos gab:[117] Die Einschreibung aller freien Einwohner Attikas in die neu geschaffenen Demen war das wirkungsvollste und schnellste Mittel, für alle das Bürgerrecht zu sichern.[118] Kleisthenes soll einer größeren Anzahl von in Attika lebenden Fremden (*xenoi*) und Sklaven durch die Eingliederung in die Phylen das Bürgerrecht gegeben haben.[119] In der Existenz dieser Bevölkerungsgruppe spiegelt sich etwas von der komplizierten Sozialgeschichte Attikas seit der solonischen Zeit. Es ist nach wie vor völlig unklar, wie sich beispielsweise die Besitzverhältnisse an Land im Bereich der Binnenkolonisation Attikas entwickelt haben, ob die Pächter von Land auch das Bürgerrecht hatten oder wie der bürgerliche Status der von Solon nach Athen Zurückgeführten war, die ja vor dieser Rückführung als Sklaven verkauft worden waren. Zumindest hatte die wirtschaftliche Entwicklung der archaischen Zeit zur Entstehung einer Gruppe geführt, deren bürgerlicher Status seit Solon unklar war. Ob für diese Gruppe im Zusammenhang der Phylenordnung auch die Einschreibung in einer Phratrie festgelegt wurde, ist nicht sicher.[120] Die gleichzeitige Festlegung durch Kleisthenes, daß die Einschreibung in die Demen erblich sein sollte, hat hierbei eine feste Ordnung und unumkehrbare Entwicklung begründet, die alte familiäre, aristokratische Bindungen durch die neue territoriale Gliederung überdeckte, aber nicht beseitigte, und gleichzeitig die neue, breitere Lagerung der politischen Ordnung und Teilhabe absicherte.[121] Eine der Grundlagen des kleisthenischen Konzeptes von Bürgerrecht ist diese territoriale Struktur, die damit in gewisser Weise die Entwicklung der archaischen Zeit zum Abschluß bringt.[122]

Die von rechtlichen und ökonomischen Unterschieden ganz unabhängige Definition der Zugehörigkeit zu einem Demos und damit auch zu einer der zehn Phylen als des einzigen und einheitlichen Kriteriums des Bürgerseins begründete darüberhinaus auch einen neuen Ausgangspunkt für die soziale und religiöse Identität eines Atheners, die weit mehr umfaßte als nur die Teilnahme an der politischen Ordnung.[123]

Wie oben dargestellt, sind die Einzelelemente der Reform keineswegs Neuschaffungen, nur die Anzahl und vor allem die Neubenennung der einzelnen Elemente weisen auf die Verschiebung der Schwerpunkte hin: Die Definition des Bürgerseins geht Hand in Hand mit einer Neudefinition der bürgerlichen Abstammung über die erbliche und territoriale Zugehörigkeit zu einem Demos. Dies bedeutete aber als solches keineswegs ein völlig neues Selbstverständnis der gesamten Bürgerschaft, die sich natürlich nach wie vor über Ion und Kreusa auf Erechtheus zurückführte.

Kulte, Feste, Rituale der neuen Ordnung

Kleisthenes hat die zehn von ihm geschaffenen Phylen nach verschiedenen Heroen benannt, deren zehn Namen aus einer Auswahl von 100 durch die Pythia in Delphi ausgesucht worden sind.[124] Diese Heroen waren als Eponyme der jeweiligen Phyle auch die mythischen Ahnherren und Archegeten (Anführer) aller Phylenmitglieder, unter deren besonderem Schutz die jeweiligen Phylen standen.

21

Ebenso wie die Mitgliedschaft in den Demen und Phylen, somit die politische Zugehörigkeit, war auch diejenige zu der jeweiligen neuen Kult- und Abstammungsgemeinschaft erblich.[125] Diese öffentlichen Kulte für die Eponymen Erechtheus, Kekrops, Pandion, Aigeus, Akamas, Aias, Hipothoon, Oineus, Antiochos und Leos hatten eigene Heiligtümer, von denen sich einige auf der Akropolis befanden (Erechtheus, Kekrops, Pandion), wo diese Heroen traditionell schon verehrt wurden, andere wiederum dort, wo sich ältere, bereits eingerichtete Kultstätten dieser Heroen befanden.[126] Gerade die Anknüpfung an schon bestehende Mythen und Heroenkulte, die natürlich ihre längst bestehenden eigenen Abstammungslegenden hatten, zeigt, wie die neuen Phylen in altbewährte, lebendige Kulteinheiten eingegliedert wurden.

Die Phylenheiligtümer waren jedoch nicht nur Kultort, sondern gleichzeitig auch Archiv für die die einzelne Phyle betreffenden Dekrete und Versammlungsort für die teilweise aus weit verstreuten Teilen Attikas zusammengesetzten Phylen. Seit den 20iger Jahren des 5. Jahrhunderts ist auch ein für alle zehn Heroen gemeinsames Phylenmonument auf der Agora bekannt, das als Anschlagtafel für öffentliche Bekanntmachungen wie Gesetzesvorschläge, Gerichtstermine, Einberufungslisten u. ä. diente, die unterhalb der Bronzestatuen der einzelnen Heroen nach Phylen ausgehängt waren.[127]

Die besondere Rolle gemeinsamer Rituale und Zeremonien, durch die gesellschaftliche, soziale und politische Segmente in ein religiöses Raster eingebettet werden, ist für die griechische Polis unstrittig.[128] Durch die Einführung neuer Kulte, die jedoch in die altbekannte religiöse Symbolik eingebunden werden und an schon immer vorhandene Rituale anknüpfen, wird die neuartig breit gelagerte Bürgeridentität in den allgemeinverbindlichen Kontext des kulturellen Systems eingefügt.[129] Die Selbstvergewisserung des Neuen im Alten gewinnt so eine Verstärkung durch die Verankerung des Politischen in einer Gesamtordnung.

Die Einführung neuer Kulte und Feste, die in einem organisatorischen Zusammenhang zu der politischen Reform stehen, antwortet nicht nur auf ein möglicherweise stärker gewordenes Bedürfnis nach Selbstvergewisserung, sie zeigt auch eine zunehmende Verlagerung der bis dahin vorrangig in lokalen Zentren angesiedelten Kulte hin zum Zentrum der Stadt.

Eine besonders deutliche Verschränkung zwischen Kulten und bürgerlicher Ordnung ist in dem Bemühen zu erkennen, für die Neuordnung der Bürgerschaft auch den Schutz der Götter und Heroen zu erwirken. Zwar war mit der Auslosung der Phylenheroen eine Legitimation durch den delphischen Apollon gegeben, doch blieb die eigentliche Schutzgöttin der Bürgerschaft Athena: Für sie ist in den Jahren, in denen die Reform umgesetzt wurde, auf der Akropolis ein neuer, prächtiger Tempel gebaut worden.[130] Die Datierung dieses Tempels schwankt zwischen einer Einordnung in die Zeit der Peisistratos-Söhne (um 520 v. Chr.) und einer neuerdings nach 510 v. Chr. angesetzten Phase des Baubeginns, die sich vor allem auf eine Datierung von Giebelfragmenten dieses Tempels stützt. Das Thema dieses Giebels war die Gigantomachie, der Sieg Athenas über die Giganten – eine Symbolik, die bei einer Datierung nach 510 deutlich auf die Vertreibung der Tyrannen abzielen würde.

Das Fest, das die Einwohner Attikas zu Ehren ihrer Göttin jährlich in kleinem Rahmen, jedoch alle vier Jahre in einem großen Fest feierten, waren die Panathenäen. Gerade dieses Fest hat sich im Laufe der Entwicklung der athenischen Polis immer wieder verändert. Kern des Festes ist die feierliche Prozession von jugendlichen Reitern, vornehmen älteren Bürgern, Mädchen mit verschiedenen Opfergerätschaften und Opfertieren vom Westeingang der Stadt, dem Dipylon-Tor, über die Agora hinauf zur Akropolis. Ziel des Zuges ist die Überreichung des Gewandes (*peplos*) an die Göttin Athena. An diesem Peplos haben viele Athenerinnen monatelang gearbeitet und während der Prozession wird er am Mast eines Schiffes auf Rädern wie ein Segel transportiert. Auf der Akropolis wird dieser Peplos dann den Priestern übergeben, die ihn der Göttin in ihrem Tempel überreichen. Prozessionen dieser Art symbolisieren nicht nur den Einfluß, das Ansehen und den Status des einzelnen Teilnehmers, sondern insgesamt auch die bürgerliche und militärische Ordnung einer Gesellschaft.[131]

566 v. Chr. ist das Fest durch Peisistratos wenn auch vielleicht nicht völlig neu begründet, so doch fest institutionalisiert worden. Sein Sohn Hipparchos führte später die Rhapsoden-Wettbewerbe in die Zeremonien des Festes ein. Nach der Vertreibung der Tyrannen ist es im Zusammenhang der Neuorganisation der Bürgerschaft um ganz wesentliche Elemente erweitert worden.[132] Zu den bis dahin charakteristischen athletischen und musischen Einzelwettbewerben, zu denen auch Nicht-Athener zugelassen waren, traten mit der Einführung der zehn neuen Phylen die Gruppenwettkämpfe, in denen die attischen Phylen gegeneinander antraten: der Wettkampf in der Pyrrhike, die Euandria und das Fackelrennen.[133] Die Pyrrhike, die als ein Waffentanz mit musikalischer Begleitung zu beschreiben ist, tritt auf den schwarzfigurigen Vasen erst ungefähr um 510 v. Chr. auf.[134] Diesen Waffentanz soll Athena nach dem Mythos das erste Mal getanzt haben, als sie durch Kopfgeburt aus dem Haupt ihres Vaters Zeus entsprungen war. Später habe sie diesen auch nach ihrem Sieg über die Giganten aufgeführt.[135] Gerade diese beiden Themen des Mythos könnten die Attraktivität der Pyrrhike nach dem Sturz der Tyrannis ausgemacht haben: So wurde im festen Rhythmus die Neuordnung in symbolischer Ritualisierung wiederholt und stabilisiert.[136] Dieser Wettkampf der Pyrrhike, der als Waffentanz auch die militärische Funktion der Phylen als Hoplitenregimenter darstellt, zeigt, wie alle Segmente der gesellschaftlichen Ordnung, die politischen ebenso wie die militärischen und religiösen, im Kult abgebildet werden.

Die anderen beiden Gruppenwettkämpfe beziehen sich auf andere Bereiche: Die Euandria war, vielleicht ursprünglich als Prozession, ein Wettbewerb von schönen Jünglingen aus den einzelnen Phylen, während das Fackelrennen als Staffellauf – ein athletisch-sportlicher Wettlauf von jeweils 40 Mitgliedern pro Phyle – über eine Strecke von 2500 m ging. Preisgekrönt wurden sowohl die einzelnen als auch die gesamte Phyle. Preise und Siege wurden aufgezeichnet und waren so Teil der Phylenordnung.[137]

Ein anderes, ebenso bedeutsames öffentliches Fest aller Athener, die Großen Dionysien, gehen in ihrer überlieferten Form unmittelbar auf die kleisthenische Neuordnung zurück.[138] Seit 502/1 werden die Großen Dionysien als öffentliches von der gesamten Bürgerschaft finanziertes Fest gefeiert. Ebenso wie bei den Panathenäen gehörten Wettkämpfe der Phylen untereinander zu dem Fest, in diesem Fall die dithyrambischen Chorwettkämpfe. Fünf Phylen stellten jeweils einen Männerchor, die anderen fünf Knabenchöre, und für beide Gruppen gab es je einen Siegespreis. Dichter wurden mit der Abfassung der Dithyramben beauftragt, und die Auftritte der Chöre erfolgten kostümiert.[139] Sicher seit Beginn des 5. Jahrhunderts wurden an drei Tagen des Festes je drei Tragödien eines Dichters, gefolgt immer von einem Satyrspiel, aufgeführt, wobei einer der drei am Ende von einer ausgelosten Jury zum Sieger gekürt wurde. Am vierten Tag der Dramenaufführung zeigte man dann Komödien.

Die besondere Verbindung mit der Neuordnung zeigt sich in dem Opfer, das die zehn Strategen gemeinsam vor dem Beginn der Aufführungen vor der versammelten Bürgerschaft darbrachten. Die zehn Juroren, die über die Preisvergabe zu entscheiden hatten, wurden aus den zehn Phylen ausgelost. Diese enge Verschränkung zwischen der militärischen, bürgerlichen und kultischen Ordnung sollte sich im Verlauf des 5. Jahrhunderts noch verstärken: Nicht nur wurden öffentliche Ehrungen für einzelne, die sich besonders um die Polis verdient gemacht hatten, bei diesem Fest ausgesprochen, auch die Kriegswaisen, auf öffentliche Kosten erzogen und mit einer Hoplitenausrüstung ausgestattet, wurden präsentiert. Den Höhepunkt bildete sicher seit der Mitte des 5. Jahrhunderts die alljährliche Präsentation und Abzählung der Gelder, die aus dem Seebundstribut eingegangen waren und die ebenso wie die genannten rituellen Zeremonien sowie Aufführungen des Festes, insbesondere die Komödien und Tragödien, der Öffentlichkeit im Dionysos-Theater dargeboten wurden (vgl. dazu unten S. 135, S. 111).[140]

Deutlich wird in diesen Riten einerseits der göttliche Schutz für eine Ordnung erbeten und andererseits auch Dank abgestattet; aber ist dies, da doch in den griechischen Poleis immer wieder Kulte und religiöse Praktiken neu eingerichtet bzw. verändert wurden, auch als Hinweis auf ein neues Selbstverständnis, eine neue Bürgeridentität zu verstehen?

Augenfällig wird dies in der Verbindung, die man zu einem Heros herstellt, der bis dahin in Athen eine Randfigur gewesen war: Der Theseus-Mythos erlebte seit dem Ende des 6. Jahrhunderts einen Aufschwung, der ihn zu dem eigentlichen lo-

kalen Heros Athens im 5. Jahrhundert werden ließ. Der ihm im Mythos zugeschriebene Synoikismos Athens assoziiert die kleisthenische Ordnung, die Abenteuer und Taten des Theseus, die sowohl auf den Vasen als auch in besonderer
Weise auf den Metopen des Schatzhauses der Athener in Delphi dargestellt sind,
die besondere Leistung der attischen Bürgerschaft.[141] Durch seine zahlreichen
Abenteuer tritt er in Konkurrenz zu Herakles.[142] Das erste Stadium dieser Entwicklung, die Theseus schließlich zum Protagonisten eines mythischen und siegreichen Abwehrkampfes gegen die Barbaren werden ließ, ist an den Vasendarstellungen aus den Jahren kurz nach 510 zu erkennen, auf denen Theseus in einer
Serie von Abenteuern rund um den Saronischen Golf am Isthmos mit Sinis, dann
in Megara und Eleusis und schließlich auf dem Kephissos mit Prokrustes einen
attischen Anspruch auf Vorherrschaft in der ganzen Region symbolisiert.[143]

Die viel stärkere Visualisierung und Verschränkung der kultischen Rituale, alt-
hergebrachter wie neueingeführter, mit den bürgerlichen Aktivitäten, ist charakteristisch für die Jahre nach der kleisthenischen Reform und verstärkt sich im
Verlauf des 5. Jahrhunderts in einem Maß, das im Vergleich zu anderen griechischen Poleis tatsächlich ungewöhnlich war.[144] Insofern ist es sicher nicht ungerechtfertigt, hierin den Ausdruck eines für Athen spezifischen Bewußtseins zu sehen, ohne daß dies jedoch mit der ›Erfindung der Demokratie‹ oder überhaupt
der Entwicklung auf eine bestimmte Verfassungsform hin gleichgesetzt werden
muß.[145]

II. Die Perserkriege:
Die Grundlagen für den Aufstieg Athens

499	Aufstand der ionischen Städte unter Aristagoras, dem Tyrannen von Milet, gegen die Perser; Athen und Eretria senden Schiffe
499	Eroberung von Sardes durch die Griechen; persischer Sieg bei Ephesos
499	Die Perser erobern Zypern zurück
498	Niederlage der griechischen Flotte bei Lade
498	Fall Milets
493/92	Anklage des Miltiades in Athen wegen seiner Tyrannis auf der Chersones; Freispruch
492	See- und Landexpedition des Persers Mardonios nach Thrakien
vor 490 (?)	Bau eines Schatzhauses in Delphi
490	Persischer Zug unter Datis und Artaphernes gegen Athen und Eretria; Sieg der Athener und Plataier bei Marathon
488/87	Erster Beleg für die Anwendung eines Ostrakismos in Athen; veränderter Bestellungsmodus für das Archontat
seit 483/82	Krieg gegen Aigina; Xerxes beginnt Kanal durch das Athos-Vorgebirge
481	Hellenenbund: Symmachie gegen die Perser unter spartanischer Führung
481	Niederlage des Leonidas an den Thermopylen, vollständiger Sieg der griechischen Flotte vor Salamis
481	Mardonios erneut mit einem Heer in Attika; Athen wird niedergebrannt; Sieg des griechischen Heeres bei Plataiai und Sieg der griechischen Flotte vor Mykale
479/78	Befestigung Athens durch Mauern, Beginn des Ausbaus des Piräus zu einer Stadtanlage
478/77	Gründung des Seebunds: Bund gegen die Perser unter der Führung Athens

1. Krieg in Ionien: Ordnung und Widerstand

Der Skythenzug des persischen Königs Dareios

Der Einflußbereich der Perser hatte sich seit der Eroberung Ioniens durch Kyros, die zu dieser Zeit schon über eine Generation zurücklag, immer weiter nach Westen ausgedehnt. Dareios I. (522–486 v. Chr.) unternahm einen Feldzug gegen die Skythen, um damit auch den Bereich des nördlichen Schwarzmeergebietes unter seine Kontrolle zu bringen. Beim Rückmarsch hatte er seinen Feldherrn Megabazos mit einem größeren Heereskontingent zurückgelassen, um den persischen Einflußbereich nach Thrakien und Makedonien auszudehnen.[1] Dieser unterwarf erfolgreich verschiedene thrakische Stämme und ließ sich durch eine Gesandtschaft auch von den Makedonen das Unterwerfungsbündnis mit der Übergabe von Wasser und Erde zusichern.[2]

Neben den anderen Heereskontingenten aus den einzelnen Teilen des persischen Reiches nahmen auch Truppen aus den kleinasiatischen Griechenstädten unter der Leitung der jeweiligen Tyrannen teil. Ihre Rolle wird von Herodot in einer besonderen Aktion beschrieben.[3] Zur Sicherung des Rückzugs waren die ionischen Truppen mit der Bewachung der auf Befehl des Dareios über den Istros angelegten Brücke betraut.[4] Als einziger der ionischen Tyrannen wollte Miltiades, ein Athener, der die Herrschaft über die Städte der Chersones am Hellespont innehatte, die Brücke unter dem Druck der Skythen abbrechen lassen. Die anderen Tyrannen hingegen, insbesondere Histiaios von Milet, wollten die Perser weiter unterstützen, da sie ihre Tyrannenherrschaften im wesentlichen der persischen Unterstützung verdankten.[5] Diese von Herodot berichtete Diskussion ist wahrscheinlich nicht anachronistisch, da die Beendigung eben dieser Tyrannenherrschaften und Einrichtung von demokratischen Verfassungen mit dem Ausbruch des ionischen Aufstandes bzw. der Lossagung von der persischen Herrschaft in Ionien eintrat.[6]

Ein weiteres Element fügt Herodot hier in den Bericht ein: das immer wiederkehrende Motiv von der Wankelmütigkeit und Unzuverlässigkeit der Ionier.[7] Die schwankende Haltung der Ionier, die in den verschiedenen Bündnisgruppierungen öfter die Seiten wechselten oder auch Bündniszusagen nicht einhielten, wurde, nicht nur von Herodot, mit einer verweichlichten Lebensweise und einer feigen, sklavenähnlichen Einstellung erklärt.[8]

Aristagoras von Milet und der Ausbruch des Krieges

Dieses Ionierbild prägt die skeptische und öfter auch kritische Darstellung, die Herodot von den kriegerischen Auseinandersetzungen zwischen Ioniern und Persern gibt. Den offenen Ausbruch des Aufstandes führt Herodot auf persönliche Interessen des milesischen Tyrannen Aristagoras zurück. Dieser hatte die Herrschaft in Milet übernommen, nachdem Dareios den Tyrannen Histiaios als Geisel an seinen Hof befohlen hatte. Verbannte aus Naxos, die in einem inneren Konflikt dem naxischen Demos unterlegen waren, baten in Milet um Hilfe.[9] Zusammen mit dem persischen Satrapen in Sardis plante Aristagoras eine große Aktion zur Eroberung der reichen Kykladeninsel. Die Richtung des persischen Ausgreifens in die Ägäis, die die nordöstliche Einkreisung Griechenlands durch die südöstliche ergänzt, zeigt schon in diesem Jahrzehnt zwischen dem Skythenzug und dem ionischen Aufstand die deutliche Stoßrichtung der persischen Expansionstendenz.

Der aufwendig vorbereitete und finanzierte Zug gegen Naxos scheiterte völlig, da – so Herodot – die Ionier disziplinlos waren und daraufhin der persische Oberbefehlshaber die Aktion den Naxiern verriet.[10] Der mißlungene Feldzug brachte Aristagoras in finanzielle Schwierigkeiten und zudem in Mißkredit bei dem Satrapen in Sardes. In Milet wurde der Abfall von den Persern geplant, obwohl der Geschichtsschreiber Hekataios nachdrücklich davor gewarnt haben soll, sich mit einer derart großen Macht wie der persischen auf eine kriegerische Auseinandersetzung einzulassen. Wenn man dies doch täte, so sollte wenigstens zuerst eine Vorherrschaft zur See geschaffen werden und dafür mit Hilfe der Schätze, die dem Apollon-Heiligtum in Branchidai gehörten, eine finanzielle Basis geschaffen werden.[11]

Entgegen den Ratschlägen des Hekataios fiel man in Milet sofort ab. Einige der von den Persern unterstützten Tyrannen der kleinasiatischen Städte gerieten in Gefangenschaft. Man begann mit politischen Reformen: Zuerst legte Aristagoras in Milet die Tyrannis nieder, *logo*, wie Herodot sagt, also nur dem Namen nach.[12] Damit meint Herodot wohl, daß trotz der Einführung einer Isonomie, d. h. der formal gleichen politischen Struktur wie in Athen – worunter man hier in Milet dann die Einführung einer gewählten Boule und die Übertragung der Entscheidungsrechte auf die Volksversammlung zu verstehen hat –, in Wirklichkeit Aristagoras nach wie vor den Ablauf der Politik Milets bestimmte. Zumindest nach der Darstellung, die Herodot vom weiteren Verlauf der Ereignisse gibt, schien Aristagoras weiterhin dieselbe Handlungsfreiheit zu haben, die er auch während der formal als Tyrannis charakterisierten Zeit gehabt hatte.[13] Im Unterschied zu anderen ionischen Tyrannen, die auf Betreiben des Aristagoras gestürzt und durch isonome Ordnungen ersetzt wurden, scheint er sich durch eine gewisse Beliebtheit die Gefolgschaft der Milesier gesichert zu haben.[14] Der Tyrann von Mytilene hingegen wurde von dem Volk seiner Stadt gesteinigt, die meisten anderen Tyrannen verjagt.

Ganz im Gegensatz zu diesen Schicksalen konnte Aristagoras als der offizielle Botschafter und Vertreter der Ionier in Sparta und Athen auftreten, wo er um Unterstützung warb.[15] Nur Athen und Eretria gingen mit jeweils 20 bzw. 5 Schiffen auf das Hilfsgesuch ein.[16] Athen hatte sich zwar nach seinen Siegen über die Böoter und die Chalkidier sowie durch das Nachgeben des Peloponnesischen Bundes aufgrund der Intervention der Korinther in Mittelgriechenland eine starke Position erkämpft, aber trotzdem allen Grund, ein weiteres persisches Ausgreifen im Zusammenhang mit einer Rückführung des Hippias zu fürchten.[17]

Der Zug der Ionier nach Sardes

Nach dem Eintreffen des griechischen Unterstützungskontingentes in Milet begannen die offenen Feindseligkeiten gegen die Perser mit einem Zug gegen Sardes. Abgesehen von den persönlichen Interessen, die Herodot für Aristagoras in aller

Breite schildert, sind keine weiteren Gründe für den Ausbruch dieses Aufstandes bekannt. Wirtschaftliche Motive sind vermutet worden, da insbesondere durch den Skythenfeldzug des Dareios der Handel mit dem Schwarzmeergebiet unterbrochen oder eingeschränkt worden sein soll.[18] Hinweise hierfür gibt es jedoch nicht. Der von Herodot dargestellte Ablauf der sofortigen Vertreibungen spricht eher für politische Unzufriedenheit mit den von den Persern gestützten Tyrannen.[19]

Trotz der kritischen Beschreibung, die Herodot vom Kampfesverhalten der Ionier gibt, läßt sich allein aus den von ihm aufgezählten Eroberungen und deren Wirkung auf andere kleinasiatische Völker erkennen, daß der Zug nach Sardes, das einschließlich des Kybeleheiligtums niedergebrannt wurde, ein großer Erfolg der Ionier war. Zwar zogen sie sich – wie auch die Athener und Eretrier – nach Ephesos zurück, wo sie zum erstenmal von den Persern geschlagen wurden,[20] doch gelang es den Ioniern unmittelbar danach am Hellespont, Byzanz und alle anderen Städte dort zu erobern.[21] Sofort schlossen sich Karien, Kaunos und Zypern den Aufständischen an, so daß die kleinasiatische Küste vom Norden bis zum Süden in ihrer Hand war.

In einer kombinierten See- und Landschlacht bei und auf Zypern gelang den Persern nicht nur die Rückeroberung der Insel, die – so Herodot – nur ein Jahr ihre Freiheit hatte,[22] sondern auch ein entscheidender Sieg, der die Wende im Kriegsgeschehen brachte. Zuerst eroberten sie den Hellespont zurück, anschließend – gegen erbitterten Widerstand, an dem sich auch die anderen Ionier, insbesondere Milet beteiligten – auch Karien.[23]

Nachdem die Perser auch die Griechenstädte der Aiolis unterworfen hatten, schien man in Milet schon mit der Niederlage zu rechnen und überdachte noch einmal das weitere Vorgehen. Hierbei berichtet Herodot von einem zweiten Auftritt des Geschichtsschreibers Hekataios,[24] der vorschlug, daß sich Aristagoras einen befestigten Platz auf der Insel Leros schaffen sollte, von dem aus er im Fall einer Vertreibung aus Milet eine Basis für die Rückkehr haben würde. Aristagoras hingegen entschied sich für eine Auswanderung nach Thrakien und überließ die Stadt Milet ihrem Schicksal.

Lade und die Unterwerfung der Ionier

Gegen die anrückenden Perser versammelten die Ionier ihre gesamten Seestreitkräfte bei der Milet vorgelagerten Insel Lade und übergaben den Oberbefehl an Dionysios von Phokaia, während sie auf die Verteidigung zu Land von vornherein verzichteten. Bei der Vorbereitung der Schlacht zeigte sich wieder die nach Herodot typische Unzuverlässigkeit und Disziplinlosigkeit der Ionier, die nicht bereit waren, die militärischen Übungen ernst zu nehmen.[25] Diese Leichtfertigkeit habe schon vor der eigentlichen Schlacht den Zusammenhalt der Ionier untergraben und sie für Angebote der Perser empfänglich gemacht.

Während der Schlacht sollen zuerst die meisten Schiffe der Samier, anschließend diejenigen der Lesbier und die meisten der anderen ionischen Bundesgenossen die Schlachtlinie der Flotte verlassen haben. Nur die Chier, die mit 100 Schiffen auch das größte Kontingent stellten, konnten die Reihen der Perser durchbrechen und sich auf dem Landweg retten, wo sie jedoch dann bei Ephesos von den eigenen Bundesgenossen erschlagen wurden, die sie für eine Räuberschar hielten.[26] Milet hingegen wurde belagert und erobert, die Einwohnerschaft in die Sklaverei verkauft und die Stadt niedergebrannt (494 v. Chr.).

Nachdem die Perser auch die der Küste vorgelagerten Inselpoleis Chios, Lesbos und Tenedos erobert sowie die Städte am Hellespont zurückgewonnen hatten, brannten sie die meisten Tempel nieder, ließen das Land der Poleis nach persischem Maß in Parasangen vermessen und erhoben entsprechend dem erstellten Kataster eine Abgabe. Diese war nicht höher als die vor dem Aufstand zu zahlende und schuf, zusammen mit der von den Persern oktroyierten Rechtsaufsicht, vorerst Frieden in Ionien.[27]

2. Marathon und Salamis

Der Krieg gegen die Perser ist für die Griechen des 5. Jahrhunderts zu einem Schlüsselerlebnis geworden. Es wird nun zum ersten Mal in der griechischen Öffentlichkeit ein Krieg als Freiheitskrieg empfunden.[28] In Pindars 8. Isthmischer Ode von 478 v. Chr. heißt es, noch unter dem frischen Eindruck der Ereignisse:

Pindar, Isthm. Ode VIII, 9–15

… denn ein Gott hat uns abgewandt den Stein des Tantalos über unserem Haupt, die erdrückende Last für Hellas. Aber mir hat die Furcht vor den Dingen, die nun vorüber sind, dem mächtigen Streben Einhalt geboten … Heilbar aber ist für die Menschen mit der Freiheit auch dies.

Hier wie auch in einigen Weihinschriften und Grabepigrammen aus den Jahren nach den großen Schlachten gegen die Perser[29] wird die Freiheit der Gefahr der Knechtschaft durch den Perserkönig gegenübergestellt.

472 v. Chr. wird in Athen die Tragödie *Die Perser* des attischen Dichters Aischylos aufgeführt, für die Perikles die Choregie (Finanzierung des Chors) übernommen hatte; die Handlung spielt in Persien, wo man in angstvoller Erwartung die Rückkehr des Xerxes von seinem Griechenlandfeldzug erwartet und dann von der Niederlage bei Salamis erfährt.

Von Aischylos werden die Motive der Erringung von Freiheit, des Sieges über die Gefahr der Versklavung und Knechtschaft gekoppelt mit der Vorstellung eines naturbedingten Gegensatzes zwischen freiheitsliebenden Griechen und asiatischem Despotismus, zwischen Hellenen und Barbaren. Insbesondere Athen habe das entscheidende Verdienst an dem Sieg über den barbarischen Tyrannenherrscher gehabt. Dieser spezifischen Sicht Athens stand jedoch der Anspruch anderer griechischer Poleis entgegen, zu diesem Sieg ebenfalls einen entscheidenden Anteil beigetragen zu haben. So erhoben neben Sparta auch Korinth und Plataiai ähnliche Ansprüche.[30]

Freiheit vs. Knechtschaft

Diese erste Gegenüberstellung von Freiheit und Knechtschaft ist unzweifelhaft mit den Perserkriegen zu verbinden. Darin äußert sich vor allem der Gegensatz zwischen den eigenen politischen Vorstellungen und der Identifikation des persischen Königtums mit der Tyrannis schlechthin, die als Herrschaftsform in dieser Zeit in Griechenland selbst nicht mehr existierte. Nichtsdestoweniger wurde jedoch die sich aus den eigenen Ansprüchen ergebende Freiheitsvorstellung nicht mit einer bestimmten Verfassungsform gleichgesetzt. So konnte Pindar auch das von dem sizilischen Tyrannen Hieron gegründete Aetna mit der neuen Freiheitskonzeption verbinden.[31]

Der Anspruch auf griechische Überlegenheit war allgemein und wurde mit grundsätzlichen anthropologischen Komponenten und Verhaltensmustern begründet: Griechenland mit seiner viel abwechslungsreicheren geographischen Beschaffenheit und seinem rauheren, bewegteren Klima hat einen bestimmten Menschentypus hervorgebracht, der sich auch unter den widrigsten Umständen auszeichnet.[32] Insbesondere die Nomoi, d. h. die politischen Ordnungen, die für diesen Menschentypus charakteristisch sind, erweisen, gegründet auf gleichberechtigte Selbstbestimmung, bei kriegerischen Auseinandersetzungen ihre Überlegenheit denjenigen Völkern gegenüber, die unter der Despotie eines Tyrannen stehen. Denn sie kämpfen in eigenem Interesse und mit vollem Selbstbewußtsein. Ganz anders dagegen die verweichlichten Barbarenvölker in Asien, die in Knechtschaft und Unfreiheit keine der für die Griechen typischen Tugenden wie Tapferkeit und Selbstbehauptungswillen entwickeln können.

Diese zu einer generellen Gegenüberstellung zwischen Griechen und Barbaren stilisierte Konzeption findet in Athen ihre besondere Ausprägung: Herodot verknüpft diesen Gegensatz mit demjenigen von Isonomie und Tyrannis in Athen.[33] Erst die Einführung einer isonomen Ordnung, nämlich derjenigen des Kleisthenes, machte aus den Athenern ein selbstbewußtes Volk, das für seine Freiheit und sein Interesse erfolgreich kämpfte.

Auch wenn diese verschiedenen Bestandteile der attischen Überlegenheitsideologie in der Form, wie sie Herodot präsentiert, wohl erst eine Generation nach den Perserkriegen in der Überlieferung zu fassen sind, lassen sich doch bestimmte Elemente dieser Konzeption schon unmittelbar nach Marathon und Salamis erkennen. In den *Persern* des Aischylos wird der Gegensatz zwischen den unter der despotischen Herrschaft des Xerxes stehenden Persern und den einem freiheitlichen Bewußtsein verpflichteten Griechen schon formuliert.[34] In dieser Zeit hat sich auch in Athen das Bewußtsein durchgesetzt, daß die eigene Ordnung, die Herrschaft des attischen Demos, eine spezifische Form der politischen Ordnung mit klar definierten Charakteristika ist. Diese Veränderung in Athen, die mit den innenpolitischen Ereignissen der Phase nach Marathon in enger Verbindung steht, kann jedoch nicht von der militärischen Bewährung der neuen Ordnung gelöst werden, die erst die eigentliche Entfaltung der Möglichkeiten bot, die in den neuen institutionellen Rahmenbedingungen lagen, die seit Kleisthenes in Attika existierten. Erst die Ereignisse in den Auseinandersetzungen mit den Persern haben der Entwicklung die Dynamik verliehen, die in Athen zu der besonderen politischen Ordnung der Demokratie führte.

Die Expedition des Mardonios

Athen hatte sich nach dem Zug der Ionier gegen Sardes zwar aus den Auseinandersetzungen mit den Persern herausgehalten, aber die Rivalität mit Aigina führte in der unmittelbaren Nachbarschaft zu weiteren Kämpfen, wie sie auch Sparta in dieser Zeit mit Argos auszufechten hatte. In diesen Konflikten war der Blick nach Persien naheliegend und auch die Bereitschaft in Aigina und Argos vorhanden, auf eine Aufforderung des Perserkönigs hin diesem ein Bündnis und Unterwerfung zu gewähren.[35]

Für Herodot gibt es keinen Zweifel, daß es das erklärte Ziel des Perserkönigs war, nach der Unterwerfung der ionischen Griechen weitere griechische Poleis zu erobern.[36] Mardonios, der Schwiegersohn des Dareios, soll nach Herodot die Tyrannen in den ionischen Griechenstädten verjagt und dort überall Demokratien eingerichtet haben.[37] Inwiefern diese von Persien kontrollierten und abgabenpflichtig gemachten Poleis, die nach griechischem Verständnis unfrei und abhängig waren, tatsächlich demokratisch regiert wurden oder ob es sich nicht vielmehr um breiter gelagerte aristokratische Regimes statt vorhergehender Tyrannisherrschaften handelte, wird nicht deutlich;[38] vielmehr ist diese Aktion des Mardonios für Herodot ein gegebener Anlaß, um noch einmal auf eine Verfassungsdiskussion hinzuweisen, die er für das Jahr 522 v. Chr. aus Persien berichtet. Nach seinem Bericht sei dabei verhandelt worden, ob man in Persien zu diesem Zeitpunkt eine Demokratie, Aristokratie oder Monarchie einführen solle. Offensichtlich war die Darstellung Herodots angezweifelt worden, weil die Einführung oder auch nur Diskussion von demokratischen Strukturen als unvereinbar mit der persischen Herrschaft galt.[39]

Eine erste See- und Landexpedition des Mardonios (492 v. Chr.), bei der auch Thasos mit seinen reichen Bergwerken unterworfen wurde, endete am Athos. Dessen Umschiffung scheiterte wegen eines Sturmes, in dessen Verlauf die persische Flotte größtenteils (300 Schiffe) vernichtet wurde. Ob bei dieser Expedition geplant war, weiter nach Athen und Eretria zu ziehen, um die beiden Poleis zu bestrafen, die am Aufstand der Ionier teilgenommen hatten, oder ob es nur um eine Festigung des persischen Einflusses in Thrakien ging, läßt sich kaum sicher entscheiden.[40] Zumindest gehören in diesen Kontext die erfolgreichen Bemühungen der Perser um griechische Bundesgenossen: Aigina und Argos, aber auch andere übergaben den Boten des Perserkönigs symbolisch Wasser und Erde.

Für die Athener war dies ein willkommener Anlaß, die Kriegshandlungen gegen Aigina wieder aufzunehmen. Zuerst klagten sie die Aigineten in Sparta wegen Verrats an.[41] Die darin zum Ausdruck kommende Anerkennung der hegemonialen Stellung Spartas durch Athen zeigt sich auch im weiteren Verlauf dieser Auseinandersetzung: Kleomenes zwang die Aigineten, Geiseln zu stellen, die er dann den Athenern übergab.[42] Umgekehrt gelang es den Aigineten, eine Gruppe der ersten Bürger Athens gefangen zu nehmen. Hierauf bemühten sich die Athener, gleichzeitig mit einem Invasionsversuch auch einen politischen Umsturz in Aigina anzuzetteln.[43] Der Angriff mißlang, jedoch verstrickte sich die Aristokratie Aiginas infolge des Umsturzes ebenso in innere Konflikte wie dies etwa gleichzeitig in Argos aufgrund der Niederlage gegen Kleomenes geschah.[44]

Marathon

Währenddessen begannen die Vorbereitungen für den nächsten persischen Zug gegen Griechenland: Unter dem persischen Feldherrn Datis segelte eine Flotte von – laut Herodot – 600 Schiffen durch die Ägäis, eroberte Naxos und Delos, wo Datis ein großes Weihrauchopfer für den delischen Apoll darbrachte, eroberte Karystos und nahm unterwegs von einigen Inselpoleis Geiseln mit.[45] Datis landete anschließend in Eretria, wohin die Athener jene 4.000 Kolonisten als Hilfskontingent sandten, die sie 506 auf dem Land der Hippoboten angesiedelt hatten.[46] Durch Verrat von seiten der Aristokraten kam Eretria jedoch ohne Schlacht in persische Hände.[47]

Der Angriff gegen Athen stand unter der Leitung des ehemaligen attischen Tyrannen Hippias, der als Ort der Landung die Ebene von Marathon empfahl (490 v. Chr.).[48] Die Athener hatten in Sparta um Hilfe gebeten, die ihnen zwar zugesagt, jedoch – aus religiösen oder möglicherweise innenpolitischen Gründen – erst verzögert gesandt wurde. Man berief sich in Sparta auf den alten Brauch, daß ein Heer nicht vor dem nächsten Vollmond ausziehen könne.[49] Platon fügt dem noch hinzu, daß die Spartaner in dieser Zeit auch mit einem Helotenaufstand zu kämpfen hatten.[50] Nur von den Plataiern unterstützt, stellten die Athener ihr Heer dem persischen gegenüber auf. Zwei Gründe nennt Herodot für den überraschenden Sieg des attischen über das zahlenmäßig weit überlegene Heer der Perser. Einerseits wendeten die Athener eine ganz neue Kampfestechnik an, indem sie ihre Hopliten im Laufschritt angreifen ließen:[51]

33

Schlachtverlauf bei Marathon und Heldentod des Archon Kallimachos, Herodot 6, 112–114

112. Als die Aufstellung vollendet war und das Opfer günstig ausfiel, stürmten die Athener im Laufschritt auf das Zeichen zur Schlacht hin gegen die Barbaren vor. Die Entfernung zwischen den Heeren betrug nicht weniger als acht Stadien. Die Perser sahen die Athener im Laufschritt nahen und rüsteten sich, sie zu empfangen. Sie hielten es für ein ganz tolles selbstmörderisches Beginnen, als sie die kleine Schar heranstürmen sahen, die weder durch Reiterei noch durch Bogenschützen gedeckt wurde. Aber während die Barbaren solche Gedanken hegten, kamen schon die Haufen der Athener heran; der Kampf begann, und sie hielten sich wacker. Die Athener waren die ersten unter allen hellenischen Stämmen, soweit wir wissen, die den Feind im Laufschritt angriffen, sie waren auch die ersten, die dem Anblick medischer Kleidung und medisch gekleideter Krieger standhielten. Bis dahin fürchteten sich die Hellenen, wenn sie nur den Namen der Meder hörten.
113. Der Kampf bei Marathon währte lange. In der Mitte des Heeres siegten die Barbaren; dort stand der persische Stamm selbst und der Stamm der Saken. Dort blieben also die Barbaren Sieger, durchbrachen die Reihen der Feinde und verfolgten sie landeinwärts. Auf beiden Flügeln siegten jedoch die Athener und Plataier. Sie ließen ihre geschlagenen Gegner fliehen und wandten sich gemeinsam gegen die, welche die Mitte durchbrochen hatten. Auch hier siegten die Athener. Dann folgten sie den flüchtigen Persern und trieben sie unter Gemetzel an den Meeresstrand. Dort riefen sie nach Feuerbränden und griffen die Schiffe an.
114. Bei diesen Kämpfen starb der Polemarchos Kallimachos den Heldentod, und von den Feldherren fiel Stesilaos, der Sohn des Thrasylos. Dem Kynegeiros, Sohn des Euphorion, der ein Schiff am Heck festhielt, wurde die Hand mit einem Beil abgeschlagen, er fiel und ebenso fielen noch viele andere angesehene Athener.

Auch der große Mut der Athener kam dabei zum Tragen, denn sie waren die ersten, so Herodot, die sich nicht von dem fremdartigen Anblick der persischen Krieger abschrecken ließen. Der zweite Grund lag in der Tatkraft eines ihrer Strategen. Miltiades, der Sohn Kimons, setzte durch, daß die Schlacht gegen die Perser trotz des ungleichen Kräfteverhältnisses angetreten wurde. Dies gelang ihm zum einen dadurch, daß er den Archon Polemarchos, der damals noch den Oberbefehl über das Heer hatte, von seinem Vorgehen überzeugte und dieser den Ausschlag bei der Abstimmung unter den Strategen gab. Hier gibt der Bericht des Herodot zu erkennen, daß es in der Gruppe der Strategen Uneinigkeit gab, ähnlich wie auch in Eretria vor der Eroberung durch die Perser.[52] Auch die Hinweise auf den Verdacht gegen die Alkmeoniden, mit den Persern paktiert zu haben, den Herodot als in Athen umlaufendes Gerücht berichtet, könnten daraufhin deuten, daß es in Athen eine immer noch starke tyrannenfreundliche Gruppe gab, die Athen den Persern und damit auch Hippias ausliefern wollte. Ob allerdings das Schildzeichen, das nach der Schlacht von attischer Seite aus in Richtung auf die persischen Schiffe gegeben wurde, tatsächlich von den Alkmeoniden stammte, bezweifelt auch Herodot aufgrund der langjährigen tyrannenfeindlichen Haltung gerade dieser Familie.[53]

Im Gegensatz zur Stellung der Alkmeoniden, die zu dieser Zeit anscheinend schon umstritten waren, war diejenige des Miltiades nach dem Sieg von Marathon, der in der attischen Tradition in der Hauptsache ihm zugeschrieben wurde, unbestritten. Als ehemaliger Tyrann der hellespontischen Chersones, der sogar am Skythenfeldzug des Perserkönigs in dessen Heer teilgenommen hatte und ihm wohl zeitweilig auch tributpflichtig gewesen war, stand er eher in einer aristokratisch-tyrannischen Familientradition und war daher bis zur Schlacht von Marathon auch in der attischen Innenpolitik nicht unumstritten. Zwar hatte er 499/98 v. Chr. während des ionischen Aufstandes bei seiner Flucht vor den Phönikern für Athen die Insel Lemnos erobert,[54] doch wurde er bereits 493/92, kurz nach der endgültigen Niederwerfung der Ionier, in Athen wegen seiner Tyrannis auf der Chersones angeklagt.[55] Zwar kam es wohl zur Verhandlung, wobei man nicht weiß, vor welchem Gericht, doch Miltiades muß freigesprochen worden sein, denn kurz danach wurde er vom Volk zum Strategen gewählt.[56]

Unmittelbar im Anschluß an die Schlacht von Marathon, deren Ausgang Miltiades sich wohl als Verdienst anrechnen konnte, beantragte er Mittel für eine See-Expedition nach Paros. Allerdings gab er in der Öffentlichkeit das Ziel nicht bekannt. Herodot stilisiert das Verhalten des Miltiades in dieser Episode in starker Parallelität zu demjenigen des Kleomenes: Auch Miltiades soll aus persönlichen Rachegründen den Feldzug begonnen haben, das Ziel verschwiegen und vor Ort auch einen Tempel entweiht haben, ohne jedoch die Eroberung von Paros erreichen zu können. Genauso wie Kleomenes wird auch er für diese Hybris von seinem Schicksal durch Strafe und Krankheit geschlagen.[57]

Doch bevor Miltiades einer unheilbaren Krankheit erlag, wurde er von Gegnern aus dem Umkreis der Alkmeoniden wegen Betruges am Volk angeklagt. Aufgrund seiner Verdienste bei Marathon sollte er nicht hingerichtet werden, sondern nur die hohe Buße von 50 Talenten zahlen, die in etwa der Summe entsprach, die die Flottenexpedition gekostet hatte.[58] Möglicherweise starb Miltiades sogar im Gefängnis, in dem er bis zur Auslösung durch seinen Sohn Kimon bleiben mußte.[59]

Athen nach Marathon: Ostrakismos, Archontat und Boule

Diese öffentliche Abkehr von einem führenden Aristokraten steht möglicherweise auch im Zusammenhang mit einer nach Marathon einsetzenden Entwicklung, die der Verfasser der Athenaion Politeia als ein ›Mutgewinnen‹ des Demos bezeichnet.[60] Die Schlacht von Marathon wurde für die Athener zu einem Mythos.[61] Es waren 192 gefallen, die man auf dem Schlachtfeld in einem Grabhügel bestattete. An diesem Ort scheint sich auch ein Heroenkult für die *Marathonomachai* gebildet zu haben. In Athen hingegen wurden die Gefallenen offiziell seit dem Jahr der Schlacht alljährlich durch ein öffentliches Opfer geehrt, und die Kämpfer selbst galten auch noch am Ende des 5. Jahrhunderts als die Vorbilder schlechthin.[62]

Der unerwartete Verlauf der Schlacht wurde in Athen mit der Hilfeleistung durch verschiedene Götter und Helden erklärt: Nicht nur war Pan dem Boten, der die Spartaner im Namen Athens um Hilfe gebeten hatte, erschienen, sondern während der Schlacht selbst sollen verschiedene Heroen (Herakles, Theseus) und Götter (Athena, Artemis) von den Athenern gesichtet worden sein.[63] Hier zeigt sich der spezifische Zug der attischen Religiosität, die eng mit dem Bürgerbewußtsein verbunden war und die auch später noch als eine Besonderheit hervorgehoben wurde.[64] Für die Athener kam darin die Überzeugung zum Ausdruck, daß Attika ein von den Göttern privilegiertes Land war und die Leistung der Athener Bürger sich daher in besonderem Maße vor derjenigen der anderen Poleis auszeichnete.

Durch den Erfolg von Marathon bewegt, wandte das Volk zwei Jahre nach der Schlacht (488/87 v. Chr.) zum ersten Mal ein Verfahren an, das schon Kleisthenes eingeführt haben soll, den Ostrakismos.[65] Dieses »Scherbengericht« wurde auf Verlangen der Volksversammlung einmal im Jahr durchgeführt. Bei der Abstimmung war jeder Bürger stimmberechtigt und entschied mit darüber, welcher Politiker für 10 Jahre ohne Verlust des Bürgerrechts und des Vermögens ins Exil zu gehen hatte; es war ein Quorum von 6.000 Stimmen erforderlich (entweder im Hinblick auf die Teilnehmerzahl oder auf die Nennungen).

Ostrakismos, Athenaion Politeia 22, 3–4

Als im zwölften Jahre danach, unter dem Archonten Phainippos (490/89), die Schlacht bei Marathon gewonnen wurde, ließen sie noch zwei Jahre nach dem Sieg verstreichen, und als das Volk endlich an Mut gewann, wandten sie dann zum ersten Mal das Gesetz über das Scherbengericht (488/87) an, das wegen des Misstrauens gegen die Inhaber der Machtstellungen erlassen worden war, weil sich Peisistratos vom Volksführer und Strategen zum Tyrannen gemacht hatte. Einer seiner Verwandten, Hipparchos, Sohn des Charmos, aus der Gemeinde Kollytos wurde als erster durch das Scherbengericht verbannt (ostrakisiert). Seinetwegen hatte Kleisthenes auch vor allem das Gesetz erlassen, da er ihn vertreiben wollte. Denn die Athener erlaubten es denjenigen Anhängern der Tyrannen, die sich während der politischen Unruhen nichts hatten zuschulden kommen lassen, weiter in der Stadt zu wohnen und übten so die gewohnte Milde des Volkes. Als Führer stand Hipparchos an der Spitze dieser (Anhänger der Tyrannen).

Ursprünglich sei der Ostrakismos eingerichtet worden wegen des Mißtrauens gegen die Tyrannen und Tyrannenfreunde. Ob er tatsächlich von Kleisthenes oder sogar noch früher bzw. erst nach Marathon in Athen eingeführt wurde, ist höchst unklar.[66]

Aus den zahlreichen Funden der Tonscherben (*ostraka*), auf denen die Namen der Kandidaten für einen Ostrakismos geschrieben wurden, ergeben sich durchaus Hinweise für ein Datum vor 490 v. Chr.: Es sind zwei Ostraka erhalten, die die Namen Aristion und Peisistratos tragen. Dieser Peisistratos war derjenige Enkel des Tyrannen, von dem eine Weihinschrift für den von ihm gestifteten Altar der Zwölf Götter zum Gedenken an sein Archontat erhalten ist, deren Buchstabenform wohl auf eine Entstehungszeit um 490 v. Chr. hinweist.[67] Aber da das Archontat des jüngeren Peisistratos aufgrund einer erhaltenen Archontenliste eher auf 522/21 als in die 90er Jahre zu datieren ist,[68] wäre auch ein gegen ihn gerichteter Ostrakismos in vorkleisthenischer Zeit zu vermuten; damit wäre dann allerdings die Aussage der *Athenaion Politeia* in Frage gestellt.

Später wurden nicht nur die Anhänger und Freunde der Tyrannis, sondern, schon drei Jahre nach der ersten Ostrakophorie, auch andere verbannt, wenn sie zu mächtig schienen.[69] Aristoteles hat später den Ostrakismos in seinem Werk über die Politik als ein Mittel charakterisiert, das von der Seite des Volkes zur Sicherung der Herrschaft und der Gleichheit (*isotes*) eingeführt worden sei.[70] Nach Ansicht des Aristoteles ist der Ostrakismos ein Mittel der Auseinandersetzung im Parteienkampf, d. h. im Fall von Athen wäre er von der Partei des Demos eingesetzt worden, womit nicht ausgeschlossen ist, daß auch deren aristokratische Führer ihm zum Opfer fielen. Das ist aus der Ostrakisierung der Alkmeoniden Megakles und insbesondere des Xanthippos zu erkennen, der von dem Verfasser der *Athenaion Politeia* als den Tyrannen fernstehend beschrieben wird.[71] Andererseits schien den Alkmeoniden der Vorwurf des Verrates und der Kollaboration mit den Persern anzuhängen: Allein vier Namen dieser Familie begegnen in den Ostraka-Funden der 80er Jahre, wobei Kallixenos auf einer Scherbe *prodotes* (Verräter) genannt wird.[72] 482/81 wird, im Zusammenhang mit dem bevorstehenden Xerxes-Zug, eine Änderung eingeführt: Die Verbannten mußten sich nun jenseits einer Grenze aufhalten, die an der Linie von Kap Skyllaion an der Südseite des Saronischen Golfes bis zum Kap Geraistos an der Südspitze von Euböa lag.[73]

Aus der Untersuchung der Tonscherben hat sich ergeben, daß die Gefäße oder größeren Stücke öfter erst kurz vor der Beschriftung am Ort der Abstimmung in Einzelteile zerbrochen wurden.[74] Da auch die Stücke, die von einem Gefäß stammen, teilweise gegensätzliche Namen und Beschriftungen tragen, können diese Abstimmungen kaum durch organisiertes und vorbereitetes Gruppenverhalten bestimmt worden sein.[75] Die Erklärung dieses eigentümlichen Verfahrens als ein Mittel, das im Machtkampf der aristokratischen Politiker untereinander eingesetzt wurde, ist somit hinfällig.[76] Die Anwendung des Ostrakismos gegen adlige Politiker in Athen scheint ein von größerer Spontaneität geprägtes Verfahren zu sein als andere in Athen praktizierte Verfahrensweisen wie etwa Wahlen oder Prozesse. Wenn trotzdem 6.000 Stimmen oder zumindest die Mehrheit von 6.000 Stimmen zustande kamen, dann bedeutete dies eine deutliche Ablehnung des jeweiligen ostrakisierten Politikers durch den Demos. Hierin lag die Möglichkeit für das Volk, den Führungsanspruch der adligen Politiker zurückzuweisen und zu begrenzen.[77]

Im Zusammenhang mit der verstärkten Anwendung des Ostrakismos berichtet die *Athenaion Politeia*,[78] daß 488/87 der Bestellungsmodus für das Archontat verändert wurde – statt der direkten Wahl wurde jetzt nach Phylen (*kata phylas*) aus 500 Vorgewählten (*prokritoi*), die in den Demen bestimmt wurden, ausgelost.[79] Ob es sich bei dieser Änderung allerdings wirklich um eine Neuheit in der Bestellungspraxis gehandelt hat oder ob sich die Bedeutung erst aus dem Kontext der Ereignisse nach Marathon ergeben hat, ist schwierig festzustellen. Die Quellen sind hier widersprüchlich.[80] Zwar sagt die *Athenaion Politeia*, daß die Archonten vor 488/87 direkt gewählt worden seien, aber es ist nicht zu ersehen, aus welcher Gruppe insgesamt. Seit Solon mußten die Archonten zu der höchsten Zensusgruppe der *Pentakosiomedimnoi* (500-Scheffler) gehören und zu Beginn des 5. Jahrhunderts war dieser Kreis möglicherweise bereits auf die nächste Zensusgruppe der *Hippeis* (300-Scheffler) ausgeweitet worden. Zu Solons Zeiten soll das Verfahren zur Auswahl der Archonten ebenfalls schon aus Vorwahl und Los bestanden haben.[81] Möglicherweise ist dies dann unter der Tyrannis aufgegeben und das alte solonische Verfahren von Kleisthenes der neuen Ordnung angepaßt worden. So ist vorstellbar, daß aus einer Zahl der durch die zehn Phylen Vorgewählten insgesamt die neun Archonten durch Wahl bestimmt wurden.[82] Auch ist die Zahl der 500 Vorgewählten sehr hoch, da dann immer eine sehr viel größere Zahl zur Auswahl gestanden haben müßte. Daher ist zu erwägen, daß lediglich 100 Bürger vorgewählt wurden.[83] Die Funktionsbereiche der Archonten sind offensichtlich schon vor 488/87 per Los verteilt worden, so daß die Regelung von 488/87 eigentlich keine qualitative Veränderung bedeutet haben kann.[84]

Aus einer Inschrift, die sich mit Schutzregelungen gegen Profanierungen von Tempelbezirken auf der Akropolis befaßt (485/84 v. Chr.), ergeben sich allerdings Hinweise darauf, daß demgegenüber die Boule in diesen Jahren schon strafrechtliche Kompetenzen ausübte.[85]

In dieser sog. Hekatompedon-Inschrift (genannt nach einem 100 Fuß langen Tempel, der in dieser Inschrift erwähnt wird und bei dem es sich wohl um den Vorgänger des Parthenon handelt) wird ein Prytanis erwähnt, der Zuwiderhandlungen gegen den in der Inschrift niedergelegten Beschluß den Tamiai (Schatzmeistern) zu melden bzw. bei eigener Zuwiderhandlung Buße zu zahlen habe. Unter diesem Prytanis ist hier der Vorsitzende der Boule zu verstehen. Die Auferlegung der Geldstrafe wird durch den Terminus *euthynesthai* bezeichnet, womit ein Bezug zu der im Verlauf des 5. Jahrhunderts für attische Magistrate typischen Rechenschaftslegung (*Euthyna*) hergestellt ist.[86] Möglicherweise hatte der Areopag seit frühen Zeiten schon Überwachungsfunktionen für die attischen Magistrate, doch für eine institutionalisierte Pflicht zur Rechenschaftslegung in der Form der *Euthyna* – wenngleich nicht am Ende der Amtszeit – wäre die Hekatompedon-Inschrift der erste Hinweis. Vor allem aber gibt die Inschrift einen Hinweis darauf, wie Verfahren, die man in späterer Zeit als typisch für die attische Demokratie betrachtete, sich im Verlauf des 5. Jahrhunderts langsam entwickelten.

Die Chronologie dieser Periode zeigt, daß Marathon durchaus als Einschnitt in der attischen Geschichte im Inneren wie nach außen zu verstehen ist, wenngleich nicht in punktueller Hinsicht, sondern als auffälligstes Element einer seit dem Sturz der Tyrannis einsetzenden Entwicklung.

Das Schatzhaus der Athener in Delphi

Ein Schatzhaus, das die Athener in diesen Jahren in Delphi stifteten, zeigt gerade an den Themen der skulptierten Teile, wie sich das neue Selbstverständnis im religiös-mythischen Bereich niederschlug. Das Schatzhaus haben die Athener nach

Pausanias aus der Beute, die sie nach der Zurückschlagung des persischen Heeres unter Datis erringen konnten, finanziert.[87]

Die Datierung dieses Schatzhauses ist schwierig; aus archäologischen Gründen wird meist ein früheres Datum als 490 angenommen. Allerdings bezieht die noch am Bau befindliche Inschrift (A das kaum leserliche Original, B die im 3. Jahrhundert oder später leicht veränderte Wiederaufzeichnung) die Weihung eindeutig auf den Sieg bei Marathon.

Delphi: Weihung Athens für den Sieg bei Marathon (490 v. Chr.)
Syll.³23.A-B; Tod I²14 [B]); ML 19 [B], HGIÜ 32

(A) [Die A]then[er (haben dies) dem Apollon Pythi]os als Er[stlingsgaben der Schlacht bei Marathon (geweiht);] v[on den Medern].

(B) (B) Die Athener (haben) d[em] Apollo[n von den Med]ern dies als Er[stlingsga]ben der Sch[lacht] bei Marathon (geweiht).

Auf den Metopen der Vorderseite ist eine Amazonomachie dargestellt, an der Nordseite diejenige des Herakles, an der Südseite diejenige des Theseus, der seit dem Ende des 6. Jahrhunderts zum Nationalheros der Athener entwickelt wurde. In der Amazonomachie ist auf mythischer Ebene die Auseinandersetzung mit den Persern, den Barbaren, gespiegelt – eine Thematik, die im 5. Jahrhundert recht häufig auf attischen Denkmälern zu sehen ist.[88] Ausgehend von dem Kampf zwischen Theseus und der Amazonenkönigin Antiope, der in Parallelität zu den Kämpfen des Herakles gegen die Amazonen auf der Nordseite des Schatzhauses dargestellt ist, lassen sich hier schon die Elemente des Mythos zu erkennen,[89] die im Verlauf des 5. Jahrhunderts so prägnant ausgestaltet wurden: Theseus zieht zusammen mit Herakles nach Osten in den Kampf gegen die Amazonen; erst seit den 60er Jahren des 5. Jahrhunderts wird diese Version abgelöst von der jüngeren, nach der der Einfall der Amazonen in Attika unter der Führung des Theseus von den Athenern siegreich abgewehrt wird.[90] In der älteren Version wird mit der Zugrichtung nach Osten die Teilnahme der Athener am ionischen Aufstand und am Zug nach Sardes reflektiert, wo der Kybele/Artemis-Tempel, der Tempel einer Amazonengöttin, niedergebrannt wurde. In der jüngeren Version hingegen spiegelt sich der Einfall der Perser in Attika, der ebenso siegreich zurückgeschlagen wurde.[91]

Themistokles und der Aufbau der attischen Flotte

War für die meisten Athener mit dem Sieg über das Perserheer bei Marathon die Auseinandersetzung zu einem Ende gekommen, so entsprach dies weder den Absichten des Perserkönigs noch der Einschätzung des Themistokles, dessen politischer Einfluß und gleichzeitige Konkurrenz zu Aristeides in den 80er Jahren begann.[92] Während in Persien durch den Regierungswechsel von Dareios zu Xerxes und den Aufstand in Ägypten ein erneuter Marsch gegen Griechenland verzögert wurde, scheint die Situation in Athen widersprüchlich gewesen zu sein. Nach Stesimbrotos, auf den sich Plutarch bezieht, hat Themistokles noch zu Lebzeiten des Miltiades und gegen seinen Widerstand, also direkt nach der Schlacht von Marathon, bevor Miltiades durch die Paros-Expedition in der attischen Öffentlichkeit diskreditiert war, den Aufbau einer großen Flotte gefordert, um damit die Position Athens gegenüber einem erneuten Angriff der Perser zu stärken.[93]

Plutarch, Themistokles 4

Sein erster Schritt war nun, daß er es allein wagte, den Athenern in einer Volksversammlung den Vorschlag zu machen, daß sie nicht mehr, wie bisher geschehen, die Einkünfte aus dem laurischen Silberbergwerk unter sich verteilen, sondern von diesem Gelde Galeeren zum Kriege gegen die Aigineter erbauen sollten. Dieser war eben damals in Griechenland mit aller Macht im Gange, und die Aigineter behaupteten durch ihre mächtige Flotte die Herrschaft zur See. Um so leichter war es also für Themistokles, die Athener dazu zu überreden, da er ihnen nicht mit dem Dareios und den Persern drohte – denn diese waren zu weit entfernt und weckten nicht die Furcht, daß sie wiederkommen würden – sondern sich zu rechter Zeit des Hasses und der Eifersucht seiner Mitbürger gegen die Aigineter bediente, um die Rüstung zustande zu bringen. So wurden nun von jenen Geldern hundert Schiffe erbaut, mit denen sie an dem Seegefechten gegen Xerxes teilgenommen haben. Von nun an suchte er nach und nach den Staat zum Meer zu führen und zu leiten in der Erwägung, daß die Athener zu Lande nicht einmal ihren Nachbarn gewachsen wären, durch die Stärke der Flotte aber sowohl den Barbaren widerstehen als auch über Griechenland herrschen könnten, und machte sie also, wie Platon sagt, aus tapferen schwerbewaffneten Fußsoldaten zu Seesoldaten und Seeleuten, wodurch er sich den Vorwurf zuzog, er habe seinen Mitbürgern Speer und Schild aus den Händen gewunden und die Athener an die Ruderbank gefesselt. Bei diesem Vorschlag fand er an Miltiades einen starken Gegner, setzte ihn aber dennoch durch, wie Stesimbrotos erzählt. Ob er die Genauigkeit und Reinheit der Verfassung verletzt hat oder nicht, als er dies durchführte, erfordert eine wissenschaftliche Untersuchung; aber daß dem Griechen damals ihre Rettung aus dem Meer erwuchs und jene Galeeren Athen aus seinen Trümmern wieder aufrichteten, hat, außer anderen Umständen, Xerxes selbst bezeugt. Dieser floh nach Besiegung seiner Flotte, obgleich die ganze Landmacht noch unversehrt dastand, als ob er nun nicht mehr dem Kampf gewachsen sei, und hinterließ, wie mir scheint, den Mardonios mehr um die Griechen an der Verfolgung zu hindern, als um sie zu unterwerfen.

Andererseits hat es aber doch eine heftige und kontroverse Diskussion um die Finanzierung des Flottenaufbaus in dieser Zeit gegeben, von dem sowohl Herodot als auch die *Athenaion Politeia* berichten.[94]

In den 80er Jahren flammte auch der Konflikt mit Aigina wieder auf, der sowohl nach dem Sturz der Tyrannis als auch vor dem Zug des Dareios geschwelt hatte. Aufgrund der aiginetischen Flotte war die Vorherrschaft Aiginas im Saronischen Golf für Athen kaum anders zu überwinden als durch den Aufbau einer eigenen Seemacht.[95] Als im Bezirk von Laureion bei Maroneia 483/82 neue Silberminen erschlossen wurden, sollte der daraus zu gewinnende Geldwert unter die Athener verteilt werden. Nach Herodot wären dies zehn Drachmen pro Bürger gewesen, bei einer geschätzten Bürgerzahl von 30.000 ein Gesamtwert von 50 Talenten.[96] Themistokles jedoch konnte die Athener davon überzeugen, das Geld für den Krieg gegen Aigina einzusetzen. Herodot spricht von 200, die *Athenaion Politeia* und Plutarch von 100 Schiffen, die aus diesen Mitteln finanziert bzw. durch Bürgschaft reicher attischer Bürger vorfinanziert wurden.[97] Da die Athener bei Salamis mit 200 Schiffen kämpften und sie auch vor der Entdeckung der Silberminen bei Maroneia schon eine Flotte besaßen, sind wohl die 100 Schiffe die richtige Angabe.[98]

Der seit 484/83 geführte Krieg gegen Aigina wurde vor dem Einmarsch des Xerxes nicht endgültig ausgetragen, dafür jedoch hatten die Athener mit ihrer auf 200 Schiffe aufgestockten Flotte genügend Praxis im Führen eines Seekrieges erworben, so daß Herodot den Krieg gegen Aigina als die Rettung Griechenlands bezeichnen konnte.[99]

Der Xerxes-Zug

Die Vorbereitungen, die Xerxes seinerseits für den erneuten Zug gegen Griechenland traf, begannen spätestens 484/83 mit der Anlegung eines Kanals durch das Athos-Vorgebirge.[100] Ein solcher Kanal sollte verhindern, daß noch einmal eine persische Flotte das Schicksal der ersten Expedition des Mardonios erleiden würde. Auch eine Brücke über den Hellespont ließ er anlegen.[101] Als diese durch ein Unwetter zerstört wurde, ordnete Xerxes das Auspeitschen des Meeres und das Versenken eines Paares Fußfesseln im Meer an, um dieses dafür zu ›strafen‹, daß es sich seinem Willen entgegengestellt hatte.

Darüber hinaus sandte Xerxes Gesandte nach Karthago, um dort zu veranlassen, daß ein Invasionsheer nach Sizilien geschickt werde, das die dortigen Griechen unterwerfen und anschließend zur Peloponnes weiterziehen solle.[102] Ebenso wie bei dem ersten Zug sollte also auch diesmal eine Zangenbewegung die Griechen bedrohen, jedoch nicht von Norden und Süden, sondern von Osten und Westen. Auch Wasser und Erde, die Zeichen für eine bedingungslose Unterwerfung, ließ Xerxes durch Boten in ganz Griechenland mit Ausnahme von Athen und Sparta fordern.[103] Bis nach Theben und Böotien wurde ihm die Unterwerfung zugesagt, aus der Peloponnes auch von Argos.[104] Von Sardes aus begann der Zug des riesigen Heeres, das der Perserkönig aus allen Teilen seines Reiches einberufen hatte, langsam über den Hellespont, Thrakien und Thessalien nach Griechenland zu ziehen.

Hellenenbund und griechische Verteidigungsstrategie

Noch während das persische Heer sich in Sardes sammelte, trafen sich die Griechen zu einem Kongreß, auf dem sie ein Bündnis schlossen, in dem ein allgemeiner Friede unter allen griechischen Poleis vereinbart wurde.[105] Alle noch im Gange befindlichen Kriegshandlungen, u. a. diejenigen zwischen Athen und Aigina, sollten eingestellt werden. Gleichzeitig bemühte man sich um weitere Bundesgenossen: Ebenso wie der Perserkönig versuchte man außerhalb Griechenlands Unterstützung zu gewinnen. Bei Gelon in Syrakus bat man um Hopliten und Schiffe, die dieser wohl auch gewährt hätte, wenn die Griechen auf seine Forderung eingegangen wären. Für das Versprechen, 200 Trieren, 20.000 Hopliten

41

und 8.000 weitere Krieger zu senden, verlangte er den Oberbefehl gegen die Perser. Die beiden Gesandten aus Athen und Sparta lehnten dies ab. Ebenso erfolglos warben sie in Argos, Korkyra, Kreta und auch Delphi.[106]

Gerade das Orakel in Delphi scheint von Anfang an eine eher bremsende und warnende Haltung gegenüber den gemeinsamen Bestrebungen eingenommen zu haben, die alle Kräfte gegen den Perserkönig mobilisieren wollten. So wie es Argos abriet, sich an dem Hellenenbund zu beteiligen,[107] gab es den Athenern zwei Orakel, die ihnen rieten, Athen und Attika ganz aufzugeben.[108]

Das zweite Orakel, in dem den Athenern der Schutz hinter hölzernen Mauern empfohlen wurde, deutete Themistokles so um, daß die im Orakeltext genannten hölzernen Mauern die Schiffe der Flotte seien und nicht etwa die Dornenhecke um die Akropolis. So setzte sich Themistokles gegen die Orakeldeuter durch, die eine Aufgabe Attikas empfahlen, um das Volk andernorts neu anzusiedeln.

Auf einem zweiten Kongreß, der am Isthmos von Korinth stattfand, legte man sich auf ein strategisches Vorgehen gegen das Perserheer fest: Thessalien sollte durch eine Besetzung der Nordlinie am Olymp gesichert werden. Man entsandte dazu 10.000 Hopliten in das Tempetal. Nachdem dies, auch aufgrund der starken propersischen Tendenzen der thessalischen Aristokratie, nicht gelang, einigte man sich bei einem erneuten Treffen auf eine kombinierte See- und Landstrategie mit einem Schutzriegel am Thermopylen-Paß und dem nahegelegenen Kap Artemision der Insel Euböa.[109] Obwohl Herodot die beiden Treffen nicht in einem Kontext berichtet, war wohl eine Kombination aus der Besetzung des Thermopylen-Passes und eines gleichzeitigen Vorgehens zur See am Kap Artemision geplant. Bei Artemision wurden nach Herodot 271 Trieren eingesetzt,[110] wobei 53 für die Sicherung des Rückzuges verwendet wurden. Diese Flotte setzte sich aus allen Schiffen Athens und drei Vierteln der peloponnesischen Flotte zusammen. Das Landheer dagegen, das bei den Thermopylen stand, umfaßte nach dem erhaltenen Gefallenenepigramm nur 4.000 Soldaten.[111] Diese relativ geringe Zahl, die keinesfalls die gesamte Landstreitmacht der Griechen darstellte, wie die ein Jahr später bei Plataiai kämpfenden ungefähr 100.000 – davon fast 40.000 Soldaten aus Sparta – zeigen, belegt entweder den Widerstand der Peloponnesier, so weit jenseits des Isthmos zu kämpfen, oder es war tatsächlich nur eine Vorausabteilung, der, da man nicht mit einer schnellen Entscheidung rechnete, die Haupttheeresmacht noch folgen sollte.[112]

Das griechische Landheer wurde bei den Thermopylen aufgrund eines Verrates aufgerieben. U. a. hatten die Griechen einen Umgehungspfad nicht ausreichend bewacht. Es ist vermutet worden,[113] daß die Peloponnesier die nördliche Verteidigungslinie Thermopylen – Kap Artemision nicht akzeptierten und daher die Einheit der Griechen schon zu diesem Zeitpunkt zerbrach und nur durch den Heldentod des spartanischen Feldherrn Leonidas mitsamt seinen 300 Spartiaten am Thermopylenpaß gerettet wurde.[114] Insofern ist später für die Spartaner der Opfergang des Leonidas auch Grundlage ihrer eigenen Siegesideologie der Perserkriege geworden (s. u. S. 69 f.).

Weiter kompliziert wird die Rekonstruktion der griechischen Strategie, die in dem Sieg zur See bei Salamis mündete, durch eine Inschrift aus dem 4. Jahrhundert, das sog. Themistokles-Dekret.[115]

Das Themistoklesdekret (480 v. Chr.?)
SEG 18, 153; ML 23; HGIÜ 35

[Götter!] Beschloss[en] haben der Rat und das Volk, Themis[tokl]es Sohn des Neokles aus (dem Demos) Phrearrhioi stellte den Antrag: Die Stadt soll man an[vertrau]en der Athena, die über Athen [waltet], u[nd den ander]en Göttern allen, daß sie sie beschützen und [den Ba]rbaren zur Rettung des Landes abw[ehren]. Die Athener [alle und die Fremde]n, die in Athen ansässig sind, [sollen die Kinder und die Frauen na]ch Troizen bringen [in die Obhut des Theseus {oder: Pittheus} (?),] des Archegeten des Landes. [Die Alten aber und die] Habe sollen sie nach Salamis verbi[ngen. Die Schatzmeister aber und d]ie Priesterinnen sollen auf der Akropolis [bleiben als Bewachung des Besitzes der] Götter. Die anderen Athe[ner alle und die Fre]mden im waffenfähigen Alter sollen an Bord der [bereitliegenden] zweihundert Schiffe gehen und [den Barbaren] abwehren, sowohl [um] ihrer eigenen Freiheit [willen als auch der der anderen Griechen], zusammen mit den Lakedaimoniern und Korin[thern und Aigineten] und den anderen, die bereit sind [der Gefahr] gemeinsam [sich zu stellen.] Bestimmt werden sollen auch Trierarchen (= Kapitäne), [zweihundert (an Zahl), einer für] jedes Schiff, von den [S]trategoi [beginnend mit d]em morgigen Tag, aus der Zahl derer, die den Grund- und Hausbesitz in Athen haben und die ehe[liche]° Kinder haben [und die nicht ält]er als fünfzig Jahre sind, und sie sollen [ihnen d]ie Schiffe durch das L[os] zu[teilen]. … Und sie sollen [z]ehn Soldaten [für jedes] Schiff ausheben° aus der Zahl derer, die über zwanzig Jahre sind [und unter drei]ßig Jahren, und vier Bogenschützen. Aus[losen sollen sie] die(se) Maate für die Schiffe dann, wenn sie auch die Trierarchen auslosen. Aufschreiben sollen die Strategoi auch die [andere Bemannung pro] Schiff auf weißen Bret[tern, und zwar die] Athener aus den Bürgerlisten (der Demoi), [die Frem]den aus den Verzeichnissen bei dem [Polemarchos]. Aufschreiben sollen sie sie eingeteilt in Abteilungen, und zwar in zweihundert, mit [jeweils] hundert (Mann pro Abteilung), und eintragen über jeder [Abteil]ung den Namen der Triere und des Trierarchen und der Maate, damit sie wissen, auf welcher Triere sich die jeweilige Abteilung einzufinden hat. Wenn aber alle Abteilungen eingeteilt und den Trieren durch das Los zugewiesen sind, sollen alle zweihundert Schiffe bemannen der Rat und [di]e Strategoi, nachdem sie ein Versöhnungs[op]fer dargebracht haben Zeus, dem Allesbeherrscher, und Athena und Nike, und Poseidon, dem Beschützer. … Wenn aber bemannt sind die Schiffe, sollen sie mit dem einen Hundert von ihnen fahren zur Hilfeleistung am [Kap] Artemision von Euboia und mit dem anderen Hundert von ihnen um Salamis und das übrige Attika vor Anker bleiben und bewachen das Land. Damit aber alle Athener einmütig den Barbaren abwehren, sollen diejenigen, die außer Landes (= verbannt) waren auf [zehn] Jahre, sich nach Salamis begeben und d[ort] so lange bleiben, [bis das Volk] einen Beschluß über sie faßt. Diejenigen aber, die [der Atimie (?)] …

Diese Beschluß auf Antrag des Themistokles wurde wahrscheinlich aus Anlaß des Aufstandes nach dem Tod Alexanders d. Gr. (323 v. Chr.) gefaßt, als man ebenfalls Schiffe bemannte und die nicht kampffähige Bevölkerung außerhalb Attikas in Sicherheit brachte.[116] Nach dem Original sprachlich modernisiert und aufgezeichnet, beschreibt er das Vorgehen der Athener im Jahre 480: Frauen und Kinder sollten nach Troizen evakuiert, die Alten und die Habe nach Salamis gebracht werden, nur die Schatzmeister und die Priesterinnen der Athena sollten zurückbleiben. Alle Einwohner im waffenfähigen Alter sollten sich auf die Schiffe begeben und die Trierarchen durch das Los für die 200 Schiffe bestimmt werden. Für jede Triere war eine Besatzung von 100 Mann vorgesehen. Die Flotte wurde in zwei Teile geteilt, von denen 100 zum Kap Artemision, die anderen 100 nach Salamis segeln sollten, um von dort aus Attika zu schützen. Schließlich wurde den Ostrakisierten die Rückkehr freigestellt und als Aufenthaltsort Salamis zugewiesen.

Die Authentizität des Inhaltes läßt sich durch den Vergleich mit Herodot und auch gewisse Unbeholfenheiten in der Formulierung durchaus stützen.[117] Schwierig zu erklären ist die klare Zweiteilung der Flotte, während doch Herodot davon spricht, daß die ganze attische Flotte nach Kap Artemision segelte. Allerdings ist nicht auszuschließen, daß man noch nach dem Dekret den Plan wieder änderte, was sich auch aus Herodot entnehmen ließe, der davon berichtet, daß 53 der attischen Schiffe erst im letzten Moment bei Artemision eintrafen.[118] Dazu würde auch die Angabe Diodors passen, daß bei Artemision 280 Trieren standen, von denen 140 attische waren.[119] Vielleicht hatte man ursprünglich mit einer erneuten Landung der Perser bei Marathon gerechnet und daher die Zweiteilung beschlossen, und dann, als sich abzeichnete, daß das persische Vorgehen in eine andere Richtung lief, den zweiten Teil der Flotte nach Kap Artemision geschickt. Schließlich stellt auch Diodor den Ablauf der beiden Schlachten bei den Thermopylen und Kap Artemision so dar, als ob sie nacheinander und unabhängig voneinander geschlagen wurden.[120]

Zerstörung Athens und Entscheidung bei Salamis

Das weitere Vorgehen ist von der Initiative des Themistokles gekennzeichnet: Die Diskussion um einen Abzug der Flotte aus dem Saronischen Golf und den ständig geforderten Rückzug hinter den Isthmos konnte er im Sinne Athens entscheiden.[121] Es gelang den Persern, bis Attika vorzustoßen, dieses und vor allem die Stadt Athen zu verwüsten, wobei auch die Akropolis niedergebrannt wurde. Die Stellung der Athener den Bundesgenossen gegenüber wurde dadurch schwächer, da sie jetzt als Vertriebene und Heimatlose galten. Auch aus diesem Grund wollte Themistokles eine Entscheidungsschlacht herbeiführen, bevor die Streitkräfte der Verbündeten auseinanderliefen. Nach der antiken Tradition bediente er sich dazu einer List, indem er den Erzieher seiner Kinder heimlich zu den Persern sandte mit der Botschaft, daß die griechische Flotte aus Angst kurz vor der Flucht stünde.[122] Auf griechischer Seite unterstützte ihn sein langjähriger Gegner Aristeides, der sich durch den Rückruf der Ostrakisierten aus dem Exil nach Salamis hatte begeben können.[123]

Als es dann zur Schlacht in der Meerenge von Salamis kam, zeichneten sich die Ionier, die auf persischer Seite kämpften und bei Salamis auf dem linken Flügel der Flotte eine wichtige Position innehatten, nach Herodot wieder einmal durch Feigheit und Disziplinlosigkeit aus, während sie nach der Überlieferung Diodors schon vor der Schlacht bei Themistokles ihren Wechsel zu den Griechen ankündigen ließen.[124] Sobald für Xerxes die Niederlage absehbar war, begab er sich, unter Zurücklassung eines größeren Landheeres, das die Eroberungen in Mittelgriechenland sichern sollte, sofort zum Hellespont, da er eine Zerstörung der Brücken befürchtete. Auch hierbei soll der listenreiche Themistokles sich eingeschaltet haben, indem er dem König heimlich eine beruhigende Nachricht zukommen ließ.[125] Man verfolgte die persische Flotte bis Andros, verständigte sich dann aber darauf, im nächsten Frühjahr die Kampagne fortzusetzen.[126]

Plataiai und Mykale

Mardonios überwinterte mit dem größten Teil des Landheeres in Thessalien. Im kommenden Jahr 479 fiel er erneut in Attika ein und brannte Athen nieder.[127] Die Einwohner Attikas hatten sich wieder auf die Schiffe und nach Salamis zurückgezogen, während dringende Hilfsgesuche nach Sparta geschickt wurden. Obwohl die Peloponnesier ihre Schanzarbeiten am Isthmos gut vorangetrieben hatten, beschlossen die Ephoren doch, ein spartanisches Heer auszusenden, da die Athener damit drohten, sich mit den Persern zu einigen.[128] Die Widerstände in Sparta können auch damit zusammenhängen, daß die Schwierigkeiten mit Tegea wieder begonnen hatten, möglicherweise auch schon Elis und Mantineia mit dem perserfreundlichen Argos paktierten.[129] Die Kontingente aus Elis und Mantineia kamen verdächtig spät bei Plataiai an, worin eine Tendenz zum Verrat, zum Medismos gesehen wurde.[130] Immerhin fielen beide Poleis innerhalb der nächsten zehn Jahre vom Peloponnesischen Bund ab und schlossen sich mit Argos zusammen. Auch innerhalb des lakedaimonischen Gebietes scheint es Probleme gegeben zu haben, da die Periöken-Stadt Karya, die von Sparta aus an der Grenze zu Tegea und auf dem direkten Weg nach Argos lag, sich zu den Persern bekannt hatte. Die Gründe für das spartanische Zögern können durchaus in diesen Abfallbewegungen innerhalb ihres eigenen Herrschaftsbereiches zu suchen sein und sind dann nicht unbedingt auf eine traditionelle Zögerlichkeit der Spartaner zurückzuführen.[131]

Unter der Führung des Pausanias marschierten 5.000 Spartiaten mit Heloten und Periöken, eine Streitmacht von fast 40.000 Mann, nach Böotien.[132] Ein Bundeskongreß des Hellenenbundes beschloß, die Sache der Athener zu einer gemeinsamen zu machen. Man verfaßte aus diesem Anlaß den berühmten Eid, der von den bei Plataiai kämpfenden Griechen geschworen wurde.[133] Neben der nicht ganz einheitlichen literarischen Überlieferung ist auch eine inschriftliche Version des Eides vorhanden, die auf einer kaum vor 360 v. Chr. errichteten Stele aus Acharnai erhalten ist und eine etwas veränderte Version des Schwurs gibt.[134] Die größte Diskrepanz liegt jedoch darin, daß nach der literarischen Version die Griechen schworen, die von den Persern niedergebrannten Tempel als Erinnerung liegenzulassen und nicht wieder aufzubauen. Diese Klausel hat die inschriftliche

Version nicht. Möglicherweise hat sich die literarische Tradition an dem Eid orientiert, den die Ionier geschworen hatten, und in dem auch eine Klausel enthalten war, die von den Persern niedergebrannten Tempel nicht wieder aufzubauen.[135]

Bei Plataiai trafen sich das persische und das Heer der Bundesgenossen zu einer Landschlacht, die sicher die größte Hoplitenschlacht der damaligen Zeit gewesen ist.[136] Während des Schlachtverlaufs scheint es zu einigen Mißverständnissen gekommen zu sein, die nur aufgrund der überragenden Kampfkraft der Spartaner und der Übersicht ihres Feldherrn Pausanias zu einem Sieg gewendet werden konnten.[137]

Zeitnah im Anschluß an den Sieg bei Plataiai wurde bei Mykale in Ionien eine kombinierte See- und Landschlacht durch die griechische Flotte unter dem spartanischen König Leotychidas gewonnen, an der sich auch Ionier auf griechischer Seite beteiligt hatten.[138] Entweder war dies die Fortsetzung einer nach Salamis schon geplanten Strategie oder man antwortete in dieser Situation auf die Hilfsgesuche der Ionier.[139]

3. Der Rückzug Spartas und die Gründung des Seebundes

Aufgabe oder Schutz Ioniens: Sparta vs. Athen

Der Verlauf der Ereignisse nach der Seeschlacht bei Mykale ist unklar. Thukydides erwähnt in seiner kurzen Zusammenfassung der 50 Jahre (*pentekontaetia*) nur, daß sich der Spartanerkönig Leotychidas mit den andern Peloponnesiern zurückzog, während die Athener und die Verbündeten aus Ionien sowie vom Hellespont, die bereits vom persischen Großkönig abgefallen waren, Sestos belagerten.[140] Er scheint damit vorauszusetzen, daß Ionier und Griechen vom Hellespont sich dem Hellenenbund angeschlossen hatten.

Herodot hingegen weiß von einer Flottenkonferenz bei Samos zu berichten, auf der das weitere Schicksal der Ionier diskutiert wurde:

Flottenkonferenz in Samos, Herodot 9,106,2–4

In Samos angekommen hielten die Hellenen Rat über die Räumung Ioniens, wo man sie in Griechenland, soweit man selbst Herr des Landes sei, ansiedeln solle; Ionien müsse man den Barbaren überlassen. Denn es erschien ihnen unmöglich, daß sie selbst die ganze Zeit über wachend die Ionier verteidigen sollten und daß, wenn sie selbst nicht als Schützer da seien, sich die Ionier ohne Strafe zu erleiden von den Persern befreien könnten. Dazu schien es den Führern der Peloponnesier gut, die Handelsstädte der griechischen Stämme, die es mit den Persern gehalten hatten, zu entvölkern und das Land den Ioniern zur Besiedlung zu geben, den Athenern hingegen schien es nicht richtig, daß das Ionische Gebiet geräumt werde und daß Peloponnesier über ihre eigenen Pflanzstädte beraten sollten. Da sie sich entschlossen widersetzten, gaben die Peloponnesier nach. Und so nahmen sie die Samier, Chier, Lesbier und die anderen Inselbewohner, die gerade mit den Griechen zu Felde gezogen waren, in das Bündnis auf, verpflichteten sie durch Vertrag, sowohl in den Eidesbündnissen zu bleiben als auch nicht abzufallen. Nachdem sie diese durch Eidesleistungen aufgenommen hatten, segelten sie nach dem Hellespont, um die Brücken abzubrechen. Denn sie glaubten, noch gespannte Brücken vorzufinden.

Grundsätzlich schien man zu erwägen, daß die Ionier ihre Poleis räumen und sich andernorts ansiedeln sollten. Es schien vernünftiger, Ionien den Barbaren zu überlassen, da man diesen Landstrich nicht für alle Zeiten vor den Persern würde schützen können. Insbesondere die Spartaner erwogen, die Ionier auf dem Land derjenigen Poleis anzusiedeln, die sich dem Perserkönig unterworfen und somit die gemeinsame griechische Sache verraten hatten. Die Athener hingegen widersprachen dem und vertraten die Ansicht, daß Ionien keineswegs geräumt werden sollte. Sie erkannten den Spartanern auch nicht das Recht zu, über attische ›Kolonien‹, als die die ionischen Griechenstädte galten, zu entscheiden. Die dann erfolgte Aufnahme der Inseln in den Hellenenbund zeigt, daß es im Kern der Diskussion nicht um ganz Ionien ging und zu diesem Zeitpunkt auch gar nicht gehen konnte, sondern um den Schutz für die ionischen Küsten-Inseln und die Aufnahme von gefährdeten Ioniern vom Festland auf den Inseln.[141]

Die weiteren Aktionen der Griechen 478 v. Chr. im Süden der Ägäis, auf Zypern, und am Hellespont ordnen sich der Notwendigkeit unter, das bis dahin Erreichte nun auch strategisch und politisch zu sichern.[142] Von Zypern aus, wohin der spartanische Feldherr Pausanias 478 eine Fahrt unternahm,[143] waren die kleinasiatischen Küstengewässer in Richtung Süden zu beherrschen; schon während des ionischen Aufstandes hatte sich dies gezeigt. Von daher ist die Zypernfahrt auch das Gegenstück zum Zug des Atheners Kimon nach Sestos (vgl. dazu S. 78).[144] Im gleichen Jahr eroberte Pausanias auch Byzanz, von wo aus der Bosporos zu kontrollieren war. Diese Position konnte er bis zu seiner Vertreibung halten (vgl. dazu unten S. 71 f. und Zeittafel S. 68).

Für Athen hatten sich aus dem Seesieg von Salamis und der dadurch sich als richtig erweisenden Strategie des Themistokles neue Handlungsspielräume ergeben. Einen ersten Ansatz für einen neuen attischen Anspruch auf Ausdehnung des Herrschafts- und Einflußbereiches könnte man in der Forderung erkennen, die sie an die Insel Andros stellten.[145] Nach Herodot waren dies die ersten Inselgriechen, von denen die Athener auf Drängen des Themistokles Geld forderten. Als die Andrier sich weigerten, erklärte ihnen Themistokles, daß man zwei mächtige Gottheiten bei sich habe, nämlich *peitho* (Überredung) und *bia* (Gewalt/Zwang). Dem entgegneten jedoch die Andrier, daß auf ihrer Insel zwei unheilbringende Gottheiten beheimatet seien, nämlich die Armut und die Hilflosigkeit. Während der Belagerung des perserfreundlichen Andros soll Themistokles weitere Botschaften an andere Inselpoleis gesandt haben, um – so Herodot – seine unersättliche Habsucht durch weitere Geldforderungen zu befriedigen. Aus Karystos und Paros hat er anscheinend unter Androhung einer Belagerung, wie sie damals in Andros und anschließend auch in Karystos durchgeführt wurde, Geld erhalten. Herodot kann nicht genau angeben, ob und wieviele andere Inseln gezahlt haben, vermutet jedoch, daß einige Themistokles entgegen gekommen seien. Andros war anscheinend so etwas wie ein Stützpunkt des Themistokles, wobei nicht auszuschließen ist, daß es sich um Alleingänge des Themistokles gehandelt hat, um geheime Aktionen zu seiner persönlichen Bereicherung.[146]

Wie vielfältig Themistokles seine Aktionen nach dem Sieg von Salamis ausdehnte, zeigt auch ein Klagelied des Dichters Timokreon, der ein Gastfreund (*proxenos*) des Themistokles war und sich offensichtlich eine Rückführung in seine Heimatstadt Ialysos auf Rhodos erhofft hatte.[147] Er lobt Pausanias, Xanthippos, Leotychidas und Aristeides, Themistokles hingegen bezeichnet er als einen Verräter, der für drei Talente Silber seinen Gastfreund verraten habe, einige Verbannte zu Unrecht zurückgeführt habe, anderen hingegen Vaterland und Leben rauben würde. Das zeitliche Umfeld ist durch die lobende Erwähnung des Pausanias in den Jahren vor dessen Sturz zu lokalisieren.[148] Die Rückführung bzw. Ausstoßung und Tötung beziehen sich auf Aktionen im Bereich der Bundesgenossen und Inselgriechen. Wenn der Kontext des Liedes tatsächlich die Tätigkeit des Themistokles von Andros aus im Jahr 480 sein sollte, wäre damit ein Indiz für einen viel früher und stärker geäußerten attischen Herrschaftsanspruch gefunden, als es der Bericht des Herodot vermuten läßt. Im Vergleich zu den Ereignissen einige Jahre später ist auch keinerlei Verbindung mit den Legitimationsansprüchen zu erkennen, die aus der Forderung nach der Befreiung Ioniens oder der Rache an den Persern abgeleitet waren.

Wiederaufbau in Athen

Nach und neben diesen Betriebsamkeiten des Themistokles auf den Inseln erfolgte in Athen der Wiederaufbau des zweimal von den Persern verwüsteten Stadt- und Landgebietes. Vor allem der Mauerring, von dem bis zum Einmarsch der Perser nur kurze Stücke gestanden hatten, sollte vervollständigt werden. Das stieß auf den Widerstand der anderen Bundesgenossen, aber auch Spartas, die darin eine übermäßige Erstarkung Athens sahen.[149] Die Spartaner forderten, daß alle Städte außerhalb der Peloponnes auf Befestigungen verzichten, ja vorhandene nun auch niederreißen sollten. Es sollte vermieden werden, dem Perserkönig im Fall einer erneuten Invasion befestigte Stützpunkte in die Hand zu geben, wie dies im Fall von Theben geschehen sei. Wieder begegnet in diesem Zusammenhang das Argument, die Peloponnes sei Zuflucht und Sicherheit für alle Griechen.

In dieser Situation rettete Themistokles durch ein geschicktes Manöver, von dessen Sinn er die Athener überzeugen konnte, nicht nur die Durchführung des Mauerbaus in Athen, sondern setzte auch eine langfristige strategische Entscheidung durch. Er ließ sich mit einer Gesandtschaft zur Beschwichtigung nach Sparta schicken und veranlaßte dort nach vielen Verzögerungen, u. a. Bestechungen der spartanischen Ephoren,[150] dort die Absendung einer Gegengesandtschaft, die sich durch eigenen Augenschein von der Haltlosigkeit der Vorwürfe über einen forcierten Mauerbau überzeugen sollte. So hatte man nicht nur in Athen Geiseln, durch deren Austausch man Themistokles in Sparta notfalls wieder freibekommen konnte, sondern auch genügend Zeit gewonnen, um in einer Eilaktion den Mauerbau bis zur Brusthöhe voranzutreiben und Sparta somit vor vollendete Tatsachen zu stellen.[151]

Thukydides beschreibt in diesem Zusammenhang die damals errichtete Mauer, der man die Baugeschwindigkeit deutlich ansehen konnte, da auch aus den Trümmern des Perserschutts Blöcke und andere, teilweise mit Reliefs versehene Steine bunt zusammengewürfelt wurden.[152]

Mauerbau in Athen und Aufbau der attischen Seemacht, Thukydides 1,90,3–93,2

Und am Bau sollten alle mithelfen, die gesamte Mannschaft, soweit sie in der Stadt war, und Frauen, und kein öffentliches, kein privates Gebäude schonen, wenn etwas davon für das Werk dienen könnte, alles sollten sie einreißen. Mit diesen Anweisungen und der Andeutung, das übrige werde er dort selbst in Ordnung bringen, reiste er ab. In Sparta angelangt, meldete er sich nicht bei der Regierung, sondern säumte und brauchte Ausflüchte, und sooft ihn jemand von den Behörden fragte, wieso er sich nicht an die staatlichen Stellen wende, sagte er, er erwarte noch seine Mitgesandten, wegen irgendeiner Abhaltung seien sie zurückgeblieben, er nehme aber an, daß sie in Bälde kommen, er wundere sich selbst, daß sie noch nicht da seien.
…
[93] Auf diese Art befestigten die Athener ihre Stadt in kurzer Zeit, und das Mauerwerk zeigt noch heute an, daß es in der Eile entstand. Denn die Grundmauern sind aus verschiedenartigen Steinen zusammengewürfelt, stellenweise nicht einmal aus passend zugehauenen, sondern wie jeder gerade gebracht wurde, und viele Denksteine von Gräbern und bearbeitete Blöcke wurden eingefügt. Denn der Mauerring um die Stadt wurde nach allen Seiten weiter hinaus geschoben, und darum holten sie in der Hast alles ohne Unterschied.

Der Bau des Piräus

Auf den Rat des Themistokles hin wurde der Mauerring jedoch großzügig erweitert, um auch den Piräus zu umschließen, dessen Lage für einen Hafen außerordentlich günstig war. So gewann Athen drei natürliche Häfen und das Potential für die Stellung einer Seemacht. Mit dem Bau des Piräus-Hafens war aber offensichtlich schon früher begonnen worden, denn nach Thukydides war Themistokles schon seit Jahren zur Leitung dieser Baukommission immer wiedergewählt worden.[153] Der Plan war, aus Athen eine Seemacht zu formen, die die Verteidigung des Landes nur noch von der Stadt aus bzw. im Zweifelsfall ganz vom Hafengebiet im Piräus durchführen würde. Die Größe und Dicke der Mauern würde Feinde abhalten, und zur Verteidigung des Mauerrings würden nur wenige Bürger ausreichen, wodurch genügend Bemannung für die Schiffe frei wäre.[154]

Auf Themistokles ist auch der Plan zurückzuführen, den Piräus zu einer Stadtanlage auszubauen:[155]

Plutarch, Themistokles 19, 3–6:

So baute nun Themistokles den Piräus, wo er die günstige und bequeme Lage der Häfen bemerkt hatte, und paßte den ganzen Staat dem Meer an, womit er gewissermaßen ein politischer Gegner der alten Könige von Athen wurde. Denn diese hatten, wie man sagt, alles getan, um die Bürger vom Meer loszureißen und daran gewöhnt zu leben, nicht indem sie zur See fahren, sondern indem sie das Land bebauen, und zu diesem Zweck die Fabel erfunden, daß Athena in dem Streite mit Poseidon über den Besitz des Landes den Richtern den heiligen Ölbaum gezeigt und dadurch den Sieg errungen habe. In-

des hat Themistokles nicht, wie der Komödiendichter Aristophanes sagt, den Piräus in die Stadt einge-
knetet, sondern vielmehr die Stadt an den Hafen und das Land ans Meer geknüpft. So stärkte er das
Volk gegen die Adligen und erfüllte es mit Kühnheit, weil die Macht zu den Matrosen, Rudermeistern
und Steuerleuten gelangte. Deswegen haben in der Folge die dreißig Tyrannen den Rednerstuhl auf der
Pnyx, der so angebracht war, daß man die Aussicht nach dem Meer hatte, dem Land zugekehrt, in der
Meinung, daß die Herrschaft zur See der Ursprung der Demokratie wäre, mit einer Herrschaft der Wenigen jedoch die Landsleute weniger unzufrieden seien.

Mit der Ausführung wurde der milesische Stadtplaner und Philosoph Hippodamos beauftragt. Der zeitliche Rahmen für die Tätigkeit des Hippodamos im Piräus
ist nur ungefähr auf die Zeit nach Salamis einzugrenzen, aber die seit 479/78 lau-
fenden großen Flottenbewegungen Athens legen den Baubeginn der Hafenstadt in
den 70er Jahren nahe.[156] Auch die sozialen Veränderungen in Athen, die mit der
großangelegten Flottenpolitik einhergingen, machen den Beginn der Stadtanlage
in dieser Zeit wahrscheinlich. Während die Landwirtschaft in der Regel eine Sache von Bürgern unter Einsatz von Sklaven war, sind die Handwerker und Händ-
ler in der Stadt meist Metöken gewesen: aus anderen Poleis Zugezogene, die daher
kein attisches Bürgerrecht hatten. Zwar wurde ihnen Rechtsschutz gewährt, jedoch kein Wahl- und politisches Mitwirkungsrecht. Zu den militärischen und
finanziellen Lasten der Polis wurden sie gleichwohl herangezogen. Im 4. Jahrhundert existierten in Athen ca. 10.000 Metökenhaushalte, die meisten davon im Piräus in der von Hippodamos geplanten Stadtanlage.[157] Die großzügige Förderung
des Zuzugs von Metöken ist für Themistokles erstmals überliefert und könnte
durchaus der Beginn dieser Entwicklung gewesen sein.[158]

Für antike Verhältnisse war der Piräus eine Großstadt, deren Anlage in ihrer
planerischen und technischen Organisation als viel bewunderte Leistung galt. Neben der funktionalen Gliederung der Anlage in öffentliche (Plätze, Märkte, Häfen, Lagerplätze) und sakrale Bereiche (Tempelanlagen) steht vor allem das Pla-
nungskonzept der privaten Häuser in der Diskussion. Hippodamos scheint die
einzelnen Viertel (*insulae*) mit Reihenhäusern in Geschoßflächen von 200–300
m² angelegt zu haben, wenngleich Ausführung und Bau der einzelnen Häuser
teilweise erst später und über mehrere Generationen hinweg erfolgte.[159] Die ungewöhnliche Dimension der Anlage zeigt, mit welchem Bedarf an Wohnraum
man rechnete und wie man die Entwicklung des Arbeitskräfte- und Handelsvo-
lumens schon damals einschätzte. Athen war unmittelbar nach den Perserkriegen
eine expandierende und sich ihrer eigenen Leistungsfähigkeit bewußte Polis.

Abgesehen von den strategischen Grundsatzentscheidungen für den Aufbau
der Flotte und die Schaffung der baulichen Voraussetzungen in der Stadt selbst,
die die antiken Autoren einhellig Themistokles zuschreiben, ist jedoch von einem
ihm zuzuweisenden Anteil an dem eigentlichen Aufbau des Seereiches nichts bekannt.

Vielmehr wird die entscheidende Rolle dem schärfsten Gegner des Themistokles, Aristeides, zugeschrieben.[160] Das korrupte Verhalten des Pausanias, aber auch

sein harsches Benehmen den Verbündeten gegenüber, hatte nicht nur die Athener, sondern auch die Ionier und die anderen befreiten Griechenpoleis verärgert. Ihre Anführer, insbesondere diejenigen der Chier, Samier und Lesbier, wandten sich an Aristeides mit der Bitte, die Hegemonie im Bündnis zu übernehmen.[161] Gleichzeitig scheint man in Sparta von den Machenschaften des Pausanias, seinen Verhandlungen mit den Persern sowie seiner Adaption persischer Sitten erfahren zu haben. Man rief ihn nach Sparta zurück und sandte stattdessen Dorkis, der jedoch von den Verbündeten nicht mehr als kommandierender Befehlshaber akzeptiert wurde.

Verschiedene Gründe sind für den darauf erfolgten Rückzug Spartas aus den weiteren Kriegshandlungen in der Ägäis und Kleinasien zu erkennen: Nicht nur die von Thukydides erwähnte Furcht, daß fremde Sitten auf spartanische Lebensweisen einwirken könnten,[162] sondern auch die Entwicklung auf der Peloponnes scheint eine Konzentration der Kräfte ebendort erforderlich gemacht zu haben. Die Spartaner ließen sich von dem Plan der Athener überzeugen. Daraufhin nahm man Samos, Chios und Lesbos sowie die anderen Inselpoleis, die anwesend waren, in den Bund auf. Gemeinsam segelten sie nach Norden, um die persischen Brücken über den Hellespont zu zerstören (so Herodot), jedoch sicher auch, um die Aufnahme der einzelnen Inselpoleis jeweils vor Ort zu ratifizieren (s. o. S. 46 f.).[163]

Als man in Abydos ankam, fand man die Brücken jedoch bereits vollständig zerstört. Leotychidas segelte daraufhin nach Hause, während die Athener mit der Belagerung von Sestos begannen, das schließlich auch eingenommen werden konnte.[164]

Der Rückzug der Spartaner

Während nun Thukydides hierin einen freiwilligen Rückzug Spartas aus der Führung des Krieges gegen die Perser sieht, hatten nach Herodot die Athener anfangs nur deshalb auf den Oberbefehl der Flotte verzichtet, um die Einheit im Kampf gegen Xerxes nicht zu gefährden. Nach den Siegen von Salamis und Plataiai sei jedoch die Hybris des Pausanias der willkommene Anlaß gewesen, sich des Oberbefehls zu bemächtigen.[165] Plutarch hingegen schreibt die aktive Rolle den Ioniern zu, die die Athener, insbesondere Aristeides, förmlich zur Übernahme des Oberbefehls gedrängt hätten. Durch eine bewußte Provokation habe sich Pausanias so entlarvt, daß nur noch eine Abberufung blieb.[166]

Diodor berichtet von einer internen Diskussion in Sparta, die zeigt, daß der Rückzug in Sparta nicht einhellig gebilligt wurde.[167] Man schien vielmehr eine Kriegserklärung an Athen wegen des verlorenen Oberbefehls zu befürworten. Die Volksversammlung in Sparta hatte, so Diodor, schon den Kriegsbeschluß verabschiedet. Allein ein Mitglied der Gerousia, des spartanischen Ältestenrates, ein gewisser Hetoimaridas, bewog Gerousia und Demos dazu, von diesem Kriegsbeschluß Abstand zu nehmen. Auf ihn scheint das Argument zurückzugehen, daß Sparta sich eines jeden Seekrieges enthalten solle, da dies die Stabilität zu sehr gefährden würde (vgl. dazu unten S. 64).

Hellenenbund und Seebund

Ob sich aus diesen Verhandlungen, die zum Rückzug Spartas und zur Übernahme des Oberbefehls durch die Athener führten, ein neues Vertragsverhältnis ergeben hat, ist unklar. Die der modernen Bezeichnung ›delisch-attischer Seebund‹ entsprechende antike Formulierung οἱ Ἀθηναῖοι καὶ οἱ σύμμαχοι (*hoi Athenaioi kai hoi symmachoi*) bedeutet nicht zwingend, daß 478 ein neuer Bund gegründet worden ist.[168] Nach den Darstellungen bei Herodot und Thukydides bestand das Bündnis von 481 weiter, nur daß Athen die Rolle des Hegemon übernahm. Andererseits war diese Übernahme des Oberbefehls mit der Einrichtung völlig neuer Strukturen verbunden, die auch förmlich mit Verträgen und Zeremonien bekräftigt wurden und von daher auf eine Neugründung der Bündnisverhältnisse deuten.[169]

Plutarch spricht in diesem Zusammenhang immer von ›den Hellenen‹ und führt damit die Unklarheit in bezug auf die Frage weiter, ob es sich um ein neues Bündnis oder nach wie vor um den alten Hellenenbund handelt. Auch berichtet er von einem Beschluß, eine gesamtgriechische Streitmacht von 10.000 Hopliten, 1.000 Reitern und 100 Schiffen aufzustellen, um den Krieg gegen die Barbaren weiterzuführen. Dieser Beschluß sei auf Antrag des Aristeides nach der Schlacht von Plataiai von allen Teilnehmern des Hellenenbundes auf einem Kongreß ratifiziert worden.[170] Hiernach scheint sich 478 nur ein Wechsel in der Hegemonie dieses Bündnisses zugetragen zu haben. Athen übernahm nun den Oberbefehl über die Verbündeten, sowohl über diejenigen, die Tribut bezahlten, als auch über diejenigen, die Schiffe stellten. Das bedeutete, daß Athen aus allen Poleis des Bundes Soldaten für die Heeresfolge fordern konnte.[171]

Thukydides beschreibt den Ablauf so, daß die Ionier und die gerade von der Herrschaft des Großkönigs Befreiten, die beide eben auch mit Athen die Abstammung teilten, aber auch das äolische Lesbos und das dorische Byzanz sich unter die Hegemonie Athens begaben.[172] Auch der Verfasser der *Athenaion Politeia* spricht in diesem Kontext nur von den Ioniern, allerdings sagt er ganz klar, daß diese von ihrem Bündnis mit den Spartanern abgefallen seien.

Als wichtigste Neuerung ist die Einführung einer für jede Stadt festgelegten Abgabe zu betrachten. Nach Thukydides legten die Athener fest, welche Städte Schiffe zu stellen und welche Tribut (*phoros*) zu zahlen hatten.[173] Wohl hatten die Bundesgenossen auch zur Zeit der spartanischen Führung schon Beiträge geleistet, jedoch wünschte man offensichtlich ein klar nachzuvollziehendes und ausgewogenes Maß für diese Beiträge.[174] Für die Festsetzung dieser Abgabe erschien Aristeides, der offenbar auch bei dem Hegemoniewechsel schon die Fäden zugunsten der Athener gezogen hatte, als der Geeignetste und daher bat man die Athener, ihn mit dieser Aufgabe zu betrauen.[175] Diese sog. Aristeides-Schatzung, bei der die gesamten Einkünfte jeder an dem Bündnis beteiligten Polis sowie deren Leistungsfähigkeit bewertet wurden, ergab nach Plutarch einen Gesamtbetrag von 460 Talenten.[176] Diese Summe erscheint relativ hoch, wenn man bedenkt, daß im Jahr 454 die Höhe der Abgaben nach den sog. Tributlisten exakt auf 490 Talente zu berechnen ist.[177] Die modernen Berechnungen der Tributzahlungen erfolgen auf der Basis von *Aparche*-Listen, die seit dem Ende der 50er Jahre des 5. Jahrhunderts aus Athen erhalten sind und wesentlich differenziertere Aussage erlauben als die literarische Überlieferung.[178] Die Finanzierung der Flotte war in jedem Fall eine große Belastung und kann keinesfalls ausschließlich aus den Mitteln des *phoros* erfolgt sein. Wieviel Athen aus eigenen Mitteln aufgewandt hat und ob sich die Anteile gegenüber der Zeit vor den 50er Jahren, aus denen keine inschriftliche Überlieferung erhalten ist, verschoben haben, ist nicht festzustellen.

Gleichzeitig mit dem Tribut wurde als Verwalter dieser Summe das Kollegium der zehn Hellenotamiai geschaffen, die das Geld auf Delos, wo auch die Versammlungen der beteiligten Bündner stattfinden sollten, zu verwalten hatten. Diese waren von Anfang an Athener.

So war nicht nur der Apoll von Delos der Schutzpatron des Bündnisses, da das Geld in seinem Heiligtum aufbewahrt wurde, sondern gleichzeitig wurde die Insel auch das Zentrum der Organisation.[179] Zur Bekräftigung dieser Einrichtungen wurden Eide geschworen, die Aristeides stellvertretend für Athen leistete.[180] Inhalt des Eides war die Vertragsformel, nach der die Bündner und Athen dieselben Freunde und Feinde haben sollten.[181] Symbolisch wurden Metallklumpen im Meer versenkt.[182]

Die Vertragsformel und auch das Ritual sprechen für den Abschluß eines neuen Bündnisses, das jedoch nicht unbedingt alternativ zu dem Hellenenbund von 481 verstanden wurde, sondern möglicherweise zusätzlich und eben unter der Leitung Athens mit der speziellen Funktion der Rache am Perserkönig für die Verwüstungen in Griechenland begründet wurde.[183] Von einem Ziel der Befreiung Ioniens wird jedoch in dem ganzen Kontext nichts erwähnt. Wie sich aus einem später in Sizilien den Athenern gegenüber geäußerten Vorwurf ergibt, wurde dies möglicherweise von attischer Seite aus propagandistisch verwertet, war jedoch wohl nie Gegenstand eines Vertrages.

Die Autonomie der Bundesgenossen

Nach Thukydides waren die Poleis, die sich unter dem Oberbefehl Athens zusammenschlossen, autonom.[184] Das Bedeutungsfeld der griechischen Polis-Autonomie und das erste Auftreten dieses Konzeptes sind umstritten. Oft wird die

Autonomie als generelles Merkmal der griechischen Polis seit der archaischen Zeit angesehen,[185] wobei die moderne Vorstellung von Autonomie mit dem griechischen Wort *autonomia* gleichgesetzt wird.[186] Es hat sich jedoch gezeigt, daß *autonomia* nicht einfach als Synonym für Autonomie oder *eleutheria* (Freiheit) zu betrachten ist, auch kein Wesensmerkmal der griechischen Polis darstellt, sondern in den Kontext der Beziehungen von Poleis untereinander gehört. Speziell im Verhältnis zwischen einer mächtigeren und einer schwächeren Polis findet sich der Ausdruck.[187] Konkret heißt dies, daß eine Polis mit *autonomia* über die eigenen Gesetze und Steuern entschied, das eigene Territorium kontrollierte, dort auch die Jurisdiktion ausübte und die Beziehungen zu anderen Poleis selbständig gestaltete.[188] Die unfreiwillige Zahlung von *phoroi* an eine auswärtige Macht war nach griechischem Verständnis nicht vereinbar mit Autonomie, da dies als Zwangsmaßnahme betrachtet wurde.[189] Dies bedeutet strenggenommen, daß nach 478 diejenigen Poleis, die Schiffskontingente stellten, in jedem Fall autonom waren und blieben, während die anderen verbündeten Poleis, nach dem Ausbau der attischen Hegemonie zu einer Zwangsherrschaft, nicht mehr als autonom betrachtet wurden.[190] Ob der Begriff selbst, abgesehen von den allgemeinen Vorstellungen, 478 schon verwendet wurde oder ob er erst in der zweiten Hälfte des 5. Jahrhunderts zum Schlagwort wurde, muß allerdings offen bleiben.[191]

Wirtschaft und Gesellschaft in Athen

Mit der Gründung des Seebundes und der Ausdehnung des attischen Einflußbereiches vor allem am Hellespont ergaben sich für Athen ganz neue Möglichkeiten, dringend benötigte wirtschaftliche Ressourcen zu erschließen. Für die Getreideversorgung der attischen Bevölkerung reichten seit dem 6. Jahrhundert die eigenen Erträge Attikas kaum noch aus.[192] Mit dem starken Zuzug und Anwachsen der Bevölkerung im 5. Jahrhundert stieg die Notwendigkeit, Getreide einzuführen. Die wichtigste Importquelle waren die Gebiete am Schwarzen Meer. So erstaunt es nicht, daß eine der ersten Flottenaktionen des Seebundes die Eroberung der Städte am Hellespont und der Insel Skyros war, die die Sicherheit der Handelsroute vom Schwarzen Meer nach Athen gewährleistete. Auch das für Bau und Unterhalt der großen Flotte ständig benötigte Bauholz mußte aus den Gebieten an der ägäischen Nordküste nach Attika eingeführt werden, da Holz in der benötigten Menge und Qualität für die Verarbeitung zu Schiffsbauholz aus dem attischen Baumbestand nicht zu gewinnen war.[193]

Ein Bereich, der für die Finanzen Athens besonders wichtig war und in dem sich die seit den 80er Jahren eingetretenen Veränderungen der attischen Gesellschaft besonders deutlich abzeichnen, ist die Bergwerkswirtschaft in den Marmorbrüchen und Silber- bzw. Erzbergwerken im Südosten Attikas. Das Silber aus Laureion war nicht nur der Grundstock für die attische Flotte (s. o. S. 39 f.), sondern es war durch seine besondere Reinheit auch die Voraussetzung für die hohe Wertschätzung der attischen Münzen, ohne die wiederum der erfolgreiche Handel Athens im 5. Jahrhundert v. Chr. nicht denkbar gewesen wäre.[194] Die großen Zahlen an Sklaven und Metöken, die in den über Konzessionen verpachteten Gruben beschäftigt wurden, zeitweise ca. 25.000–30.000 Arbeiter, sind mit einer Blüte der Bergwerkswirtschaft im 5. Jahrhundert zu erklären. Daran zeigt sich deutlich, wie das nicht-bürgerliche Element in der attischen Gesellschaft gerade durch den wirtschaftlichen Aufschwung außerordentlich vergrößert wurde.[195]

Gleichzeitig ist dies mit einer politischen Entwicklung Athens verbunden, die ausschließlich von Bürgern getragen und geprägt wurde. Durch die Umstellung vom vorrangig auf Hoplitenkampf ausgerichteten Heer auf eine Flotte veränderte sich auch das politische Bewußtsein der Athener. Da für die Besatzung einer jeden Triere allein 170 Ruderer benötigt wurden,[196] wären für die Bemannung der 180 Schiffe, die die Athener bei Salamis aufboten, 30.600 Ruderer erforderlich gewesen. Wenn das sog. Themistokles-Dekret die wirklichen Verhältnisse wiedergibt, dann sind jedoch nur 100 Ruderer pro Schiff eingeteilt worden. Möglicherweise war der Kreis derjenigen, die für den Militärdienst in Frage kamen, noch nicht groß genug. Jedenfalls ist aus den Jahren nach Salamis nichts davon bekannt, daß Athen Schwierigkeiten gehabt hätte, die Schiffe ausreichend zu bemannen. Auch hier könnte ein Teil der Erklärung im Metöken-Zuzug liegen.

Mit dem Bau der großen Flotte wurde in Athen eine Gruppe der Bürgerschaft zum aktiven militärischen Dienst hinzugezogen, der bis dahin nicht zum Kreis der waffenfähigen Bürger gehört hatte, da das Prinzip der Selbstausrüstung der Hopliten aufgrund der hohen Kosten für den Bronzepanzer und die Waffen ein gewisses Vermögen erforderte: die sog. Theten, die nicht zu den drei seit Solon in Athen existierenden, nach Einkommen definierten Vermögensgruppen gehörten. Der militärische Dienst auf den Schiffen, aber auch die damit verbundenen Erfolge, vermittelten diesem Teil der Bürgerschaft ein Selbstbewußtsein, das sich in den immer intensiver ausgestalteten Partizipationsmechanismen seit der Mitte des 5. Jahrhunderts niedergeschlagen hat.

Allerdings ist dies ein Prozeß, für dessen Verlauf eine längere Dauer im 5. Jahrhundert angenommen werden muß. Die komplexe territoriale Gliederung Attikas, die mit der Neudefinition des Bürgerseins seit Kleisthenes verbunden war, hatte einen Rahmen geschaffen, der weit genug war, um über die wohlhabenderen Schichten der Gesellschaft hinaus auch mittellose bzw. ärmere Schichten in die Politik mit einzubeziehen.[197] Innerhalb dieses Rahmens war es dann möglich, auch große Zahlen von Bürgern, die wohl kaum jemals alle gleichzeitig an der Volksversammlung in Athen teilnehmen konnten, in die Struktur einzubinden. Da sie seit der kleisthenischen Reform das Recht hatten, an der Vorwahl der Bouleuten für den Rat der 500 teilzunehmen bzw. auch als Kandidaten für den

Rat zur Verfügung standen, waren sie schon länger in die politische Ordnung eingebunden.[198] Ob und wie sich die neue Funktion der Theten als nun auch waffenfähige Bürger als Element der politischen Entwicklung auswirkte, das die Dynamik auf die Demokratie als Herrschaft des gesamten Volkes, d. h. der Gesamtheit der Bürgerschaft hin richtete, ist schwer zu rekonstruieren [199] Es ist keineswegs sicher, daß die Theten bereits mit der kleisthenischen Reform in die Bürgerlisten aufgenommen wurden (s. o. S. 8), und auch ein dem Register der Kavallerie und der Hopliten vergleichbares Verzeichnis für den Marinedienst war nicht vorhanden.[200] Da sich anscheinend die Schiffsmannschaften auf freiwilliger Basis rekrutierten, war zumindest ihre militärische Aktivität gar nicht in die komplizierte, territoriale Bürgerorganisation eingebunden.

III. Von Kleomenes zu Pausanias:
Die Krise Spartas

1. Die Entwicklung der spartanischen Gesellschaft
im 5. Jahrhundert

Der Mythos Lykurg

Plutarch über Lykurg

Mit eindeutiger Sicherheit läßt sich über den Gesetzgeber Lykurg überhaupt nichts sagen, da die Historiker über seine Abstammung, seine Reisen, seinen Tod und besonders über sein Wirken für Gesetze und Verfassung sehr von einander abweichende Darstellungen geben, und am wenigsten stimmen sie über die Zeit, in welcher der Mann gelebt hat, überein.
(Plutarch, Lyk. 1)

Die Überlieferungtradition der spartanischen Geschichte ist geprägt vom Mythos des Gesetzgebers Lykurg, dem vieles zugeschrieben wurde: neben einer Landverteilung die Einrichtung von Speisegemeinschaften für männliche Spartaner (Syssitien), die Organisation der Erziehung spartanischer Jungen in Altersklassen (*agoge*), die Einführung des Eisengeldes sowie die Abschaffung der Künste. Auch die später als typisch spartanisch betrachteten Institutionen der Krypteia und der Fremdenfeindlichkeit (*xenelasia*) führte man auf Lykurgs »Reform« zurück, wobei die Xenelasia im 5. Jahrhundert keine nennenswerte Rolle gespielt hat.[1]

In dieser Bedeutung als Gesetzgeber und Initiator einer grundlegenden Reform wird Lykurg jedoch zum ersten Mal im 5. Jahrhundert bei Herodot erwähnt.[2] Andere Autoren des 5. Jahrhunderts wie Thukydides[3] und der Historiker Hellanikos von Lesbos scheinen ihn jedoch nicht zu kennen oder ihn bei ihren Ausführungen über die Entwicklung Spartas zumindest nicht für erwähnenswert zu halten.[4] Da die Überlieferung zu Lykurg nicht über das 6. Jahrhundert zurückzuverfolgen ist, scheint seine Person eher eine mythische Figur denn ein historisch zu verifizierender Gesetzgeber zu sein. Die »Erfindung« bzw. Prägung dieser Überlieferung kann sich überhaupt erst im 5. Jahrhundert so verfestigt haben, daß sie mit den genannten Elementen des Sparta-Bildes zu einer wirklichen Tradition wurde.

Die messenischen Kriege und die Einrichtung der Helotie

Für die historisch zu verifizierende Entwicklung Spartas gibt es eher wenig konkrete Hinweise. Auch die messenischen Kriege und die damit verbundene Schaffung der Helotie lassen sich nur in Umrissen rekonstruieren. Allgemein ist natürlich bekannt, daß Sparta zwischen der Zeit um 700 v. Chr. bis zum Ende des 7. Jahrhunderts Messenien erobert und unterworfen hat. Die einheimische Bevölkerung Messeniens ist dabei stufenweise in die spartanische Gesellschaft integriert worden, jedoch in einem abhängigen, abgabenpflichtigen Status, der als Helotentum bezeichnet wurde. Wahrscheinlich ist die Eroberung Messeniens in archaischer Zeit mit einer Transformation der spartanischen Gesellschaft zu verbinden, die etwa seit dem 6. Jahrhundert v. Chr. zu erkennen ist und die das Ziel hatte,[5] die Kontrolle über das eroberte Gebiet zu sichern. Über die Frage aber, wieviele messenische Kriege es von der ersten Unterwerfung Messeniens durch Sparta bis zur Befreiung der Messenier bzw. der messenischen Heloten durch den Thebaner Epaminondas nach der Schlacht von Leuktra 371 v. Chr. gegeben hat, bestand schon in der antiken Überlieferung keine Einigkeit: Nach Aristoteles hat es einen einzigen messenischen Krieg gegeben[6], Pausanias, der auf der Grundlage hellenistischer Quellen eine ausführliche Beschreibung der messenischen Geschichte gibt, kennt zwei messenische Kriege im 8. und 7. Jahrhundert v. Chr. (743–724 und 685/84–668/67), Thukydides erwähnt nur den großen Helotenaufstand in den 460er Jahren, Platon kennt einen weiteren Krieg in Messenien um 490 v. Chr., der Zeit des spartanischen Königs Kleomenes (s. u. S. 64 ff.), und Strabon schließlich spricht von vier messenischen Kriegen.

Die Chronologie der messenischen Kriege

um 700/690–680/670	1. Messenischer Krieg
um 640/630–600	2. Messenischer Krieg
um 490	3. Messenischer Krieg (?)
um 469/68–459	4. Messenischer Krieg

Die beiden ersten messenischen Kriege haben in ihrem Ergebnis zur Institutionalisierung der Helotie geführt, wobei nach dem Zeugnis des Dichters Tyrtaios heute eher eine niedriger ansetzende Chronologie als die des Pausanias bevorzugt wird.[7] Die eigentliche Helotie ist erst als Ergebnis des zweiten messenischen Krieges eingeführt worden. An sich ist die Unterdrückung einer besiegten Bevölkerung wie im Fall der Messenier, die jeweils mit Abgabenpflichten verbunden war, keine Ausnahmeerscheinung in Griechenland.

Kernbestand der spartanischen Helotie ist eine Ertragsabgabe von 50 % der landwirtschaftlichen Produktion auf dem jeweiligen Land, das in archaischer Zeit an die Spartiaten verteilt wurde. Die Unterwerfung erst der Einwohner Lakoniens, dann aber insbesondere der dorischen Bevölkerung Messeniens machte diese einerseits zu schollengebundenen Sklaven der Spartaner, ließ ihnen jedoch andererseits einige Sonderrechte wie Eigentums- und Familienbildung, die sie von üblichen Sklaven durchaus unterschieden.[8] Darüber hinaus scheinen sie, obwohl sie an das von ihnen bebaute Landgut des jeweiligen Spartiaten gebunden waren, als Sklaven im öffentlichen Besitz, etwa wie Gemeindesklaven, betrachtet worden zu sein.[9] So konnten sie beispielsweise auch von anderen Spartiaten in Anspruch genommen werden und grundsätzlich aus ihrer Schollengebundenheit nur von den Ephoren, den höchsten gewählten Jahresbeamten, entlassen werden.

Die Spannung, die mindestens seit dem 6. Jahrhundert v. Chr. zwischen Spartanern und Heloten zu erkennen ist, war jedoch ein Dauerzustand. Wenngleich die einzelnen Aspekte dieses Verhältnisses nur schwer historischen Epochen zuzuordnen sind, wie beispielsweise die jährlich wiederholte, generelle Kriegserklärung der spartanischen Ephoren an die Heloten oder die Krypteia, während der jede Tötung eines Heloten durch jugendliche Spartaner von vornherein *euages* (entsühnt) war,[10] ist die Helotie aber doch als Strukturmerkmal der spartanischen Gesellschaft zu erkennen.

Die Krypteia und die Heloten, Plutarch, Lykurg 28

In alldem ist nicht die geringste Spur von Ungerechtigkeit oder Anmaßung zu finden, die manche den Einrichtungen des Lykurg vorwerfen, als seien sie zwar hinsichtlich der Tapferkeit vortrefflich, aber in bezug auf die Gerechtigkeit unzulänglich. Vermutlich hat die bei ihnen bestehende Einrichtung der sogenannten Krypteia, wenn sie, wie Aristoteles meint, eine von Lykurgs Einrichtungen ist, sogar einem Platon diese Meinung von dem Mann und seinen Gesetzen gegeben. Mit dieser Krypteia verhielt es sich so: Die Oberen schickten von Zeit zu Zeit die Verständigsten unter den Jungen, die nichts als einen Dolch und die notwendigsten Lebensmittel bei sich hatten, ohne besondere Ursachen aus, das Land zu durchstreifen. Diese zerstreuten sich überall, hielten sich den Tag über in Schlupfwinkeln verborgen und ruhten sich aus. Des nachts aber gingen sie auf die Wege und töteten alle Heloten, die ihnen in die Hände fielen. Zuweilen durchstrichen sie sogar die Felder und machten da die allerstärksten unter den Heloten nieder.

So erzählt auch Thukydides in der Geschichte des Peloponnesischen Krieges, daß diejenigen Heloten, welche ihrer Tapferkeit wegen von den Spartanern ausgesondert worden waren, als freie Leute Kränze aufgesetzt und alle Tempel der Reihe nach besucht hätten; aber bald darauf wären sie alle, mehr als zweitausend, auf einmal verschwunden, so daß man weder damals noch nachher hätte sagen können, auf welche Weise sie ums Leben gekommen wären. Besonders Aristoteles sagt, die Ephoren hätten beim Antritt ihres Amtes als erstes den Heloten den Krieg angekündigt, damit deren Ermordung rechtmäßig und ohne Verbrechen geschehen könne.

Auch in anderen Fällen wurden die Heloten äußerst hart und grausam behandelt. Man zwang sie oft, sich mit Wein zu berauschen, und führte sie dann in die Speisesäle, um den jungen Leuten an ihnen zu zeigen, wie schändlich die Trunkenheit sei. Sie mußten unehrbare Lieder singen und lächerliche Tänze vorführen, aber der unter Freien üblichen Lieder und Tänze sich gänzlich enthalten. Daher sollen die Heloten, welche später bei dem Einfall der Thebaner ins lakedaimonische Gebiet gefangen wurden, als man ihnen befahl, die Lieder des Terpandros, des Alkman oder des Lakedaimoniers Spendon zu singen, sich geweigert haben, weil ihre Herrschaften es nicht haben wollten. Und so scheinen die, welche sagen, daß in Lakedaimon der Freie in der vollkommensten Freiheit, der Sklave aber in der vollkommensten Sklaverei lebe, den Unterschied sehr gut eingesehen zu haben. Indessen glaube ich, daß diese Grausamkeiten erst in der Folge bei den Spartanern üblich geworden sind, besonders nach dem großen Erdbeben, wo die Heloten sich mit den Messeniern gegen die Lakedaimonier empörten, dem Land vielen Schaden zufügten und die Stadt selbst in die größte Gefahr brachten. Denn Lykurg kann ich unmöglich eine so abscheuliche Sache wie die Krypteia zuschreiben, wenn ich von der Sanftmut und Gerechtigkeitsliebe, die dieser Mann bei anderen Gelegenheiten bewiesen hat, auf seinen Charakter schließe, dessen Güte auch durch das Orakel des Apollon bezeugt ist.

Gerade die Krypteia zeigt eine eigentümliche Verbindung zwischen archaisieren-
den Riten und gesellschaftlicher Struktur in Sparta:[11] Es ist hier, ebenso wie bei
der Agoge, immer wieder vermutet worden, daß es sich um ursprünglich alte Riten handelte, denen sich junge Männer zu unterziehen hatten (Initiationsriten,
Erziehung nach Altersklassen). Bei der Krypteia wurden von den Ephoren junge,
besonders tapfere Spartiaten ausgewählt, die nur mit Dolch und einigen Lebens-
mitteln ausgerüstet, tagsüber das Land durchstreiften und nachts Heloten töteten. Es ist allerdings auch möglich, daß dies Teil der militärischen Ausbildungs-
zeit junger Spartiaten war.[12] Da Plutarch bei der Krypteia ausdrücklich darauf
hinweist, daß diese Sitte wohl erst seit der Mitte des 5. Jahrhunderts eingeführt
wurde, ist sie doch eher eine Neueinführung (s. u. S. 75). Da sich in dieser Zeit
offenbar auch der Mythos von Lykurg verfestigte, könnte der Ritus der Krypteia
auch in diesen Zusammenhang gehören. Die in der Krypteia zu erkennende Einbindung der Helotie in den »Mythos Lykurg« einerseits und die Möglichkeit andererseits, daß sie zur Ausbildung der jugendlichen Spartaner gehörte, weisen auf
den Stellenwert, den man dieser Institution für die Präsentation der eigenen Geschichte gab.

Die Helotie verweist auf eine nicht abschließend geklärte Frage, nämlich diejenige nach dem Charakter des spartanischen Landbesitzes. Nach Polybios sollen
alle Spartaner einen gleichgroßen Anteil an der *chora*, dem spartanischen Land
außerhalb der eigentlichen Siedlungen gehabt haben.[13] Eine solche Konzeption
läßt sich über die Abfolge der Generationen und die entsprechenden Veränderungen durch Erbfolgen kaum mit dem Recht auf privaten Landbesitz verbinden. Hinzu kommt eine nur fragmentarisch überlieferte Bestimmung, nach der
es in Sparta verboten war, den »alten Klaros (Landstück)« zu verkaufen.[14] Andererseits ist seit dem 7. Jahrhundert ohne Zweifel nachzuweisen, daß es sowohl
reiche als auch arme Spartaner gegeben haben muß, daß großer persönlicher
Reichtum Einzelnen Siege im olympischen Wagenrennen ermöglichte und daß
der Besitz an spartanischem Land sich im Laufe der Zeit in den Händen weniger konzentrierte.[15] Es kann also kein unverkäufliches, nicht verfügbares Land in
Sparta gegeben haben, jedoch ist eine Um- und Neuverteilung im Zusammenhang der Einführung der Helotie nach dem 2. Messenischen Krieg anzunehmen.
Wahrscheinlich hat man dabei die »alten Klaroi« im lakonischen Gebiet im
Unterschied zu dem neuverteilten Land in Messenien definiert.[16] Ob dabei
Unterschiede in Größe oder Qualität entstanden, und wie überhaupt die Größe
der einzelnen Landstücke beschaffen war, ist nicht zu rekonstruieren. Plutarch
gibt an, Lykurg habe genau 30.000 Landlose an Spartiaten und Perioken (Um-
wohner, s. u.) verteilt[17], aber es gibt keinerlei Hinweise darauf, daß man vor dem
3. Jahrhundert in Sparta überhaupt Periökenland angetastet hat.

Andererseits weisen aber die Abgaben, zu denen die Spartiaten im Hinblick auf
ihre Teilnahme an den Syssitien verpflichtet waren, auf einen wichtigen ökono-

mischen Zusammenhang: Diese Abgaben umfaßten große Mengen an Getreide, Wein, Öl, Käse, Feigen.[18] Die in den antiken Quellen angegebenen Mengen, die den Bedarf einer Person um das sechs- bis siebenfache überstiegen, lassen darauf schließen, daß hier ein wirtschaftliches Modell der Ressourcenverteilung über Naturalabgaben praktiziert wurde. Die Verpflichtung, eine Menge an Nahrungsmitteln im Verhältnis 7:1 für die Syssitien abzuliefern, deutet daraufhin, daß hier ein weiterer Personenkreis mitzuversorgen war.[19] Das Zahlenverhältnis stimmt im Hinblick auf die Beziehung von Spartiaten zu Heloten auffällig mit dem Zahlenverhältnis von Spartiaten und Heloten bei der Schlacht von Plataiai überein (5.000 Spartiaten, 35.000 Heloten) überein. Da auch bekannt ist, daß Heloten bei den Syssitien zugegen waren (s. o.), ist zu vermuten, daß auf diese Weise über die Syssitien bzw. die dafür zu liefernden Abgaben ein Prozeß der Ressourcenumverteilung zur Aufrechterhaltung eines gewissen Versorgungsgleichgewichtes gewährleistet werden sollte.[20]

Die sich aus der Einrichtung von Syssitien und Helotie ergebende Lebensweise der spartanischen Vollbürger legt eine weitestgehende Aufgabenteilung der Rollen von Mann und Frau nahe.[21] Diese Aufgabenteilung sah für den Spartiaten die Konzentration auf die durch militärisches Training und die Speisegemeinschaft mit den anderen Spartiaten geprägte Lebensweise vor, für die spartanischen Frauen dagegen den Lebensraum auf dem Landgut, dem *klaros*, wo vor allem für die Aufrechterhaltung des Status als Spartiate die Syssitien-Beiträge zu erwirtschaften waren. Nach Plutarch fiel dies in die Zuständigkeit der Ehefrauen,[22] so daß die wirtschaftliche Verantwortung für den gesellschaftlichen Status des *oikos* ganz in den Händen der spartanischen Frauen lag. Für Aristoteles war dann später die seiner Ansicht nach viel zu wenig reglementierte Stellung der spartanischen Frauen der Grund für den dramatischen Abstieg Spartas im 4. Jahrhundert.[23]

Die Perioken

Ganz anders entwickelte sich das Verhältnis zwischen Spartiaten und Perioken (»Umwohnern«), die gemeinsam die Einheit der ›Lakedaimonier‹ bildeten. Bei den Perioken handelt es sich vermutlich um die achäischen Ureinwohner Lakoniens, die von den Spartanern in die Berg- und Küstenregionen zurückdrängten worden waren. Sie waren in selbständigen Poleis mit eigener Verwaltung, eigenem Bürgerrecht, Kulten und wirtschaftlicher Unabhängigkeit zusammengeschlossen. Daher hatten sie auch kein Wahlrecht in Sparta. Allerdings waren sie zum Militärdienst im spartanischen Heer verpflichtet, konnten von den Ephoren verhaftet und ohne Prozeß hingerichtet werden.[24] Gesellschaftlich standen sie zwischen den Spartiaten und Heloten, waren jedoch andererseits zur vollen Heeresfolge verpflichtet und dienten als Hopliten neben den Spartiaten im lakedaimonischen Heer. Das Verhältnis scheint durchaus stabil gewesen zu sein. An den Revolten der Heloten gegen die Herrschaft der Spartaner haben sich bis zum 4. Jahrhundert mit einer singulären Ausnahme (s. u.) keine Periöken-Poleis beteiligt.[25] Von daher kann man vermuten, daß die Beziehungen zwischen Sparta und den Periöken-Poleis sich eher mit dem Verhältnis von Zentrum und Peripherie vergleichen lassen als mit einem gesellschaftlich hierarchisierten Modell. Möglicherweise war die gewachsene Beziehung zwischen den lakedaimonischen Spartiaten und den Periöken auch beispielgebend für die Konstruktion des Peloponnesischen Bundes (s. u.).[26]

Die politische Struktur

Die sog. Große Rhetra bildet die literarisch überlieferte politische Grundordnung Spartas.[27] Sie kann durch die Tyrtaios-Überlieferung in das 7. Jahrhundert datiert werden kann. Durch sie sind die Umrisse der institutionellen Gliederung (Doppelkönigtum, Gerousia, Volksversammlung) bekannt.

Die Entwicklung der Ämterstruktur und die Entwicklung der Phylen (3 Phylen à 27 Phratrien) in ihrem Verhältnis zu den fünf Oben bleibt allerdings weitgehend im Dunkeln.[28]

Es ist nach wie vor offen, ob die Oben, die erst in der Kaiserzeit als territorial bestimmte Einheiten, vergleichbar den kleisthenischen Demen, erwähnt sind, in früherer Zeit personal gegliederte Unterabteilungen der Phylen oder eben doch schon – möglicherweise im Zusammenhang einer Heeresreform des 5. Jahrhunderts eingeführte – Bezirke waren.

Die Volksversammlung war seit der archaischen Zeit die höchste Entscheidungsinstanz, wenngleich dies durch ein fehlendes Initiativrecht eingeschränkt wurde. Die Entscheidung über Krieg und Frieden standen ihr zu, sicher auch weitere Kompetenzen, über die aber zu wenig bekannt ist. Abgestimmt wurde nach Lautstärke, was nicht ganz ungewöhnlich ist, wenn man bedenkt, daß auch in Athen eine exakte Zählung der Einzelstimmen in der Volksversammlung nicht üblich war, sondern dort die Stimmenverhältnisse geschätzt wurden.

Die Gerousia, der spartanische Rat, existierte wohl schon vor der Großen Rhetra, ist durch diese aber in ihrer Zusammensetzung (28 Mitglieder und die beiden Könige) neu konstituiert worden. Sie hatte die Aufgabe und das Recht, die Vorlagen (*probouleumata*) für die Beschlüsse der Volksversammlung zu erstellen und konnte somit erheblichen Einfluß auf die Politik Spartas nehmen.

Das Eigentümliche der spartanischen Ordnung ist das mit der Gesellschaftsordnung eng verknüpfte Doppelkönigtum, ein erbliches Amt des Heerführertums. Allerdings konnte ein König wie ein Heerführer andernorts bei Verfehlungen abgesetzt oder exiliert werden.[29] Das spartanische Königtum war mit außerordentlichen Privilegien verbunden wie der Inhaberschaft von höchsten Priesterämtern, Leibwachen, dem Vorrecht auf Opfertiere und bei öffentlichen Opfern, der Entgegennahme von Naturalabgaben, der Auswahl von Gesandten, Aufsicht über die Orakelsprüche, Rechtsprechung im Hinblick auf die Verheiratung von Erbtöchtern und bei Adoptionen.[30] Gerade diese Privilegien aber zeigen, daß die Charakterisierung des Königtums als ein »lebenslanges Feldherrenamt«[31] zu sehr an den militärischen Funktionsträgern anderer Poleis orientiert ist, denn die spartanischen Könige nehmen eine nicht nur militärisch, sondern auch gesellschaftlich und religiös herausragende Stellung in Sparta ein.[32]

Insbesondere die Beziehung zwischen den beiden Königen und dem Ephorat, das als Amt erst seit dem 6. Jahrhundert in Sparta nachzuweisen ist und damit deutlich jüngeren Datums ist als die anderen politischen Institutionen,[33] weist auf Veränderungen der politischen Struktur hin, die in Sparta ebenso wie in Athen oder anderen griechischen Poleis im 6. Jahrhundert zu einer Variante der Polisverfassung mit Volksversammlung, Rat und Magistraten führten.

Die Ephoren waren durch Direktwahl bestimmte Jahresbeamte, wobei alle Spartiaten ohne Vermögensbegrenzung gewählt werden konnten. Sie vertraten die Polis gegenüber den Königen: Jährliche Individualwahl, das Recht zur Einberufung der Volksversammlung und des Rates, zur Gesetzgebung, zur Prozeßführung einschließlich der Verhängung der Todesstrafe, schließlich auch zur Einberufung des Heeres machten sie zu Vertretern des Volkes und zu mächtigen Personen in Sparta.[34] Zahlreiche Nachrichten aus dem 5. Jahrhundert über Bestechungen der Ephoren, Kontroversen zwischen Ephoren und Königen, die mit zunehmenden Kontrollen der Könige durch die Ephoren beantwortet wurden, weisen auf eine Entwicklung, die den Ephoren zunehmend starkes Gewicht in Sparta gaben.

Wie spannungsreich das Verhältnis zwischen Königen und Ephoren war,[35] zeigen die Rituale, die diese Beziehung prägten: Jeden Monat schworen sich Könige und Ephoren gegenseitig einen Eid: Die Könige im eigenen Namen, wobei sie gelobten, ihre Herrschaft nach den Gesetzen der Polis auszuüben, die Ephoren für die Polis. Sie sicherten zu, solange die Könige sich an ihren Eid hielten, das Königtum aufrechtzuerhalten.[36] Die Ephoren hatten darüber hinaus eine rituell abgesicherte Aufsicht über die Könige, die ihnen die Möglichkeit gab, beide Könige abzusetzen: Alle neun Jahre wurde nach einem bestimmten Ritual der Himmel beobachtet und wenn dabei ein bestimmtes Zeichen zu sehen war, sollten die Ephoren beide Könige absetzen. Anschließend legten sie die Angelegenheit dem Orakel in Delphi zur Deutung vor. Der spartanische König Leonidas soll um 242 v. Chr. auf diese Weise von den Ephoren zur Abdankung gezwungen worden sein.[37]

Gerade an der sich kontinuierlich entwickelnden Beziehung zwischen dem Königtum und dem Ephorat zeigt sich aber auch, daß die spartanische Verfassung alles andere war als eine von »Lykurg« geschaffene, früh schon fixierte Ordnung. Den Ereignissen und Auseinandersetzungen im Sparta des 5. Jahrhunderts kommt dabei eine entscheidende Bedeutung zu, die die eigene Sicht des Werdens einer politischen Ordnung geprägt hat. So ist in der zweiten Hälfte des 5. Jahrhunderts die Konstruktion eines Gegenbildes zur attischen Entwicklung zu beobachten (s. u.), das an dem Mythos Lykurg fixiert wurde.

2. Kleomenes und der »Aufstieg« des Ephorats

519 (?)–491/90	Regierungszeit des Königs Kleomenes in Sparta
511–506	Invasionen Spartas in Attika
504	Erster Beleg einer Bundesversammlung des Peloponnesischen Bundes
494	Kleomenes besiegt die Argiver bei Sepeia, Prozeß gegen Kleomenes, Freispruch
491	Absetzung und Vertreibung des Königs Demaratos
491/90	Kleomenes muß Sparta verlassen
490	Helotenaufstand in Messenien?
490	Rückruf des Kleomenes, sein Tod kurze Zeit später
488/87	Anklage des Königs Leotychidas wegen Frevels gegen Aigina, Verurteilung
481	Sparta führt als Hegemon den Hellenenbund
478	Sparta zieht sich aus den Aktivitäten in Ionien zurück
478 (?)	Leotychidas wird wegen Bestechung zum Exil verurteilt (evtl. erst 469/68)

Neuorientierung der spartanischen Politik

Bereits 525 oder 523 v. Chr., kurz vor dem Regierungsantritt des Kleomenes als König in Sparta, hatten oligarchische Exulanten aus Samos, die sich trotz der gesicherten Macht des dortigen Tyrannen Polykrates Hoffnungen auf eine Rückeroberung ihrer Position in Samos machten, die Spartaner und ihre Verbündeten, insbesondere Korinth, für eine Flottenaktion gegen die Insel gewinnen können.[38] Samos jedoch leistete erfolgreich Widerstand und konnte weder durch Erstürmung noch durch Belagerung eingenommen werden. Die Verluste des Peloponnesischen Bundes sollen hoch gewesen sein. Damit waren die in Sparta möglicherweise damit verbundenen Hoffnungen, sich als Seemacht innerhalb des griechischen Raumes zu etablieren, gescheitert.[39]

Kleomenes verfolgte offenbar das Ziel, die spartanische Macht auf dem griechischen Festland auszudehnen, während er andererseits deutlich davon Abstand nahm, Sparta in überseeische Aktivitäten in Ionien oder Persien zu verwickeln. Nach der Ermordung des Polykrates konnte sich in Samos dessen Sekretär Maiandros die Macht sichern (s. o. S. 16 f.). Dieser versuchte 517 die Unterstützung des Kleomenes gegen die Perser zu erreichen, wobei er sich auf eine alte Tradition der *philia* und *xenia* zwischen spartanischen und samischen Familien stützen konnte. Kleomenes lehnte dies, mit Rückendeckung durch die spartanischen Ephoren, ab.[40] Allerdings scheint er 513 die Skythen nicht abgewiesen zu haben, als sie in Sparta um Beistand gegen den Perserkönig warben, um dessen Heer auf dem Rückzug von dem desaströsen Zug gegen Skythien abzufangen.[41] Herodots beiläufige Erwähnung über ein Bündnis mit den Skythen und einen eventuell dabei geplanten spartanischen Marsch nach Ephesos fügt sich in die älteren spartanischen Vorstellungen, den Einflußbereich Spartas in den ägäischen und ionischen Raum auszudehnen.[42] Allerdings verweigerte Kleomenes 499 den Ioniern bei ihrem Aufstand gegen den Perserkönig jegliche Hilfe (s. o. S. 28).

Auf dem griechischen Festland hingegen betrieb Kleomenes ganz konsequent eine ausgreifende Expansionspolitik. Es kam durch Mitwirkung Spartas ein Bündnis Thebens mit Aigina, das Athen seit längerer Zeit feindlich gesinnt war, zustande. Schon 519 war Kleomenes nach Böotien gezogen, möglicherweise, um Megara in den Peloponnesischen Bund zu zwingen. Zu dieser Zeit hatte sich Plataiai, gegen Theben um Hilfe ersuchend, an Sparta gewandt. Kleomenes lehnte wiederum ab und verwies die Plataier an Athen, das die Unterstützung gewährte und sich so die langfristige Feindschaft Thebens zuzog.[43]

Kleomenes und Athen

Der Versuch, im Zuge der Tyrannenvertreibung in Athen ein von Sparta abhängiges Regime einzurichten, den Kleomenes mit massiver Militärpräsenz unternahm (s. o. S. 6), scheiterte. Stattdessen begründeten die Athener mit ihrer großangelegten Phylenreform eine Neuausrichtung ihrer eigenen, aber langfristig auch der griechischen Politik insgesamt.

Für den großen spartanischen Einkreisungsversuch gegenüber Athen im Jahre 506 hatte Kleomenes auch Aigina gewonnen, Athens Erzfeind. Aigina entsandte zuerst die Aiakiden, die gemeinsam mit den Thebanern bei den Böotern kämpften und anschließend mit einer Plünderungsaktion an der Südostküste Attikas (s. o. S. 6 f.) die athenischen Kräften binden sollten.[44] Diesmal hatte Kleomenes nicht nur das peloponnesische Heer einberufen, sondern zusätzlich mit den Böotern und Chalkidiern einen koordinierten Zangenangriff auf Attika verabredet.[45] Dieser Großangriff von drei Seiten, bei dem das spartanische Heer in Eleusis einfiel, die Böoter an der nordwestlichen Landesgrenze von Attika einmarschierten und die Chalkidier an der nordöstlichen Küste angriffen, weist auf eine strategische und politische Planung des Kleomenes hin, die mehr zum Zweck hatte als nur Rache für persönliche Kränkungen. Grundlage dieses kombinierten Angriffs waren Bündnisse mit Böotien und Chalkis, die den spartanischen Einfluß in Athen erhalten, wenn nicht sogar ausbauen,[46] und damit Spartas hegemoniale Stellung über die Peloponnes hinaus bis nach Mittelgriechenland festigen sollten.

Dieser Plan scheiterte in erster Linie an der Uneinigkeit im peloponnesischen Heer, insbesondere zwischen den beiden spartanischen Königen Kleomenes und Demaratos. Zwar hatten zuerst die Korinther die Heeresfolge verweigert, da hier Athen ein Unrecht geschähe, aber ihnen schloß sich der König Demaratos an, und diese erkennbare Uneinigkeit der spartanischen Könige veranlaßte auch die übrigen Bundesgenossen zum Abzug.[47] In Sparta selbst hatte dieser Zwist Konsequenzen: Man verabschiedete ein Gesetz, das in Zukunft einen gleichzeitigen Auszug beider Könige an der Spitze eines Heeres verbot.[48]

Danach planten die Athener einen Feldzug gegen Aigina, den sie anscheinend aber nicht durchführten, da Kleomenes auf der Peloponnes für eine erneute Intervention warb. Zum einen waren in Sparta die delphischen Manipulationen der Alkmeoniden (Bestechung des delphischen Orakels, s. o. S. 3) bekannt geworden und zum anderen wurde Athen zunehmend als ebenbürtig anerkannt, während es zu Zeiten der Tyrannis als schwach und abhängig von Sparta gegolten hatte. Daher berief Kleomenes eine Versammlung des Peloponnesischen Bundes ein, zu der er auch den vertriebenen Tyrannen Hippias aus dessen Exil in Sigeion bat. Kleomenes gab die Manipulation der Alkmeoniden bekannt, die über das Orakel von Delphi die Spartaner zum Eingreifen in Athen veranlaßt hatten, und prangerte die Hybris der Athener an, die, durch die Spartaner befreit, diese und die Nachbarn schon den Übermut hätten spüren lassen. Der Plan, Hippias mit spartanischer und peloponnesischer Hilfe nach Athen zurückzuführen und dort die Tyrannis wieder zu installieren, traf jedoch auf einhelligen Widerstand in der Bundesversammlung. Insbesondere die Korinther sprachen sich dagegen aus.[49] Ob auch Athen offiziell Mitglied des Peloponnesischen Bundes war, wie man nach einigen Formulierungen bei Herodot vermuten könnte,[50] wird aus den Zusammenhängen des Verhältnisses zwischen Athen und Sparta nicht recht deutlich. Damit war auch der letzte Versuch des Kleomenes gescheitert, die Abhängigkeit Athens wiederherzustellen. Der Verlauf dieser Aktion gegen Athen wirft ein bezeichnendes Licht auf die von Kleomenes auf der Peloponnes durchgesetzten Veränderungen, zeigt aber auch, daß seine Stellung im Inneren Spartas nicht unumstritten war.[51]

Auf Kleomenes' Regierungszeit, die fast 30 Jahre dauerte, sind ganz einschneidende Veränderungen zurückzuführen, die für die weitere Entwicklung Spartas im 5. Jahrhundert entscheidend wurden. Zum einen ist es Kleomenes gelungen, Sparta endgültig und unangefochten zur Vormachtstellung auf der Peloponnes zu führen, gleichzeitig jedoch auch eine hegemoniale Stellung für ganz Griechenland zu erreichen, die sich dann in dem selbstverständlichen Oberbefehl gegen die Perser niederschlug (s. o.). Die bei Herodot aus dem Jahre 504 v. Chr. überlieferte Diskussion der Mitglieder des Peloponnesischen Bundes über eine Wiederinstallierung der Tyrannis in Athen, die natürlich nur über einen Feldzug zu erreichen gewesen wäre,[52] ist gleichzeitig auch der erste Beleg einer Bundesversammlung des Peloponnesischen Bundes. Die Art und Weise, nach der diskutiert und entschieden wurde, zeigt, daß in diesen Jahren der Peloponnesische Bund die Struktur erhalten hat, die ihn im 5. Jahrhundert charakterisieren sollte:[53] Über einen Kriegsbeschluß, ebenso natürlich einen Frieden, wurde gemeinsam beraten und nach dem Mehrheitsprinzip abgestimmt, wobei jedem Mitglied bzw. jeder Polis, unabhängig von ihrer Größe, eine Stimme zukam.[54] Der Bund trug den Namen »Die Lakedaimonier und ihre Verbündeten«, wobei jedoch die einzelnen Poleis ihre Autonomie behielten.[55] Auseinandersetzungen zwischen einzelnen Bundesmitgliedern waren durchaus möglich, doch wenn ein Mitglied von außerhalb angegriffen wurde, war Sparta verpflichet, Hilfe zu leisten. Umgekehrt waren die Bundesgenossen in der Pflicht, wenn Sparta von einem Helotenaufstand bedroht war.

Kleomenes und das Ephorat

Gegen Ende seiner langen Regierungszeit wurde Kleomenes, kurz nach einem glänzenden Sieg bei Sepeia über Argos, von seinen Feinden in Sparta vor den Ephoren angeklagt. Er sollte es versäumt haben, die Stadt Argos vollständig einzunehmen. Die Kontroversen um seine Person und Politik nahmen nun dramatische Formen an. Es kam zu einem Prozeß vor einem Gericht (Gerousia oder Ephoren), in dem Kleomenes jedoch freigesprochen wurde.[56] Hinter diesem Prozeß stand wahrscheinlich sein Mitkönig Demaratos, den Kleomenes kurze Zeit später erfolgreich absetzen ließ. Um dies durchzusetzen, bestach Kleomenes offenbar sogar das Orakel in Delphi, das dem Demaratos eine nicht rechtmäßige Geburt bescheinigte. Demaratos verlor damit seinen Anspruch auf das Königsamt, das so 491 auf Leotychidas überging. Im Anschluß an seine Absetzung bekleidete Demaratos noch ein Amt in Sparta, vermutlich das Ephorat.[57] Auf welchem Wege die Absetzung erfolgte, ist nicht erkennbar, wenngleich es in diesem Fall nicht allein die Ephoren aufgrund ihrer Kompetenz zur Himmelsbeobachtung gewesen sein können. Möglicherweise haben Ephoren, Gerousia und Volksversammlung hier auch zusammengewirkt.[58]

Nichtsdestoweniger mußte Kleomenes kurze Zeit später, als seine Manipulation des delphischen Orakels bekannt wurde, Sparta verlassen und verwickelte seine Heimat dabei in eine Helotenrevolte. Diese wird allerdings nur von Platon erwähnt, als er das verspätete Eintreffen der Spartaner bei Marathon erklärt.[59] Man ruft Kleomenes zurück, doch in Sparta soll er dem Wahnsinn verfallen sein und sich kurze Zeit später umgebracht haben.[60] Damit beginnt eine Krise des spartanischen Königtums, die ihre Fortsetzung bereits im Jahr 478 v. Chr. findet, als dem spartanischen König Leotychidas während eines Thessalien-Feldzuges Bestechlichkeit nachgewiesen wurde. Auch hier folgten die Verurteilung und das Exil. Es ist allerdings auch erwogen worden, ob das Exil des Leotychidas nicht möglicherweise erst 469/68 begonnen hat, da auch für ihn eine längere Regierungszeit genannt wird als nur 13 Jahre.

Fraglich ist, wie bei diesen verschiedenen Prozessen der jeweils zuständige Gerichtshof zusammengesetzt war. Naheliegend ist es, den Ephoren hier in ihrer Eigenschaft als Leiter der Volksversammlung eine besondere Rolle und Bedeutung zuzuschreiben. Wenngleich dies auch nicht als ein »Aufstieg« des Ephorats bezeichnet werden kann, so ist doch hier und im weiteren Verlauf des 5. Jahrhunderts zu erkennen, daß die Ephoren als politische Entscheidungsträger neben den Königen hervortreten.[61] Demgegenüber bleibt die Rolle der Gerousia, auch wenn sie nach der Aussage späterer Quellen die Entscheidung über Kapitalstrafen hatte – um die es aber bei den Prozessen gegen die Könige nicht ging –, eher undeutlich.[62]

Die Ereignisse, die dem Tod des Kleomenes vorausgingen, lassen sich als Andeutung darauf verstehen, daß der Zusammenhalt der spartanischen Gesellschaft schnell zu erschüttern war. Auch die Verpflichtung der Mitglieder des Peloponnesischen Bundes auf militärische Hilfeleistung für den Fall eines Helotenaufstandes ist ein Hinweis auf die ernsthafte Gefahr, die die Heloten für die Polis Sparta und ihre eigentümliche gesellschaftliche Struktur darstellten. Aber auch die gescheiterten Versuche, Athen in die eigene Einflußsphäre zu zwingen, haben zur Destabilisierung des spartanischen Königtums beigetragen.

3. Pausanias und der Helotenaufstand

478	Pausanias erobert Zypern und Byzanz; erster Rückruf nach Sparta; Wechsel in der Hegemonie des Hellenenbundes
476	Pausanias wird aus Byzanz vertrieben (?)
476/75	Eion, Skyros und Sestos werden unter Kimon eingenommen; Rückführung der Gebeine des Theseus
474/72	Pausanias verläßt Byzanz
471/70	Pausanias verläßt Kolonai (Troas); zweiter Rückruf nach Sparta? (oder: erst jetzt Vertreibung des Pausanias aus Byzanz und Aufenthalt in der Troas?)
469/68	Zweiter Rückruf des Pausanias nach Sparta / Verhandlungen des Pausanias mit den Heloten und Frevel von Tainaron Anklage und Verurteilung des Königs Leotychidas?
468/67	Ermordung des Pausanias
467/66	Erdbeben; 3. Messenischer Krieg; Angriff der Heloten auf Sparta Erstes spartanisches Hilfeersuchen an Athen um Unterstützung gegen den Aufstand Rückzug der Heloten nach Messenien; Beginn des Stellungskrieges am Berg Ithome
465/64	Hilfszusage an Thasos gegen Athen
458/57	Ende des Helotenaufstandes; freier Abzug der Heloten von Ithome und Ansiedlung in Naupaktos durch Athen

Sparta als Sieger der Perserkriege

Das Bewußtsein der Griechen, über die persische Großmacht gesiegt zu haben, äußerte sich in einer spektakulären Handlung des spartanischen Oberbefehlshabers Pausanias. Nach der Schlacht von Plataiai brachte Pausanias auf dem Markt der Stadt dem Zeus Eleutherios ein Opfer dar, gelobt im Namen aller Verbündeten. U. a. wurde darin versprochen, den Einwohnern von Plataiai Stadt und Land zurückzugeben sowie die Unverletzlichkeit von beidem für alle Zeiten zu gewährleisten.[63] Der in diesem Zusammenhang verwendete Begriff der Freiheit, *eleutheria*, gewann durch den Abwehrkampf gegen die Perser zum ersten Mal einen konkreten politischen Bezug: Die Unabhängigkeit der griechischen Poleis gegenüber der Gewaltherrschaft der persischen Tyrannis wurde unter dem Begriff *eleutheria* politisch definiert, der Krieg als Befreiungskrieg empfunden und damit der Kult für Zeus Eleutherios zum Ausdruck eines allgemeinen griechischen Freiheitsgedankens. Daß dieser Kult nach Plataiai wieder in die Bedeutungslosigkeit zurückfiel, läßt sich daraus erklären, daß er als Symbol für die panhellenische Solidarität gegenüber der sich entwickelnden Überlegenheitsideologie der Athener im Seebund schnell in den Hintergrund trat.[64]

Aber in Sparta selbst hatte man, viel früher als etwa in Athen, bereits begonnen, die großen Siege in repräsentativer Manier als eigenes Verdienst darzustellen: Als Zeichen des Sieges über die Perser hat man aus dem Beuteerlös eine Halle in Sparta errichtet, in der wohl zum ersten Mal in dieser programmatischen Form Säulen als Stützfiguren verwendet wurden. Persische Tracht und Funktion als ›dienende Träger‹ für das Gebälk wiesen diese Säulenfiguren als Nachbildungen der bei Plataiai in Gefangenschaft geratenen Perser aus. Die Halle symbolisierte den Ruhm und die Tapferkeit der Spartaner und wurde beispielhaft für die weitere Verwendung des Bildmotivs vom griechischen Sieg über die Perser.[65] Auch dem spartanischen General Eurybiades, der bei Kap Artemision und bei Salamis den Oberbefehl führte, wurde in Sparta an prominenter Stelle, nämlich direkt neben dem Grab des berühmten spartanischen Königs Theopomp, ein Grabmal gesetzt.[66] In späteren Zeiten ist besonders die Perser-Halle weiter ausgeschmückt worden; die noch in römischer Zeit sichtbaren Stauen des Mardonios und der Artemisia, der Königin von Halikarnassos, werden wohl erst nachträglich dort angebracht worden sein.

Die kontinuierliche Weiterentwicklung dieser Siegesideologie zeigt sich insbesondere an der Einbindung des Pausanias, des Siegers von Plataiai. Dieser war zwar einerseits untrennbar verbunden mit dem großen Sieg über die Perser, aber andererseits war er auch Verursacher eines inneren Konfliktes, der Sparta an den Rand seiner Existenz brachte (s. u. S. 72). Trotzdem hat man noch im 5. Jahrhundert – vielleicht in den 40er Jahren – am Theater in Sparta eine Monumentengruppe errichtet,[67] zu der sowohl ein Grabmal des Pausanias als auch eines des Leonidas gehörte. An diesem Ort wurden eine Gedenktafel mit den Namen der bei den Thermopylen Gefallenen aufgestellt, und es fanden jährlich Reden und Wettkämpfe statt.

Auch Lysander band seine Siege im Peloponnesischen Krieg in diese Darstellung spartanischer Sieghaftigkeit ein, indem er in Sparta zwei Siegesgöttinnen aufstellen ließ. Vor allem aber stiftete er in Delphi, gewissemaßen vor den gesamtgriechischen Augen, ein Monument zur Erinnerung an den Sieg über Athen bei Aigospotamoi: ein 38 Figuren umfassendes Ensemble, das auch eine Darstellung seiner eigenen Person enthielt.[68] Damit sollte die von den Athenern nach 470 v. Chr. in Delphi errichtete Gruppe, die ihre Tat bei Marathon feiern sollte und die eben auch den siegreichen Feldherren Miltiades einschloß, von der spartanischen Glorie übertrumpft werden.[69]

Pausanias in Byzanz

Nach dem Tod des Kleomenes waren beide spartanischen Königshäuser durch Tod oder Exil so entscheidend geschwächt, daß Pausanias, der Großneffe des Kleomenes und Sieger von Plataiai, als Regent für den minderjährigen Pleistarchos der einzige handlungsfähige Vertreter des Königtums bis in die Mitte der 60er Jahre hinein blieb. Auch wenn Leotychidas erst 469/68 ins Exil ging und nicht schon 478 v. Chr., war er doch durch die Aigina-Affäre – in der er vergeblich von Athen die Rückgabe der aiginetischen Geiseln verlangt hatte[70] – offenbar so geschwächt, daß er politisch nicht eingriff. Dies und die Schwierigkeiten, die Sparta seit den 80er Jahren auf der Peloponnes hatte, erklären vielleicht, warum man in Sparta die Beschwerden gegen Pausanias' gewalttätiges Auftreten in Ionien und die Verdachtsmomente des Medismos, des Verrats an die Perser, nicht sofort ahndete. Nichtsdestoweniger zeigt sich in dieser Situation das Ephorat als das Gremium, das die Kontrolle und Koordination ausübt. Die sich in der Zeit des Kleomenes andeutende Situation, daß das Ephorat insbesondere die außenpolitischen Belange durch Kontrolle der ausgesandten Könige und Feldherren steuerte, verfestigte sich in der Zeit des Regenten Pausanias.

Nach dem Sieg von Plataiai hatte Sparta die Wahl zwischen drei strategischen Konzepten: Entweder den Krieg gegen die Perser zur See fortzuführen, um vor allem die ionischen Griechenstädte zu befreien, oder gegen die mit den Persern verbündeten Griechen nördlich des Isthmos zu ziehen, um damit auch dort den eigenen Einfluß zu stärken, oder schließlich, als ›kleine‹ Lösung, die Konzentration auf die Peloponnes.[71]

Pausanias stand für die erste Konzeption – eine deutliche Abkehr von Kleomenes – und damit auch für einen grundlegenden Politikwechsel. Dies setzte er im Sommer 478 auch tatkräftig um. Mit einer Flotte von 50 Schiffen, 20 vom Peloponnesischen Bund und 30 von Athen gestellt, segelte er nach Zypern, das ebenso unterworfen wurde wie direkt anschließend Byzanz. Thukydides berichtet:

Pausanias' Verhandlungen mit dem Perserkönig Xerxes, Thukydides 1, 128–129

… als der Spartaner Pausanias das erste Mal von seinem Amt am Hellespont nach Sparta zurückgerufen und vor Gericht von Schuld freigesprochen war, wurde er nicht mehr von Staats wegen ausgesandt, aber auf eigene Faust fuhr er in einem Schiff von Hermione ohne Auftrag der Spartaner an den Hellespont, angeblich zum Hellenischen Krieg, in Wahrheit, um seine Verhandlungen mit dem Perserkönig zu fördern, die er zuerst angesponnen hatte und die ihm die Herrschaft in Hellas einbringen sollten. Er hatte sich nämlich beim Großkönig in Gunst gesetzt und damit die ganze Sache eingeleitet, als er bei seinem vorigen Aufenthalt nach dem Rückzug aus Zypern Byzanz den Persern abgewann und einige Verwandte und Freunde des Großkönigs, die damals mit gefangen wurden, heimlich vor den Verbündeten dem König zurücksandte, wobei er vorgab, sie seien ihm entwischt. Er bediente sich dabei der Hilfe des Gongylos aus Eretria, dem er Byzanz und die Gefangenen übergeben hatte. Dieser mußte ihm auch einen Brief hintragen, in dem geschrieben war (wie später an den Tag kam): »Pausanias, Führer von Sparta, sendet dir, um dir gefällig zu sein, diese Kriegsgefangenen zurück, und ich mache dir den Vorschlag, wenn es dir auch recht ist, deine Tochter zu heiraten und dir Sparta und das übrige Hellas untertan zu machen. Ich glaube dazu imstande zu sein, wenn wir uns gemeinsam beraten. Sagt dir etwas zu von diesen Dingen, so sende einen zuverlässigen Mann ans Meer, durch den wir künftig miteinander reden können.« Soviel besagte das Schreiben.

[129] Xerxes freute sich über den Brief und sandte Artabazos Pharnakes' Sohn ans Meer, mit der Weisung, die Satrapie von Daskyleion zu übernehmen und Megabates, der sie bisher verwaltete, abzulösen, und gab ihm für Pausanias einen Antwortbrief mit, den er baldigst nach Byzanz bestellen solle unter Vorzeigung des Siegels, und wenn ihm Pausanias Aufträge gebe in seinen Sachen, solle er sie aufs beste und treueste erfüllen. Wie nun Artabazos hinkam, tat er alles, wie ihm gesagt war, und übersandte den Brief. Darin stand folgende Antwort: »So spricht König Xerxes zu Pausanias: wegen der Männer, die du mir übers Meer aus Byzanz gerettet hast, soll dir die Wohltat in unserem Hause für immer zu Dank verzeichnet sein, und deine Vorschläge finden meinen Beifall. Nicht Nacht noch Tag soll dich hemmen, daß du säumest zu tun, was du mir versprichst; kein Bedarf an Gold und Silber darf dich hindern, noch an Kriegsvolk, wenn du es irgendwo zur Stelle brauchst, sondern mit dem edlen Artabazos, den ich dir schicke, betreibe du unbedenklich meine und deine Dinge, wie es sich für uns beide am schönsten und besten fügt.«

In Byzanz muß Pausanias also schon die ersten Schritte zu Verhandlungen mit dem Perserkönig unternommen haben.[72] Er sandte einige persische Gefangene, darunter auch Verwandte des Großkönigs, an Xerxes mit dem Vorschlag für ein Abkommen: Er, Pausanias, würde dem Großkönig die Herrschaft über Sparta und das übrige Griechenland verschaffen. Dafür solle Pausanias eine Tochter des Perserkönigs zur Frau erhalten. Die Antwort des Xerxes war offenbar positiv und schloß ein Angebot an Truppen und Gold ein.[73]

Pausanias' Hochmut und Arroganz sollen nach diesem Angebot des Großkönigs noch weiter zugenommen haben. Er nahm die persischen Gepflogenheiten in Kleidung und Mahlzeiten an, hielt eine Leibwache aus persischen und ägyptischen Lanzenträgern und wurde für seine Verbündeten ganz unzugänglich. Vor allem die Veränderung in seinem Verhalten und seiner Lebensweise erregte den Verdacht unter den Verbündeten und in Sparta. Von den Ephoren 478/77 v. Chr. zurückgerufen, klagte man ihn vor diesen des Verrats an, der jedoch nicht bewiesen werden konnte. Auf eigene Faust, wenn auch natürlich nicht ohne Wissen und somit vielleicht auch nicht ohne offizielle Zustimmung der Ephoren kehrte er nach Byzanz zurück,[74] wo er jedoch von den Athenern unter Kimon vertrieben wurde. Statt nach Sparta zu kommen, setze er sich in der Troas fest und verhandelte weiter mit dem Perserkönig, bis er zum zweiten Mal von den Ephoren nach Sparta zurückgerufen wurde.

Die Chronologie dieser Jahre ist äußerst unsicher, da sich Thukydides in seiner Geschichte der 50 Jahre (*pentekontaetia*), die er als Vorgeschichte des Peloponnesischen Krieges nur auf den wachsenden Antagonismus zwischen Athen und Sparta ausrichtet, auf die Abfolge der Ereignisse, nicht ihre exakte zeitliche Einordnung konzentriert.[75] Immerhin gibt Justin an, daß die Herrschaft des Pausanias in Byzanz bis zur Vertreibung durch die Athener sieben Jahre dauerte.[76] Demnach könnte er bis 476, 474 oder sogar 472 dort geblieben sein und sicher nicht ohne – zumindest stillschweigendes – Einverständnis der Ephoren (s. o. zur innerspartanischen Diskussion über die weitere Politik), da er dort immer noch als offizieller Regent der Spartaner auftrat.[77] Wie lange sein Aufenthalt in Kolonai in der Troas wirklich dauerte, ist kaum festzustellen – lediglich, daß die Anklagen aus Sparta auch zu Vorwürfen gegen Themistokles führten, die die Spartaner in Athen vorbrachten.[78] Sie beschuldigten Themistokles, in die Verhandlungen des Pausanias mit dem Perserkönig verwickelt gewesen zu sein und sie unterstützt zu haben. Themistokles befand sich aufgrund eines Ostrakismos seit 471/70 in Argos und floh von dort über Korkyra und Epirus nach Persien. Die Flucht des Themistokles ist durch die Angabe des Thukydides, daß er dabei beinahe der attischen Flotte in die Hände gefallen sei, die damals das abgefallene Naxos belagerte, und den Hinweis, daß bei seiner Ankunft in Ephesos schon Artaxerxes, der Sohn des Xerxes, den persischen Thron bestiegen hatte,[79] hinlänglich genau auf das Jahr 465 zu datieren.[80]

Die Rückkehr des Pausanias nach Sparta

Der zweite Rückruf des Pausanias, wahrscheinlich 471/70, erfolgte wiederum aufgrund des Verdachts eines Medismos, aber in gleicher Weise auch wegen seines für spartanische Verhältnisse anrüchigen Lebenswandels.[81] Er führte jedoch nicht zu einer Verurteilung oder anderen Aktionen der Ephoren. Erst die Maßnahme der Ephoren, selbst als Ohrenzeugen die Gespräche des Pausanias zu belauschen, überführte ihn. Sein Ende wurde, nachdem er als Asylsuchender in den Tempel der Athena Chalkioikos geflohen war, durch Aushungern herbeigeführt. Den Sterbenden entfernten die Ephoren aus dem Tempelgelände und töteten ihn.

Die grausame Behandlung des Pausanias, die im Widerspruch zu den sonstigen Gepflogenheiten im Umgang mit spartanischen Bürgern stand,[82] läßt sich nur so erklären, daß Pausanias die Grundfesten der spartanischen Gesellschaft in Gefahr gebracht hatte. Offensichtlich hatte er versucht, einen Aufruhr der Heloten in Gang zu bringen: Er hatte ihnen Freiheit und Bürgerrecht zugesagt, wenn sie sich an seinem Umsturz und seinen Plänen mit den Persern beteiligen würden. In diesen Zusammenhang gehört auch der bei Thukydides nur am Rande erwähnte Frevel, den die Spartaner bei Tainaron begangen hatten:[83] Schutzflehende Heloten hätten sie entgegen einem Versprechen am dortigen Poseidontempel getötet. Da eben dies der Ort sein soll, an dem die Ephoren Pausanias überführten, ist es nicht unwahrscheinlich, daß Pausanias dort auch seine Verhandlungen mit den Heloten durchgeführt hatte.[84]

Helotenaufstand und Erdbeben

Der Tod des Pausanias, der Frevel von Tainaron und der kurz danach beginnende Aufstand der Heloten stehen in einem Zusammenhang: Das Bindeglied ist, vor allem in chronologischer Hinsicht, das große Erdbeben, das Sparta in den 60er Jahren des 5. Jahrhunderts traf und das, so Thukydides, die Spartaner selbst als von Poseidon gesandte Strafe für den Frevel von Tainaron, eine eklatante Verletzung des Asylrechts, interpretierten.[85]

Dieses Erdbeben gilt als eine der furchtbarsten Katastrophen der spartanischen Geschichte. Die, allerdings wohl stark übertriebene, Zahl, die Diodor nennt, sind 20.000 Tote. Es scheint wohl mehrere Erdbeben in Folge gegeben zu haben, so daß viele durch die niederstürzenden Mauern umkamen.[86] Unmittelbar im Anschluß an die ersten Erdstöße stand ein Heer aufständischer messenischer und lakonischer Heloten vor Sparta. Nur durch die Geistesgegenwart des Königs Archidamos, der sofort nach dem Erdbeben alle Bürger zu den Waffen rief, wurde Sparta gerettet.[87] Das Heer der Aufständischen zog sich nach Messenien zurück und verschanzte sich auf dem Berg Ithome, einer natürlichen Festung, wo es sich mehrere Jahre halten konnte.[88]

Dieser Helotenaufstand, der auch als der 4. messenische Krieg bezeichnet wird, war eine der großen Krisen der spartanischen Gesellschaft.[89] Das volle Ausmaß des Aufstandes erweist sich daran, daß nicht nur die messenischen Heloten revoltierten, sondern auch die lakonischen. Die Schnelligkeit, mit der das Helotenheer nach dem Erdbeben vor Sparta stand, ist bei der Entfernung und dem schwierigen Marsch aus Messenien für ein messenisches Helotenheer kaum vorstellbar. Dies spricht dafür, den Angaben Diodors zu folgen, der von dem Aufstand sowohl der messenischen als auch der lakonischen Heloten berichtet.[90] Demnach hat die Revolte bei den lakonischen Heloten begonnen, und das, obwohl die starken Repressionsmaßnahmen immer eher gegen die messenischen Heloten gerichtet waren als gegen die lakonischen, mit denen ein viel engeres Zusammenleben stattfand.[91] Darüberhinaus haben sich auch mindestens zwei Periökenstädte Messeniens am Aufstand beteiligt. In diesen Zusammenhang gehört auch die von Herodot berichtete Niederlage des Arimnestos, der bei Plataiai den Perser Mardonios getötet hatte, mit 300 Mann bei Steniklaros gegen die aufständischen Messenier.[92]

Wie tiefgreifend Sparta von diesem Aufstand erschüttert wurde, ist auch daran zu erkennen, daß die Polis zum ersten und letzten Mal militärische Hilfe aus Athen erbat. Kimon marschierte mit einem Heer von 4.000 attischen Hopliten in spartanisches Gebiet ein – eine Erfahrung, die für die Spartaner nicht nur neu, sondern auch erschreckend gewesen sein muß. Nach der Darstellung Plutarchs ist Kimon sogar zweimal mit einem Heer in Sparta gewesen:[93] Das erste Mal zog er direkt nach Lakonien, beteiligte sich mit seinem Heer an der Niederwerfung der lakonischen Heloten und zog über Korinth zurück. Bei dem zweiten Einmarsch begab er sich mit seinem Heer direkt nach Messenien und unterstützte die Spartaner bei der Belagerung von Ithome.

Nach Thukydides hatte man in Sparta vor allem vor der verwegenen und neuerungsbesessenen Art der Athener Angst.[94] Man befürchtete eine Übereinkunft aufgrund möglicher Sympathien und gleicher politischer Orientierungen zwischen den Athenern und den Aufständischen. Vor dem Hintergrund des sich in Athen parallel dazu abzeichnenden politischen Umschwungs, in dessen Verlauf Kimon schon vor Gericht gebracht worden war und kurze Zeit später durch Ostrakismos aus Athen entfernt werden sollte, waren diese Befürchtungen nicht ohne Grund.[95] In Sparta war man nicht nur über die innenpolitischen Vorgänge in Athen genauestens informiert, man suchte sich auch gegenüber Athen entschieden abzugrenzen. So wurde das attische Heer unter einem Vorwand zurückgeschickt, und zum ersten Mal wurde, so Thukydides, der Unterschied bzw. die Spannung zwischen Athen und Sparta sichtbar. Das war ein Wendepunkt in dieser Beziehung.[96] Thukydides stellt die spartanische Bitte um Unterstützung aus Athen in chronologische Parallelität zu der Zusage Spartas, den Thasiern bei ihrem Abfall von Athen Hilfe zu leisten. Die Zusage Spartas erfolgte, obwohl das Erdbeben und die sich anschließende Krisensituation bereits eingetreten waren. Dieser Zusammenhang beleuchtet den tiefen Riß in den spartanisch-athenischen Beziehungen.[97]

Die Folgen des Erdbebens

Ein anderer Aspekt, der die Bedrohlichkeit dieses Zusammentreffens einer Naturkatastrophe mit dem Helotenaufstand für die spartanische Gesellschaft beleuchtet, ist das Problem der kontinuierlich abnehmenden Bevölkerungszahl der Spartiaten. Aus dem spartanischen Kontingent bei Plataiai ist die Zahl der männlichen spartanischen Bürger für 480 auf etwa 8.000, davon etwa 5.000 wehrfähige Männer (Soldaten), zu schätzen.[98] Diese Zahl reduzierte sich bis 425 auf 4.400 Vollspartiaten, davon ca. 2.700 Soldaten, und bis 371 auf etwa 1.500 Spartiaten, wenn nicht noch weniger.[99]

Zwar sind die Zahlen Diodors über die Anzahl der Toten des Erdbebens sicher zu hoch angegeben, doch haben die Verluste durch das Erdbeben und die Bedrohung der gesellschaftlichen Struktur, die sich in der Heftigkeit und Dauer des Aufstandes zeigt, Sparta so nachhaltig eingeschränkt, daß etwa im Peloponnesischen Krieg der drohende Verlust von 300 spartiatischen Hopliten dann schon jeden Preis für einen Frieden annehmbar machte.

Vermutlich sind zur schnellen Linderung der Folgen des Erdbebens verschiedene Maßnahmen in Sparta beschlossen worden, die sich in einem anderen Kontext nur schwer erklären lassen: Die Krypteia und die jährliche Kriegserklärung an die Heloten finden hier eine mögliche Erklärung (s. o.). Auch die Bestimmung, die Herstellung eines Hausdaches nur mit dem Beil und die der Türen ausschließlich mit der Säge zu erlauben,[100] erklärt sich aus einer Situation, in der ein schneller Wiederaufbau der Stadt erforderlich war. Ebenso könnten die für Sparta erwähnte Bloßstellung der Junggesellen[101] sowie die aus der akuten Notstandssituation nach dem Erdbeben entstandene Polyandrie (mehrere Brüder teilen sich eine Frau) hierher gehören.[102] Die für Sparta vermutete stärkere Stellung der Frauen aufgrund der Zulässigkeit von eigenem Landbesitz läßt sich für das 5. Jahrhundert nicht belegen. Da Aristoteles aber im 4. Jahrhundert für Sparta eine solche Situation mit der Konsequenz größerer Besitzverschiebungen (zwei Fünftel des spartanischen Landes sollen in Frauenhand gewesen sein) beschreibt, müßte diese Entwicklung zu einem deutlich früheren Zeitpunkt begonnen haben. Fügt man diese beiden Aspekte zusammen, dann könnte die Einführung der Polyandrie in der Zeit nach dem Erdbeben das Ziel gehabt haben, die übermäßige Zersplitterung des Landbesitzes, die sich aus einem freizügigen Erbrecht ergab, zu vermeiden.

Für Sparta ist die gesamte erste Hälfte des 5. Jahrhunderts geprägt von den schon am Ende der Regierungszeit des Kleomenes einsetzenden Spannungen zwischen Königtum und Ephorat. Der in vier Feldzügen grandios gescheiterte Versuch des Kleomenes, Athen dem spartanischen Einflußbereich einzuverleiben, hat nicht nur zur Schwächung des Königtums geführt, sondern auch die Verschiebung des inneren Gewichtes zwischen diesem und dem Ephorat eingeleitet. In der Auseinandersetzung um die Strategie in Ionien, die einerseits von Kleomenes' Abkehr von den überseeischen Aktivitäten und andererseits von Expansionsgelüsten geprägt war wie sie Pausanias zu verwirklichen suchte, ist ein beständiges Schwanken zwischen beiden Richtungen zu erkennen. Die Naturkatastrophe des Erdbebens, begleitet von dem letzten großen Helotenaufstand, beendete dieses Schwanken und bewirkte neben einem durch die Katastrophe bedingten stärkeren inneren Zusammenhalt eine Rückkehr zu der Politik des Kleomenes gegenüber Athen.

IV. Die attische Politik der 70er und 60er Jahre: Der Aufstieg Athens

476/75	Eion, Skyros und Sestos werden unter Kimon eingenommen; Rückführung der Gebeine des Theseus
472	Aufführung der Perser des Aischylos
471/70	Ostrakisierung des Themistokles; Exil in Argos; Eroberung von Byzanz und Sestos durch Kimon?
468/67	Kimon mit einem attischen Heer in Lakonien
467/66	Abfall von Naxos; Belagerung; Anklage des Themistokles durch Sparta – Flucht (Begegnung mit der att. Flotte in Naxos); Beginn der Belagerung von Naxos
466	Schlacht am Eurymedon
465	Verhandlungen des Kallias mit Xerxes in Susa?
465/64	Themistokles in Asien; Unterwerfung von Naxos
465/63	See-Expeditionen des Ephialtes und des Perikles?
465/64	Krieg gegen Aigina? Abfall von Thasos
463	Thasos wird unterworfen; Kimon in Makedonien
463/62	Prozeß gegen Kimon wegen Bestechung; Freispruch
462/61	Kimon mit 4.000 Hopliten in Messenien
462/61	Ostrakisierung des Kimon; Reformen des Ephialtes? Sturz des Areopags? Ermordung des Ephialtes

1. Die Chronologie

Kimons Feldzüge

Die ersten militärischen Aktionen unter der neuen Führung Athens wurden von Kimon, dem Sohn des Miltiades geleitet.[1] Zuerst scheint er Pausanias aus Byzanz vertrieben zu haben.[2] Anschließend wandte er sich nach Thrakien und belagerte Eion am Strymon, an der Grenze zu Thrakien, das noch von den Persern gehalten wurde.[3] Nach der Eroberung wurde das Land den Athenern zur Besiedlung freigegeben.[4] Eion war in strategischer Sicht eine wichtige Basis für den persi-

schen Vormarsch unter Xerxes gewesen und hätte als solche auch erhalten werden müssen, um die persischen Eroberungen in Europa zu sichern. Der Statt-
halter in Eion, Boges, konnte sich immerhin bis 476 halten. Vermutlich gelang
es Kimon anschließend, die östlich gelegenen Küstenstädte ebenfalls zu unterwerfen, da nur von Doriskos bekannt ist, daß es sich halten konnte.[5]

Kimon und Theseus

Anschließend eroberte und besiedelte Kimon Skyros, ein Zentrum der ägäischen
Piraterie, die damit durch Kimon beendet wurde. Gleichzeitig (s. o. S. 54) sicherte
er die wichtige Kornroute. Mit Skyros verband sich ein Teil des Theseus-Mythos.
Hier sollte sich das Grab des attischen National-Heros befinden, und Kimon
präsentierte schließlich nach langer Suche die Gebeine des Theseus, die mit großem Gepränge, unter Prozessionen und Opfern, nach Athen rückgeführt wurden[6] und einen neuen Tempel, möglicherweise den ersten für Theseus in Athen[7],
bekamen. Der Theseus-Kult erfuhr hierdurch eine weitere Verstärkung. Möglicherweise gehört in diesen Zusammenhang auch die Einrichtung von öffentlichen Priesterämtern für Theseus und die öffentliche Finanzierung der Theseia,
die alljährlich gefeiert wurden.[8] Sicher ist jedoch, daß die Wettkämpfe bei diesem Fest in kimonischer Zeit eingeführt wurden.[9]

Die Themen der Malereien, die Kimons Theseion schmückten, sind literarisch
überliefert: Der Einfall der Amazonen in Attika, die Kentauromachie und Theseus' Besuch im Palast des Poseidon auf dem Meeresboden.[10] Diese Themen gehörten im 5. Jahrhundert zum standardisierten Tatenkatalog des attischen Volkes.
In den jeweils besiegten mythischen Barbaren sind unschwer die Perser zu erkennen. Das Motiv von Theseus und Poseidon wiederum verherrlicht die attische
Seemacht. Insgesamt stellte sich am kimonischen Theseion der Ruhm Athens dar,
ohne daß dies mit einem direkten Bezug auf die Person Kimons und auf dessen
Leistung verbunden gewesen wäre. Der erfolgreiche Feldherr stellt sich damit bewußt in den Dienst des Demos, hinter dessen Glorie der einzelne ganz zurück-
tritt.

Karystos und Naxos

Das sich an den Zug nach Skyros anschließende Unternehmen richtete sich gegen Karystos auf Euböa. Karystos hatte den Persern gegen Eretria als Basis gedient und nach der Schlacht am Kap Artemision Schiffe für die persische Flotte
gestellt. Auf das Ansinnen des Themistokles, den Athenern eine Abgabe zu zahlen, war Karystos nur unter Druck eingegangen.[11] Thukydides schreibt in seinem kurzen Abriß über die Aktionen der Athener in diesen Jahrzehnten nur, daß
die Athener gegen Karystos einen Krieg führten, nicht jedoch aus welchem
Grund. Weder war dort eine persische Besatzung stationiert, noch lag ein ande-

rer Grund wie etwa in Skyros vor. Es könnte sein, daß Karystos zu diesem Zeitpunkt kein Mitglied des Bundes war und durch diesen Kriegszug dazu gezwungen werden sollte, beizutreten, denn Thukydides schreibt, daß man nach einiger Zeit zu einer Übereinkunft kam.[12] Das könnte bedeuten, daß Kimon Karystos mit Gewalt in den Bund und zu einer finanziellen Abgabe zwang.

Ähnlich problematisch ist die Erklärung der griechischen Aktionen um Naxos. Hierzu heißt es bei Thukydides lapidar, daß Naxos abgefallen war und durch Krieg und Belagerung wiedergewonnen wurde. Dies sei die erste Polis der Verbündeten, der *symmachoi*, gewesen, die vertragswidrig in die Knechtschaft gebracht wurde. Danach sei eine nach der anderen unterworfen worden.[13]

Zu welchen Bedingungen diese ›Unterwerfung‹ stattfand, ist im Gegensatz zu späteren ähnlichen Fällen nicht bekannt. Die Formulierung des Thukydides deutet nicht unbedingt auf einen Bruch des Bündnisses von 478 hin, jedoch wohl auf eine Statusveränderung für Naxos.[14] Wahrscheinlich hatte Naxos hiernach statt eines Schiffskontingents eine Abgabe zu zahlen und wohl auch die Mauern zu schleifen sowie die eigene Flotte auszuliefern. Zwar nennt Thukydides nicht den Grund für den naxischen Abfall, aber er gibt einige allgemeine Symptome dafür an, daß zu diesem und zu späteren Zeitpunkten Bundesgenossen von den Athenern abzufallen begannen: ausbleibende Zahlungen der Abgabe bzw. nicht gestellte Schiffskontingente oder flüchtige Soldaten. Die Athener bestanden auf harter Disziplin, worin ein ungewöhnliches Vorgehen unter griechischen Bundesgenossen gesehen wurde.[15] Vor allem aber betrachteten die Athener ihre Verbündeten nicht mehr als Gleiche (*homoioi*) und hatten es so leicht, Abtrünnige zu unterwerfen. Daran, so meint Thukydides, seien die Bundesgenossen selbst schuld gewesen, da sie aus Bequemlichkeit die Geldabgabe des Phoros wählten statt der Beteiligung an den Expeditionen. So gewannen die Athener zusätzlich Stärke aus wachsender Erfahrung und steigenden Geldmitteln zur Finanzierung der Flotte, während die Bundesgenosssen bei ihren Revolten unerfahren und unvorbereitet waren.

Weitere Kriegszüge und Expeditionen dieser Jahre berichtet Thukydides nicht, und auch aus anderen Quellen lassen sie sich nur bruchstückhaft rekonstruieren.[16] Die Chronologie der 70er und im Zusammenhang damit auch der 60er Jahre ist völlig unklar. Es ist sehr wahrscheinlich, daß in diesen Jahren nicht nur Athen, sondern auch die Verbündeten in Ionien und in der Gegend des Hellespont die Befreiung der Poleis von der Perserherrschaft fortgesetzt haben.[17] Plutarch zitiert aus dem Werk des Ion von Chios eine Anekdote über Kimon, die Licht auf dessen Eroberungen am Hellespont wirft.[18] So hätten Kimon und die Verbündeten Byzanz und Sestos erobert und dabei viele Gefangene gemacht. Als es um die Verteilung der Beute ging, habe Kimon alles in zwei Teile geteilt, wobei der eine Teil aus sämtlichen Beute- und Schmuckstücken, der andere nur aus den Personen der gefangenen Perser bestand. Diese Aufteilung wurde als ungerecht empfunden und Kimon ließ daraufhin den Verbündeten die Wahl. Nachdem sie sich für die Beute entschieden hatten, begann Kimon mit den Lösegeldverhandlungen für seine Gefangenen, die ihm eine so große Summe einbrachten, daß davon für vier Monate, also eine ganze Saison, die Flotte einschließlich der Löhne bezahlt werden konnte und darüberhinaus auch genügend für die Stadt Athen blieb.

Themistokles' Ostrakisierung

In diese Jahre fiel die Herrschaft des Pausanias in Byzanz und sein zweimaliger Rückruf nach Sparta mit dem sich anschließenden Helotenaufstand (s. o. S. 72 ff.). In den Sturz des Pausanias wurde auch Themistokles verwickelt. Er soll von den Verhandlungen des Pausanias mit dem Perserkönig gewußt haben, und spartanische Abgesandte verlangten in Athen, daß ihm ebenso wie Pausanias der Prozeß gemacht würde. Nach den Angaben des Thukydides befand Themistokles sich zu dieser Zeit im Exil in Argos, wohin er sich nach seiner Ostrakisierung begeben hatte.[19] Über die eigentliche Ursache und das Datum dieser Verbannung ist nichts bekannt. Plutarch nennt in seiner Biographie des Themistokles nur die allgemeine Ablehnung in der attischen Öffentlichkeit, auf die seine herausragenden Leistungen, aber auch deren Hervorhebung durch ihn selbst, stießen.[20]

In einem Brunnen auf der Akropolis sind vorgefertigte Ostraka gefundenen worden, die alle den Namen des Themistokles tragen und ganz eindeutig von nur 14 verschiedenen Händen geschrieben wurden. Sie sind – auch wenn nicht zu erkennen ist, ob sie tatsächlich auch zum Einsatz kamen – möglicherweise vorbereitete Fälschungen.[21] Daß Themistokles das Objekt tiefgreifender innerer Auseinandersetzungen in Athen war, zeigt auch sein weiteres Schicksal.

Themistokles mußte nach diesen Anklagen aus Argos fliehen und begab sich in einer längeren und gefahrvollen Flucht nach Kleinasien in den Schutz des Perserkönigs.[22] Unterwegs wäre er in Naxos beinahe in die Hände der attischen Flotte gefallen, die zu dieser Zeit Naxos belagerte.[23]

Der Ablauf der Ereignisse und die Zeitgleichheit mit der attischen Belagerung von Naxos zeigt, daß Pausanias' Vertreibung aus Byzanz erst nach der Ostrakisierung des Themistokles und die Anklage gegen Themistokles wiederum erst nach der Überführung und Bestrafung des Pausanias in Sparta erfolgt sein kann. Damit ergibt sich ein, wenn auch nicht genaues, chronologisches Gerüst.[24] Die Vertreibung des Pausanias aus Byzanz hat wahrscheinlich erst gegen Ende der 70er Jahre stattgefunden, womit sich für seine Herrschaft in Byzanz etwa der Zeitraum von 478 bis ungefähr 474, aber eher 472 v. Chr. ergibt. Das würde auch mit der Angabe Justins übereinstimmen, der von einer siebenjährigen Herrschaft des Pausanias in Byzanz weiß.[25] Die Verbannung des Themistokles kann dann etwa Ende der 70er Jahre in Athen stattgefunden haben. Die naxische Revolte gehört somit wahrscheinlich in die 60er Jahre, wie sich zwangsläufig aus der Angabe ergibt, daß Themistokles mit dem Nachfolger und Sohn des Xerxes, Artaxerxes, seine Verhandlungen geführt hat, der erst Mitte der 60er Jahre die Regierung im Perserreich angetreten hatte.[26]

2. Der Kallias-Frieden: Sieg oder attische Fiktion?

Friedensschluß mit den Persern? Plutarch, Kimon 13

Da jetzt die Landmacht der Feinde an die Küste herabzog, hielt es Kimon erst für ein gefährliches Unternehmen, mit Gewalt eine Landung zu unternehmen und die ermüdeten Griechen dem frischen und zahlenmäßig weit überlegenen Feind entgegenzustellen. Allein er bemerkte bald, daß sie, stolz auf den erfochtenen Sieg, vor Begierde brannten, die Barbaren anzugreifen, und ließ die Soldaten, so erhitzt sie noch vom Seetreffen waren, ans Land setzen, wo sie dann auch gleich mit lautem Feldgeschrei im Laufschritt vordrangen. Die Perser hielten stand und setzten sich mutig zur Wehr, so daß es zu einem hartnäckigen Gefecht kam und auf Seiten der Athener einige der ersten und angesehensten Männer fielen. Nach langem Kampfe schlugen sie endlich die Barbaren in die Flucht, töteten viele, nahmen die anderen gefangen und bemächtigten sich des Lagers, das mit Schätzen aller Art angefüllt war.

So hatte nun Kimon wie ein kraftvoller Fechter an einem Tage zwei Siege errungen, und sowohl die Trophäe bei Salamis durch die Seeschlacht, als auch die bei Plataiai durch das Landtreffen übertroffen. Dennoch wollte er es bei diesen Siegen noch nicht bewenden lassen und segelte den achtzig phoinikischen Schiffen, die an der Seeschlacht nicht teilgenommen hatten, und, wie er hörte, bei Hydros vor Anker lagen, in aller Eile entgegen, weil deren Befehlshaber von der Hauptmacht keine sichere Nachricht hatten und zwischen Furcht und Hoffnung schwebten. Um so mehr fielen sie in Bestürzung und verloren nicht nur sämtliche Schiffe, sondern auch der größte Teil der Mannschaft wurde niedergemacht.

Diese Taten Kimons demütigten nun den Stolz des Königs so sehr, daß er endlich jenen berühmten Frieden einging, (in dem er sich verpflichtete) sich immer einen Pferdelauf von dem griechischen Meere entfernt zu halten und nicht innerhalb der kyaneischen und chelidonischen Inseln mit einem bewaffneten Kriegsschiff zu fahren. Kallisthenes freilich behauptet, daß der König auf diese Bedingungen nicht eingegangen sei, sie jedoch aus Furcht wegen jener Niederlage in der Praxis eingehalten und sich so fern von Griechenland gehalten habe, daß Perikles mit fünfzig und Ephialtes gar mit nur dreißig Schiffen jenseits der chelidonischen Inseln gefahren wären und daß ihnen kein Schiff der persischen Flotte begegnet sei. Unter den von Krateros gesammelten Volksbeschlüssen befinden sich auch Abschriften von diesen Friedensverträgen, als ob sie wirklich geschlossen wurden. Man sagt aber auch, daß die Athener deshalb einen Altar des Friedens errichtet und dem Kallias, der als Gesandter tätig war, besondere Ehren erwiesen haben.

Durch den Verkauf der gemachten Beute bekam das Volk Geld zu manchen Unternehmungen; unter anderem war es durch den gelungenen Feldzug möglich, die Mauer auf der südlichen Seite der Burg zu errichten; weiterhin soll der Bau der langen Mauern, die *skele* (Schenkel) heißen, zwar erst später vollendet, das Fundament jedoch, weil sie über sumpfige und feuchte Plätze liefen, von Kimon gelegt worden sein; der Sumpf wurde mit viel Kies und schweren Steinen gefestigt, wozu er die Gelder beschaffte und bereitstellte. Er war auch der erste, der die Stadt mit jenen anmutigen, zum Zeitvertreib der Bürger bestimmten Erholungsplätzen, woran man bald nachher so viel Geschmack fand, verschönerte, indem er nicht nur den Markt mit Platanen bepflanzte, sondern auch die Akademie, einen dürren und verwilderten Platz, in einen reichlich bewässerten Hain verwandelte, der von ihm mit freien Laufwegen und schattigen Spaziergängen ausgeschmückt wurde.

Eurymedon und der Kallias-Frieden

Plutarch beschreibt die Strategie Kimons im Seebund als zwar durchaus nachgiebig gegenüber den Bundesgenossen, aber gleichzeitig auch zielstrebig auf die attische Vorherrschaft und den konsequenten Kampf gegen den Perserkönig ausgerichtet. So habe er einerseits, indem er den Bundesgenossen gestattete, statt der Schiffe und Soldaten Geld zu entrichten, immer mehr Athener zur Ausbildung in der Flotte, damit zum Erwerb von Routine und Praxis gebracht und andererseits aus den Athenern die Herrscher über ihre Geldgeber gemacht. Wie Thukydides nennt er die ehemaligen *symmachoi* nun Sklaven der Athener.[27]

Aber Kimon galt auch als derjenige Feldherr, der die größten Siege über den Perserkönig errungen und diesen weiter als jeder andere zurückgedrängt hatte. In der berühmten Schlacht am Eurymedon in Pamphylien (s. o. das Zitat aus Plutarch), die nur ganz ungefähr auf die Mitte der 60er Jahre datiert werden kann, gelang es Kimon, zuerst in einer Seeschlacht die persische Flotte fast völlig zu vernichten und dann zu Land auch ein Heer in die Flucht zu schlagen.[28] Neben dem Gewinn von 200 Schiffen trugen auch die weiteren Gewinne aus der Beute wesentlich zur finanziellen Ausstattung Athens bei. So nennt Plutarch hier die Südmauer der Akropolis und die Fundamente der Langen Mauern, die Kimon aus der Beute von Eurymedon finanzieren konnte.[29]

Ob es im Anschluß an die vernichtende Niederlage der Perser zu einem Friedensvertrag mit dem Perserkönig kam – später und heute immer als der sog. Kallias-Frieden bezeichnet – oder ob sich dies – bei weitergeführten Kampfhandlungen zwischen Athenern und Persern – erst ungefähr 15 bis 18 Jahre später, nämlich 450/49 ergab, war schon seit dem 4. Jahrhundert v. Chr. umstritten.

Inhalt dieses Friedenschlusses soll gewesen sein, daß sich der Perserkönig auf eine Linie zurückziehen solle, entweder diejenige am Halys oder diejenige von Sardes. Auch sollte keine persische Kriegsflotte in die Gewässer westlich der Kyaneen (Schwarzes Meer) bzw. der Chelidonischen Inseln (Inselgruppe südlich von Lykien) gesendet werden.[30]

Die antike Überlieferung des Kallias-Friedens

Thukydides und Herodot, die wichtigsten und zuverlässigsten Quellen aus dem 5. Jahrhundert, erwähnen nichts von einem Friedenschluß um die Jahrhundertmitte oder in den 60er Jahren. Dagegen weiß die Überlieferung des 4. Jahrhunderts etwas von diesem Frieden, Isokrates ebenso wie Demosthenes und Lykurg, der seinerseits diesen Frieden mit Eurymedon verbindet.[31] Kallisthenes (2. Hälfte des 4. Jahrhunderts) hingegen hat, wie Plutarch schreibt, den Abschluß eines Friedensvertrages nach Eurymedon nicht bestätigt, sondern behauptet, daß sich der Perserkönig aus Furcht, die der überwältigende Sieg des Kimon bewirkt hatte, von der kleinasiatischen Küste zurückgezogen habe.[32] In der Urkundensammlung des Makedonen Krateros (3. Jh. v. Chr.) hat Plutarch jedoch eine Kopie dieses Friedensvertrages gesehen, *als ob* er – wie Plutarch schreibt – tatsächlich abgeschlossen worden sei. Plutarch äußert sich zu diesem Widerspruch nicht weiter, nennt den Frieden jedoch einen berühmten.[33]

Wie umstritten diese Frage schon in der Antike war, zeigt sich an den Äußerungen des Historikers Theopomp. Er hat im 4. Jahrhundert eine Stele in Athen mit dem Vertragstext gesehen, der in ionischer Schriftweise aufgezeichnet war. Da diese jedoch erst 403/2 v. Chr. in Athen für offizielle Dokumente eingeführt worden war, bezeichnet Theopomp diese Stele als Fälschung. Im gleichen Zusammenhang nennt er die Athener Fälscher großen Stils: Er führt den Eid von Plataiai, den Vertrag mit dem Großkönig Dareios und auch die Schlacht von Marathon als Bespiele an.[34] Theopomp bezieht sich allerdings mit seinem Fälschungsvorwurf auf einen Vertrag mit Dareios und nicht etwa einen solchen mit Xerxes oder Artaxerxes. So meinte er möglicherweise einen späteren Vertrag der Athener mit dem Perserkönig Dareios von 424/23, den sog. Epilykos-Vertrag. Auch die Formulierung Theopomps, daß dieser Vertrag der Athener gegenüber dem Perserkönig und *gegen die Hellenen* abgeschlossen worden sei, paßt sehr viel besser in die Situation des Peloponnesischen Krieges als diejenige um die Mitte des 5. Jahrhunderts.[35]

Diodor, der sich auf die Universalgeschichte des Ephoros, eine zuverlässige Quelle aus dem 4. Jahrhundert, stützt, datiert den Abschluß des Friedens auf 449 v. Chr. Er bringt ihn in Zusammenhang mit einer Expedition nach Zypern, die Kimon, nachdem er vorzeitig aus dem Exil zurückgerufen worden war, ebenfalls siegreich gegen die Perser geführt hatte.[36] Die Verhandlungen, die zu diesem Frieden führten, habe Kallias, der Schwager des Kimon, geführt.

Nun läßt sich immerhin zeigen, daß es diese Verhandlungen des Kallias tatsächlich gegeben hat: Herodot erwähnt eine solche Gesandtschaft des Kallias, die sich am Hofe des Königs Artaxerxes befand, kurz nachdem dieser die Nachfolge des Xerxes angetreten hatte.[37] Diese Erwähnung steht im Zusammenhang mit dem Bericht über die Argiver, die mehrfach mit dem Perserkönig kollaboriert haben (s. o. S. 33, S. 41). Eine argivische Gesandtschaft sei – wie die Argiver erzählten – in Susa gewesen, um zu erfahren, ob das alte Abkommen, das mit Xerxes geschlossen worden war, noch Gültigkeit habe. Kallias sei ebenfalls dort gewesen *in einer anderen Angelegenheit*. Herodot scheint den Grund für die Gesandtschaft des Kallias nicht nennen zu wollen. Auch die Gesandtschaft der Argiver rückt er in ein merkwürdiges Licht: Die Verwerflichkeit des Bündnisses mit dem Perserkönig wird relativiert, und ob die Gesandtschaft wirklich stattfand, ist – so Herodot – auch nicht mit Sicherheit zu sagen.[38] Von dieser Gesandtschaft des Kallias weiß allerdings auch Demosthenes zu berichten: Kallias sei nach seiner Rückkehr aus Susa der Prozeß wegen Bestechlichkeit gemacht worden. Bei seiner Rechenschaftslegung (*euthyna*) sei er zu einer Buße von 50 Talenten verurteilt worden.[39]

Nicht unwahrscheinlich ist, daß nach dem Sieg Kimons am Eurymedon tatsächlich Verhandlungen mit dem Perserkönig aufgenommen wurden. Ob sie zu einem Abschluß kamen oder ob sie scheiterten und der Perserkönig von sich aus, um weitere verlustreiche Schlachten zu vermeiden, einen Sicherheitsabstand zu den kleinasiatischen Griechenstädten hielt, läßt sich nicht entscheiden.

Es läßt sich allerdings auch nicht zweifelsfrei ausschließen, daß nach dem Sieg der Athener durch die Gesandtschaft des Kallias ein Frieden mit Xerxes geschlossen wurde.[40] Nach der Thronbesteigung des Artaxerxes wäre Kallias dann ein zweites Mal nach Susa gekommen, um sich den Vertrag bestätigen zu lassen (ähnlich wie die Argiver). Diese zweite Gesandtschaft wurde dann jedoch in Athen diskreditiert, da inzwischen auf Betreiben des Ephialtes eine innenpolitische Wende herbeigeführt worden war. Es ist auch möglich, daß Kimon nach der Rückkehr aus seinem Exil und dem großen Sieg bei Zypern erneut Friedensverhandlungen eingeleitet hat, die 449 v. Chr. zu einem Abkommen geführt haben.[41] In jedem Fall ist später unter Dareios II. 424 im sog. Epilykos-Vertrag ein Abkommen zwischen Athen und Persien getroffen worden.[42]

Die Chronologie von Themistokles bis Ephialtes

Mit der Datierung der Schlacht am Eurymedon und der Diskussion über einen Friedensvertrag hängen auch die chronologischen Probleme zusammen, die sich aus den Angaben zu den Revolten in Naxos und Thasos ergeben. Nach Thukydides fand die Schlacht am Eurymedon im Anschluß an die Niederschlagung der naxischen Revolte und vor derjenigen von Thasos statt.[43] Wie von Badian gezeigt worden ist, darf man das *meta tauta* (»nach all dem«) des Thukydides nicht zu stark auf eine Zeitangabe hin interpretieren.[44] Themistokles kam noch zu Lebzeiten des Xerxes in Ephesos an, und zu dieser Zeit lief schon die Belagerung von Naxos. Das bedeutet, daß die Belagerung ungefähr zwischen 467/66 und 465/64 stattfand. Die Schlacht am Eurymedon ereignete sich demnach etwa 466.[45] Der Abfall von Thasos wiederum war vor 462/61 beendet und begann einige Zeit nach der Schlacht am Eurymedon, gehört also aller Wahrscheinlichkeit nach in die Jahre 465 bis 463.

Der Abfall von Naxos und die langwierige Belagerung der Polis durch Athen und die Verbündeten ist demnach etwa in die Zeit des Sieges am Eurymedon und der anschließenden Verhandlungen in Susa einzuordnen. Dieser Zusammenhang zeigt, daß der glänzende Sieg gegen den äußeren Feind nicht mit einer Stabilität im Inneren des Bündnisses einherging. Unter rein strategischen Gesichtspunkten hätte nach dem Sieg am Eurymedon eine Eroberung Zyperns nahegelegen. Hierauf verzichtete Kimon, möglicherweise wegen der noch nicht abgeschlossenen Belagerung in Naxos.

Der kurz danach beginnende Aufstand in Thasos entstand aus einem Streit um das Bergwerk und die Handelsplätze an der gegenüberliegenden thrakischen Küste.[46] Es ging in der Hauptsache wohl um die Gegend des Goldbergbaus bei Skaptehyle.[47] Zwar siegten die Athener zur See über Thasos, doch wurde gleichzeitig eine Gruppe von 10.000 dorthin ausgezogenen Siedlern von den Thrakern vernichtet. Bei dieser sehr großen Anzahl von Siedlern ist zu vermuten, daß es sich nicht nur um Athener handelte, sondern daß auch die Poleis des Seebundgebietes beteiligt waren.

In dieser Situation baten die Thasier in Sparta um Hilfe. Die zunächst gemachte Zusage konnten die Spartaner wegen ihrer eigenen Schwierigkeiten (s. o. S. 73 ff.) nicht einhalten, und Thasos ergab sich im dritten Belagerungsjahr. Es mußte seine Mauern schleifen, die Schiffe ausliefern, festländische Besitzungen und das Bergwerk an die Athener übergeben und von da an auch *phoroi* bezahlen.[48] Die Summe, die Thasos damals als Abgabe zu zahlen hatte, ist bekannt und erstaunlich gering: drei Talente.[49] Nach 443 wurde dieser Beitrag auf 30 Talente erhöht, worin die Leistungskraft dieser reichen Insel eher zum Ausdruck kommt. Entweder war Thasos nach der Niederwerfung des Aufstandes so geschwächt, daß es nicht mehr zahlen konnte als die drei Talente, die etwa auch Tenos zahlte – wofür es allerdings keine weiteren Anhaltspunkte gibt – oder es war ein reduzierter Beitrag, da Thasos – ähnlich wie später Samos – hohe Reparationskosten zu zahlen hatte.

Kimon kehrte nach Athen zurück und mußte sich den Vorwurf gefallen lassen, die günstige strategische Gelegenheit, von der thrakischen Basis aus nach Makedonien einzufallen, nicht genutzt zu haben. Man bezichtigte ihn sogar, von dem Makedonenkönig bestochen worden sein. Im folgenden Prozeß, in dem auch Perikles als Ankläger auftrat, wurde er freigesprochen.[50]

Die Rücksendung des unter Kimons Leitung nach Messenien entsandten Hoplitenheeres besiegelte Kimons Schicksal. Die diskreditierende Behandlung des attischen Hilfskontingentes durch die Spartaner war gleichzeitig auch eine Niederlage der kimonischen Politik. Schließlich galt er, der sogar seine Söhne Lakedaimonios und Eleios genannt hatte,[51] als erklärter Vertreter des Philo-Lakonismus – einer spartafreundlichen Politik. Ebenso wie sein Versuch, eine Politik des Ausgleichs mit Sparta zu betreiben, in Athen nicht akzeptiert wurde, scheint auch seine Strategie den Persern gegenüber – der Verzicht nämlich, nach dem Sieg am Eurymedon auch Zypern zu erobern und stattdessen mit Verhandlungen zu beginnen – in Athen umstritten gewesen zu sein. Kurz darauf wurde Kimon durch einen Ostrakismos ins Exil gesandt.

Übereinstimmend ist die Auffassung der Überlieferung, die Themistokles, Ephialtes und Perikles für eine politische Richtung in Anspruch nimmt, welche in Athen die Rolle des Volkes gegenüber dem Areopag stärken wollte.[52] Demgegenüber werden in gewissem Maß Aristeides, aber ganz besonders Kimon als Nachfolger des Kleisthenes dargestellt, die eine aristokratisch ausgerichtete Politik in Athen betrieben hätten.[53] Die Beschreibung der kleisthenischen Zeit als aristokratischer Periode der attischen Polititk ist vor allem seit dem Ende des 5. Jahrhunderts und im Zusammenhang mit den oligarchischen Umsturzversuchen, die die Wiederherstellung einer sogenannten *patrios politeia* (»Verfassung der Väter«) propagierten, in Athen im Umlauf gewesen.[54] Ein Problem aus in der unsicheren Chronologie der 70er und 60er Jahre ergibt sich aus der Darstellung der *Athenaion Politeia* zu dem Verhältnis von Themistokles und Ephialtes sowie damit auch für die Frage, wie Kimons Politik des Ausgleichs in Athen gesehen wurde. Zwar datiert die *Athenaion Politeia* die Reformen des Ephialtes, die zur Entmachtung des Areopags führten, in das Archontat des Konon 462/61, läßt aber die Durchführung unter aktiver Mitwirkung des Themistokles geschehen.[55] Ein Verfahren wegen Medismos gegen Themistokles soll schon im Gang gewesen sein (vgl. dazu unten IV.3), doch konnte Themistokles sich offenbar frei bewegen und zusammen mit Ephialtes vor der Boule und auch der Volksversammlung die Areopagiten anklagen, bis sie sie entmachtet hatten. Auch aus der Aristeides-Vita des Plutarch ergibt sich ein Zusammenhang mit dieser Situation am Ende der themistokleischen Zeit in Athen.[56] Bei Krateros hat Plutarch gelesen, daß, nachdem Themistokles ins Exil gehen mußte, der attische Demos eine ganze Reihe von Prozessen gegen die edelsten und einflußreichsten Athener begann. Hierbei soll auch Aristeides wegen Bestechung verurteilt worden sein. Es könnte sich um dieselbe Situation gehandelt haben, die die *Athenaion Politeia* im Zusammenhang der sog. ephialtischen Reformen beschreibt, und es ist auch nicht wahrscheinlich, daß sich diese Ereignisse auf die kurze Zeitspanne eines Archontats beschränkt haben.[57]

Folgt man dem chronologischen Hinweis der *Athenaion Politeia*, dann hat Ephialtes noch mit der Unterstützung des Themistokles sein Vorhaben begonnen, das die Entmachtung des Areopags zum Ziel hatte und mit zahlreichen Prozessen gegen Areopagiten begann. Die letzte Phase des Themistokles in Athen gehört sicher in das Ende der 70er Jahre. Damit hätten die ersten Umsturzversuche und auch die Prozesse gegen die Areopagiten schon in dieser Zeit stattgefunden.

Plutarch wiederum beschreibt das Bemühen des Kimon, die Ausschreitungen der Menge einzudämmen, als erfolgreich. Als er jedoch in dieser Phase zu einer See-Expedition aufbrach, sei es dem Demos unter der Führung des Ephialtes gelungen, die überkommene Ordnung zu verändern und den Areopag zu stürzen. Kimon sei damals auch, so der Verfasser der *Athenaion Politeia*, noch zu jung und die Bürgerschaft durch die jährlichen verlustreichen Kämpfe stark geschwächt gewesen, so daß von dieser Seite Themistokles und Ephialtes wenig Widerstand entgegengebracht worden sei.[58] Später sei dann auch Kimon, nach dieser Chronologie in größerem Abstand, nämlich in den 60er Jahren, Opfer des Ostrakismos geworden.[59]

Dem steht allerdings die klare Datierung der ephialtischen Reformen in das Archontat des Konon 462/61 in der *Athenaion Politeia* entgegen. Auch die Tatsache, daß Plutarch eine Beteiligung des Themistokles an den Plänen des Ephialtes nicht erwähnt, ist kaum schlüssig zu erklären. Da Plutarch die *Athenaion Politeia* benutzt hat,[60] kann man nur schließen, daß es schon im 4. Jahrhundert verschiedene und nicht übereinstimmende Chronologien zu Ephialtes und

Themistokles gegeben hat.[61] Darauf läßt auch die Erwähnung dieser Verbindung von Ephialtes und Themistokles in der Zusammenfassung einer Rede des Isokrates schließen.[62]

Auch wenn die auf Initiative des Ephialtes in Athen durchgeführten Veränderungen in den Details nicht zu rekonstruieren sind, so müssen sie doch mit inneren Verwerfungen in Verbindung gebracht worden sein. Ephialtes ist kurz danach ermordet worden. In den gleichen zeitlichen Kontext gehört vermutlich die Ostrakisierung des Kimon, und danach gab es Gerüchte über eine oligarchische Verschwörung in Athen.[63] Auch in den 458 aufgeführten *Eumeniden*, der Tragödie des Aischylos, ist die Furcht vor dem Bürgerkrieg zu erkennen.[64]

Der Gegensatz zu der Reaktion auf die Reform des Kleisthenes, die – nach der Vertreibung der Spartaner – keinerlei innenpolitische Verwerfungen mehr hervorgerufen hat, ist deutlich: Die integrative Zielrichtung der politischen Ordnung ist offensichtlich in der Zeit, in der Ephialtes politisch wirksam war, aufgegeben worden. Von da an begann die Phase der Interessenherrschaft des Demos in Athen, die sich mit dem – wahrscheinlich in den 60er Jahren geprägten – neuen Wort Demokratie verband, das neben den älteren Begriff der Isonomie trat.[65]

3. Sturz des Areopags?

Kooperation von Themistokles und Ephialtes?

Während die Quellen des 5. Jahrhunderts entweder von einem Sturz des Areopags und den sich anschließenden Reformen des Ephialtes nichts wußten oder das Ereignis nicht für erwähnenswert hielten, berichtet die *Athenaion Politeia* ebenso wie andere spätere Quellen[66] recht ausführlich darüber:[67]

Sturz des Areopags? AP 25

Etwa 17 Jahre blieb die Verfassung, in der die Areopagiten die Leitung hatten, nach den Perserkriegen bestehen, freilich allmählich abnehmend. Als aber die Bevölkerung wuchs, griff Ephialtes, Sohn des Sophonides, der Anführer des Volkes geworden war, weil er im Rufe der Unbestechlichkeit und Loyalität der Verfassung gegenüber stand, den Rat (auf dem Areopag) an. Zuerst beseitigte er viele der Areopagiten, indem er Klagen (gegen sie) wegen ihrer Amtsführung anstrengte. Dann, während Konon Archon war, hob er alle Zusatzfunktionen des Rates, durch die dieser Verfassungswächter war, auf und übertrug sie teils den Fünfhundert, teils dem Volk und den Gerichten. Er setzte dies unter Mitwirkung von Themistokles durch, der zwar einer der Areopagiten war, aber kurz davor stand, wegen Medismos (Perserfreundlichkeit) verurteilt zu werden. Da er wollte, daß der Rat aufgelöst werde, sagte Themistokles zu Ephialtes, der Rat plane, ihn (Ephialtes) festzunehmen, und zu den Areopagiten, er werde (ihnen) gewisse Leute anzeigen, die die Verfassung auflösen wollten. Er führte die vom Rat ausgewählten (Beauftragten) dorthin, wo sich Ephialtes aufhielt, um (ihnen) die versammelten (Verschwörer) zu zeigen, und begann, mit ihnen (den Beauftragten) eifrig zu reden. Als Ephialtes dies sah, erschrak er und setzte sich, nur mit seinem Chiton bekleidet, an einen Altar. Alle wunderten sich über den Vorgang, und als der Rat der Fünfhundert danach zusammentrat, klagten Ephialtes und Themistokles die Areopagiten an und ein zweites Mal in der Volksversammlung, bis sie ihnen die Macht genommen hatten. Aber auch Ephialtes wurde bald darauf durch einen Mordanschlag des Aristodikos von Tanagra umgebracht.

Die ausführlichste Darstellung dieser Ereignisse gibt die *Athenaion Politeia*, die jedoch gleichzeitig auch den größten Widerspruch in sich birgt: Nach Salamis soll der Areopag eine Art Leitungsfunktion innegehabt haben, die jedoch nicht mit Eingriffen oder Veränderungen der bestehenden Ordnung verbunden war.[68] Erst 17 Jahre nach Salamis begann Ephialtes mit einer Reihe von Prozessen gegen viele der Areopagiten diesen Rat zu schwächen, um den Areopag schließlich während des Archontats des Konon zu entmachten.

Das Archontat des Konon ist eindeutig auf das Jahr 462/61 festzulegen, doch bindet der Verfasser der *Athenaion Politeia* die Ereignisse an die Mitwirkung des Themistokles: Gegen ihn lief schon das Verfahren wegen des Medismos und zusammen mit Ephialtes habe er gegen den Areopag im Rat der 500 und der Volksversammlung mit Anklagen und Prozessen intrigiert.

Das Ziel beider sei es gewesen, die Aufsichtsfunktion des Areopags über die Ordnung der Polis zu beseitigen. Diese, teilweise auch als *nomophylakia* (Aufsicht über die Gesetze) bezeichnete, Kompetenz des Areopags ist ebenso schwer mit konkreten Funktionen in Übereinstimmung zu bringen, wie die chronologische Verwirrung aufzulösen ist, die sich auch aus der Beteiligung des Themistokles ergibt.[69]

Themistokles ist seit Mitte der 60er Jahre sicher in Persien und wohl auch seit etwa 470 nicht mehr in Athen gewesen. Damit ist entweder der entsprechende Abschnitt in der *Athenaion Politeia* falsch, vielleicht aufgrund einer späteren Einfügung,[70] oder Ephialtes hat schon am Ende der 70er Jahre mit seinen Angriffen gegen den Areopag begonnen. Wenn dies zutreffen sollte, dann ist jedoch kaum zu erklären, warum andererseits Plutarch den eigentlichen Plan für den ›Sturz des Areopags‹ Perikles zuschreibt, für den kaum vor den 50er Jahren mit einem eigenen politischen Profil zu rechnen ist.[71]

Während der überwiegende Teil der Forschung die Angabe der *Athenaion Politeia* zur Beteiligung des Themistokles an diesen Ereignissen für falsch hält, sind die im Text nachfolgenden Angaben zur Neuverteilung der Funktionen auf Boule, Dikasterien und Volksversammlung durch Ephialtes nie in Zweifel gezogen worden. Allerdings ist für sie ebensowenig eine Parallelüberlieferung vorhanden wie für die Themistokles-Chronologie, die ihn mit Ephialtes verbindet.[72] Wenn die Nachricht über die Beteiligung des Themistokles so offensichtlich nicht stimmt, dann ist damit zwar nicht gesagt, daß die Beschreibung der ephialtischen Reform ebenfalls nicht zuverlässig ist, doch ist sehr viel mehr Vorsicht angebracht, wenn es um den Inhalt und die Auswirkungen im Zusammenhang der Entwicklung der Demokratie in Athen geht.

Das Jahr 462/61 v. Chr. als Einschnitt?

Der von Aristoteles in seiner *Politik* vertretene Entwicklungsgedanke, d. h. die Konzeption, daß sich die attische Demokratie in einer klaren und deutlich nachvollziehbaren Linie von Solon über Kleisthenes bis hin zu Perikles entfaltet habe, wird in seiner Abfolge auch heute noch oft vertreten.[73] Die in dieser Konzeption liegende Zwangsläufigkeit überdeckt nicht nur eventuelle Brüche oder Rückschläge, wie sie z. B. in der *Athenaion Politeia* mit der siebzehnjährigen Vorherrschaft des Areopags nach dem Sieg von Salamis beschrieben werden, sondern sie legt sich auch einseitig auf eine aufsteigende Entwicklung fest, die bei jeder Stufe einen weiteren Schritt der Demokratie verwirklicht sieht.[74] Demgegenüber läßt sich die kleisthenische Ordnung ebenso wie diejenige Solons gut in den Rahmen der allgemeinen Entwicklung der griechischen Polis einordnen, die generell auf eine breite Lagerung der Macht hin ausgerichtet war, ohne daß dies zwangsläufig in eine Demokratie münden mußte.[75]

In der attischen Demokratie der 2. Hälfte des 5. Jahrhunderts hingegen lassen sich Zuspitzungen und Radikalisierungen vieler der in der allgemeinen Entwicklung schon angelegten Tendenzen erkennen, die sie zwar einerseits deutlich unterscheidet, aber andererseits immer noch als Teil einer breiteren Entwicklung erkennen läßt. Die grundsätzlichen Prinzipien der auf Gleichheit in der Gruppe angelegten Polisstruktur, die ihre Amtsträger nicht nach Eignung und Fähigkeit bestimmte, lagen in dem Gedanken, daß diejenigen, die die Qualifizierung des ›Bürgerseins‹ besaßen bzw. erworben hatten, auch in gleicher Weise Anteil an der Polis hatten. Die allgemeine Entwicklung ging dahin, einerseits diese Qualifizierung des ›Bürgerseins‹, andererseits Verantwortung vor und Rechenschaft gegenüber den Mitbürgern immer weiter zu formalisieren und zu kontrollieren.

Aischylos' »Eumeniden«

Mit dieser allgemeinen Tendenz läßt sich auch die Entwicklung Athens in der 2. Hälfte des 5. Jahrhunderts beschreiben, ohne daß mit Ephialtes und dem ›Sturz‹ des Areopags ein tieferer Bruch bzw. der Beginn einer grundsätzlich neuen Entwicklung in Athen angenommen werden müßte. Einer der wichtigsten Hinweise für die Überlegung, daß es in den Jahren um 460 im Zusammenhang mit dem nicht anzuzweifelnden Sturz des Kimon und dem damit verbundenen Umschwung der Außenpolitik Athens (s. u. S. 97 ff.) auch im Inneren eine tiefgreifende Veränderung gegeben habe, wird dem 458 v. Chr. in Athen aufgeführten Drama *Die Eumeniden* des Aischylos entnommen.[76] Diese Tragödie ist oft als besonders politisch bezeichnet worden,[77] insofern sich die Wahrnehmung des umstürzlerischen Charakters der Ereignisse von 462/61 in dem Versuch zeige, in der Auseinandersetzung zwischen alt und neu, zwischen alten und jungen Göttern das politische Geschehen zu ›wiederholen‹.

Im diesem letzten Stück der dreiteiligen *Orestie* steht der Muttermörder Orest vor Gericht, dem von der Göttin Athena in Athen eingesetzten Areopag. Hierbei soll das alte Vergeltungsrecht – das *ius talionis* – durch ein förmlich eingesetztes Gericht abgelöst und das Urteil durch eine von diesem Gericht durchgeführte Abstimmung gesprochen werden. Bei der Abstimmung entsteht jedoch die zugunsten des Orest auszulegende Stimmengleichheit unter den Richtern durch das zusätzlich zu den Stimmen des menschlichen Gerichts abgegebene Votum der Göttin Athena. Diese erst gibt den Ausschlag zugunsten von Orests Freispruch.[78] Die Einsetzung des Areopags und die Abstimmungsszene, die das ganze Drama hindurch erkennbare Spannung zwischen Altem und Neuem, der Sieg des Rechtsprinzips über die alte Blutrache, das Prinzip der Entscheidung durch Verfahren, der grundsätzliche Wandel in der Politik, wird als Ausdruck einer Wendung zur neuen Ordnung in der Polis Athen verstanden.[79]

Bei der Gerichtsszene der *Eumeniden* handelt es sich jedoch interessanterweise um eine ›Mythenerweiterung‹, »eine eigene Zutat des Dichters zur mythischen Überlieferung«, die so auch nicht im 50 Jahre späteren *Orest* des Euripides zu sehen ist.[80] Ein Bezug zu aktuellen Ereignissen in Athen wird oft darin gesehen, daß 462/61 die Entmachtung des Areopags stattgefunden habe, dessen Autorität durch die Reform des Ephialtes beseitigt und dessen Kompetenz auf die Fälle von Blutgerichtsbarkeit und vorsätzlichem Mord beschränkt worden sei.[81] Dieses Beziehen des Dramas auf aktuelle politische Situationen ist vor allem darin problematisch, daß die Motivation solcher Weiterbildungen und Variationen des Mythos durch einzelne Dichter letztlich nicht geklärt werden kann: Geht es um politische Ursachen, um den dramatischen Prozeß oder auch um die individuelle Einstellung des Dichters?[82] Gerade die Individualisierung der Konflikte in der Tragödie läßt es zwar zu,[83] den allgemeinen ›nomologischen‹ Orientierungsrahmen der attischen Gesellschaft dieser Zeit zu bestimmen, jedoch kaum damit im Zusammenhang stehende politische Konflikte des aktuellen Tagesgeschehens.[84]

Der in der dichterischen Fiktion der *Eumeniden* vor dem Areopag verhandelte Fall des Orest gehört in den Bereich der Blutgerichtsbarkeit und somit tatsächlich vor diesen Rat, doch im Unterschied zum Inhalt des Dramas ist die historische Situation auf »Entmachtung und Autoritätszerfall« des Areopags gerichtet, während der Dichter die förmliche Einsetzung des Rates, einer *neuen* Institution mit *neuer* Satzung durch die Göttin darstellen läßt.[85] Im Drama des Aischylos steht der Areopag für eine neue Ordnung, im historischen Kontext ist er ein altes Element der Ordnung. Hinzu kommt, daß in der aischyleischen Darstellung Orest ohne die Hilfe der Göttin aufgrund der Stimmen der menschlichen Entscheidungsträger verurteilt worden wäre.[86]

Neben diesen Problemen ergibt sich ein weiteres daraus, daß insbesondere Plutarch in seiner Vita des Perikles diesen als den eigentlichen Urheber des ›Sturzes des Areopags‹ und Ephialtes nur als dessen ausführenden Helfer beschreibt.[87] Insgesamt deutet dies darauf hin, daß die Entmachtung des Areopags durch Diskreditierung vieler seiner Mitglieder sehr viel mehr mit der Entmachtung des

Kimon, dem schärfsten Konkurrenten des Perikles, und einer äußeren Neu-
orientierung der attischen Politik gegenüber Sparta verbunden war als mit einem
deutlich formulierten Konzept zur inneren Stärkung der Volksherrschaft.[88]

Perikles' Richterbesoldungsgesetz

Nichtsdestoweniger hat sich seit dem Sturz Kimons die Demokratie in Athen
weiterentwickelt, auch wenn dies nicht zuverlässig an einem gesetzgeberischen Akt
bzw. einer festumrissenen Konzeption fixiert werden kann. Zu der Diskreditierung
des Areopags durch die Prozesse in den 60er Jahren kam 458/57 die Zulassung der
Zeugiten zum Archontat, die zumindest seit diesem Jahr die Entwertung dieses
Amtes deutlicher werden läßt.[89] Mit der Politik des Perikles sind zwei Gesetze verbunden, die die Veränderungen, die in diesen Jahren in Athen eintraten, sehr viel
eher dokumentieren als die allgemeinen Bemerkungen der *Athenaion Politeia*. Beide
Maßnahmen lassen sich in den allgemeinen Kontext der zunehmenden Formalisierung der Zugehörigkeitskriterien in den Polis-Gesellschaften sowie der immer stärkeren Ausweitung der Kontroll- und Rechenschaftsgremien einordnen.

Zum einen brachte er 451/50 ein Bürgerrechtsgesetz in Athen ein, das nicht
nur eindeutig festlegte, wie der Status eines Bürgers zu definieren war, sondern
darüber hinaus in einer für antike Verhältnisse sehr restriktiven Weise nur diejenigen zum Bürgerrecht zuließ, deren beide Elternteile attische Vollbürgerschaft
besaßen.[90]

Perikles' Bürgerrechtsgesetz, AP 26, 3–4

Im fünften Jahre danach, unter dem Archonten Lysikrates, wurden die 30 Richter, die man Demenrichter nannte, wieder eingesetzt. Und im dritten Jahre danach, unter Antidotos, beschlossen sie auf Antrag des Perikles wegen der großen Anzahl der Bürger, daß niemand am Bürgerrecht Anteil haben solle,
dessen Eltern nicht beide Bürger seien.

Zum anderen führte Perikles nach der *Athenaion Politeia* die Besoldung der
Richter ein.[91] Der Verfasser berichtet dies in einem zusammenfassenden Rück-
blick auf die Tätigkeit des Perikles und die Entwicklung der attischen Demokratie, die sich in dieser Zeit weiter radikalisierte, jedoch ihren eigentlichen Höhepunkt erst während des Peloponnesischen Krieges erreichte. Auch Perikles soll
dem Areopag Machtbefugnisse entzogen haben. Die Richterbesoldung teilt der
Verfasser der *Athenaion Politeia* jedoch nicht in diesem Zusammenhang mit, sondern stellt sie als eine Maßnahme dar, die aus Konkurrenz zu Kimon um die
Gunst des Volkes entstanden sei. Chronologisch müßte sie daher noch in die
60er Jahre gehören, es sei denn man versteht den Bezug auf Kimon in einem weiteren Sinn, der auch eine Konkurrenz zu dem zwar abwesenden, jedoch nicht auf
Dauer exilierten Politiker meint.[92]

Grundsätzlich gab es eine Besoldung aus öffentlichen Geldern bis dahin nur
für militärische Tätigkeiten. Eine weitergehende Besoldung für andere Tätigkei-

ten stellte eine Neuheit dar und rückte damit das Richteramt in einen eindeutig politischen Kontext. Die Bezahlung von politischer Aktivität ermöglichte für wirtschaftlich abhängige Bevölkerungsschichten eine unabhängige politische Betätigung, die es bis dahin nicht gegeben hatte. Damit war auch für die Theten (s. o. S. 55) erstmals das Fundament für eine wirklich breite politische Aktivität gegeben, die ganz wesentlich zur Ausbildung der politischen Identität dieser Bevölkerungsgruppe beigetragen hat.[93]

Interesse der Öffentlichkeit an Recht und Gesetz ist für die griechischen Poleis ein geläufiges Phänomen, jedoch ergibt sich aus der Besoldung der Richterämter ein ganz anderer politischer Stellenwert. Die Tagegelder für die Richtertätigkeit setzen nicht nur die in diesem Zusammenhang in der *Athenaion Politeia* genannten Dikasterien, d. h. die Untergliederung der als Heliaia gefaßten Volksversammlung in kleinere Richter-Abteilungen voraus, sondern auch eine andere Vorstellung von Qualifizierung für das Richteramt. Ebenso wie die Öffnung des Archontats für die Losung und für die Zeugiten gehört auch diese Maßnahme des Perikles zu den die Basis der Demokratie erweiternden Regeln.

Boule und Prytaniesystem

Wie die Zuständigkeit zwischen den einzelnen Gremien, dem Areopag, der Boule und der in Dikasterien unterteilten Volksversammlung sich in dieser Phase entwickelt hat, ist kaum eindeutig zu erkennen. Zwei Bereiche lassen sich unterscheiden, in denen es um die Mitte des 5. Jahrhunderts einige Veränderungen gegeben haben muß: Die Anklage und Behandlung von Verstößen gegen die Ordnung insgesamt (Hochverrat) sowie die Kontrolle und Aufsicht der Amtsträger.

Der Verfasser der *Athenaion Politeia* beschreibt die Veränderungen, die mit dem ›Sturz des Areopags‹ einhergingen, folgendermaßen: Dem Areopag seien alle zusätzlichen (*epítheta*) Funktionen, die seine Stellung als Wächter der Verfassung ausgemacht hätten, genommen und durch Ephialtes seien dann einige davon auf den Rat der 500, andere an das Volk und die Gerichte verteilt worden.[94] Weder die Epitheta noch die Funktion als Wächter der Verfassung lassen sich konkret fassen. Jedoch sind aus den Veränderungen, die die Stellung der Boule seit etwa der Mitte des 5. Jahrhunderts kennzeichnen, einige Grundzüge zu rekonstruieren.

Die wichtigste Tätigkeit des Rates war die Vorberatung aller Beschlüsse der Volksversammlung. Diese probouleutische Tätigkeit war später verbindlich, d. h. die Volksversammlung durfte keinen Beschluß fassen, für den ein solches *probouleuma* des Rates der 500 nicht vorlag.[95] In rechtlicher Hinsicht übernahm die Boule seit der Mitte des 5. Jahrhunderts die eigentliche Regierungsfunktion bis auf die Blutgerichtsbarkeit, die weiterhin beim Areopag blieb. Die Dikasterien, die aus dem Volk durch Los bestimmten Gerichtshöfe, übernehmen mindestens seit den 60er Jahren fast alle Gerichtsfunktionen.

Die Kontrolle und Beaufsichtigung der Amtsträger, die bis dahin wahrscheinlich beim Areopag gelegen hat, gibt dieser vollständig an die Boule ab, insbesondere die Dokimasie, die Überprüfung vor dem Amtsantritt, und die Beteiligung an der Euthyna, der Rechenschaftslegung der Amtsträger. Hinzu kamen im Verlauf des 5. Jahrhunderts zahlreiche Aufsichtsfunktionen des Rates in der militärischen, finanziellen und außenpolitischen Administration, für die oft Unterausschüsse der Boule gebildet wurden.[96]

Im allgemeinen herrscht Übereinstimmung darin, daß die Boule, möglicherweise schon seit Solon, aber wohl sicher in ihrer seit den kleisthenischen Reformen bekannten Zusammensetzung, eine probouleutische Funktion für die Volksversammlung (Ekklesia) hatte. Wie ein so großes Gremium im einzelnen organisiert und auch die Entscheidungsfindungsprozesse formalisiert waren, machte dann ganz sicher auch die politische Bedeutung und Schlagkraft aus. Die innere Organisation der Boule nach dem Prytaniesystem wird vom Verfasser der *Athenaion Politeia* beschrieben.[97] Entsprechend der Zusammensetzung aus zehn Phylen wurde der Rat der 500 in zehn geschäftsführende Ausschüsse (Prytanien) unterteilt, deren Mitglieder jeweils die fünfzig Mitglieder einer Phyle waren und deren Vorsitzender der Epistat war. Die jährliche Amtszeit wiederum wurde ebenfalls in zehn Perioden zu 37 bzw. 36 Tagen eingeteilt, so daß jede Prytanie für ein Zehntel des Jahres die Geschäfte führte und alle in dieser Zeit beschlossenen Dekreta auch im Namen der Prytanie dieser Phyle gefaßt wurden.

Die Belege, die auf eine frühe Existenz des Prytansiesystems, möglicherweise schon seit der kleisthenischen Zeit hindeuten, sind äußerst spärlich: Plutarch erwähnt ein Dekret, indem die Athener in der Prytanie der Phyle Aiantis Miltiades mit der Führung der Athener nach Marathon beauftragten.[98] Da der Kontext jedoch auf eine spätere, wahrscheinlich in das 4. Jahrhundert gehörende Abfassung deutet, scheidet dieses Zeugnis aus. Vereinzelte Erwähnungen einzelner oder mehrerer Prytaneis finden sich für die 80er Jahre, u. a. im Zusammenhang des Prozesses gegen Miltiades, der Ostrakisierung des Xanthippos und in der sog. Hekatompedon-Inschrift (s. o. S. 38).[99] Jedoch ist die Erwähnung eines einzelnen Prytanis immer noch gut in der älteren Bedeutung als des Vorsitzenden der Boule zu verstehen.[100]

In dem attischen Volksbeschluß über die Rechtsbeziehungen zur lykischen Stadt Phaselis, die kurz vor der Schlacht am Eurymedon dem Seebund beigetreten war,[101] wird im Präskript der Inschrift jedoch eindeutig das Prytaniesystem genannt, das sowohl den geschäftsführenden Ausschuß als auch die Unterteilung des Amtsjahres beinhaltet.[102] Die Datierung dieser Inschrift ist vor allem deshalb immer problematisch gewesen, weil der Inhalt des Privilegs, das Einwohner von Phaselis in Athen betrifft, nicht deutlich wird. Dem Archon Polemarchos werden Prozesse zugewiesen, die die Phaseliten betreffen, aber ob er sie eigenständig weiterführt oder an ein Dikasterion übergibt, ist nicht zu erkennen.[103] Nach der

Einrichtung der Dikasterien wurden die eigentlichen Verhandlungen nach einer Voruntersuchung durch den Archon immer dem entsprechenden Volksgerichtshof überwiesen. In jedem Fall läßt die Inschrift erkennen, daß das Prytaniesystem einige Zeit vor dieser Reform eingeführt wurde, so daß es nicht notwendigerweise mit dem durch den Sturz Kimons und dem durch die Datierung der *Athenaion Politeia* vorgegeben Datum von 462/61 koinzidieren muß.

Der Bau der Tholos

Ein weiterer Aspekt, der auf die Einführung des Prytaniesystems hinweist, ist die Errichtung des Tagungsgebäudes der Prytanen. Zu deren Amtsführung gehörte die konstante Präsenz auf der Agora: Ein Drittel der jeweiligen Prytanie hatte zusammen mit dem Epistaten für die Dauer der Amtszeit der Prytanie in dem Gebäude zu wohnen,[104] die gesamte Prytanie jeweils vor den täglichen Versammlungen des Rates und den etwa wöchentlich stattfindenden Volksversammlungen dort zu speisen.[105] Dieses Gebäude, ein Rundbau südlich des Alten Bouleuterions, ist etwa Mitte der 60er Jahre errichtet worden.[106] Wenn der Bau dieser sog. Tholos der Einrichtung des Prytaniesystems folgte oder auch gleichzeitig mit ihr ausgeführt wurde, dann ging das Prytaniesystems den Ereignissen um und nach dem Sturz Kimons in jedem Fall voraus.

Die Tholos selbst symbolisiert in verschiedener Hinsicht ein neues System. In ihr war der gemeinsame Herd, die *hestia koine*, untergebracht. So wie der private Herd das Zentrum des *oikos* war, an dem der Hauskult durchgeführt, Kinder und Sklaven in die Familiengemeinschaft aufgenommen wurden,[107] so war der Herd in der Tholos gemeinschaftlich und öffentlich. Er stellte den Mittelpunkt der Bürgerschaft, ja eigentlich die Gesamtheit aller *oikoi* der Bürger dar.[108] So visualisiert dieser gemeinsame Herd nicht nur den Familienherd, sondern gleichzeitig auch die politische Gemeinschaft der Bürger auf der Agora, dem Zentrum ihrer politischen Aktivität. Symbolisch betrachtet ist damit ein neuer Mittelpunkt der Polis geschaffen worden, der weniger religiös als politisch ist. Noch weiter geht die Interpretation von Vernant, der in dem neuen Mittelpunkt der bürgerlichen Gemeinschaft auch »Gleichförmigkeit und Gleichheit im Raum« sieht:[109] Der gemeinsame Herd ist örtlicher Mittelpunkt des bürgerlichen Raumes und wie auf einen Symmetriepunkt sind alle Bürger ohne Unterschied und ohne Hierarchien auf diesen Punkt bezogen.

Die Abstraktheit dieses politischen Symbolismus findet ihren besonderen Ausdruck in der Verwendung eines neuen, politischen Kalenders, der mit der Einführung des Prytaniesystems einherging. Der Prytanie-Kalender, der auf einer Einteilung des Jahres in zehn Prytanien entsprechend dem dezimalen Einteilungssystem der Phylenordnung beruhte, unterschied sich deutlich von dem altüberkommenen, religiösen Kalender mit der Jahreseinteilung in zwölf Monate.

Er bildet in seiner Systematik die politische Struktur der Bürgerschaft ab. Jede Phyle hat den gleichen Anteil am politischen Jahr, hat die gleiche Zeit am gemeinsamen Herd, dem Mittelpunkt der Polis, ihre Funktion auszuüben. Die Gleichförmigkeit und dezimale Regelmäßigkeit unterscheidet dieses Einteilungssystem von dem religiösen Kalender, der das Jahr in, nicht nach mathematischen Regeln eingeteilten, unregelmäßigen Abständen nach Festen gliederte.[110] Auch im prytanischen Kalender schlägt sich das Bestreben nach Einteilungsformen nieder, die quantitative Gleichheit gewährleisten. Nichtsdestoweniger ist wie bei der kleisthenischen Reform auch hier wieder zu beobachten, daß man das neue System parallel zu dem alten einrichtet, ohne das alte System damit zum Verschwinden zu bringen.

Jurisdiktionsgewalt der Boule

Ob und wie sich mit der Einführung des Prytaniesystems das Verhältnis zwischen dem Areopag und der Boule verändert haben, läßt sich hieraus allein nicht eindeutig erschließen. In alten Zeiten soll die gesamte Jurisdiktionsgewalt beim Areopag gelegen haben.[111] Solon soll eine Berufungsmöglichkeit an das Volksgericht, die Heliaia, geschaffen haben.[112] Von Kleisthenes sind keinerlei Reformen überliefert, die im Zusammenhang mit Rechtsregeln und Gerichten stehen. Im 4. Jahrhundert fungiert die Boule hingegen als Gerichtshof für disziplinarische Angelegenheiten ihrer eigenen Mitglieder, bei Amtsvergehen von Magistraten und Privaten, denen Vergehen in offiziellen Bereichen nachgewiesen wurden, bei Anklagen wegen Hochverrats und bei den Dokimasien.[113] Die Kompetenz, Vergehen eigener Mitglieder zu ahnden, dürfte die Boule von Anfang an gehabt haben, der Übergang der anderen Gerichtsfunktionen an die Boule ist nur mit Vorbehalt chronologisch zu fixieren.

Das Recht, bei Amtsvergehen Strafen zu verhängen bzw. Bußen aufzuerlegen, könnte die Boule, zumindest nach den spärlichen Hinweisen, die die Hekatompedon-Inschrift gibt, möglicherweise schon in den Jahren nach Marathon bekommen haben. Später wurde aus den Reihen der Boule ein spezielles Gremium gelost, die zehn Logisten, die damit beauftragt waren, sowohl in jeder Prytanie als auch nach Beendigung der Amtszeit die Verwendung der Finanzmittel aller Amtsträger zu überprüfen.[114] Insofern war die Boule sowohl mit der allgemeinen Rechenschaftsablegung aller Magistrate befaßt als auch mit den sich daraus ergebenden juristischen Konsequenzen.

Zusätzlich wurde diese öffentlich durchgeführte Rechenschaftablegung später dann noch von den zehn aus den Phylen gelosten Euthynen kontrolliert, denen wiederum zwanzig weitere Beamte zur Unterstützung beigegeben wurden.

Ebenso wie die Boule in die Euthyna eingebunden war, kontrollierte sie auch die *dokimasia* der Bouleuten und Archonten, durch die die Qualifikationskriterien für die Amtsfähigkeit offiziell festgestellt und bestätigt wurden.[115] Dieser streng formalisierte Akt lag anfangs ganz in der Kompetenz der Boule, später wurde die Berufungsmöglichkeit an die Dikasterien eingeführt.[116]

Die spätere Überlieferung schrieb Ephialtes einen symbolischen Akt zu: Er soll die auf den *axones* und *kyrbeis* (Holzständer mit kürbisförmigen Stäben) niedergeschriebenen Gesetze Solons von der Akropolis auf die Agora in das Bouleuterion gebracht haben.[117] Wenn diese Nachricht zuverlässig ist und nicht erst von einer späteren Tradition erfunden wurde (vgl. o. S. 84), dann käme darin eine deutliche Hervorhebung des vom Demos gestellten Gremiums der Boule zum Ausdruck.

Ein weiterer Aspekt dieser Entwicklung ergibt sich aus der am Ende des 5. Jahrhunderts verfaßten Abschrift älterer Gesetze, in der immer wieder darauf Bezug genommen wird, daß Todesstrafen und Auferlegung von Bußen nicht ohne den Demos verhängt werden dürfen.[118] Es hat offensichtlich in der ersten Hälfte des 5. Jahrhunderts tiefer gehende Auseinandersetzungen darüber gegeben, welche Gremien und Organe jeweils für welchen Rechtsbereich zuständig waren. Auch die attische Hochverratsanklage (*eisangelia*) war nie auf einen bestimmten Rechtsweg festgelegt, sondern konnte auch später noch dem Areopag, der Volksversammlung direkt oder auch der Boule angetragen werden.[119]

Der reguläre Weg für Gerichtsverfahren der genannten Bereiche war in der 2. Hälfte des 5. Jahrhunderts eine Annahme und Voruntersuchung durch den Archon bzw. die Boule.[120] Anschließend wurde das Verfahren an die Dikasterien weiterverwiesen. Die immer wichtiger werdende Rolle der Dikasterien schlägt sich in der von Perikles eingeführten Richterbesoldung deutlich nieder. Die Unterteilung des Volkes in Dikasterien, die eng an die Phylenorganisation gebunden war,[121] wird wohl der Einführung des Richtersoldes vorausgegangen sein. Wenn die Darstellung des Plutarch, nach der die Anklage wegen *eisangelia* gegen Kimon vor einem Dikasterion verhandelt worden ist, zutrifft, dann dürfte auch die Einrichtung der Dikasterien ebenso wie diejenige des Prytaniesystems in die 60er Jahre gehören.[122]

Ebenso wie bei der Dokimasia zeigt sich, daß im Verlauf des 5. Jahrhunderts durch die immer stärkere Formalisierung der Verfahren die Kompetenzen auf immer breitere Gremien, d. h. vom Areopag zur Boule und den Volksgerichten verlagert wurde. Auch die Abgrenzung zwischen Boule und Dikasterien scheint graduell ausdifferenziert worden zu sein, um eine Zentralisierung von Macht in einem einzigen Gremium zu verhindern.

Zu diesen Bestrebungen, das Gerichtswesen einerseits auszubauen, andererseits die zentralen Gremien nicht übergewichtig werden zu lassen, paßt auch die Wiedereinführung der Institution der Demenrichter. Nach der *Athenaion Politeia* hatte Peisistratos die umherreisenden Demenrichter eingeführt, um die Rechtsprechung für kleinere Angelegenheiten in den Demen vor Ort zu regeln. Durch die kleisthenische Reform sind diese sehr wahrscheinlich beseitigt und erst 453/52 wieder eingesetzt worden. Die Demenrichter des 5. Jahrhunderts waren ein Kollegium von 30, das sich wohl entsprechend der Zahl der Trittyen zusammensetzte.[123] Möglicherweise ersetzten oder ergänzten sie die bis dahin praktizierte Rechtsprechung durch den jeweiligen Demarchen.[124] Jedenfalls können die 30 Demenrichter als Ausdruck eines dezentralisierten, lokal orientierten Gerichtswesens gegenüber den Dikasterien der Stadt Athen betrachtet werden.

Perikles' Bürgerrechtsgesetz

Dieser ganze, eher Schritt für Schritt als durch eine einzige Reform vollzogene Prozeß läßt mit dem Bürgerrechtsgesetz des Perikles einen gewissen Abschluß erkennen. Nach dem Antrag des Perikles ging es darum, festzulegen, wer von den in Attika Lebenden ursprünglich Zugang zur Bürgerschaft haben sollte: Wegen der großen Anzahl wollte man offensichtlich den Kreis derjenigen, die an der Polis *teilhaben* konnten, beschränken.[125] Die simple Begründung der großen Zahl durch den Verfasser der *Athenaion Politeia* steht im Text selbst nicht widerspruchsfrei, sagt er doch kurz zuvor, daß jährlich 2.000 bis 3.000 Bürger in den zahlreichen Feldzügen gefallen seien.[126] Möglicherweise führte die große Menge der in Athen lebenden Metöken, aber auch die unter aristokratischen Familien üblichen Heiraten über die Grenzen der eigenen Polis hinweg tatsächlich dazu, daß insbesondere bei Besitzansprüchen an Land oder Erbschaftsstreitigkeiten der Bürgerstatus nicht immer eindeutig erkennbar war.[127]

Die Teilhabe an der Bürgerschaft wurde jedenfalls in Athen als ein Privileg betrachtet, dessen Ausdehnung reduziert werden sollte. Bereits 445 v. Chr. wurde anläßlich einer Getreideschenkung durch den Ägypter Psammetich eine Überprüfung der Bürgerlisten durchgeführt. Ob allerdings tatsächlich von 19.000 bereits 4.760 aus der Liste gestrichen wurden, ist kaum zu überprüfen.[128] Mit solchen Maßnahmen war die Vorstellung verbunden, daß sich die Bürgerschaft auf diese Weise einerseits homogener, einheitlicher und geschlossener abgrenzen, andererseits der Sorge begegnen konnte, ihr Privileg teilen oder schmälern zu müssen.[129]

Dieses Gesetz markiert eine Entwicklung, die die Regularien und Kriterien für Zugang und Ausführung von Teilhabe und Aktivität im gesellschaftlich-politischen Raum des Bürgers definiert, aber auch kontrolliert. Tradition, Gewohnheit und Herkommen werden immer weiter ersetzt durch schriftlich niedergelegte Bestimmungen. Gleichzeitig ist darin aber auch eine klare Konzeption vom Wert des Bürger-Seins zu erkennen, die auf der Gleichheit aller Bürger basiert.[130] Nicht ein Spektrum bzw. eine abgestufte Gesellschaft mit durchlässigen Grenzen sollte geschaffen werden, sondern eine möglichst einheitliche Gruppe gleicher Bürger, die ihre bürgerliche Identität in dieser Zeit bewußt konstruierte.[131]

V. Athens Reich

460/59	Einnahme von Memphis (Ägypten); Bau der Langen Mauern in Athen
459/58	Niederwerfung Aiginas
458	Aufführung der Eumeniden des Aischylos; Schlacht bei Tanagra und Oinophyta
457/56	Ende des Helotenaufstandes; Abzug der Heloten
456	Ansiedlung der Messenier von Ithome in Naupaktos; Periplous des Tolmides
455/54	Perikles am Golf von Korinth
454	Vernichtung der athenischen Expedition in Ägypten; Kasse des Seebundes nach Athen verlegt
451	Bürgerrechtsgesetz des Perikles
451/50	Waffenstillstand zwischen Athen und Sparta für 5 Jahre; Expedition des Kimon nach Zypern; Tod Kimons
449	Verhandlungen und Abkommen mit Persien (sog. Kallias-Frieden)?
448	Spartanische Invasion in Attika
447	Baubeginn am Parthenon
446/45	Friedensschluß zwischen Athen und Sparta auf 30 Jahre
444/43	Ostrakisierung des Thukydides Melesiou, Beginn der 15jährigen Strategie des Perikles
441/40	Samischer Aufstand
437	Perikles' Expedition nach dem Pontos; Beginn der Arbeiten an den Propyläen
434	Fertigstellung der Athena Parthenos; Anklagen gegen Phidias und Anaxagoras
432	Beendigung der Arbeiten am Parthenon

1. Krieg und Expansion

Krieg in Mittelgriechenland und Ägypten

Nach der Exilierung des Kimon beginnt in Athen eine Phase der Politik, die gekennzeichnet ist von expansionistischen Tendenzen nach außen und weiterem Ausbau der Volksherrschaft im Inneren. Neben der Ermordung des Ephialtes und einem in den Quellen angedeuteten Gerücht über einen oligarchischen Umsturz ist aus den Jahren direkt nach dem Sturz Kimons wenig über den Verlauf der innenpolitischen Ereignisse in Athen bekannt. Die *Athenaion Politeia* erwähnt konkret außer den beschriebenen Reformen des Ephialtes nur eine 458/57 eingeführte Regelung, nach der auch die Zeugiten nun zum Archontat zugelassen wurden.[1] Allgemein wird die Entwicklung als zunehmend von der Willkür der ›Demagogen‹ und dem Willen des Volkes geprägt bezeichnet.[2]

Nach außen vollzogen die Athener eine völlige Umorientierung ihrer Politik. Sie kündigten das Bündnis von 481 mit den Spartanern auf und schlossen mit Argos, Spartas Erzfeind, der erst kurz zuvor die Kontrolle über die Argolis gewonnen hatte, sowie Thessalien Bündnisverträge.[3] Im selben Zeitraum löste sich auch Megara, das von Korinth aus unter Druck stand, aus dem Peloponnesischen Bund und schloß sich Athen in einem Bündnis an. Dies war das erste Mal, daß eine Polis des Peloponnesischen Bundes sich soweit hervorwagte, es sei denn, Mantineia, Tegea und Elis hätten in den späten 70er Jahren tatsächlich ein Offensivbündnis mit Argos geschlossen.[4] Athen schickte Besatzungen nach Megara und Pegai, gleichzeitig wurden Mauern errichtet, die Megara mit seinem Hafen in Nisaia verbanden. Dadurch erhielt Athen die Kontrolle über den Landweg vom Peloponnes nach Mittelgriechenland, schuf sich jedoch in Korinth einen erheblichen Gegner.[5] Die Verbitterung in Korinth wurde verstärkt durch die Ansiedlung der aufständischen messenischen Heloten in Naupaktos, direkt an der Einmündung des korinthischen Golfes, nachdem diese nach einer zehnjährigen Belagerung durch Sparta den freien Abzug erreicht hatten.[6]

Weiterhin entsandten die Athener eine Flotte von 200 Schiffen, eigene und solche der Seebündner, nach Zypern, wahrscheinlich, um die von Kimon nicht genutzte Gelegenheit nachzuholen. Diese Flotte wurde jedoch umdirigiert, weil ein Hilfsersuchen aus Ägypten die Athener erreichte. Dort hatte der Libyer Inaros während der Wirren, die die Thronbesteigung des Perserkönigs Artaxerxes mit sich brachte, eine Revolte gegen die persische Herrschaft begonnen.[7] Die Athener unterstützten diesen Kampf mit Schiffen und Soldaten, anfangs auch recht erfolgreich, wenngleich es ihnen nicht gelang, die persische Besatzung und die noch nicht abgefallenen Ägypter, die sich in einem Teil von Memphis verschanzt hatten, zu vertreiben.[8] Artaxerxes versuchte Sparta vergeblich mit Geld zu einem Einfall in Attika zu bewegen.

Die Athener haben zu dieser Zeit nicht nur in Ägypten gekämpft, sondern, wie Thukydides schreibt,[9] auch in Megara, bei Halieis gegen die Korinther und Epidauros, zur See bei Kekryphaleia gegen Aigina und schließlich auch, wie eine erhaltene Gefallenenliste dieser Jahre zeigt, in Phönikien. Vor allem die kriegerischen Aktionen an den zwei Fronten in Mittelgriechenland zeigen großangelegte Expansionsversuche, die zu Schlachten in allen Gegenden Griechenlands führten. Eine Schlacht gegen Spartaner bei Oinoe (s. u. S. 99) die nur aus der Beschreibung eines diese Schlacht darstellenden Gemäldes bei Pausanias bekannt ist,[10] muß siegreich verlaufen sein.

Auch die seit 460/59 geführte Auseinandersetzung mit Aigina, das Perikles als *hos lemen tou Peiraios* (wie Butter vor den Augen des Piräus) bezeichnet hatte,[11] eine Auseinandersetzung, die seit dem Sturz der Tyrannen mehrfach begonnen worden war, wurde siegreich beendet. Aigina wurde, obwohl Mitglied des Peloponnesischen Bundes, zum Eintritt in den Seebund gezwungen und hatte den mit Abstand höchsten Beitrag von 30 Talenten zu zahlen.

Sparta hat sich aus den Kriegen Athens in Mittelgriechenland nicht herausgehalten: in Korinth und Epidauros standen Hilfskontingente der Spartaner, die auch nach Aigina gesendet wurden, während die Korinther in der Megaris einfielen. Bei Tanagra siegten die Spartaner über ein Heer aus Athenern, Bundesgenossen aus dem Seebund, Argivern und Thessaliern. Kimon kehrte aus seinem Exil zurück, um bei dieser Schlacht mitzukämpfen, was jedoch vor allem von den Anhängern des Perikles verhindert wurde.[12] Dies kann jedoch kein entscheidender Sieg gewesen sein, denn kurz danach fielen die Athener wieder in Böotien ein und siegten bei Oinopytha.[13] Damit hatte Athen etwa um das Jahr 457 die Kontrolle über Böotien, Phocis und Locris erreicht. Bei einer attischen Intervention in Thessalien, dessen Reiterei bei Tanagra zu den Spartanern übergegangen war, mußten sich Truppen aus Böotien und Phokis beteiligen.[14]

Krieg auf der Peloponnes

Athen konnte den Krieg sogar erfolgreich in die Peloponnes hineintragen: Der athenische Stratege Tolmides führte eine Flottenexpedition rund um die Peloponnes, verbrannte dabei die Werften Spartas bei Gytheion und nahm Chalkis am korinthischen Golf ein.[15] Auch das Bündnis mit Segesta in Sizilien wurde möglicherweise bereits in diesen Jahren geschlossen und nicht erst im Peloponnesischen Krieg.[16]

Aus spartanischer Sicht war die Expedition des Tolmides eine viel gefährlichere und unmittelbarere Bedrohung als ein einfacher Sieg zu Land. Diodor weist darauf hin, daß Lakonien und Messenien nie zuvor von einem Feind verwüstet wurden. Möglicherweise ging der Plan des Tolmides noch wesentlich weiter: Er eroberte für kurze Zeit die Insel Kythera und Boiai in Lakonien sowie Methone in Messenien.[17] Die später im Peloponnesischen Krieg bei Sphakteria so erfolgreich angewandte Taktik der Eroberung und Befestigung einer vorgelagerten Insel im feindlichen Territorium deutete sich hier schon an.[18]

Möglicherweise gehört in diese Zeit auch der Sieg über eine spartanische Truppe bei dem bereits erwähnten Oinoe in der Argolis (S. 98),[19] obwohl über diese Schlacht nichts weiter bekannt ist. Dieser anfängliche Erfolg an allen Fronten wendete sich in Ägypten: Der persische General Megabyzos schlug die aufständischen Ägypter und ihre Verbündeten zu Land, vertrieb die Griechen aus Memphis und schloß die griechische Flotte bei der Insel Prosopitis ein. Die diese

Insel vom Land trennende Wasserstraße trocknete er aus, und somit war die griechische Flotte nicht nur gestrandet, sondern auch verloren. Die Schiffe wurden aufgegeben und die Soldaten versuchten, größtenteils vergeblich, sich zu Lande durchzuschlagen.[20] Diodor und Ktesias berichten, daß dem Abzug eine Kapitulation voranging.[21] Auch ein aus 50 Schiffen bestehendes Entsatzkontingent wurde von den Persern fast völlig aufgerieben, womit der Krieg in Ägypten für die Athener nach Thukydides zu einem vollkommenen Desaster wurde.[22]

Hingegen geht aus anderen Darstellungen hervor, daß die Athener nach der Blockade von Memphis den allergrößten Teil ihrer Flotte wieder abzogen, da sie ihn auch in der großen Seeschlacht bei Aigina benötigten und daß es insgesamt 6.000 Überlebende dieser Ägypten-Expedition gegeben habe.[23] Die Überlegung, daß diese Expedition zwar ein großer Verlust, jedoch keineswegs ein Desaster gewesen war, ließe sich auch aus der Gefallenenliste der Phyle Erechteis stützten, die Tote aus Kämpfen in Zypern, Ägypten und Phönikien nennt. Wenn die Reihenfolge chronologisch ist, dann hätten die attischen Schiffe sich von Zypern nach Ägypten gewandt und dann von dort aus auf der Rückreise noch Überfälle in Phönikien durchgeführt.

Der Rückschlag, den dies für die attische Politik bedeutete, war in der Tat schwer, aber keineswegs so schwer, daß Athen – wie es zu vermuten wäre, wenn über 200 Schiffe, also der größte Teil der Seebundsflotte, verloren gegangen wären – seine führende Position im Seebund und in Mittelgriechenland hätte aufgeben müssen.[24] Immerhin berichtet Thukydides nach dem Ende der Ägypten-Expedition vom Einmarsch Athens in Thessalien und von der Flottenexpedition des Perikles nach Sikyon – also einer Wiederholung der Aktion des Tolmides – mit einer siegreichen Schlacht gegen die Sikyonier. Die Herrschaft Athens sowohl im saronischen als auch im korinthischen Golf, die nicht nur den Einfluß Korinths, sondern auch den Spartas zurückdrängte, blieb bestehen. Mit Achaia in der nördlichen Peloponnes bestand zu dieser Zeit auch ein Bündnis,[25] so daß man vermuten kann, daß die Expansionsversuche Athens erfolgreich in das ureigenste Gebiet des Peloponnesischen Bundes und damit bis in unmittelbarstes Herrschaftsgebiet Spartas hineingetragen wurden.

Rückkehr Kimons und Zypernexpedition

Nach dem Sieg bei Sikyon wurden die Kriegshandlungen in Griechenland vorläufig beendet, und auf die Vermittlung des vorzeitig aus dem Exil zurückgerufenen Kimon schloß Athen etwa 451/50 einen fünfjährigen Waffenstillstand mit Sparta, das seinerseits kurz danach einen 30jährigen Frieden mit Argos aushandelte. Das Verhältnis zwischen Athen und Sparta war nach wie vor gespannt, nicht zuletzt, da der in Sparta hochangesehene Kimon bei seiner letzten Schlacht in Zypern, der Belagerung von Kition, starb. Kimon soll auf dem Weg nach

Zypern 60 seiner 200 Schiffe nach Ägypten gesandt haben, wobei offen bleibt, ob diese Schiffe nur eine Gesandschaft zum Orakel des Ammon bringen sollten oder ob sie auch militärische Ziele verfolgten, wie Thukydides es darstellt.[26] Für Perikles hingegen ist überliefert, daß er sich den Wünschen des attischen Volkes nach einem erneuten Versuch widersetzte, Ägypten und andere Küstengebieten, die dem Perserkönig unterstanden, zu erobern.[27]

Was die Rivalität mit Sparta anbelangt, scheint Perikles in dieser Zeit eher eine mahnende und zurückhaltende Rolle gespielt zu haben, wobei die Hintergründe jedoch nicht eindeutig zu klären sind (s. u.).[28] Hierfür spricht, daß er sich für die Rückkehr Kimons einsetzte, die wiederum nicht zu trennen ist von dem fünf-jährigen Abkommen mit Sparta, in dem – so zumindest Thukydides – die Athe-ner sich aller Kriegshandlungen in Griechenland enthalten sollten. Nichtsdesto-weniger begannen die Athener unter der Führung des Tolmides einen Zug gegen Böotien, der in der schweren Niederlage bei Koroneia endete. Gegen den Zug des Tolmides war Perikles in der Volksversammlung aufgetreten und hatte mit einer so eindringlichen Rede gewarnt, daß deren Kernsatz offensichtlich zu einem gerühmten Ausspruch wurde: Wenn er [Tolmides] dem Perikles nicht glauben wolle, dann solle er wenigstens auf die Zeit, den weisesten Ratgeber, warten.[29] Den Böotern, denen Verbannte aus Euböa und Gesinnungsgenossen zu Hilfe ge-kommen waren, gelang es, viele attische Gefangene zu machen. Um diese auszu-lösen, war Athen gezwungen, einen Frieden mit Böotien zu schließen, nach dem Athen ganz Böotien bis auf Plataiai zu räumen hatte.

Böotien vereinigte sich daraufhin wieder zu einem Bund, der diesmal aus 11 *mere* (Bezirken) bestand.[30] An der Spitze eines jeden *meros* stand ein Böotarch, je 60 Mitglieder eines *meros* wurden in einen gemeinsamen Rat entsandt, und für das militärische Aufgebot wurden 1.000 Hopliten mit 100 Reitern gestellt.[31] In der Verteilung der *mere* entfielen 4 auf Theben, 2 auf Orchomenos, 2 auf Thes-piae, 1 auf Tanagra, während die übrigen Gemeinden in den beiden restlichen *mere* zusammengefaßt wurden. Thukydides bezeichnete diese politische Struktur als isonome Oligarchie, woraus zu schließen ist, daß die Besetzung der Ämter mit einem Zensus als Zugangsqualifikation verbunden gewesen sein muß.[32]

Friedenskongreß und Friedensschluß mit den Persern?

In diese Zeit gehört eines der berühmtesten Projekte des Perikles, die ihn, ähn-lich wie die Warnung an Tolmides, als einen nun um Ausgleich und Frieden in Griechenland bemühten Politiker zeigen. Zwar berichtet einzig Plutarch von die-sem Projekt, doch würde es sich gut in die aus dieser Zeit für Perikles überlieferte Politik fügen und ist daher auch bisher immer wieder als ein wichtiger Punkt der perikleischen Politik in Athen hervorgehoben worden.[33] Perikles soll einen Volksbeschluß in Athen herbeigeführt haben, nach dem Vertreter aus allen Teilen

Griechenlands und Kleinasiens zu einem Kongreß geladen werden sollten. Dort sollte gemeinsam verhandelt werden über den Wiederaufbau der von den Persern zerstörten Tempel, die noch aus dieser Zeit ausstehenden, gelobten Opfer, die sichere Schiffahrt auf den Meeren und die Einhaltung des Friedens. 20 Boten wurden von Athen ausgesandt, um zu diesem Kongreß einzuladen. Er kam nicht zustande, weil – so Plutarch – die Spartaner nicht nur insgeheim dagegen waren, sondern das Angebot auch offiziell als erste ablehnten.[34]

Statt dessen flammten die Kämpfe wieder auf, Athen verlor seinen Einflußbereich in Böotien, Megara und Euböa fielen ab, schließlich marschierten auch die Spartaner in Attika ein. Es gelang, unter der militärischen Führung des Perikles diese Bedrohung von allen Seiten abzuwenden. Zuerst wurden die Spartaner zum Abzug bewegt, möglicherweise durch Bestechung des Königs Pleistoanax,[35] anschließend wurde Euböa unterworfen.[36] Böotien und Megara hingegen mußten aufgegeben werden. Zum vollständigen Rückzug aus der Peloponnes wurde Athen ebenfalls gezwungen: 446 schloß man einen 30jährigen Frieden mit Sparta, der beinhaltete, daß Athen sämtliche Stützpunkte auf der Peloponnes, Nisaia, Pegai, Troizen, Achaia, räumte.[37] Damit hatte Athen die Eroberungen und Einflußbereiche, die die Stadt durch ihre Expansionspolitik in Griechenland innerhalb der 15 Jahre seit 461 gewonnen hatte, alle wieder aufgeben müssen.

Der Bruch mit Sparta, der im Zusammenhang mit dem Sturz Kimons stand, hatte in Athen zu einer in Griechenland – sowohl in Mittelgriechenland als auch auf der Peloponnes – weitausgreifenden Expansionspolitik geführt, die Sparta jedoch mit großem Erfolg unterbinden konnte. Die spartanische Übermacht ist in dieser Phase umso bemerkenswerter als Sparta erst 459 v. Chr. den Aufstand der Heloten in Messenien endgültig beenden konnte und durch das Erdbeben der 60er Jahre sicher auch erhebliche Einbußen in der eigenen Bevölkerung hatte hinnehmen müssen. Ein möglicher Grund für das spartanische Übergewicht könnte in der inneren Neuorganisation der spartanischen Gesellschaft gelegen haben, die durch die genannten Einbrüche und die ansteigende Furcht vor dem immer sichtbarer werdenden Aufstieg Athens zu einem politisch neuartigen Gebilde bedingt war.

Die Stellung Athens im Seebund, scheint, wie die Teilnahme der Bundesgenossen an den Feldzügen in Griechenland zeigen, unangefochten gewesen zu sein. Thukydides läßt schon mit der Unterwerfung von Naxos zu Beginn der 60er Jahre die *douleia*, die Unterjochung der Bündner, beginnen. Zumindest jedoch bis zu der Verlegung der Bundeskasse von Delos nach Samos ist aus den spärlichen Zeugnissen kaum etwas über eine Veränderung der Strukturen im Seebund zu entnehmen. Im Zusammenhang mit der Niederlage in Ägypten soll der Seebund aus Furcht vor den Barbaren eine Verlagerung der Kasse von Delos nach Athen beschlossen haben.[38] Das traditionelle Datum hierfür ist 454, da seit diesem Jahr die Listen existieren, auf denen das der Göttin Athena als der Schutzgöttin zukommende Zehntel der jeweiligen einzelnen Phoros-Beträge, die *aparche*, verzeichnet ist. Mit dem Wechsel von Delos nach Athen wurde nicht nur der Aufbewahrungsort verändert, sondern auch der Schutzgott von Delos, Apollon, durch Athena ersetzt. Diese Änderung ist offensichtlich auf einer Bundesversammlung diskutiert worden, und auch die Samier, nach Athen die größten und mächtigsten Bündner, haben dies befürwortet.[39] Das bedeutet, daß zumindest zu diesem Zeitpunkt noch ein relatives Einverständnis über diesen zentralen Aspekt hergestellt werden konnte.[40]

Aus den inschriftlich erhaltenen Dekreten und dem Verzeichnis der gezahlten bzw. nicht gezahlten Aparchesummen, aus denen heute die Gesamtsumme des Tributs rekonstruiert wird, sowie aus der variierenden Höhe dieser Summen läßt sich jedoch erkennen, daß diese Einheit, die auch aus der Teilnahme der Bundesgenossen an den attischen Kriegszügen in Mittelgriechenland hervorgeht, schon kurz nach 454 zerbrochen war.[41]

Die Poleis auf Euböa, Chalkis, Eretria und Hestiaia fehlen auf den vier Tributlisten der Jahre seit 454/53 ganz. Im Zusammenhang mit dem bekannten Abfall von Euböa und der drakonischen Niederwerfung durch Perikles kann vermutet werden, daß diese Städte seit 454 keinen Beitrag mehr gezahlt haben; hier beginnen Zahlungen erst nach der gewaltsamen Wiedereingliederung 446. Wenn die Kleruchien (Ansiedlungen griechischer Bürger), die von Tolmides auf Euböa und Naxos angelegt wurden,[42] im gleichen zeitlichen Zusammenhang stehen wie diejenige auf Andros, dann würde sich einerseits erklären, warum Euböa damals gegen Athen revoltierte, und andererseits wäre so auch ein Grund für die ausgebliebene Tributzahlung zu erkennen.[43] Die Anlage der Kleruchie auf Andros, die bei Plutarch nur mit aufgezählt wird, kann mit Hilfe der Tributlisten auf 450 datiert werden, da die Insel 450 zwölf Talente zahlt, ein Jahr später jedoch nur noch sechs Talente. Die Beitragsreduktion wurde gewährt, da die Konfiszierung von Land die finanzielle Leistungsfähigkeit einer Polis naturgemäß schwächte.

Es ist nicht bekannt, wieviele Kleruchen man nach Euböa sandte. Ein Anhaltspunkt ist höchstens die Zahl der von Perikles wahrscheinlich zur gleichen Zeit auf der thrakischen Chersones angesiedelten Athener.[44] Plutarch und Diodor sprechen von 1.000 Kolonisten. Im Vergleich zu den 506 im Gebiet von Chalkis angesiedelten 4.000 Bürgen wäre dies nicht allzuviel. Aber man vertrieb alle Einwohner Hestiaias und siedelte auch dort 1.000 Athener an, also insgesamt wohl 2.000.[45] Andererseits scheint man in Athen um oder auch schon einige Jahre vor 450, wenn man die Planungsphase miteinberechnet, mit einem großangelegten Konfiskations- und Siedlungsprogramm auf Kosten der verbündeten Poleis begonnen zu haben, das insgesamt durchaus erklären könnte, warum zu diesem Zeitpunkt trotz äußerer Stabilität Abfallbewegungen innerhalb des Bundes beginnen. Für das Jahr 448 fehlt die Tributliste vollständig – alle bisherigen Versuche,[46] diese Lücke zu erklären oder sie auf 446 nach der Niederlage bei Koroneia zu beziehen, sind unbefriedigend geblieben. Entweder war Athen entscheidend geschwächt, aufgrund der Aufstände etwa, oder es war 450 tatsächlich ein Frieden mit dem Perserkönig geschlossen worden und damit der Grund für die Flottenfinanzierung dieses Krieges hinfällig geworden. Beide Möglichkeiten scheinen plausibel.[47]

Zu dem 446 mit Sparta geschlossenen Friedensvertrag gehörte auch eine Klausel, die das Verhältnis der Athener zu ihren Bundesgenossen betraf: Demnach sollte die Autonomie der Bundesgenossen als Bestandteil des Vertrages respektiert werden.[48] Insbesondere Aigina berief sich später, vor Ausbruch des Peloponnesischen Krieges, auf diese Klausel und behauptete, daß Athen sie nicht respektiert habe.[49] Unter Autonomie verstand man hier im wesentlichen die eigene Gerichtshoheit, die Münzhoheit und die Freiheit von einer attischen Besatzung. Die Münzhoheit scheint Aigina wohl behalten zu haben, und ob die Gerichtshoheit auf der Insel blieb oder nach Athen übertragen wurde, ist schwierig zu klären.[50] Wenn Aigina die gleichen Bedingungen auferlegt wurden wie Chalkis und Eretria, die Geiseln stellen mußten, der attischen Gerichtsbarkeit unterworfen wurden, die Besteuerung der Xenoi auf ihrem eigenen Gebiet an Athen abzugeben und einen Gefolgschaftseid zu schwören hatten,[51] dann wird allerdings deutlich, warum man auf eine Befreiung von Athen hoffte und den Verlust der Autonomie beklagte.[52] Aus dem Kontext der Diskussion um Aigina ergibt sich jedoch nur, daß wohl ausschließlich diejenigen Poleis, die von Athen abgefallen waren, einen solchen Autonomie-Verlust hinnehmen mußten.[53]

Es bleibt allerdings die Tatsache, daß Aigina gewaltsam zu der höchsten Tributzahlung des Bundes verpflichtet worden war und daß möglicherweise eine attische Besatzung dort stationiert wurde.[54] Aus dem späteren Austausch der Argumente ist jedoch zu erkennen, daß Sparta und Athen sich in diesem Frieden gegenseitig den *status quo ante* zubilligten und damit die vor 461 gegebenen Einflußsphären wiederherstellten.

2. Die Instrumente der Herrschaft

Die Tributzahlungen im Seebund

Athen hat verschiedene Maßnahmen ergriffen, um die Herrschaft im Seebund zu konsolidieren bzw. auf organisatorisch eindeutige Strukturen zu stützen. Für das Kernstück der attischen Herrschaft, den Phoros, wurden exakte Modalitäten festgelegt, was Einzahlung, Transport, schriftliche Fixierung der Abrechnungen, Versiegelungen, Aufzeichnungen über säumige Zahler, deren Kontrolle und Bestrafung, aber auch die Organisation der Kontrolle innerhalb Athens betraf.[55] Es ist seit langem umstritten, ob diese Maßnahmen in den 40er Jahren ergriffen wurden oder in den 20er Jahren, in einer durch die Umstände und Anstrengungen des Peloponnesischen Krieges geprägten Phase. Insbesondere die Datierung der beiden wichtigsten Dekrete (Modus der Tributzahlung und Münzdekret, s. u.) sind entscheidend für die Einschätzung der attischen Herrschaft im Seebund vor dem Peloponnesischen Krieg. Die angeführten epigraphischen Argumente sowohl für beide Datierungen haben die Diskussion nicht entscheiden können.[56] Auch die detaillierte Untersuchung der Münzbewegungen und des Prägeverhaltens der Poleis im Seebund hat letztendlich zu dem Ergebnis geführt, daß die Organisation von Herrschaft von Athen aus und die damit verbundenen ökonomischen Strukturen für den Münzkreislauf entscheidend waren.[57] Die Bewertung der Politik Athens seit den 60er Jahren, die von einem ausgreifenden Expansionsstreben gekennzeichnet ist, die zunehmende Unterdrückung der Bündner und die harten Unterwerfungsbedingungen für abgefallene Poleis,[58] aber nicht zuletzt das Urteil des Thukydides, der gerade für diese Phase die Situation der Bündner im Seereich als eine *douleia* (Versklavung) bezeichnet, sprechen eine sehr deutliche Sprache: Die Polis Athen hatte ein Reich aufgebaut, für dessen Zusammenhalt und dessen Sicherung ihr jedes Mittel recht war.[59] Aus historischen Gründen ist eine Datierung der beiden zentralen Dekrete, in denen sich die Herrschaftsmechanismen der Athener so deutlich niederschlagen, in die 40er Jahre nach wie vor vorzuziehen.

Athen: Volksbeschluß über den Modus der Tributzahlung im attischen Seebund 448/47
IG I³ 34 = ML 46 = HGIÜ Nr. 74

Götter! Beschlossen haben der Ra[t und das] Volk; (die Phyle) Oineis hatte die Pry[tanie inne, Sp]udias war Schriftführ[er, ...]on war Epistates, Kleini[as stellte den Antrag: De]r Rat und die Arch[onten in] den Städten sowie die [Episko]poi (= Inspektoren) sollen dafür sorgen, da[ß zu]sammengebracht wird der Tribut jedes Jahr und abge[führt wird] nach Athen. Kennmarken soll man [anfertige]n für die Städte, d[amit] es keine Möglichkeit zu rechtswidrigem Handeln gibt für die Ü[berbring]er des Tributs. Wenn die Stadt verzeichnet hat in einem Schriftdokument de[n Tri]but, den sie entrichtet, soll sie es nach Siegelung mit der Kennm[arke] nach Athen senden und die Überbringer sollen das Schriftdokument überreichen im Rat, um es [dann] vorlesen zu lassen, wenn sie den Tribut entrichten. Die Prytanen sollen nach den Dio[ny]sien die Volksversammlung einberufen für die Hellenotamiai, um den Athenern bekanntzugeben diejenigen von den Städten, welche [den Tribut v]ollständig entrichtet haben, und diejenigen, welche im Rückstand sind, gesondert und (mit der Angabe,) wieviele [es sind. Die Ath]ener sollen nach der Wahl von vie[r Männern diese zu] den Städten [entsenden (mit dem Auftrag,)] eine Bestätigung d[es bezahlten Tributs] auszuhändigen [un]d einzufordern d[en nicht bezahlten von den im Rückstand befindlich]en (Städten): Zwei sollen zu [den (Städten) auf] den Inseln sowie in Ionien auf] einer Eil[t]riere reisen, [zwei zu den Städten am Hellespont un]d in Thrakien. [Die Prytanen sollen diese (Punkte) dem] Rat v[orlegen] und de[m Volk sogleich nach den Dionysien und solange] unterbrochen [dar]über [be]raten lassen, [bis zu Ende verhandelt] ist. Wenn ein Ath[ener oder Bündner rechtswidrig handelt bezüglich de]s Tributs, den [die Städte] verpflichtet sind [in einem Schriftdokument zu verzeichnen] für die, die ihn überbring[en, und (ihn) nach Athen zu entrichten, so soll es mög]lich sein, gegen ihn] Klage einzureichen bei [den Prytanen für jeden, der dies w]ünsch[t, Athen]er oder B[ündner; die Pryta]nen aber [sollen die Klage, welche jema]nd eingereicht hat, vor den Rat bring[en oder] ein jeder von ihnen soll wegen Bestechung [mit zehntausend Drachm]en [zur Verantwor]tung gezogen werden.

In diesem, nach dem Antragsteller auch Kleinias-Dekret genannten, Beschluß wurde zum ersten Mal festgelegt, nach welchem Modus die Tributeinziehung im Seebundsbereich zu geschehen hatte. Jede Polis erhielt ein eigenes Siegel, mit dem das die Gelder begleitende Dokument, in dem die Höhe des Tributes verzeichnet war, verschlossen wurde. Zuerst wurde dies dann in der Boule, anschließend in der Volksversammlung kontrolliert. Schließlich wurde eine Bestätigung in der Art einer Quittung ausgefertigt. Wenn die Zahlung nicht in der festgesetzten Höhe eingegangen war, wurde nach der zweiten Kontrolle unverzüglich gemahnt. Weiterhin setzte das Dekret die Form der Strafverfahren für Säumigkeiten fest, regelte Einspruchsmöglichkeiten und Prozeßverfahren.

Der Tenor des Dekrets läßt ganz deutlich erkennen, daß man versuchte, Unregelmäßigkeiten durch Disziplinierung und genau festgelegte Verfahrensregeln zu beseitigen, die insgesamt zu einer Straffung und Zentralisierung der Organisation im Seebundgebiet beitragen sollten.

Die Vereinheitlichung von Maßen und Gewichten

In denselben Zeitraum gehört ein Gesetz über die Vereinheitlichung von Maßen und Münzen innerhalb des gesamten Seebundgebietes.[60]

Athen: Volksbeschluß über die Vereinheitlichung von Maßen und Gewichten (450–446?)
ML 45 = HGIÜ Nr. 68

[(1) — die Archo]nte[n (= Oberbeamten) in den S]tädten oder die [athenischen] Archon[ten — (2) Die] Hellenotam[iai —] sollen ein Verzeichnis anlegen [von den Münzprägestätten in den Städten]. Wenn nicht [korrekt verzeichnet wird die Münzstätte einer [der S]tädte, [soll jeder, der es wünscht, unverzüglich vor d]ie Heliaia de[r Thesmothetai diejenigen] bring[en, die gegen das Gesetz verstoßen haben; d]ie Thesmothe[t]ai sollen [binnen] fü[nf Tagen bei jeder] einzelnen [Anzei]ge [das Verfahren durchfüh]ren. (3) Wenn [jemand anderer als d]ie (athenischen) Beam[ten in d]en Städten nicht in Über[einstimmung mit den beschloss]enen (Bestimmungen) verfährt, sei er [Bürg]er oder Fremder, [soll er der At]im[ie verfallen, sein Vermö]gen soll [eingezogen werden und] der Göttin d[er zehnte Teil zufallen.] (4) Sind [kei]ne athenischen Beamten (vor Ort), [so sollen] die Oberbeamte[n der jeweiligen Stadt] alle Bestimmungen des B]eschlusses [durchführen; wenn sie nicht in Übereinstimmung m[it den beschlossenen Bestimmungen verfahren, soll gegen] diese [Oberbea]mten [in Athen ein Gerichtsverfahren] auf [Atimie stattfinden. (5) In der] Münzprägestätte [soll man] das Sil[ber nach Empfang münzen, nicht wen]iger als die Hälfte, und [zurückgeben, damit genügend Münzgeld zur Verfügung haben] die Städte. Einbehal[ten sollen sie (davon) die Vorstände (der Münze) jeweils drei] Drachmen pro Mi[ne. Die andere Hälfte] sollen sie [binnen fünf Monaten ein]wechseln oder [zur Verantwort[ung gezogen werden gemäß dem Gesetz. (6) Was übrig] bleibt von dem [einbehaltenen] Silber, [soll man ausmünzen und] entweder den Strat[egoi oder den Apodektai sogleich überge]ben. (7) [Wenn die Übergabe erfolgt ist, [soll man auch bezüglich der Beträge, die der Athen]a und dem Hephais[tos geschuldet werden, einen Beschluß fassen. (8) Wenn jeman]d einen Antrag [dar]über stel[lt oder abstimmen läßt, [daß es erlaubt sein solle, fremde Münze] zu verwenden oder zu verlei[hen, so soll er unverzüglich vor] den Hendeka (= elf Exekutivbeamte) [angeklagt werden,] und die [Hendeka sollen die To]dess[trafe verhängen. Wen]n er abstreitet, [sollen sie ihn] vor [das Gericht bringen. (9) Das [Volk] soll Herolde wählen [und zu den Städten entsenden entsprechend den beschloss]enen (Bestimmungen), einen zu den In[seln, einen nach Ionien, einen zum Hellesp]ont (und) einen i[n das Gebiet von] Thrakien. Die[sen sollen die Strategoi jedem einzelnen seine Route schriftlich vorgeben und sie] entsenden; [andernfalls sollen sie [ein jeder mit jeweils ze]hnt[ausend Drachmen bestr]aft werden. (10) [Die] (athenischen) Beamten [i]n den Städten sollen d[ies]en Beschluß [auf einer Ste]le aus Marmor [aufschreiben lassen und] (sie) auf der Agora der [jeweiligen St]adt [aufstell]en lassen, die Vorstän[de vor] der Münze (in Athen). Dies [sollen die Athener durchführen,] wenn sie (= die Städte) es nicht selbst wollen. (11) Ersuchen aber soll sie der Herold, der sich auf die Reise macht, [um alles, was] die Athener [befehlen]. (12) Hinzufügen soll dem Eid [des] Rates der Schriftführer des [Rates für künftig folgen]den [Wortlaut]: »Wenn jemand Silbermünz[e] schlägt in den Stä[dten oder ni]cht Mün[zen], Gewichte und Ma[ße der Athen]er verwendet, [sondern fremde Münzen,] Maße und Gewichte, [so werde ich (dies) ahnden un]d b[estrafen gemäß dem früher ergange]nen Beschluß, den Klearch[os beantragt hat.« (13) Einem jeden soll es möglich sein,] das fremde Geld, [das er besitzt, abzugeb]en [und in derselben Weise einzutauschen, w]ann er will, und die Sta[dt soll ihm dafür unser einheimisches Geld geben. Ein] jed[er soll] selbst das (Geld), das er besitzt, [nach Athen bringen und in der Mü]nze [abliefern]. (14) D[ie Vorständ[e sollen alle jeweils abgegebenen Beträge auf]schreiben und (das Verzeichnis) auf[stellen lassen neben der Stele vor der Münz]e, damit jeder, der w[ill], nachprüfen kann. [Sie sollen auch den Gesamtbetrag des] fremden [Geldes, das Silber und das Gold] ge[trennt, aufschreiben, sowie den Gesamtbetrag unseres einheimische]n (Silber—)Geld[es —]

In diesem Gesetz wurde also dekretiert, daß als Zahlungsmittel nur noch attisches Silbergeld bzw. attische Maße und Gewichte gelten sollten. Alle Poleis hatten ihre Währungen nach Athen zu bringen und dort in attischen Fuß ummünzen zu lassen, wobei Athen einen gewissen Betrag einbehielt. Auch hier wurden der Umtausch und die Kontrolle genauestens geregelt. Gerade in diesem Dekret werden auch die athenischen Beamten erwähnt, die den Herrschaftsanspruch Athens in den verbündeten Poleis vor Ort repräsentierten, die *Episkopoi* und die *Archonten*.[61]

Aus den verschiedenen Dekreten ergibt sich ein, wenn auch nicht einheitliches, so doch konsequentes Bild einer politischen, militärischen und finanziellen Herrschaft über das Seebundsgebiet, die sich der verschiedensten Kontrollmittel bediente und auch nicht davor zurückschreckte, gegen die Verbündeten Gewalt zur Sicherung dieses Anspruches einzusetzen.

Die Unterwerfung von Samos

Inwieweit die Bereitschaft bestand, den 30jährigen Frieden und die vereinbarten Bedingungen einzuhalten, zeigt sich auf athenischer Seite bei dem schon fünf Jahre nach dem Friedensabschluß begonnenen Krieg gegen Samos. Kurz vorher scheint Milet erfolglos revoltiert zu haben, und auch Byzanz fiel während des Konfliktes mit Samos ab,[62] aber die eigentliche Dimension des Konfliktes ergab sich daraus, daß die Samier in Sparta um Hilfe baten, die anscheinend nur auf Betreiben Korinths nicht gewährt wurde.[63] Dieser Krieg war mehr als nur eine Revolte; es scheint dabei um die Vorherrschaft im Seebund gegangen zu sein, und hätte Sparta eingegriffen, dann wäre der dreißigjährige Frieden schon nach fünf Jahren zu Ende gewesen.[64] So kämpfte Athen zwei Jahre und belagerte Samos erfolgreich bis zur Übergabe, nachdem die attische Flotte ein- oder sogar zweimal von den Samiern besiegt worden war.[65] Auch für sie galten die Auflagen, die für Chalkis und Eretria überliefert sowie für Aigina vermutet werden: Die Samier mußten ihre Mauern einreißen, die Flotte ausliefern, Geiseln stellen und die Kosten des Krieges erstatten.[66]

Ob aus dieser Entwicklung eine Verhärtung der athenischen Haltung gegenüber den Bündnern zu erkennen ist, mit einem Einschnitt um 454 oder vielleicht
etwas früher, ist nach wie vor umstritten. Ebenso wie man die verschiedenen Bestimmungen des Münz- und des Kleinias-Dekretes als einen ›imperialistischen‹
Ton interpretieren kann, muß man jedoch auch zugeben, daß die Unterwerfung
von Naxos, kaum 12 Jahre nach der Gründung des Bundes die gleichen Elemente zeigt wie etwas später diejenige von Thasos, die Thukydides als Beginn der
douleia bezeichnet, oder 439 von Samos. Ein grundsätzlicher Unterschied ist hier
nicht zu sehen.[67] Auch die in den Dekreten zu erkennenden Bemühungen um
die Einrichtung von organisatorischen Strukturen kann ebenso von den realisti-
schen Zwängen eines immer größer werdenden Reichsgebietes hervorgerufen
worden sein wie von ›imperialistischem‹ Machtbewußtsein. Nicht bestreiten läßt
sich allerdings die Tatsache, daß die Athener eben schon recht früh, also wohl
schon seit den 60er Jahren am Aufbau ihres Reichs arbeiteten und diese Bestrebungen wohl kaum erst den Notwendigkeiten der Kriegssituation zwischen 430
und 420 v. Chr. zuzuschreiben sind.

Die Grundlage der attischen Dominanz im Seebund war die Flotte. Nach der
Schlacht am Eurymedon war zwar die persische Gefahr weitestgehend gebannt,
doch die Flotte wurde eher aus- als abgebaut: Nach Plutarch sollen in perikleischer Zeit jedes Jahr 60 Schiffe für einen Zeitraum von 8 Monaten in der Ägäis
patrouilliert sein.[68] Diese Patrouillenfunktion diente einerseits dazu, die in der
Ägäis immer zu gewärtigende Piratengefahr einzudämmen, andererseits jedoch
auch den kleineren und unbefestigten Poleis des Seebundes Sicherheit zu vermitteln. Nicht zuletzt wird es auch darum gegangen sein, durch Präsenz den Anspruch auf Führung zu zeigen. Zu den Mitteln dieser direkten Kontrolle können
auch die Garnisonen gerechnet werden, die Athen in einigen Seebundpoleis stationierte: in Erythrai und Milet um 450 nach Beseitigung der dortigen Unruhen
und der Installierung eines demokratischen Regimes,[69] in Kyzikos und Byzanz
zur Sicherung der Nachschubwege für den Kornimport aus den Schwarzmeerge-
bieten,[70] in Samos nach der Niederschlagung des Aufstandes ebenfalls zur Sicherung der neueingerichteten Demokratie, möglicherweise auch in Aigina nach
dessen Kapitulation.[71]

Amtsträger im Seebund

Jedoch scheinen diese direkten Demonstrationen militärischer Gewalt eher sel-
ten und nur bei vorausgegangenen Abfallbewegungen eingesetzt worden zu sein.
Die eigentlichen Instrumente der Herrschaft waren institutioneller Natur: In
manchen Poleis, nachweisbar in denjenigen, die abgefallen und von Athen
unterworfen worden waren, wurden demokratische Regierungsstrukturen eingeführt,[72] jedoch scheint dies nicht als Automatismus gehandhabt worden zu sein.
In Böotien und auch eine gewisse Zeit in Milet hat Athen mit oligarchischen

Herrschaften zusammengearbeitet.[73] Neben den eigentlichen Besatzungskommandanten, den *phrourarchoi*,[74] begegnen etwa seit 450 nur noch zivile Amtsbezeichnungen für Athener, die im Auftrag des attischen Demos in den Poleis des Seebundes tätig sind. Wenn die Angabe der *Athenaion Politeia* über 700 solcher Amtsträger richtig ist, dann könnten in jeder oder fast jeder Seebundspolis ein bzw. mehrere Athener mit offiziellem Auftrag stationiert worden sein.[75] Hierbei lassen sich zwei verschiedene Amtskategorien unterscheiden: Die *episkopoi* wurden von Athen mit bestimmten Aufgaben in das Seebundsgebiet gesandt, die entweder mit direkten Eingriffen wie in Erythrai, wo sie für die Wahl des ersten demokratischen Rates sorgen sollten, oder der Einholung von Informationen beauftragt waren wie etwa durch das Kleinias-Dekret, das Modalitäten der Tributeinziehung regelte.[76] Die *archontes* hingegen waren Athener, die als Beauftragte in den Poleis fest stationiert waren und wohl die Funktion der obersten Magistrate dort übernommen hatten; in ihren Aufgabenbereich fiel die Zuständigkeit für die Tributeinziehung vor Ort, die Kontrolle der politischen Entwicklung im Inneren der Poleis und für den Schutz der attischen *proxenoi*.[77]

Diese attischen Archonten hatten darüberhinaus für kleinere Rechtsangelegenheiten auch die Jurisdiktionsgewalt.[78] Gerade in dieser Hinsicht scheint den Athenern der Vorwurf gemacht worden zu sein, daß sie möglichst viele Prozesse nach Athen und vor attische Gerichte zogen.[79]

Athen: Volksbeschluß über die Regelungen für Erythrai (453/52?)
IG I³ 14 = ML 40 = HGIÜ Nr. 63

[Beschlossen haben der Rat und das Volk; (die Phyle) ———— hatte die Prytanie inne, ———— ————] war Epistates, L[———— stellte den Antrag: Die Erythrai]er sollen zum Fest der Großen Panathenäen Getreide im We[rt von nicht wenige]r als drei Minen abführen; und zuteilen soll an diejenigen, die aus Erythrai anwesend sind, [der] Opferpriester [vom Fleisch jedem im Wert von einer Drachme (?).] Wenn aber das Abge[führte weniger] wert ist als die drei Minen gemäß [der Vereinbarung], soll Ge[treide (?)] kaufen [der] Priester; das Volk [———— D]rach[men ———— Fl]eisch [————] jedem beliebigen. Von den Erythraiern soll [du]rc[hs L]os bestimmt sein der Rat, einhundertzwanzig Mann. Der [durch das Los Gewählte soll] im Rat [sich der Überprüfung unterziehen, kein Fremder und,] um Ratsherr zu sein, [ni]cht weniger als dreißig Jahre alt sein. Ein gerichtliches Verfahren soll [geg]en Überführte eingeleitet werden. Ratsherr sein soll er nicht (noch einmal) binnen vier Jahren. [————] Erlosen und konstituieren sollen den jetzigen Rat die [Episkop]oi (= Inspektoren) und der Kommandant der (in Erythrai stationierten) Garnison, künftig der Rat und der [Garnisons]kommandant nicht weniger als dreißig Tage, bevor [der Rat] abtritt. Schwören sollen sie [bei Z]eus und Apo[l]lon und Deme[ter], wobei sie sich bela[de[n mit einem Flu]ch für den Fall der Ei[desverletzung] ———— ebenso a]uch ihre Kinder mit einem Fl[uch. Erfolgen soll die Eidesleistung unter Verbrennung] von Opfertieren [————] der Rat nicht weniger ver[brennen ———— We]nn aber nicht, soll man sie bestrafen können mit tausend D[rachmen ———— ———— auch d]as Volk soll nicht weniger verbrennen. Schwören soll [folgendermaß]en der Rat: »Ich werde das Amt des Ratsherren nach bestem Vermögen bekleiden [und] in der Weise, die am besten gerecht wird dem Volk (plethos) der Erythraier, der Athener und der [Bün]dner, und ich werde nicht abfallen, weder vom Volk der Athener noch der [den] Bündnern der Athener, weder ich selbst, noch werde ich jemandem darin Folge [leisten. Auch werde ich nicht überlaufen,] weder ich selbst, noch werde ich jemandem darin Fol[ge leisten. Auch werde ich von den] Verbannten nicht einen einzigen aufnehmen, weder [ich selbst, noch werde ich jemande]m darin Folge leisten, und zwar [(besonders) bei den zu den] Medern geflüch[teten], ohne (Zustimmung des) R[ats der Athe]ner und des [V]olkes (von Erythrai). Auch werde ich niemand von den Gebliebenen (aus Erythrai) verjagen o[hne] (Zustimmung des) R[ats] der Athener und [des] Volkes (von Erythrai).«

Wenn ein [Erythrai]er einen anderen Erythr[ai]er tötet, soll er hingerichtet werden, wenn er (zum Tode) [verur]teilt wird. [Wird er zu lebenslänglicher (?) Verbannung verur]teilt, so soll er aus dem gesamt[en] Gebiet des Bündnis[ses] der Athener verbannt sein [und se]in Vermögen eingezog[en werd]en und in den Besitz der Erythraier übergehen. Wenn einer [überführt wird,] an die Tyrannen [das Volk der] Erythraier [zu verraten, so soll er] hingerichtet werden, [ohne daß dies gesetzlich geahndet wird, und desgleichen auch] dessen Kinder, [sofern sich nicht der Nachweis erbringen läßt, daß dessen Kinder dem Volk der] Erythraier und [dem Volk der] Athener [gegenüber eine freundschaftliche und wohlgesinnte Haltung einnehmen.] Das Vermögen [des Überführten sollen] erhalten [seine] Kinder [zur einen Hälfte, zur anderen soll es eingezogen werden. Gleichermaßen soll verfahren werden, wenn einer überführt wird, auf das V]olk der Athener [oder die] in Erythrai [stationierte (athenische) Garnison einen An-schlag zu unternehmen ———] der Athener [———d]er Bündne[r ——— ———] der Wa[ch]en Bogensch[ütz]en zehn [———] aus jedem Rat [———] Ath[en ———]

Der Volksbeschluß über die Regelungen für die nach ihrem Abfall wieder dem Seebund eingegliederte Polis Erythrai zeigt, daß Athen sich in bestimmten An-gelegenheiten entweder die Entscheidung vorbehielt oder genau festlegte, wie in Erythrai zu verfahren sei: Verbannte durften nicht ohne die Zustimmmung der attischen Boule zurückgerufen werden, im Fall von Tötung eines Bürgers sollte eine Hinrichtung bei Verurteilung zum Tode erfolgen bzw. eine Verban-nung aus dem gesamten Seebundsgebiet, und für politischen Verrat wurde so-fortige Tötung des Schuldigen und auch seiner Kinder, es sei denn sie könnten überzeugend ihre Treue zu Erythrai und Athen nachweisen, angeordnet.[80] Auch Angelegenheiten, die mit der Stellung von militärischen Kontingenten wie im Fall des Dekretes über Milet zusammenhingen, sollten in Athen ver-handelt werden.

Daneben finden sich in den allgemeinen von Athen für das gesamte See-bundsgebiet erlassenen Dekreten, dem Kleinias-Dekret über die Modalitäten der Tributeinziehung und dem Dekret über die Vereinheitlichung von Münzen, Ma-ßen und Gewichten (Münzgesetz) ebenfalls Vorschriften, die Gerichtsverfahren gegen bundesgenössische Bürger anderer Poleis nach Athen beorderten. In bei-den Dekreten wurde festgelegt, daß diejenigen Magistrate der Poleis, die sich ge-gen Bestimmungen dieser Gesetze vergingen, in Athen vor Gericht gestellt wer-den sollten.[81] Vom Verfahren her sollte die Boule eine Voruntersuchung und die Heliaia, also das Volksgericht, den eigentlichen Prozeß durchführen.[82] Im Ver-gleich zu den Hinweisen für die Stellung der Boule nach der Einführung des Di-kasteriensystems in Athen, die daraufhin deuten, daß die Boule ursprünglich die Jurisdiktion für die Kontrolle der finanziellen Angelegenheiten der Amtsträger innehatte, wäre die Bestimmung des Kleinias-Dekrets eine Einschränkung der Ratsbefugnisse zugunsten der Dikasterien.[83]

Grundsätzlich scheint sich Athen seit den 40er Jahren, d. h. seit dem Ausgleich mit Sparta und der Niederschlagung der Aufstände auf Euböa generell im See-bundsgebiet als letzte Berufungsinstanz für alle Kapitalprozesse betrachtet zu ha-ben.[84] Zusammen mit den Bestimmungen der beiden allgemeinen Dekrete sind darin deutliche Bestrebungen nach Vereinheitlichung im Rechts- und Geldverkehr für das Gebiet des Seebundes zu erkennen. Gleichzeitig ist dies in den Ansätzen jedoch auch schon die Schaffung eines gemeinsamen und für die Bürger aller Poleis durchaus gleichen institutionellen Rahmens.

Seebund und attische Feste

In die gleiche Richtung weisen auch religiöse und politische Verpflichtungen, wie etwa der Treueid auf Athen und die demokratische Verfassung sowie die Verpflichtung, zu den Panathenäen Kuh und Rüstung als Opfergabe zu senden.[85] Dies ist einerseits eine Art Abgabe, andererseits konstituiert sich in der Opfergemeinschaft für die eigentliche Stadtgöttin Athens der Seebund als Ganzes. War ursprünglich der Apoll von Delos der Schutzgott des Seebundes, so nahmen nun die Athener dieses Monopol für ihre eigene Göttin in Anspruch und banden die anderen Poleis in einer Art Kultgemeinschaft bei dem Fest der Panathenäen an sich. Möglicherweise zeigt sich hier das Bestreben, durch eine Solidarisierung im altüberkommenen Ritual des Eides und die Schaffung einer Kultgemeinschaft die traditionellen Grenzen zwischen den Poleis durch neue Formen der Zugehörigkeit zu überwinden.

Auch bei dem anderen großen Fest in der Polis Athen, den städtischen Dionysien, ist die Verbindung zwischen politischer Herrschaft und Opfergemeinschaft deutlich zu erkennen. Der zu dieser Gelegenheit üblichen Aufführung von Komödien und Tragödien ging zuerst das Opfer eines Ferkels zur kultischen Reinigung des Theaters voraus. Im Anschluß daran wurde der jährliche *phoros*, in Tonkrügen abgepackt, in die Orchestra gebracht und dort allen Anwesenden, deren Charakter als Mitglieder einer Festgemeinde durch Bekränzung und Festtagskleidung zum Ausdruck kam, deutlich präsentiert.[86] Danach zogen die Kriegswaisen, deren Erziehung und Hoplitenausrüstung von der Polis finanziert wurden, in feierlichem Zug ein. So wurde einerseits der »Ertrag der Herrschaft«,[87] andererseits das Opfer, das die Bürgerschaft durch die vielen Gefallenen der zahlreichen Kriegszüge erbracht hatte (für deren Nachkommen sie in vorbildlicher Weise sorgte), allen Bürgern, Gesandten, Bundesgenossen, Metöken, Sklaven und Fremden zur Schau gestellt.

Andererseits wird mit dem Instrument des Phoros seit 454, als die Kasse des Seebundes von Delos nach Athen verlegt und von dort auch verwaltet wurde, ein Herrschaftsmittel entwickelt, das zwar auch in Verbindung mit den religiösen Verpflichtungen gegenüber der Göttin Athena stand, jedoch vor allem zur Kontrolle und weniger zur Gemeinschaftsbildung eingesetzt wurde. Seit 454 sind die Belege des Sechzigstels der Phoros-Beiträge, der sog. *aparche*, die der Göttin Athena als der Schutzgöttin des Bundes zustanden, inschriftlich erhalten. Diese steinerne Dokumentation weist auf die Ernsthaftigkeit der religiösen Verpflichtung der *aparche* hin.

111

Die Tributlisten

Der Inhalt und die Gliederung dieser Listen werden im allgemeinen als Beleg für die Struktur des gesamten *phoros* verstanden, so daß sich aus diesen *aparche*-Listen ein Bild der Herrschaft Athens im Seebund rekonstruieren läßt. Die ersten dieser Listen sind weder geographisch noch alphabetisch geordnet, seit 449 ist dann die Tendenz zu einer geographischen Gruppierung nach Distrikten zu beobachten.[88] Zu- und Abgänge, verspätete und verringerte Zahlungen, das mögliche Fehlen eines ganzen Jahrestributes in der Zeit bis zur Mitte der 40er Jahre belegen jedoch eine gewisse Instabilität des Seebundes.[89] Erst 442 ist ein System in diesen Listen zu erkennen, wonach die Beiträge der Poleis nach dem karischen, ionischen, hellespontischen, thrakischen und Insel-Distrikt unter den jeweiligen, namentlichen Überschriften geordnet sind. Ebenso erscheinen nun der Name eines der Hellenotamiai, wohl des Vorsitzenden, und der Name des Sekretärs. Da dieser, entgegen den Gepflogenheiten, zwei Jahre hintereinander im Amt blieb, vermutet man eine Reorganisierung des Seebundes in dem vorausgegangenen Jahr 443/42.[90] Die von da ab bis zum Ende der Existenz des Seebundes im Jahr 404 durchgehaltene Ordnung der Listen weist auf eine gewisse Konsolidierung und Akzeptanz der attischen Herrschaft hin, die trotz des kurz danach folgenden Aufstandes in Samos bis weit in den Peloponnesischen Krieg hinein stabil blieb.

3. Kunst und Religion

Das Akropolisbauprogramm

In Athen selbst hat man seit der Mitte des 5. Jahrhunderts, in großem Stil seit 448, mit einem gewaltigen Bauprogramm begonnen, in dem Athens Ruhm und Glanz dargestellt wurden (vgl. Tafel VI–XII). Thukydides beschreibt die Monumentalität Athens, deren gültiger Ausdruck die Bauten auf der Akropolis waren, im Gegensatz zu Spartas völliger Zurückhaltung im Bereich der kulturellen Selbstdarstellung. Dies weist nicht nur auf die Unterschiede in der öffentlichen Wahrnehmung hin, sondern auch auf das Herausragende, in dem sich beide Poleis als Extreme einer Besonderheit in der griechischen Öffentlichkeit stilisiert hatten.

Die Leistungen und Erfolge der Athener Bürger wurden im Rahmen der allgemeinen Tatenkataloge dargestellt, die auf fast allen der neuen repräsentativen Monumente auf der Akropolis begegnen. Schon in der auf Veranlassung Kimons errichteten Stoa Poikile (Bunte Halle) wird eine Bildthematik entwickelt, die später auch in der politischen und rhetorischen Diskussion benutzt wird:[91] die Abwehr der Amazonen durch Theseus und die Athener, der Fall Trojas und der Sieg von Marathon. So kam immer wieder zum Ausdruck, daß den Athenern ein spezielles Verdienst daran zukam, die griechische Zivilisation gegen die Perser in einem Kampf der Griechen gegen die Barbaren, Europas gegen Asien, verteidigt zu haben.

Zuerst wurden der Tempel des Hephaistos/Theseus an der Agora, anschließend der Parthenon mit der Goldelfenbeinstatue der Athena und kurz danach die drei Tempel für Poseidon in Sunion, für Ares in Acharnai und für Nemesis in Rhamnous errichtet. Speziell unter der Leitung des Perikles baute man am Südosthang der Akropolis das Odeion und das Dionysos-Theater, schließlich ab 437 das große Eingangstor zur Akropolis, die Propyläen, und möglicherweise begann man in diesen Jahren auch schon mit dem sog. Erechtheion.[92] In den 20er Jahren folgte, wenngleich auf der Basis eines Volksbeschlusses, der zeitgleich mit dem Parthenonbaubeschluß gefaßt worden war, der Tempel für Athena Nike. Kernstück der neuen architektonischen Repräsentation war der Parthenon, ein gewaltiger Tempel mit prächtigem Skulpturenschmuck. Zum einen bewahrte das Gebäude die überaus wertvolle Goldelfenbeinstatue der Göttin, eine Weihgabe, auf und zum anderen wurden die Gelder des Athena-Schatzes sowie die Einnahmen aus dem Phoros dort gelagert.[93] Der Parthenon ist oft als Schatzhaus für die Gelder Athens ohne direkte religiöse Funktion interpretiert worden und damit als Ausdruck eines Macht- und Legitimationsbedürfnisses für die attische Herrschaft im Seebund.[94] Andererseits läßt sich zumindest für das 4. Jahrhundert ein Kult für die Athena Parthenos im Parthenon nachweisen.[95] Darüberhinaus ist bei den in den letzten Jahren vorgenommenen Restaurierungsarbeiten zwischen der nördlichen *cella*-Wand und der äußeren Säulenreihe ein kleiner Schrein gefunden worden, zu dem wohl auch ein Altar gehörte.[96] Ein Kult scheint schon vor dem Bau des Parthenon dort existiert zu haben und ist offenbar in den späteren Tempelbau integriert worden.[97] Auch die Tatsache, daß der Parthenon an der Stelle verschiedener Vorgängerbauten in einem Bezirk errichtet wurde, der eine längere Kulttradition hatte, spricht dafür, daß mit dem Parthenon ein eigenes Kultgeschehen verbunden war, wenngleich der nach wie vor wichtigste Kultort, derjenige für die Athena Polias, die Göttin der Stadt, mit dem nördlich des Parthenon liegenden Alten Athena-Tempel und seinem Nachfolgebau verbunden war.[98]

Der Parthenon

Mit dem Bau des Parthenon ist schon vor dem Einmarsch des persischen Heeres in Athen begonnen worden, es ist jedoch immer noch umstritten, in wieviel Phasen der Bau tatsächlich errichtet wurde.[99] Zumindest vor dem Einmarsch der Perser 480 muß das Fundament für den Vorgängerbau des Parthenon schon gelegt worden sein, möglicherweise standen auch schon die Säulen dieses Gebäudes, das dann von den Persern niedergebrannt wurde.[100] In kimonischer Zeit wurde aus dem Erlös der Beute des Sieges am Eurymedon der literarischen Überlieferung nach die Südmauer der Akropolis errichtet, wodurch es möglich war, die Südseite des Akropolis-Plateaus durch Aufschüttungen zu erweitern. Da diese Stützmauer die Voraussetzung für den seit der Mitte des 5. Jahrhunderts neu und größer gebauten Parthenon ist, hat man immer vermutet, daß schon in kimonischer Zeit mit diesem Bau begonnen worden ist. Auch die große Statue der Athena Promachos ist wohl aus der Eurymedon-Beute finanziert worden.[101] Da auch am Eingangstor der Akropolis, den Propyläen, eine in kimonische Zeit zu datierende Bauphase zu erkennen ist, hat das 448 einsetzende Bauprojekt möglicherweise einen kimonischen Vorläufer aus den 60er Jahren gehabt, der nach dem Sieg über die Perser am Eurymedon begann. Durch den innenpolitischen Streit um die kimonische Politik könnte diese Konzeption ebenso diskreditiert worden sein wie durch Kimons Sparta-Politik und auch seine anderen strategischen Konzeptionen. Dies würde erklären, wo die vielen Bauteile eines Vorgängerbaues (u. a. ein Teil der Metopen) herstammen, die in dem perikleischen Bau wiederverwendet worden sind.[102]

In jedem Fall bedeutet der Baubeginn des Parthenon 448 einen grundlegenden Neuansatz. Die Bildthematik ist derjenigen der Stoa Poikile vergleichbar: Auf den Westmetopen ist die Amazonomachie dargestellt, auf den Ostmetopen die Gigantomachie, auf den Nordmetopen der Fall Trojas und auf den Südmetopen die Kentauromachie. Der Kampf gegen Giganten und Kentauren spiegelt ebenso wie derjenige gegen die Amazonen die Überwindung der Barbaren und damit den Sieg über die Perser.[103] Die zentrale Rolle, die die Göttin Athena als Schutzpatronin der attischen Bürgerschaft und seit 454 eben auch des gesamten Seebundes einnimmt, wird in dem neuen Parthenon besonders unterstrichen. Im Ostgiebel war die Geburt der Athena und im Westgiebel ihr Wettstreit mit Poseidon um Attika dargestellt. Die Statue der Göttin selbst, das berühmte von Phidias geschaffene Goldelfenbeinbildnis, wiederholt die großen Themen des Skulpturenschmuckes am Tempel. Die siegreiche Auseinandersetzung der Athener mit den Persern wird in allen Variationen durch die der Göttin beigegebenen Attribute, am Helm, auf dem Schild und dem Basisrelief, dargestellt.[104] Auch auf dem Schild der Statue war das immer wiederkehrende Motiv des Sieges der Athener über die Amazonen dargestellt.

Herrschafts- und Siegessymbolik schlägt sich in diesen Monumenten nieder, die politischen Selbstdarstellungswillen ausdrücken sollten, gleichzeitig jedoch auch die altüberkommene Vorstellung von der Verschränkung der menschlichen Welt mit der sakralen der Götter darstellten. Die Darstellungen der Skulpturen an den Giebeln, auf den Metopen und dem Fries verwenden alte und neue Bildthemen,[105] Bezüge auf die alte und neue bürgerliche Ordnung,[106] bilden Bürger und Nicht-Bürger, alte und junge Menschen ab. Insgesamt wird die Koexistenz der Vielfalt betont. Gleichzeitig werden Wettstreit und Kampf, etwa im Westgiebel, in der Thematik der Metopen und der Darstellung der panathenäischen

Wettkämpfe auf dem Fries als natürliches und ebenso als ewiges Prinzip der menschlichen und übermenschlichen Sphäre sichtbar gemacht. Darin kommt ein genereller Zug der griechischen Kultur zum Ausdruck, die wie hier in der Bildthematik des Parthenon vielschichtiger in ihren Bezügen ist als es die macht- und herrschaftsbezogene Politik Athens in diesen Jahren vermuten läßt.

Persische Vorbilder und attische Kunst

Ein anderer Zug der damaligen Kunst weist auf eine intensive Auseinandersetzung mit den Persern hin, die über die symbolische Darstellung als Barbaren, Kentauren und Trojaner hinausgeht. Das auch in 40er Jahren auf eine Initiative des Perikles hin errichtete Odeion am Südabhang der Akropolis ist in seiner architektonischen Form auf die persischen Vorbilder der Säulensaalbauten zurückgeführt worden. In der antiken literarischen Überlieferung wird diese architektonische Form auf die persischen Festzelte zurückgeführt. Herodot beschreibt das Erstaunen der Griechen über Pracht und Luxus des Zeltes, das Xerxes bei Plataiai zurückgelassen hatte, und Plutarch hält dieses Zelt für das Vorbild, nach dem das Odeion konstruiert wurde.[107] Das Dachwerk soll aus den Schiffsmasten und Rahen errichtet worden sein, die die Griechen in der Schlacht von Salamis erbeutet hatten.[108] Es ist vermutet worden, daß dieses Zelt möglicherweise in den 70er Jahren in Athen als provisorische *skene* an der Stelle errichtet war, an der später das Dionysos-Theater gebaut wurde. So wäre es vorstellbar, daß die Aufführung von Aischylos' Tragödie *Die Perser* im Jahr 472, in der der erst hochmütige, dann besiegte Xerxes mitsamt dem persischen Hof in Susa präsentiert wurde, in diesem Beutestück vor den triumphierenden Athenern stattgefunden hat.[109] Eine andere architektonische Neuheit dieser Jahre könnte ebenfalls auf die Verwertung persischer Vorbilder zurückgehen: Die in den 60er Jahren errichtete Tholos (s. o. S. 93 f.) hat ein konisches Dach, das als *skias*, als schirmartiges Schattendach, bezeichnet wurde. Dies könnte ein Reflex der persischen Rundzelte sein, die bei militärischen Expeditionen verwendet wurden, oder sogar ein direktes Zitat der Sonnenschirme, die, nach den Abbildungen auf den Reliefs zu schließen, bei Prozessionen die achämenidischen Könige auf ihren Thronen beschatteten.[110]

Auch die bildliche Darstellung der Göttin Athena verändert sich in diesen Jahrzehnten. Neben dem Zurücktreten der militärischen Attribute ist sowohl bei Skulpturen als auch in den Vasendarstellungen eine weiche Lederkappe unter dem Helm zu erkennen, der mittlerweile als die persische Tiara identifiziert worden ist.[111] Diese typisch persische Kopfbedeckung unter dem korinthischen Helm der Göttin ist ebenso wie die architektonischen Übernahmen als Symbol für die Unterwerfung des Gegners durch Aneignung seiner Attribute zu erkennen.

Diese Zitate persischer Attribute und Symbole erfahren durch Einbindung in die Funktionen Athens eine programmatische Umwertung.

Die Einführung der musischen Agone beim Panathenäenfest

Im Odeion wurden etwa seit 442 die musischen Agone des Kithara- und Flötenspiels aufgeführt, um die Perikles das Panathenäenfest erweitert hatte.[112] Die Schilderung Plutarchs hierzu ist ausführlich: Man wählte Perikles als Schiedsrichter und dieser legte im einzelnen die Regeln für das Blasen des Aulos, das Singen und das Spielen der Kithara fest. Somit muß Perikles erhebliche Kenntnisse und Fertigkeiten in diesen Disziplinen gehabt haben, um auf die künstlerische und musikalische Gestaltung des Wettkampfes Einfluß nehmen zu können.

Die generelle Bedeutung von musikalischen Darbietungen in der Öffentlichkeit spiegelt sich auch in der Rolle, die Perikles' Beziehung zu Damon unterlegt wurde. Plutarch nennt Damon als den Musik-Lehrer und einen der politischen Berater des Perikles.[113] Nach seinen Quellen war Damon ein Philosoph, der sich mit dem inneren Zusammenhang von Musik und Politik beschäftigt hatte. Dem lag eine Überlegung zugrunde, die in der Antike sehr intensiv diskutiert wurde, nämlich daß eine Erziehung im Sinne einer Disziplinierung oder sogar Manipulation des einzelnen oder auch einer Menge durch gezielten Einsatz der verschiedenen musikalischen Ausdrucksformen möglich sei.[114] Hierbei wird auf ein Werk Damons Bezug genommen, in dem er behauptet haben soll, daß bestimmten Genera der Musik auch Charaktertypen und psychische Dispositionen entsprechen.[115] So habe Damon die Ansicht vertreten, daß ein Wechsel bzw. die Neueinführung von musikalischen Ausdrucksformen entsprechende Veränderungen im politischen Bereich nach sich zögen.[116]

Der Einfluß des Perikles auf die Gestaltung eines so bedeutenden musikalischen Wettkampfes und seine Verbindung zu Damon lassen vermuten, daß Perkles diese bei Platon dem Damon unterlegten Konzepte kannte und für seinen politischen Einfluß nutzbringend einzusetzen versuchte. Auch Thukydides und Plutarch beschreiben Perikles vor allem als einen Politiker, der es vermochte, die Menge in jede beliebige Stimmung zu versetzen und so seine Position festigte.[117]

Daß die Einführung eines neuen Wettbewerbes gerade bei den Panathenäen stattfand, unterstreicht die Bedeutung dieses Festes im politischen Kontext. So wie sämtliche bildlichen Darstellungen an der Ostseite des Parthenon, der dem Besucher der Akropolis zuerst zugewandten Seite des Tempels, auf das Panathenäenfest bezogen sind – die Metopen der Ostseite verweisen auf das Fest, das Thema des Ostgiebels bezieht sich auf den Tag des Festes und auf dem Fries wird an der Ostseite die eigentliche Kultfeier dargestellt – und damit den zentralen Rang dieses Festes betonen, so können die Panathenäen der perikleischen Zeit als das zentrale Fest des Seebundes betrachtet werden. Die Reorganisation des Festes fand nicht zufällig zeitgleich mit der Reorganisation der Tributeinziehung im Seebund statt. Die musischen Agone waren nun ein ganz zentraler und durch ihre

Aufführung am ersten Tag sowie die Höhe der verliehenen Preis auch begehrter Wettbewerb,[118] der sicher nicht nur den Unterhaltungswert erhöhte,[119] sondern gleichzeitig auch eine gezielte Popularisierung einer bis dahin als elitär geltenden Kunst bewirkt.[120]

4. Perikles: Monarch oder Demagoge

Der innenpolitische Streit um die Finanzierung der Bauten

Plutarch berichtet von einer heftigen innerathenischen Auseinandersetzung um die Finanzierung der neuen Akropolisbauten.[121]

Streit um die Finanzierung der Akropolisbauten, Plutarch, Perikles 12

Aber gerade das, was Athen am meisten zur Zierde und Verschönerung gereichte, was bei anderen Völkern die größte Bewunderung erregte und für Griechenland das einzige Zeugnis ist, daß seine so gepriesene Macht und Glückseligkeit in älteren Zeiten keine leere Erdichtung sei, ich meine die Errichtung der prachtvollen Gebäude, erzeugte unter allen Staatshandlungen des Perikles bei seinen Gegnern die größte Mißgunst, und darüber wurden in allen Volksversammlungen die lautesten Klagen geführt. »Das Volk«, schrie man, »gerät dadurch in Schande und üble Nachrede, da es die öffentlichen Gelder der Griechen aus Delos zu sich herübergeholt hat. Die schicklichste Entschuldigung, die es gegen die Beschwerden der Bundesgenossen vorbringen konnte, daß es das Gemeingut aus Furcht vor den Barbaren dort weggenommen habe und an einem sicheren Orte aufbewahre, hat Perikles ihm jetzt genommen. Nun gewinnt es den Anschein, daß Griechenland aufs ärgste beschimpft und mit offenbarer Tyrannei behandelt werde, da es sehen muß, daß wir von seinen notgedrungenen Beiträgen zum Kriege unsere Stadt vergolden und ausschmücken, die sich, wie ein eitles Weib, mit köstlichen Steinen, Bildern und Tempeln von tausend Talenten behängt.«

Dagegen stellte Perikles dem Volke vor, die Athener wären den Bundesgenossen über jene Gelder keine Rechenschaft schuldig, da sie für diese Krieg führten und sie gegen die Barbaren schützten. Die Bundesgenossen hatten ja weder Pferde noch Mannschaft noch Schiffe gegeben, sondern bloßes Geld, welches nicht denen, die es geben, gehöre, sondern denen, die es bekamen, wenn sie nur das leisteten, wofür es ihnen gegeben worden sei. Nun, da die Stadt mit allen Kriegsbedürfnissen hinlänglich versehen sei, müsse man den Überfluß auf solche Dinge wenden, von denen man sich für die Zukunft einen unsterblichen Ruhm, für jetzt aber eine allgemeine Wohlhabenheit versprechen könne, weil dabei mancherlei Arbeiten und Geschäfte aufkämen, die jede Kunst erweckten, allen Händen zu arbeiten gäben, und so fast der ganzen Stadt, die sich gleichzeitig verschönere und ernähre, Lohn bringe.

Denjenigen nämlich, die die erforderlichen Jahre und Kräfte hatten, verschaffte wohl der Kriegsdienst ihren reichlichen Unterhalt aus der Schatzkammer; allein Perikles wollte, daß die anderen, nicht zum Kriege gebrauchten Bürger weder von diesem Verdienste ausgeschlossen sein noch ihn ohne Arbeit im Müßiggang erhalten sollten, und gab nun durch Aufführung großer und ansehnlicher Gebäude, die nicht nur vielerlei Künste, sondern auch eine lange Zeit erforderten, dem Volke alle Hände voll zu tun, damit die zu Hause bleibenden Bürger so gut wie die, welche auf der See als Besatzung oder im Felde dienten, Gelegenheit hatten, von der Schatzkammer Nutzen zu ziehen und daran teilzunehmen. Die erforderlichen Materialien waren Steine, Erz, Elfenbein, Gold, Eben- und Zypressenholz. Zu deren Bearbeitung gehörten Handwerker wie Zimmerleute, Bildhauer, Kupferschmiede, Steinmetze, Färber, Goldarbeiter, Elfenbeindreher, Maler, Sticker und Bildschnitzer; sie zu holen und herbeizuschaffen brauchte man zur See Kaufleute, Matrosen und Steuermänner, zu Lande Wagner, Pferdehalter, Fuhrleute, Seiler, Leinweber, Sattler, Wegmacher und Bergleute. Jede Kunst hatte noch, wie ein Feldherr, ein eigenes Heer von gemeinen Leuten aus der unteren Volksklasse unter sich, die bei der Arbeit als Handlanger dienten. Auf diese Weise konnten die mancherlei Verrichtungen sozusagen über jedes Alter, über jeden Stand reichlichen Gewinn verbreiten und ausstreuen.

117

Wenn die bei Plutarch berichteten Diskussionen authentisch sind – und verschiedene Andeutungen und Hinweise bei Thukydides lassen diese Vermutung zu –, dann war das Verhalten Athens gegenüber den Verbündeten mindestens seit den 40er Jahren auch innerhalb der Stadt selbst nicht mehr unumstritten. Perikles wurde in der Öffentlichkeit mit dem Argument angegriffen, es gäbe Vorwürfe von den Bündnern über Unrechtmäßigkeiten in der Verwendung des Phoros. Es wurde anscheinend auch behauptet, daß die neuen Bauten aus diesen Mitteln bezahlt würden. Da die Abrechnungen der Kosten zwar nicht vollständig, aber doch soweit erhalten sind, daß sich die Behauptung als ungerechtfertigt erweisen läßt, ist dies wohl nur ein Vorwand gewesen. In der gleichen Zeit kämpften in Athen Perikles und Thukydides Melesiou, der sich als Nachfolger der kimonischen Richtung propagierte, um die politische Meinungsführerschaft, und die Behandlung der Bundesgenossen hat dabei sicher eine Rolle gespielt. Der Vorwurf der Tyrannis ist Athen später mehrfach gemacht worden, aber interessanterweise scheint er damals auch innerhalb Athens von Athenern der perikleischen Politik gegenüber erhoben worden zu sein.[122] War man damals noch uneinig in diesem Punkt, so konnte sich Perikles doch erfolgreich durchsetzen und sein Gegner Thukydides, Sohn des Melesias, wurde ostrakisiert. Danach scheint Perikles' Position bis zu den Jahren, in denen der Peloponnesische Krieg ausbrach, unangefochten gewesen zu sein.

Perikles in der antiken Überlieferung

Perikles' besonderer Einfluß, der sich nach der Ostrakisierung des Thukydides darin niederschlug, daß er 15 Jahre ununterbrochen alljährlich zum Strategen gewählt wurde, wird in der Überlieferung vor allem seinen außerordentlichen rhetorischen Fähigkeiten zugeschrieben.[123] So erklärt es sich auch, daß Thukydides ihm bedeutende Reden in den Mund legt, um seinen Lesern die grundsätzlichen Züge der attischen Ideologie und des attischen Machtbewußtseins zu vermitteln.[124] Dabei spricht Perikles von Athen als der allerfreiesten Stadt, in der sich auf ganz spezielle Weise Freiheit und Herrschaft verbänden. Auch hier ist der Auseinandersetzung mit den Persern eine gewisse Bedeutung beizumessen, da Athens tyrannische, unbegrenzte Machtfülle »bewußtseinsfördernd« gewirkt haben muß.[125] Für Athen wurden Freiheit und Herrschaft als gegenseitig bedingend betrachtet: Thukydides verbindet die innere Herrschaft, die demokratische Ordnung in der Herrschaft des Volkes, mit der äußeren Herrschaft des attischen Demos im Seebund.[126] Zur Legitimation dieser Herrschaft wurden die »Leistungsnachweise« Athens, die Verdienste um die Freiheit der Griechen aus den Kämpfen mit den Persern, immer stärker und nachdrücklicher hervorgehoben, ja regelrecht zu einer Topik der öffentlichen Reden entwickelt.[127]

Die berühmte thukydideische Charakterisierung Athens in perikleischer Zeit als einer »Herrschaft des ersten Mannes«, die nur dem Namen nach eine Demokratie gewesen sei,[128] hat die spätere Überlieferung deutlich geprägt. Perikles' Fähigkeit, die Stimmungsschwankungen des attischen Demos zu kontrollieren, seine *pronoia* (Voraussicht), die sich bei Thukydides vor allem in dem strategischen Plan für die Auseinandersetzung mit den Spartanern äußert, der nach Ansicht des Thukydides Athen auch zum Erfolg hätte führen können, zeigen die Überlegenheit dieses Politikers. Die auch in der Antike vorhandene kritische Sicht auf Perikles hingegen schreibt ihm eine persönliche Verantwortung für den Kriegsausbruch zu, die aus seiner durch Prozesse und Anklagen geschwächten Stellung herrühren sollte.[129] Schließlich wird er auch als derjenige der Volksführer bezeichnet, der die meisten Fehler gemacht und die schlechten Ausformungen der Volksherrschaft in besonderem Maße gefördert habe.[130]

Das idealisierte Perikles-Bild bei Plutarch, Perikles 7

In seinen jüngeren Jahren hatte Perikles eine große Scheu vor dem Volke. Denn er schien dem Tyrannen Peisistratos an Aussehen sehr ähnlich zu sein, und alte Leute bemerkten mit Entsetzen, wie sehr ihm auch in der einnehmenden Stimme und der schnellen, geläufigen Zunge im Sprechen glich. Da er überdies große Reichtümer besaß, aus einer vornehmen Familie stammte und Freunde von mächtigem Einfluß hatte, so fürchtete er sich vor dem Ostrakismos und befaßte sich gar nicht mit Staatssachen, dagegen zeigte er sich im Kriege als ein tapferer, beherzter Soldat. Nachdem nun aber Aristeides gestorben, Themistokles landflüchtig geworden und Kimon fast immer mit Kriegsunternehmungen außerhalb Griechenlands beschäftigt war, widmete er sich endlich dem Staate und wählte statt der Partei der Reichen und Edlen die des Volks und der Armen, wider seine natürliche Neigung, die für die Herrschaft des Volks am wenigsten gestimmt war. Aber wie es scheint, fürchtete er sich vor dem Verdacht, daß er nach der Tyrannis strebe; er bemerkte, daß Kimon, als ein eifriger Aristokrat, bei den Vornehmen sehr beliebt war, und deswegen schlug er sich auf die Seite des Volks, um sich teils für seine Person zu sichern, teils sich gegen jenen einen mächtigen Anhang zu verschaffen.

Nun nahm er auch sogleich eine andere Lebensweise an. Man sah ihn in der Stadt keinen anderen Weg gehen, als den auf den Markt und das Rathaus. Er schlug jede Einladung zu Gastmahlen ab und entsagte allen dergleichen fröhlichen Zusammenkünften und Gesellschaften, so daß er während der ganzen Zeit seiner Staatsverwaltung, die doch lang genug war, bei keinem seiner Freunde zu Gast war, außer auf der Hochzeit seines Vetters Euryptolemos; ja auch hier blieb er nur bis zum Trankopfer und begab sich dann sogleich weg. Denn lustige Gesellschaften können leicht jeden Stolz vernichten, und es ist schwer, im vertrauten Umgange Würde und Ansehen zu behaupten. Dennoch zeigt sich bei der wahren Tugend das, was am meisten sichtbar ist, immer als das Schönste, und an rechtschaffenen Männern finden Fremde oft nichts so bewunderungswürdig, als ihr täglicher Wandel ihren Vertrauten vorkommt. Doch Perikles vermied auch einen steten, ununterbrochenen Verkehr mit dem Volke, und damit es seiner nicht so bald überdrüssig werde, pflegte er sich ihm nur von Zeit zu Zeit zu nähern. Daher redete er nicht bei jeder Gelegenheit, trat auch nicht immer vor dem Volke auf, sondern sparte sich wie das salaminische Schiff – so drückt sich Kritolaos aus – nur für die wichtigsten Geschäfte auf, die anderen aber ließ er durch seine Freunde und die ihm ergebenen Redner besorgen. Einer von diesen soll Ephialtes gewesen sein, der die Gewalt des areopagitischen Rates verminderte und den Bürgern, wie Platon sagt, die Freiheit, wie einen starken Wein zu reichlich einschenkte. Dadurch ward das Volk, um mit den Komödiendichtern zu reden, so unbändig, daß es, wie ein wildes Pferd, keinem Zügel mehr folgen wollte, sondern Euböa biß und an die Inseln sprang.

Plutarch versucht, die unterschiedlichen Versionen des Perikles-Bildes zu verbinden. Er hat seiner Perikles-Vita ein methodisches Konzept zugrundegelegt, das die politische Tätigkeit des Perikles in zwei verschiedene Lebensphasen einteilt. Mit dem Ende der Auseinandersetzung zwischen Perikles und Thukydides, Sohn des Melesias, die Perikles durch einen Ostrakismos entscheidet, läßt Plutarch die

›demagogische‹ Phase des Perikles enden. Es folgt die 15jährige ›Alleinherrschaft‹ des Perikles, in der er ununterbrochen die Strategie innehatte und die in etwa dem Urteil des Thukydides über die Stellung Perikles' entspricht. Nach Plutarch veränderte sich damit auch Perikles' Auftreten und Verhalten: War er anfangs dem Demos gegenüber nachgiebig, erfüllte dessen Wünsche und paßte sich dessen ›triebhaftem Verhalten‹ an, so zeigte die sogenannte ›monarchische‹ Phase aristo-kratisch-königliche Verhaltensweisen im Umgang mit dem Demos. Platon ver-wendet für die attischen Volksführer öfter das Bild des Wagenlenkers, der von den durchgegangenen Pferden abgeworfen wird.[131] Plutarch wendet es um in das Bild des strengen, gerechten Herrn, der die Zügel nach Bedarf lockert oder anzieht.

Jedoch ist gerade der thukydideische Perikles durch die eindrückliche Verbin-dung von Herrschaftsideologie und Kulturideal, zu der die überlieferten Maßnah-men des Perikles auch tatsächlich einen gewissen Anlaß geben, erst bei Plutarch und über ihn zu einer heute oft festzustellenden Überhöhung gekommen. In der antiken Überlieferung wurde er meist kritisch oder als einer von vielen prägenden Volksführern der attischen Demokratie des 5. Jahrhunderts gesehen.[132]

VI. Lebenswelt und Politik

6. Jh.	Pythagoras aus Samos
um 500	Parmenides aus Elea
	Alkmaion aus Kroton
	Epimenides aus Kreta
5. Jh.	Empedokles aus Akragas
5. Jh.	Zenon aus Elea
um 570–460	Xenophanes aus Kolophon
um 550–460	Epicharm aus Sizilien
um 500–428	Anaxagoras aus Klazomenai
um 480–380	Gorgias aus Leontinoi
um 460–403	Kritias aus Athen
um 480–370	Hippokrates aus Kos

Die Verweltlichung des moralischen Denkens, das Interesse an der Ordnung, das zu Ordnungskonzeptionen führte, die gleichermaßen auf Kosmos und Polis angewandt werden konnten, die Gedanken über den Ursprung des Ganzen prägen das Denken im 5. Jahrhundert. Die wichtigsten Anstöße zur Weiterentwicklung dieser Konzeptionen kamen im 5. Jahrhundert aus den Gebieten der Magna Graecia (Sizilien und Unteritalien) von Philosophen, die jedoch auch auf das griechische Festland zogen und dort in den Poleis lebten. Andererseits ist jedoch auch das im Zusammenhang von Sektenbildungen und Weisheitslehren stehende magische Denken in dieser Entwicklung ungewöhnlich prominent.

Pythagoreer: Gerechtigkeit und Zahlenverhältnisse

Schon die wesentlich ältere pythagoreische Schule zeigt diese beiden Stränge in der Entfaltung des philosophischen Denkens. Pythagoras aus Samos gründete in der zweiten Hälfte des 6. Jahrhunderts in Kroton eine philosophisch-religiöse Gemeinschaft, die bis zum 4. Jahrhundert bestand; seine Lehre umfaßte Gebote der Lebensführung, Zahlentheorien, Musiktheorie und Gedanken über Seelenwanderung. Nicht nur die Begründung einer auf Weisheitslehren basierenden Sekte ist auf Pythagoras zurückzuführen, sondern auch die intensive Beschäftigung mit der ›Berechenbarkeit‹ von Proportionen und Verhältnissen,[1] wenngleich letzteres nach der Überlieferung erst für die zweite und dritte Generation der Pythagoreer in Unteritalien überliefert ist. Das Verhältnis von Ethik und Gerechtigkeit wird über die mit sich selbst multiplizierte Zahl, die Quadratzahl definiert: D. h. Gerechtigkeit ist Produkt zweier äquivalenter Faktoren, nämlich derjenigen von Tat und Ausgleich bzw. von Tat und Buße oder Strafe.[2] Ebenso werden die Harmonien der Musik in Zahlenverhältnissen definiert und gemessen.[3] Schönheit gilt als Ausdruck eines rein rationalen Zahlenverhältnisses.

Insbesondere in der Zahlenlehre beschäftigten sich die Pythagoreer mit Eigenschaften und Struktur der ganzen Zahlen. Die Einteilung der ganzen Zahlen in gerade und ungerade und vor allem die Definition dessen, was eine ungerade und eine gerade Zahl ausmacht, verdankt sich diesen zahlentheoretischen Überlegungen der Pythagoreer.[4] Auch geht auf sie die Entdeckung und Beschäftigung mit der Irrationalität anhand des berühmten Beispiels des Einheitsquadrates zurück, in dem sich das Verhältnis der beiden Seiten zueinander nicht in ganzen Zahlen ausdrücken lässt. Lediglich zeichnerisch ist dies durch die Diagonale darzustellen bzw. – in moderner Schreibweise – als Wurzel zu schreiben.[5] Die Behandlung dieser Fragestellung hat in der pythagoreischen Schule ihren Anfang gefunden.

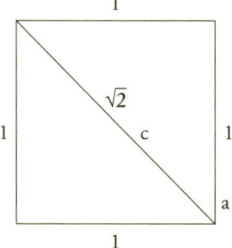

Gemeinsam ist diesen Entdeckungen und Beweisen, daß die pythagoreische Schule mit ihren Überlegungen zur Allgemeingültigkeit bestimmter Sätze eine neue Qualität erreicht hat: Nicht die Schlüssigkeit der empirischen Beobachtung, sondern der Allgemeingültigkeitsanspruch eines mathematischen Beweises, der sich aus seiner Gültigkeit für ausnahmslos alle gleichartigen Fälle herleitete, begründete ihre Theoreme. Gerade diese Abtrennung vom praktischen, empirischen Erfahrungsbereich wird als die besondere Leistung der Pythagoreer hervorgehoben.[6]

Darüber hinaus basieren Gerechtigkeit, Ordnung in der Polis, Beziehungen zwischen den einzelnen Menschen, die Lebensführung des einzelnen auf bestimmten Zahlenverhältnissen und Harmonien, mit deren Regeln sich die pythagoreische Zahlenlehre beschäftigte. Die gesellschaftspolitische Bedeutung lag darin, daß Mathematik mit einem eigenen Erkenntniswert versehen wurde, der nicht nur im Herausarbeiten von abstrakten und allgemeingültigen Regeln für die Philosophie lag, sondern auch den einzelnen, der sich damit beschäftigte, zu freiem, selbstbestimmten Handeln befähigte und durch diese Befähigung in seiner gesellschaftlichen und politischen Stellung heraushob.[7]

Naturordnung und Handlungskompetenz

Gleichzeitig mit den von den Pythagoreern entwickelten Verfahren zur ›Berechenbarkeit‹ allgemeingültiger Aussagen richten sich die um die allgemeine Erklärung der Natur bemühten Philosophen auf die normative Seite des Naturgeschehens. Das früheste, aber gleichzeitig auch immer wieder als unecht bezeichnete Zeugnis für diese Vorstellung von Natur stammt aus den Versen Epicharms, der als Dichter am Hof Hierons im Syrakus der 1. Hälfte des 5. Jahrhunderts gewirkt hat.[8] Hier ist die Rede von einer Natur, einer *physis*, die vollständig und umfassend ganz durch sich selbst erzogen und damit allwissend ist.[9] Bei Epicharm ist die Vorstellung formuliert, daß Weisheit generell nicht nur bei einer Gattung in der Natur vorhanden ist, sondern alles, was lebt, im Prinzip Verstand hat. Er nennt das Beispiel der Hennen, um zu demonstrieren, wie zielgerichtetes Handeln im Tierreich als Ausdruck der Natur existiert: Denn sie bringen ihre Jungen nicht lebendig zur Welt, sondern erst durch den Brutvorgang erhalten diese eine Seele und damit auch Leben. Wie und warum dies so geschieht, weiß nur die Natur, denn sie ist ganz und gar durch sich selbst unterrichtet. Dies ist die erste Formulierung einer Naturkonzeption, in der alles Lebendige als auf ein Ziel hin ausgerichtet erklärt wird und die Natur selbst, die *physis*, als allwissende dieses lenkt.[10]

Im allgemeinen war Physis bis dahin immer die Natur des einzelnen Dinges, etwa der Glieder des Menschen, des Mondes etc.[11] Die Entwicklung zu einer Vorstellung von Physis als All-Physis, einer personifizierten Naturordnung, die nicht nur außerhalb der Dinge und Menschen steht, sondern auch alles umfaßt und beherrscht, gewinnt im weiteren Verlauf des 5. Jahrhunderts einen umfassenden Einfluß in allen damaligen Wissenschaften. In Philosophie und Naturwissenschaften wirkte sich dies besonders aus, da der Gedanke der zweckmäßig geordneten Natur und auch die zweckmäßige Konstitution des Menschen als Nachweis für die Existenz einer schöpferischen Vernunft galten.[12]

In diesem Sinn entwickelte sich hieraus ein Konzept, das in besonderer Weise an der Zweckmäßigkeit der geordneten Natur orientiert ist. Diese Vorstellung von bewußter Gestaltung hat sich in dem griechischen *techne*-Konzept niedergeschlagen. Maßstäbe, Planung und Planungssicherheit des menschlichen Handelns sollen sich am Vorbild der Natur orientieren.[13] Die Natur gibt dem Menschen bestimmte Regeln vor, so daß sie als nachzuahmende Norm gleichzeitig

Ziel und Methode für den Menschen repräsentiert. Das Wissen um die der Natur zugrunde liegenden Kausalitäten vermittelt ein neues Bewußtsein von Handlungsvermögen, von fortschreitender Weltbemächtigung.[14]

Daraus wurde teilweise sogar ein universaler Anspruch auf Kompetenz durch *techne* abgeleitet: im philosophischen, im ethischen, im politischen und im medizinischen Handeln verleiht die richtige *techne* Handlungskompetenz. Die Erkenntnis der Abläufe in der Natur befähigt den einzelnen, richtig zu handeln und dies auch, beispielsweise den Bürgern einer Polis, zu vermitteln.[15]

Von daher ist plausibel, warum so viele der Philosophen des 5. Jahrhunderts auch gleichzeitig in politischem Kontext als Berater, Gesetzgeber oder Planer begegnen. Der Erkenntniswert bestimmter Ordnungsprinzipien und der Anspruch, Wahrheit und richtiges Handeln zu vermitteln, war verbunden mit dem Bestreben, dies auch in das alltägliche Leben der eigenen oder einer anderen Polis übertragen zu können.

Perikles und Anaxagoras

Das vielleicht berühmteste Beispiel für diese Verbindung ist das Verhältnis von Perikles und Anaxagoras, einem in der 2. Hälfte des 5. Jahrhunderts in Athen lehrenden Vertreter der griechischen Naturphilosophie. Anaxagoras lebte etwa 30 Jahre in Athen; Kernbegriffe seiner Lehre sind die *spermata* (»Samen«), aus denen sich alle Stoffe und Phänomene zusammensetzen sowie der *nous* als der Geist, aus dem der gesamte Kosmos sich entwickelt. Nach der antiken Tradition war er ein Lehrer und Berater des Perikles: Von Anaxagoras, so Platon, habe Perikles die Kenntnisse über die Naturphilosophie und ihre Methoden erworben, die ihm jene zuversichtliche Erfolgsgewißheit gab, für die er unter seinen Zeitgenossen bekannt war.[16]

Diese Kenntnisse hätten Perikles mit einem psychologischen Wissen über die menschliche Natur im einzelnen und die Ordnung der Dinge insgesamt ausgestattet, das es ihm erlaubt habe, den attischen Demos durch seine darauf aufbauende Rhetorik zu kontrollieren. Neben anekdotischen Überlieferungen sind es vor allem die Begleitumstände der gegen Anaxagoras im Vorfeld des Peloponnesischen Krieges erhobenen Anklage wegen Gottlosigkeit, *asebeia*, die die Verflechtung von Politik und Philosophie in dieser Zeit belegen. Anaxagoras wurde wegen seiner These, die Sonne sei eine glühende Masse um 433/32 v. Chr. als gottlos angeklagt und ging daraufhin zurück nach Lampsakos.

Rede- und Meinungsfreiheit in Athen

Nach dem vom attischen Seher Diopeithes eingebrachten Volksbeschluß (*psephisma*), der kurz vor Ausbruch des Peloponnesischen Krieges zu datieren ist, sollten diejenigen in Athen wegen Gottlosigkeit angeklagt werden, die nicht an die ›göttlichen Dinge‹ glaubten oder Reden/Meinungen über die Dinge am Himmel verbreiteten.[17] Reden bzw. Betrachtungen über die Dinge am Himmel, mit denen sich die unter der Bezeichnung *meteorologia* durchgeführten Überlegungen und Naturbeobachtungen seit der archaischen Zeit befaßten, wenn die Frage nach dem Ursprung und Anfang des Kosmos gestellt wurde, waren weit verbreitet und durchziehen in mehr oder weniger ausgeprägter Form die literarischen und poetischen Texte des 5. Jahrhunderts. Insofern ist dieser attische Volksbeschluß erstaunlich und immer wieder, schon seit der Antike,[18] als indirekter Angriff auf Perikles verstanden worden. Da Perikles durch die Konstellationen und Ereignisse am Vorabend des Peloponnesischen Krieges selbst innenpolitisch in Schwierigkeiten gekommen war, und diese Krise den wohl mit Perikles in Verbindung stehenden Bildhauer der Athena Parthenos, Phidias, sowie höchstwahrscheinlich auch Perikles' Ehefrau Aspasia vor Gericht brachte,[19] steht die Anklage seines philosophischen Mentors Anaxagoras sicherlich auch in diesem politischen Kontext.

Nichtsdestoweniger steht dieser Volksbeschluß in einem klaren Gegensatz zu der für Athen immer wieder als grundlegendes Recht formulierten Redefreiheit.[20] Der dafür verwendete Terminus *isegoria*, später auch *parrhesia*,[21] wurde seit dem letzten Drittel des 5. Jahrhunderts als gleichbedeutend mit dem Besitz des attischen Bürgerrechts verstanden. In den Begriffen liegt eher eine soziale Dimension, denn beide waren sie ohne eigentliche politische Funktion und dienten der Vorstellung von der gleichen Teilhabe der abhängigen Schichten der Bevölkerung. Darüber hinausgehend hat sich in der *parrhesia* die Vorstellung niedergeschlagen, »daß nicht nur jeder in der Versammlung und im Rat reden durfte, der wollte, sondern daß er auch alles sagen durfte, was ihm richtig und wichtig erschien«.[22]

Das Psephisma des Diopeithes und die darauf folgende Anklage gegen Anaxagoras zeigen, daß die Themen der Naturphilosophen in der politischen Öffentlichkeit Athens eine immerhin so wichtige Rolle spielten, daß sich die Volksversammlung und ein Volksgericht damit befaßten. Ob dies jedoch mehr war als eine bloße Wahrnehmung bestimmter Entwicklungen innerhalb philosophischer Diskussionen, etwa schon eine Prägung der attischen Politik, wie es nach dem Interpretationsmodell, das Perikles' herausragende politische Stellung auf die Lehren des Anaxagoras zurückführt, anzunehmen wäre, ist damit jedoch noch nicht gesagt. Auch bei den anderen Philosophen, von denen enge Kontakte zu Politikern oder auch eigene politische Tätigkeit bekannt sind, läßt sich die hier aufgeworfene Frage nicht eindeutig beantworten.

Von den Eleaten, angefangen von Xenophanes von Kolophon, der während eines längeren Aufenthaltes im unteritalischen Elea wahrscheinlich die dortige Philosophenschule gegründet hat,[23] ist eine aktive Betätigung in den unteritalischen Poleis bei Koloniegründungen und Gesetzgebungen bekannt. Xenophanes gilt als der Begründer der antiken Religionskritik. In dem berühmten von ihm überlieferten Fragment stellt er fest, daß Rinder, Pferde und Löwen, wenn sie Hände hätten und Bildwerke schaffen könnten wie Menschen, die Götter abbilden und malen würden in eben der Gestalt von Rindern, Pferden und Löwen.[24] Diese Kritik am Anthropomorphismus der griechischen Religion war verbunden mit einer neuen, sublimeren Gottesvorstellung, die das Göttliche durch die Verneinung des dem Menschen Vorstellbaren zu definieren versucht.[25] Gleichzeitig ist damit auch eine Abgrenzung von der Form von Wahrheitssuche im Gegenüber von Göttern und Menschen zu erkennen, die in der alltäglichen Lebenswelt der Griechen jedoch auch weiterhin die größte Rolle spielen sollte: der Deutung von Zeichen aus der Natur als einer direkten Botschaft der Götter. Diese Zeichendeutung, praktiziert in der Kunst der Seher und in der Orakelbefragung, versteht bestimmte Naturerscheinungen (z. B. Himmelserscheinungen wie Blitze, Donner oder Kometen) oder biologische Phänomene (z. B. Form und Anordnung der inneren Organe der Opfertiere) als Zeichen der Götter, die den Menschen Entscheidungshilfen an die Hand geben, in dem sie zukünftige Ereignisse ankündigen.[26] Insbesondere im Bereich von Biologie, Medizin, Astronomie und Meteorologie berühren sich Seherkunst und Naturphilosophie, so daß die Abgrenzungsbewegungen, die, wie die Reaktion des Sehers Diopeithes zeigt, durchaus gegenseitig waren, nicht als Ausdruck völlig gegensätzlicher Denkrichtungen erscheinen, sondern eher als Differenzierung innerhalb einer gemeinsamen kulturellen Tradition.[27]

Die Seher in Sparta

Auch in Sparta zeigt sich ein Einwirken solcher Vorstellungen auf das politische Geschehen. Eine direkte Wahrnehmung naturphilosophischer Konzepte in der spartanischen Öffentlichkeit, wie es sich in Athen mit dem Diopeithes-Psephisma zeigte, ist nicht bekannt, jedoch zeigt sich im Bereich der Zeichendeutung eine ähnlich starke Prägung. Charakteristisch für die spartanische Politik des gesamten 5. Jahrhunderts ist die Orientierung und Ausrichtung an Orakelsprüchen (vgl. dazu unten S. 127 f.) und Seherbefragungen. Militärische und politische Entscheidungen wurden davon in einem so hohen Maß beeinflußt, daß man geneigt ist, von einem Strukturelement zu sprechen. Die Entsendung des spartanischen Hilfskontingentes nach Marathon kam zu spät, da die Spartaner aufgrund einer rituellen Kalendervorschrift nicht rechtzeitig losmarschieren wollten. Wie Platon allerdings hinzufügt, waren die Spartaner gleichzeitig in eine messenische Revolte verstrickt; In dieser Ambivalenz wird deutlich sichtbar, was sich etwa in der Auseinandersetzungen um Kleomenes zeigt: Peinlich genaue Beachtung der rituell-religiösen Vorschriften wird kombiniert mit einer taktischen Rationalisierung, die die Religion im Interesse der Machtpolitik instrumentalisiert. Für Sparta ist, anders als für Athen, hierzu keine theoretische Diskussion überliefert. Aber die Tätigkeit des spartanischen Feldherren Lysander, der im Peloponnesischen Krieg nicht nur Athen niederringt, sondern gleichzeitig die traditionelle spartanische Orakel- und Sehergläubigkeit fördert und grundlegende politische Reformvorschläge entwickelt (s. u. S. 128), spricht doch dafür, daß es in Sparta zumindest auch die gleiche Wahrnehmung dieser Entwicklungen gegeben hat wie in Athen.

Von der chronologischen Einordnung her ungewiß, aber für die spartanische Öffentlichkeit von hoher Bedeutung war die Tätigkeit des Sehers Epimenides aus Kreta, dessen Lebens- und Wirkungsgeschichte große Parallelen zu derjenigen des Pythagoras, aber auch zu Empedokles aufweist.[28] Er soll eine Kosmologie aus dem doppelten Urprinzip von Luft und Nacht entworfen haben,[29] in der einerseits mit dem Prinzip Nacht auf ältere Weltentstehungsgeschichten und andererseits mit der Abstraktion Luft schon deutlich auf die naturphilosophischen Lehren verwiesen wird. Seine Lebensgeschichte selbst ist geprägt von Rückzug, Askese, Wiedergeburtsvorstellungen und Wunderheilungen. Gerade letzteres hat ihn zu einem berühmten Entsühner gemacht, der insbesondere Athen von einer Seuche gereinigt haben soll. Nach Platon hat sich dies zehn Jahre vor der Schlacht bei Marathon ereignet,[30] andere Autoren rücken ihn in die Zeit vor oder um Solon, also in die Jahre um 600 v. Chr.,[31] wieder andere Indizien sprechen für einen Aufenthalt in Athen um 430 v. Chr., währenddessen er Athen von der damals wütenden Seuche entsühnt haben soll.[32] Die Parallelen zu Pythagoras und Empedokles sprechen aber für ein spätes Datum. Möglich wäre aber auch eine Zusammenziehung der Lebensläufe von Pythagoras und Epimenides, da für beide Entsühnungen und Einflußnahme auf das politische Geschehen in Sparta in der späteren Überlieferung berichtet werden.[33]

In Sparta hat man an prominenter Stelle ein Grabmal für Epimenides errichtet: in der Nähe der Agora, innerhalb der Ephoreia, der ursprünglichen Amtsgebäude der Ephoren.[34] Möglicherweise hängt dies mehr mit den religiös-seherischen Funktionen der Ephoren zusammen (s. o. S. 63) als mit ihrer politischen Stellung, obwohl für Epimenides ebenso wie für Pythagoras und Empedokles auch politische Ratgebertätigkeit überliefert ist.[35] Epimenides soll verschiedenen Poleis in Griechenland, nicht nur Sparta, sondern auch Athen und Argos, die größten militärischen Niederlagen ihrer Geschichte vorausgesagt haben, und diese Sehertätigkeit ist es wohl, die ihn für die Spartaner interessant gemacht hat, weniger seine Philosophie oder seine Bautätigkeit.[36]

Im 5. Jahrhundert haben sich die Spartaner einen gewissen Tisamenos aus Elis als öffentlichen Seher abgeworben. Er entstammte einem eleischen Sehergeschlecht, den Iamiden, die bereits bei Pindar als überregional herausragend in Griechenland gerühmt werden.[37] Das Orakel in Delphi hatte Tisamenos fünf großartige Siege prophezeit.[38] Aufgrund dieses Orakels schrieben sie ihm dann in seiner Seherfunktion für die spartanische Polis das Verdienst am Sieg bei Plataiai 479 v. Chr., zwei ansonsten nicht weiter überlieferte Siege über Tegea und

Dipaia, die Beendigung des Helotenaufstandes in Messenien 459 v. Chr. und den Sieg bei Tanagra 457 v. Chr. zu. Der Enkel dieses Tisamenos, Agias, hat 406 v. Chr. als Seher für Lysander in der Schlacht bei Aigospotamoi, dem entscheidenden Sieg über die Athener, fungiert.[39]

Gerade in der Zeit des Peloponnesischen Krieges zeigt sich die enge Verschränkung von religiösem Ritual und Politik: Bei der Belagerung von Aphytis auf der Halbinsel Pallene soll Lysander ein Traumgesicht des Zeus Ammon gehabt haben, das ihm die Aufhebung der Belagerung befahl. Er kam diesem Befehl nach und förderte danach die Verehrung des Ammon in Sparta um so mehr.[40] Gleichzeitig hat Lysander aber versucht, nach erfolglosen Versuchen bei den Orakeln in Delphi und Dodona, vom Ammon-Orakel der Oase Siwa in der ägyptisch-libyschen Wüste eine Unterstützung für seine Reformpläne zur Einführung eines Wahlkönigtums in Sparta zu erhalten.[41] Hier verbinden sich rituelle Praxis, Machtpolitik und das mit der anwachsenden Religionskritik einhergehende Bewußtsein von den Manipulationsmöglichkeiten (s. u. S. 134).

Wahrheit vs. Schein: Parmenides und Zenon

Bei Parmenides von Elea, der mit großer Wahrscheinlichkeit Xenophanes' Schüler war und der seiner Heimatstadt Elea als Gesetzgeber gedient, aber auch in Athen gewirkt haben soll,[42] ist die Abkehr von der menschlichen Vorstellungswelt dann mit aller Konsequenz vollzogen. Wie die Pythagoreer geht er aus von Begriffen und Aussagen, die er auf die Logik des mathematischen Beweises gründet. Diese Verankerung der Geltung von Aussagen für alle ausnahmslos gleichartigen Fälle wird auf die Fragen der Naturphilosophie angewandt, die sich mit Kosmologie und Kosmogonie beschäftigten. Damit verließ Parmenides den traditionellen Weg der empirischen Erfahrung, die aus den Beobachtungen der Himmels- und Naturphänomene ihre Schlußfolgerungen und Analogien ableitete. So gab es für ihn bei jeder dieser Fragestellungen nur zwei logische Möglichkeiten, die sich dann jedoch gegenseitig ausschließen mußten: Entweder ein Gegenstand existiert oder er existiert nicht. Daraus folgerte er, daß etwas, das existiert, nicht entstehen und untergehen, sich nicht verändern oder bewegen kann. Somit gibt es auch kein Werden der Dinge, denn etwas, das entsteht oder wird, war vorher *nicht*, und so wäre es zu diesem Zeitpunkt auch wahr gewesen zu sagen ›es ist nicht‹. Da genau dies nach der von Parmenides angewandten Logik nicht möglich war, hat er jedes Werden verneint. Gegen das Argument, daß die alltägliche Erfahrung und sinnliche Wahrnehmung etwas anderes vermittelt, wandte er ein, daß es der Irrtum der Sterblichen sei, in diesem entscheidenden Punkt nur einem Schein, der *doxa*, zu folgen.[43]

Demgegenüber ist es dem Weisen durchaus möglich, das wahre Sein zu erkennen. Diese Art von Erkenntnis ist nicht-empirisch und rein formal strukturiert, ebenso wie das Sein, das durch diese Erkenntnis erfaßt wird. Das parmenideische Sein hat eine Kugelgestalt,[44] die jedoch nur auf dem von Parmenides beschriebenen Weg der abstrakten Logik zu erfassen ist und somit der rein mathematischen, nicht-empirischen Figur entspricht.

Einen weiteren Schritt in dieser völligen Loslösung von der Empirie ging dann Parmenides' Schüler Zenon, der auch als Lehrer des Perikles genannt wird und der vor allem durch die ihm zugeschriebenen Paradoxa bekannt ist. In den drei berühmtesten, dem von Achill und der Schildkröte, dem Pfeil-Paradoxon und dem Stadion-Paradoxon, geht es darum, zu zeigen, daß der Widerspruch zwischen der empirisch erfahrbaren Welt der sinnlichen Anschauung und derjenigen der mathematisch-physikalischen Definitionen nicht aufzulösen ist: In dem bekanntesten seiner Paradoxa argumentiert Zenon, daß das Schnellste (Achill) das Langsamste (die Schildkröte) nie einholen würde.[45] Denn immer müsse der Verfolger (Achill) erst dort ankommen, wo die Schildkröte vorher schon weggegangen sei. In einer endlichen Zeit müßte eine unendliche Anzahl von Teilstrecken durchlaufen werden – Achill holt also die Schildkröte niemals ein, weil der Vorsprung zwar zunehmend kleiner wird, aber dennoch niemals aufhören kann.

Die verschiedenen Versuche, die Paradoxa des Zenon aufzulösen bzw. Zenon Widersprüche oder unzutreffende Voraussetzungen nachzuweisen, haben schon die Zeitgenossen beschäftigt und seither zu einer lebhaften, nie abgerissenen Diskussion geführt.[46] Die Grundfrage der Interpretation ist dabei diejenige, ob ein physikalisch-empirischer Raumpunkt eine endlich kleine Längen- bzw. ein physikalisch-empirischer Zeitpunkt eine endlich kleine Zeiteinheit ist, d. h. ob eine Raum- bzw. Zeitstrecke endlich oder unendlich teilbar ist.

Die zenonschen Paradoxa führen alle auf eine grundlegende Aporie: Sie sind einerseits physikalisch-empirisch, da sie argumentieren, daß real eine Raum- und Zeitstrecke durchlaufen wird. Gleichzeitig jedoch verwenden sie mathematische Methoden, indem die Frage, ob Raum- und Zeitpunkte als unteilbar und ausdehnungslos, Raum- und Zeitstrecken als kontinuierlich vorausgesetzt werden können, als Argument verwendet wird. Der auf die Aporie führende Aspekt liegt darin, daß es in der empirisch erfahrbaren Welt für die sinnliche Anschauung keine derartigen unendlich kleinen Raum- und Zeitpunkte gibt. Diese grundlegende Aporie sollte letztendlich jedoch die Auffassung des Parmenides bestätigen, daß das Sein unveränderlich und unteilbar ist, dies sich jedoch der sinnlichen Anschauung verschließt.

Rhetorik

In diesem Stil spitzt der Sophist Gorgias von Leontinoi, der für eine gewisse Zeit unter dem Einfluß der eleatischen Schule stand, die Fragestellung in seiner Schrift *Über das Nichtseiende* dahingehend zu, daß die Existenz des Seins unmöglich sei. Und selbst wenn das Sein existiere, so wäre es doch den Menschen nicht möglich, es zu erkennen. Schließlich, selbst wenn das Sein doch für den Menschen erkennbar wäre, so hätte er keinesfalls die Möglichkeit, es seinen Mitmenschen mitzuteilen und verständlich zu machen. Daher schließt Gorgias auf folgende Weise auf die Nichtexistenz des Seins: Wenn etwas existiert, dann kann es nur entweder das Seiende oder das Nichtseiende sein bzw. als dritte Möglichkeit sowohl das Seiende als auch das Nichtseiende. Da er mit Hilfe der parmenideischen und zenonschen Argumentationen ein Werden des Seins ausschließt, kommt er zu dem Ergebnis, daß alle drei Möglichkeiten falsch seien, da sie sich gegenseitig ausschlössen, und daß demnach nichts existiert.[47]

Sowohl für Zenon als auch für Gorgias läßt sich ein erheblicher Bekanntheitsgrad in Athen nachweisen, der einerseits über den Einfluß ihrer philosophischen Theorien Aufschluß gibt, sie andererseits aber auch als aktive Politiker zeigt. Die beiden Athener Kallias, Sohn des Kalliades, und Pythodoros, Sohn des Isolochos, sind als Schüler des Zenon überliefert, der etwa um 450 auch in Athen weilte.[48] Kallias ist aller Wahrscheinlichkeit nach als derjenige zu identifizieren, der auch die Verträge mit Rhegion und Leontinoi 433/32 v. Chr. in der attischen Ekklesia eingebracht hat. Pythodoros ist als Stratege an der Spitze eines Expeditionskorps an den Auseinandersetzungen in Ost-Sizilien 425 v. Chr. beteiligt gewesen. Da er den beiden anderen in dem dreiköpfigen Strategenkollegium vorausgesandt wurde, kann man in ihm wohl einen besonders aktiven Kenner der westlichen Griechenwelt sehen.[49]

Von Gorgias wiederum ist bekannt, daß er im Jahre 427 v. Chr. eine Gesandtschaft seiner Heimatstadt Leontinoi nach Athen leitete, die dort für Unterstützung gegen Syrakus warb.[50] Allein die Wirkung seiner Rhetorik soll die Athener in der Volksversammlung so beeindruckt haben, daß sie seinem Ansinnen zustimmten. Auch hier ist, wie schon in dem Verhältnis von Perikles und Anaxagoras, die Vorstellung zu erkennen, daß insbesondere das attische Volk sich durch eine Redetechnik, die sich an den Erkenntnissen der damaligen philosophischen Grundlagenforschung orientierte, zu manipulieren gewesen sei.[51]

Naturphilosophie und Medizin

In dem Werk des Empedokles aus Akragas werden sowohl die von Parmenides entwickelten Denk- und Argumentationsweisen als auch diejenigen der pythagoreischen Tradition fortgesetzt.[52] Mit dem politischen Schicksal seiner Heimatstadt scheint er eng verbunden gewesen zu sein. Nicht nur, daß er durch außergewöhnlichen Reichtum und den ihm erwiesenen Respekt eine bedeutende Stellung einnahm, sondern auch sein besonderes Engagement für die Demokratie in Akragas ist überliefert.[53] Er soll am Sturz der Oligarchie der 1.000 mitgewirkt haben, und als Beispiel seiner Vorstellung von Gleichheit wird zitiert, daß er den Antrag eines Mitbürgers auf Errichtung einer mit einer personenbezogenen Inschrift versehenen Ehrenstatue zu Fall brachte. Vergleichbare Diskussionen sind auch aus Athen bekannt: Beispielsweise wurde Kimon der Antrag, seinem Vater Miltiades ein Bildnis errichten zu dürfen, nur mit der Auflage genehmigt, daß dessen Name nicht darauf erscheine.[54] Dahinter ist die Vorstellung zu erkennen, daß eine wirkliche Gleichheit unter den Bürgern nur dann gegeben sei, wenn kein einzelner unter ihnen hervorgehoben würde.

Von der Seite der Philosophen ist gerade diese Einstellung zur Gleichheit immer mit dem Einwand kritisiert worden, daß eine wirkliche Gleichheit nur dann gegeben sei, wenn jedem eine Stellung in der Polis nach seinem Wert, d. h. nach Herkunft, Fähigkeiten oder Vermögen eingeräumt würde.[55] Eine Gleichbehandlung von Ungleichen, wie sie in der für Empedokles überlieferten Tradition deutlich zu erkennen ist, bedeute dagegen Ungerechtigkeit. Nichtsdestoweniger ist allerdings auch bei Empedokles zu fragen, ob nicht auch er sich selbst von den allgemein geltenden Grundsätzen ausgenommen hat, wie dies etwa schon bei Parmenides in der besonderen Stellung des Weisen zum Ausdruck kommt. Die Charakterisierung des persönlichen Auftretens läßt Empedokles eher als einen Seher, Wundertäter und Heiler erscheinen: So habe er eine Frau vom Tode wiedererweckt,[56] die Stadt Selinus durch Umleitung eines Flusses von einer Seuche befreit und sich schließlich wie einen Gott verehren lassen.[57] Auch die verschiedenen Versionen seines Todessprunges in die Flammen des Ätna-Kraters, die Diogenes Laertius aufzählt, verstärken diesen Aspekt, der auch einem Teil seines Werkes entspricht, den unter dem Titel *katharmoi*, »Reinigungen«, überlieferten Zitaten, in denen es vor allem um die Beschreibung der eigenen Seelenwanderung über die Spanne von 3 x 10.000 Jahren hinweg geht.[58]

Hingegen zeigt der andere Teil seines Werkes, das Lehrgedicht *Über die Natur*, alle Charakteristika der naturphilosophischen Konzepte des 5. Jahrhunderts und steht eigentümlich unverbunden zu den *Reinigungen*. Ausgehend von Parmenides ist auch Empedokles der Ansicht, daß es ein Entstehen und Vergehen nicht wirklich gebe, sondern daß dies den Menschen nur so scheine. Anstelle des parmenideischen Seins setzt er ein mannigfaltiges Sein, das sich aus ewigen Elementen zusammensetzt. In einem zyklischen Prozeß mischen und trennen sich diese Elemente, vier in zwei Paaren, beeinflußt von den beiden göttlichen Kräften Liebe und Haß. In diesen zyklischen Mischungen und Trennungen ist jedoch kein tatsächliches Entstehen und Vergehen zu sehen, sondern nur auf Zeit eingegangene Verbindungen, in denen sich der ewige und unvergängliche Charakter der Elemente nicht ändert.

Von nachhaltiger Wirkung sollte die empedokleische Konzeption der vier Elemente sein. Sie wurde zum verbindlichen Rahmen aller physiologischen und pathologischen Vorstellungen in der griechischen Medizin: Voll entwickelt findet es sich am Ende des 5. Jahrhunderts in einer Schrift *Über die Natur des Menschen*: Analog zu den vier Elementen der Natur ist auch die Konstitution des Menschen von den vier Säften Blut, Schleim, gelbe und schwarze Galle geprägt, die wiederum von vier Qualitäten zu je zwei Paaren (warm, kalt, feucht, trocken) bestimmt werden.[59]

Schon aus der Zeit des Pythagoras ist eine unter dem Einfluß seiner Philosophie stehende Richtung der Medizin in Kroton bekannt: Nicht nur der von Herodot als Leibarzt des Dareios beschriebene Demokedes stammte aus Kroton, sondern auch Alkmaion, von dem sowohl die ersten medizinischen Experimente als auch grundsätzliche Überlegungen zur Definition von Gesundheit und Krankheit überliefert sind. Seine Definition hebt das individuelle Krankheitsgeschehen ab von der einzelnen Person und ordnet es ganz ein in einen allgemeinen Ablauf der Natur. Dieser Gedankengang basiert auf der generell in der Naturphilosophie verwendeten Annahme einer Analogie zwischen Makrokosmos und Mikrokosmos: Das Geschehen im Kosmos und dasjenige auf der Erde, d. h. auch im Menschen verläuft nach den denselben Regeln, daher ist ein Rückschluß von der einen auf die andere Ebene möglich.

Der hier im Ansatz zu erkennende Versuch, den Naturbegriff zu rationalisieren, findet dann in der griechischen Medizin der 2. Hälfte des 5. Jahrhunderts eine Form, die später immer wieder mit dem Namen des Hippokrates von Kos verbunden wurde, obwohl die literarische Überlieferung aus dieser Zeit nicht mit den Namen einzelner Ärzte verbunden werden kann und die Zeugnisse über den ganzen griechischen Bereich von Ionien bis in die Magna Graecia verstreut sind.[60]

Ebenso wie in der mit kosmologischen Modellen befaßten Naturphilosophie entwarfen die Autoren der medizinischen Schriften allgemeine und übertragbare Modelle von Gesetzmäßigkeiten, die Aufschluß über die Entstehung von Krankheiten und die Bewahrung bzw. Wiederherstellung von Gesundheit gaben.[61] Der im Vordergrund stehende Gedanke einer allmächtigen Natur führte zu der Annahme, daß diese im Grunde alle entscheidenden Heilungsvorgänge selbst einleitete oder dem Arzt die dazu nötigen Informationen vorgab. Da die Natur an sich gerecht war, bestand die Aufgabe des Arztes darin, diese vorgegebene Lage wiederherzustellen, d. h. die ursprüngliche Gerechtigkeit der Natur nachzuahmen.

Hieraus entwickelte sich eines der bedeutendsten Handlungskonzepte der Antike: das Techne-Modell. Über die herkömmliche Bedeutung von ›Handwerk‹ weit hinausreichend, gewann der Begriff *techne* im 5. Jahrhundert die Bedeutung ›wissenschaftlich-philosophisch begründete Methode‹.[62] Die rationale Herleitung aller Techne kam aus der Beschäftigung mit der Physis und ihren Phänomenen.[63] In der sich im 5. Jahrhundert entwickelnden Techne der Medizin, die sich in ihrem Anspruch auf rationale Begründbarkeit nicht nur als eigenständige Methode und Wissenschaft begründen, sondern auch von den traditionellen Heilkonzepten der religiösen Kulte abgrenzen wollte, waren Naturbeobachtung und pragmatisches medizinisches Handeln eine fruchtbare Synthese eingegangen: Ein Arzt sollte die Äußerungen der Natur im allgemeinen wie Klima, Örtlichkeiten, Umgebung in Betracht ziehen, aber gleichzeitig die individuelle menschliche Konstitution, alltägliche Umstände und dadurch bedingte Symptome in der genauen Untersuchung des Patienten berücksichtigen. So wurden Angaben über Prognose und Diagnose einzelner Krankheiten bzw. auch genereller Krankheitsbilder möglich. In den medizinischen Schriften zeigt sich in dieser Zeit vor allem das Bestreben, die Veränderungen, die mit dem und durch das Krankheitsgeschehen eintreten, so exakt wie möglich zu beschreiben.[64]

Gemeinsam aber ist dem medizinischen und dem an allgemeineren Fragen des Kosmos und der menschlichen Natur orientierten Denken dieser Epoche, daß man nach Erklärungssystemen suchte, nach Regeln, die den Phänomenen der Natur zugrunde lagen, und nach Methoden, sie zu erkennen. Für den Kosmos, die Natur und den einzelnen Menschen wurden Regeln gesucht und formuliert, die der Dynamik des beobachteten Geschehens, Entstehen und Vergehen, feste Strukturen geben sollten.

Politik und Philosophie, Tragödie und Demokratie

In dieser Suche nach neuen Möglichkeiten des Denkens in der Verbindung mit allgemeinen Formen von Ordnung und Struktur ist ein prägender Zug der griechischen Lebenswelt des 5. Jahrhunderts zu sehen. Lokale Unterschiede treten jedoch dabei deutlich zutage: Der Schwerpunkt der philosophischen Entwicklung liegt offenbar in Unteritalien und Sizilien, wobei die Auseinandersetzung mit den Pythagoreern und ihrer Schule ein große Rolle spielte. Deren enge Verbindung zur Politik scheint auch ein bestimmtes Muster geprägt zu haben, nämlich den Philosophen als Gesetzgeber, Wissenschaftler und Staatsmann, der die Geschicke seiner Heimatpolis in Krisensituationen lenkte. In Athen und Sparta läßt sich dieser Typus des Politikers im 5. Jahrhundert nicht in dieser Klarheit erkennen: Perikles mag von der philosophisch-wissenschaftlichen Welt des Anaxagoras beeinflußt gewesen sein, jedoch gehört er selbst keineswegs in diesen Kontext.[65]

Allenfalls Kritias, der Motor des oligarchischen Umsturzes am Ende des Peloponnesischen Krieges in Athen, dürfte diesem Kreis zuzurechnen sein.[66] In Kritias ist ein typischer Vertreter der auf der Spannung zwischen Natur und menschlicher Ordnung aufbauenden Denker zu sehen. Jedoch ist für ihn nicht die Allmacht der Natur das Vorgebende, das der Mensch durch *techne* und Ordnung nachahmen soll: Erziehung und Übung, also Methoden menschlicher Kulturleistung, bewirken mehr als eine Orientierung an der von der Natur vorgegebenen Anlage.[67] Zu diesem Konzept einer Kulturanthropologie gehörten auch die Überlegungen, welchen Einfluß die Natur mit ihren Ordnungsvorgaben auf die Entwicklung des menschlichen Geschlechtes gehabt hat, d. h. nach welchen

Mustern die menschliche Evolution abgelaufen ist.[68] Es wurde diskutiert, ob bei der Entstehung der grundlegenden Kulturtechniken, die die menschliche Gesellschaft überhaupt erst ermöglichten, für den Menschen die Tiere eine Vorbildfunktion übernommen haben, die es dem Menschen ermöglicht hätte, seine eigene, im Vergleich zu den Tieren mangelhafte Ausstattung zu verbessern: So meint Demokrit, daß die Menschen in den wichtigsten Dingen die Schüler der Tiere gewesen seien, d. h. den Spinnen das Weben und Stopfen, den Schwalben den Hausbau und den Singvögeln den Gesang nachgeahmt hätten.[69] Der Mangel in der Ausstattung ist zum Stimulans der menschlichen Entwicklung geworden.[70]

Das gleiche Prinzip sehen die Philosophen für die höheren Kulturleistungen in Sprache, Recht und politischer Ordnung am Werk. Hier bilden sich Konventionen aus Notwendigkeit und wachsender Erfahrung.[71] Um die Bewertung der so entstandenen *nomoi* (Gesetze) und Ordnungen in ihrem Verhältnis zur Natur wurde am Ende des 5. Jahrhunderts viel diskutiert: Waren sie stärker als die naturgegebenen Anlagen (so etwa nach Kritias) oder gab die Natur immer den Ausschlag?[72]

Auch die Rolle der Religion wurde in diesem Zusammenhang thematisiert. In einem Fragment aus dem Satyrspiel *Sisyphos* (früher Kritias, heute meistens Euripides zugeschrieben) ist dies ausführlich dargelegt.[73] Nach den üblichen Ausführungen über die Entwicklung der Menschen aus einem tierhaften Urzustand zum Leben in gesellschaftlicher Ordnung wird die Entstehung der menschlichen Religion erklärt. Zwar würden nach außen die Gesetze von den Menschen durchaus befolgt, doch entzögen sie sich solchen Regeln im Verborgenen doch. Als beispielhaft für den Einsatz von Herrschaftswissen zur Kontrolle auch dieses verborgenen Bereiches des menschlichen Verhaltens gilt dem Verfasser des Fragmentes die *Erfindung* der Religion. In bewußter Täuschung habe ein kluger Kopf die Existenz einer allwissenden Gottheit verbreitet, die auch die geheimsten und verborgensten Schlechtigkeiten erkennen könne. Ihr Sitz wurde im Himmel behauptet, da von dort die schrecklichsten und zerstörerischsten Ereignisse, die den Menschen Furcht einjagten, ausgingen. So werden Manipulation und Furcht als Ursprung der Religion bezeichnet, die aber ihrerseits wiederum Ordnung und Recht stabilisiert.

Auch wenn der *Sisyphos* nicht von Kritias stammen sollte, so zeigt doch der Kontext der anderen von ihm erhaltenen Fragmente, daß er sich mit diesen Gedanken auseinandergesetzt hat. Auffällig ist dabei, daß er als einziger Politiker Athens dieser Zeit bekannt ist, der sich mit philosophischen und wissenschaftlichen Studien befaßte,[74] und daß er einer ausgesprochen oligarchischen und antidemokratischen Richtung zuzurechnen ist.[75]

Die Besonderheit Athens scheint in diesem Zusammenhang darin zu liegen, daß in der durch die Demokratie geprägten Lebenswelt die Erscheinung des philosophisch geprägten Politikers die Ausnahme blieb. Hingegen zeigt sich in der für das demokratische Athen so charakteristischen Tragödie, deren Blütezeit in die Jahre von etwa 472, dem Datum der Aufführung von Aischylos' *Persern*, bis zum Ende des Peloponnesischen Krieges 404 fällt, eine ganz andere Form der Verbindung von Kultur und Politik.[76]

Die überraschende Schnelligkeit, mit der sich der Aufstieg Athens zur Vormacht eines großen Seereiches seit den Perserkriegen vollzog, muß auch einen entsprechenden Wandel in den Vorstellungen nach sich gezogen haben. Herkömmliche Gewißheiten aus Mythos und göttlicher Vorsehung verloren ihre Verbindlichkeit angesichts der neuen Situationen, des Wandels und der dadurch bedingten, zahlreichen Entscheidungen, an denen dank des hohen Partizipationsgrades der politischen Struktur die breite Bürgerschaft Anteil hatte. Der Zeitraum, in den dies fällt, ist gleichzeitig auch die Blütezeit der attischen Tragödie.

Über den politischen Hintergrund der attischen Tragödie besteht durch die Einbindung in das Fest der Großen Dionysien, die zeitliche Verknüpfung mit zentralen politischen Akten wie der Zurschaustellung des Seebundtributes und der Präsentation der Kriegswaisen kein Zweifel (s. o. S. 24, S. 111). Doch neben den eher vereinzelten politischen Bezügen werden in den Dramen vor allem grundsätzliche Fragen der menschlichen Ordnung auf der Bühne durchgespielt: Gerechtigkeitsvorstellungen, der Einklang von menschlicher und göttlicher Ordnung, menschliche Unzulänglichkeit und Unentrinnbarkeit des Schicksals.

Die Darstellung spezieller Sinnhaftigkeit im Geschehen des Mythos, nicht ablösbar von dem politischen Wandel beispielsweise in Aischylos' *Orestie* (s. o.), in der *Antigone* und dem *Aias* des Sophokles oder im *Orest* des Euripides, ist als Ausdruck eines allgemeinen Bedürfnisses nach Wissen über Ordnung und Orientierung zu verstehen.[77] Kann in der *Orestie* des Aischylos eine eher vorsichtige »Warnung vor der Machbarkeit der Dinge« gesehen werden,[78] wenngleich Menschen und Götter zusammenwirken, um das Rechtswesen über die Einsetzung eines neuen Gerichtshofes, des Areopags, zu stabilisieren, so ist es bei Euripides im *Orest* der Gott Apollon allein, der den Konflikt um den Muttermörder Orest beendet, indem er das von Menschen gefällte Urteil aufhebt.[79]

Der besondere Bezug der attischen Tragödie läßt sie daher auch als Ausdruck einer politischen Kunst erscheinen, die speziell mit der von der Demokratie des 5. Jahrhunderts geprägten Lebenswelt verbunden ist, und die sie auch von den anderen Formen der politischen Kultur Griechenlands in diesem Jahrhundert unterscheidet.[80]

VII. Der Peloponnesische Krieg

1. Der Ausbruch

Vorgeschichte und Vorbereitung in Athen

Die Zeit des Peloponnesischen Krieges ist nur scheinbar fest umrissen und klar abgrenzbar in den Anfangs- und Endjahren von 431 und 404. Die Vorgeschichte dieser Auseinandersetzung ist lang und, wie es auch Thukydides beschreibt, nicht zu trennen von dem Aufstieg Athens zur führenden Seemacht. Der Dualismus zwischen Athen und Sparta beherrschte die griechische Geschichte auch schon in den 60er, 50er und 40er Jahren. Von daher folgt man allgemein der thukydideischen Einteilung der Ereignisse, der den eigentlichen tiefen Einschnitt der Geschichte im Jahr 431 ansetzt – eine weitergehende Sicht, die die Ereignisse zwischen 460 und 404 als eine Einheit in der Auseinandersetzung zwischen Athen und Sparta betrachtet, wäre ebenso sinnvoll, da sich die fortlaufende Aggression Spartas Athen gegenüber als ein konstanter Faktor dieser Jahrzehnte erkennen läßt.[1]

Der Krieg gegen Samos, keine 10 Jahre vor dem eigentlichen Ausbruch des Peloponnesischen Krieges, zeigt im Kern schon die gleichen Elemente, die den Konflikt um Poteideia und Korkyra 433–431 prägen, die aber auch im Kampf um Aigina (50er Jahre) und Thasos (60er Jahre) zu erkennen sind: Die Herrschaft Athens breitet sich zunehmend aus und weicht vor keiner Konfrontation oder Herausforderung zurück; unterlegene, abtrünnige oder unwillige Bündner wenden sich an Sparta und bitten dort um Hilfe gegen Athen. Sparta greift nur einmal direkt ein (Aigina), ansonsten beruft man eine Versammlung des Peloponnesischen Bundes ein und überläßt die Entscheidung der gemeinsamen Findung. In der Regel wurde die Hilfe dann, trotz vorhergehender positiver Signale aus Sparta, nicht gewährt (so im Fall von Thasos, Samos und Mytilene).[2]

Nach diesem Modell verlief der Konflikt bis zum unmittelbaren Entschluß der Spartaner im Jahr 431, in Attika einzufallen. Im Unterschied zu den vorhergehenden Konflikten existiert hier nun eine sehr viel dichtere Überlieferung über die innere Situation Athens vor und nach 431. Aus dieser Überlieferung ergibt sich, daß man sich in Athen schon einige Zeit, bevor direkte Verhandlungen mit Sparta über eine mögliche Beilegung des Konfliktes begannen, auf einen Krieg vorbereitet hat. Man ordnete den Finanzhaushalt, plante die Einrichtung von Reservefonds, schränkte die Ausgaben für die Bauten auf der Akropolis ein und richtete eine straffere und vor allem in Athen zentralisierte Organisation der verschiedenen über Attika verstreuten Tempelschätze ein.[3] Darüber hinaus sind verschiedene Fragmente aus den attischen Komödien der damaligen Zeit erhalten, in denen Perikles der Vorwurf gemacht wird, den Krieg angezettelt zu haben, um die Athener von seinen eigenen Schwierigkeiten bei der Rechenschaftsablegung, den gegen ihn erhobenen Vorwürfen des Betruges, und den von seinen Gegnern gegen Personen in seiner Umgebung angestrengten Prozessen abzulenken. Überliefert sind Prozesse gegen den Bildhauer Phidias, den man wegen Veruntreuung von Gold, das für die Athena-Statue verwandt wurde, anklagte, ein Prozeß gegen Anaxagoras, dem man verbotene Reden über die Götter vorwarf, ein Prozeß gegen Perikles' eigene Frau, die Milesierin Aspasia, ebenfalls wegen Gottlosigkeit, und schließlich gegen Perikles selbst wegen Unterschlagung. Bis auf diejenigen gegen Perikles und Phidias sind die anderen Prozesse in ihrer Historizität umstritten. Perikles selbst wurde verurteilt, Phidias ist diesem Schicksal anscheinend durch Flucht zuvorgekommen.

Die literarische Überlieferung mit Ausnahme des Thukydides, die sich hauptsächlich auf athenische Quellen stützt, sieht in diesen Prozessen und den Schwierigkeiten des Perikles den Grund für den Ausbruch des Krieges, während man in Sparta wohl dem eigenen Verhalten die Hauptschuld gab.[4] Thukydides hingegen trifft die berühmte Unterscheidung zwischen Anlässen (*diaphorai*) und wahrer Ursache (*alethestate prophasis*). Die Ursache für den Krieg lag seiner Ansicht nach in dem wachsenden Antagonismus zwischen Athen und Sparta, die Anlässe gaben die aktuellen Auseinandersetzungen zwischen Korkyra und Poteideia. Es ist zu bedenken gegeben worden, daß der Dominanz der thukydideischen Darstellung als der einzigen ausführlichen und mehr oder weniger vollständigen Darstellung der Ereignisse keine historische Interpretation entgehen kann.[5] So ist auch seine Sichtweise des Verhältnisses zwischen Athen und Sparta schon angezweifelt worden, da der von ihm postulierten Zwangsläufigkeit des Geschehens einiges entgegengesetzt werden kann (s. o.).[6]

Die Rolle des Perikles während seiner letzten Lebensjahre und auch das von Thukydides nur ganz am Rande erwähnte Volksbeschluß gegen die Megarer (das sog. Megarische Psephisma) weisen auf Faktoren hin, die im Vorfeld des Krieges eine größere Rolle gespielt haben, als ihre Nichterwähnung bei Thukydides es erwarten läßt, und die sich nicht aus dem Zusammenhang eines tiefer liegenden, seit längerem sich anbahnenden Konfliktes zwischen Athen und Sparta erklären lassen.

Die exakte Chronologie der Ereignisse bis zum offenen Ausbruch des Krieges 431 ist nicht sicher. Differenzen von einem halben oder einem ganzen Jahr können bei fast allen Ereignissen, die hierbei von Belang sind, herausgestellt werden.

Das Megarische Psephisma und der Konflikt um Korkyra

Am Anfang steht der Konflikt zwischen Korkyra, einer Kolonie Korinths, und Epidamnos, das wiederum eine Kolonie Korkyras war.[7] In Epidamnos kam es zu einem inneren Konflikt: Nach Thukydides verbündete sich der Demos mit Korinth, die Aristokratie (*dynatoi*) mit Korkyra. Allerdings handelte es sich wohl eher um eine Auseinandersetzung innerhalb der Oberschicht, die Thukydides mit einer späteren Terminologie belegt.[8] Bei Leukimme kam es zu einer Seeschlacht, in der Korkyra siegte. Um sich für die anstehenden Auseinandersetzungen mit Korinth zu stärken, bitten die Korkyräer in Athen um Unterstützung, die auch in Form einer Epimachie, d. h. eines Defensivbündnisses für den Fall, daß einer der beiden angegriffen würde, gewährt wird. In diesem Zusammenhang scheinen die Boten aus Korkyra auch die günstige Lage ihrer Insel auf der Seeroute nach Italien und Sizilien hervorgehoben zu haben.[9] Die nur kurz danach abgeschlossenen Bündnisse mit Rhegion und Leontinoi zeigen, daß Athen durchaus Interesse an den Verbindungen nach Sizilien hatte.[10] Es kommt zu einer weiteren Seeschlacht bei den Sybota-Inseln, zu der Athen Schiffe entsendet. Diese Schiffe halten sich jedoch aus den Kampfhandlungen heraus.

Etwa zeitgleich sind die Bemühungen in Athen, die eine Konsolidierung und Neuorganisation der attischen Finanzen bezwecken (Kallias-Dekrete 435/34). Kurz nach diesen Beschlüssen (434) hat dann die Anklage gegen Phidias und auch die vermutlich erste gegen Perikles gerichtete Anklage stattgefunden, die nach den Darstellungen von Plutarch und Diodor jedoch wohl nicht zu einem Prozeß kam oder sogar in einem Freispruch endete.[11] In diesem oder dem darauf folgenden Jahr 433 muß dann das Megarische Psephisma in Athen beschlossen worden sein. Dieses erwähnt Thukydides bei der Darstellung des Jahres 432 als einen Beschluß, der schon in Kraft war.[12] Kraft dieses Beschlusses wurden die Megarer von den Häfen im attischen Machtbereich und aus dem Bereich der athenischen Agora ausgeschlossen. Der Anlaß für dieses Handelsembargo ist nicht direkt überliefert. Aus den weiteren Beschlüssen, die im Zuge der 432 beginnenden Verhandlungen mit Sparta gefaßt wurden, ist die Vermutung abgeleitet worden, daß der Streit mit Megara durch eine Usurpation von Land entstanden war, das den beiden eleusinischen Göttinnen gehörte. Ein athenischer Bote war in Megara getötet worden, und die Spannungen zwischen den beiden Poleis hatten sich verschärft.[13]

Poteideia

Zeitgleich mit dieser Verschärfung der Situation in Megara begann auch der Streit um Poteideia. Diese Kolonie Korinths war Mitglied des Seebundes. Athen verlangte im Jahr 433, nachdem der Konflikt mit Korinth offensichtlich geworden war, daß Poteideia die Jahresbeamten, die aus Korinth dorthin gesandt wurden, zurückschicken solle. Zusätzlich sollten Geiseln gestellt und die Mauern auf der Halbinsel Pallene niedergerissen werden. Es handelte sich um die üblichen Unterwerfungsbedingungen für abtrünnige Bündner. Poteideia verhandelte erfolglos mit Athen über eine Rücknahme der Forderungen und wandte sich danach an Sparta, das Hilfe und eine entsprechende Invasion in Attika für den Fall eines attischen Angriffs zusagte. Diesem offenen Abfall Poteideias von Athen schlossen sich die Chalkidier an. Ein attisches Heer begann 432 mit der Belagerung von Poteideia.

Das Drängen von Korinth, Poteideia und Megara bewog die Spartaner dazu, mit Athen in direkte Verhandlungen einzutreten. Diese Verhandlungen zogen sich über mindestens ein Jahr hin; für ihr schließliches Scheitern machten nicht nur die auf attische Quellen zurückgehende Überlieferung, sondern auch die Spartaner Perikles verantwortlich. Allerdings berichtet Thukydides im Zusammenhang der Überlegungen zu einem erneuten offenen Kriegseintritt Spartas im Jahr 414/13, daß zu diesem Zeitpunkt Sparta, das die Schuld für den Ausbruch des ›ersten‹, des sog. Archidamischen Krieges eher sich selbst zuschrieb.[14] Die spartanischen Verbündeten in Theben seien trotz noch bestehenden Friedens gegen Plataiai gezogen, und Sparta sei nicht auf das Angebot Athens, sich einem gemeinsamen Schiedsgerichtsverfahren zu unterwerfen, eingegangen. Diese Sicht des Ausbruchs steht jedoch unter dem starken Eindruck der Katastrophen, die Sparta in den ersten zehn Jahren des Krieges widerfuhren und die – möglicherweise – doch erst im Nachhinein als gerechte Strafe für einen ungerecht begonnenen Krieg betrachtet wurden.

Kriegstreiber Perikles?

Thukydides sagt hingegen zu Beginn seines Werkes ausdrücklich, daß Perikles Athen in den Krieg getrieben habe.[15] Plutarch erläutert dies im Zusammenhang mit der Weigerung der Athener, das Megarische Psephisma zurückzunehmen: Das beruhte auf Perikles' starrer Haltung.[16] Plutarch nennt drei Versionen, die er in seinen Quellen fand und die Erklärungen für diese Haltung des Perikles geben. Zum einen hätte er in einem Nachgeben Sparta gegenüber ein Zeichen von Schwäche gesehen und dies in seinem Hochmut abgelehnt. Aber auch Perikles' Ehrgeiz und Kühnheit werden als Grund für die unnachgiebige Position Sparta gegenüber angesehen. Schließlich nennt Plutarch die Version, die die meisten seiner Quellen befürworteten. Nach dieser habe der Phidias-Prozeß Perikles in große Schwierigkeiten gegenüber dem Volk verstrickt, und er habe daher den schon schwelenden Konflikt mit Sparta bewußt zum offenen Ausbruch gebracht.[17]

Ein anderer Aspekt kommt in den Quellen nur indirekt zum Ausdruck. Die Anlässe des Krieges betreffen vor allem das Verhältnis zwischen Athen und Korinth, d. h. Auseinandersetzungen um Korinths Kolonien auf den Inseln und an der Küste des adriatischen Meeres. Daß der Westhandel für Athen eine wichtige Rolle spielte, wird schon in den Verhandlungen mit Korkyra deutlich. Auch finden sich schon lange vor der sizilischen Expedition deutliche Hinweise auf Aktionen Athens in Sizilien und Unteritalien. Diese Westorientierung Athens führte zu einer deutlichen Konkurrenz mit Korinth. Die ersten Hinweise darauf zeigen sich schon in den 50er Jahren, als unter Mithilfe Athens die aufständischen Messenier und Heloten in Naupaktos am korinthischen Golf angesiedelt werden und fast gleichzeitig die erste Allianz mit Segesta abgeschlossen wird. 443 gründet Athen in der Nähe von Sybaris in Unteritalien die panhellenische Kolonie Thurioi. Die kurz vor dem Ausbruch des Peloponnesischen Krieges abgeschlossenen Allianzen mit Rhegion und Leontinoi sind möglicherweise auch Emeuerungen von Verträgen aus den 50er Jahren. Die Interessen an dem Handel mit Sizilien und Süditalien gehören zu einer weit ausgreifenden attischen Westpolitik, die über Jahrzehnte kontinuierlich betrieben wurde und neben der Rivalität mit Sparta ein neues Konfliktfeld eröffnete, das einerseits Korinth betraf, aber andererseits im gesamten Bereich der griechischen Politik Athens Handlungsfähigkeit merklich vergrößerte.

2. Der Archidamische Krieg

Strategien der Athener und Spartaner

Thukydides charakterisiert in verschiedenen Reden, die er in die Phase kurz vor dem Kriegsausbruch plaziert, die Kriegsstrategie der Athener und der Spartaner.[18] Diejenige Athens sollte nach dem Plan des Perikles darin liegen, daß vor allem die Möglichkeiten der attischen Flotte und der Überlegenheit zur See auszunutzen seien. Das Land Attika konnte im Fall spartanischer Invasionen mehr oder weniger preisgegeben werden, da für die Bevölkerung hinter den Langen Mauern genügend Platz war.[19] Gleichzeitige Flottenaktionen mit Angriffen auf die Peloponnes würden für Entlastung sorgen.

Diese Strategie des Perikles ist im allgemeinen als defensiv beschrieben worden.[20] Jedoch läßt sich zeigen, daß der Rückzug hinter die Langen Mauern nicht gleichbedeutend mit einem kampflosen Überlassen des Landes an den Feind war. Athen setze die eigene Reiterei ein,[21] die zumindest leichtbewaffnete Kräfte der Invasionsarmee, die zum Plündern eingesetzt wurden, aufhalten konnte. Zwar ist sicher bei den Invasionen ein Teil der Ernte vernichtet worden, aber größere Zerstörungen dürften in den ersten Jahren nicht großflächig vorgekommen sein. Auch dürfte die oft erwähnte Zerstörung der Olivenbäume zeitlich viel zu aufwendig gewesen sein, als daß sie in großem Stil tatsächlich durchgeführt worden sein könnte.[22] Neben diesen mobilen Truppenteilen besaß Athen auch verschiedene Grenzforts, die ebenfalls nicht ganz unwirksam zur Verteidigung Attikas eingesetzt wurden.[23] Auch finanziell glaubte man zu dieser Zeit in Athen gut vorgesorgt zu haben und durch den Phoros auch für die Zukunft den Seekrieg gesichert.

Demgegenüber bauten die Spartaner auf ihre unbestrittene Überlegenheit zu Lande und planten durch jährliche Invasionen in Attika das Land zu verwüsten, somit also die Athener im eigenen Land zu schlagen. Darüber hinaus sollte versucht werden, soviel wie möglich Bündner der Athener abzuwerben, um sie auch in ihrem Seereich zu schwächen. Ob man von Anfang an geplant hatte, sich der persischen Unterstützung, vor allem des persischen ›Goldes‹ zu versichern, geht aus Thukydides nicht hervor. Immerhin fanden bis 425 Verhandlungen statt.[24]

Die Warnung des spartanischen Königs Archidamos, daß der Krieg sich über Generationen hinziehen würde, ist unter den Umständen von 432/31 schwer vorstellbar. Der Hinweis auf die Schwächen der spartanischen Strategie (s. u. S. 159) kann auch von Thukydides im Nachhinein unter dem Eindruck der attischen Überlegenheit in der ersten Phase des Krieges konzipiert worden sein. Immerhin hat man in Sparta doch wohl eher mit einem schnellen Ende bzw. einer schnellen Aufgabe Athens gerechnet.

Diesen Strategien entsprechend lief der nach dem spartanischen König Archidamos benannte Krieg zwischen 431 und 421 ab. Die ungewöhnlichen, nicht vorhersehbaren Ereignisse wie der Ausbruch einer Seuche in Athen 430, der Tod des Perikles und der frühe Abfall wichtiger Bündnerpoleis (Kephallenia und Zakynthos 431, 430 und 429, Mytilene und ganz Lesbos 428, Korkyra 427, Abfallbestrebungen in Chios 425/24[25] und in Poleis auf der thrakischen Chersones) brachten Athen zwar in Schwierigkeiten, jedoch nicht in ernsthafte Krisen. So war Athens Herrschaft schon zu Beginn des Krieges weder unumstritten noch allgegenwärtig.

Die Fronten, an denen sich der Krieg abspielte, waren im wesentlichen diejenigen, an denen auch in den 50er und 40er Jahren die Konflikte ausgetragen wurden. Im nördlichen Bereich des Golfes von Korinth verhinderte Sparta 430, 429 und 426 durch die Unterstützung Ambrakias und Aitoliens gegen Akarnanien, Argos und Naupaktos, daß sich von Naupaktos aus ein neues Zentrum des attischen Einflusses in Mittelgriechenland bildete.[26] In Böotien wurde Plataiai belagert, um dort den Athenern Einhalt zu gebieten. Im Gebiet von Megara und der nordöstlichen Peloponnes (Epidauros, Troizen) unternahmen die Athener alljährlich Einfälle, um zu brandschatzen und Befestigungen anzulegen.

Athenische Anfangserfolge: die Besetzung von Sphakteria

Auch die Umsegelungen der Peloponnes, die mit Einfällen in die Küstengegenden verbunden waren, sind schon in den 50er Jahren als erfolgreiches Mittel eingesetzt worden. Allerdings gelang es den Athenern bei einer solchen Aktion überraschend, eine große Gruppe spartanischer Hopliten gefangen zu nehmen.[27] Bei Pylos in Messenien war es den Athenern durch die Initiative ihres Strategen Demosthenes gelungen, sich im eigentlichen Kerngebiet Spartas festzusetzen. Man errichtete dort ein Fort, das durch die gegenüberliegende Insel Sphakteria auch als Flottenstützpunkt günstig gelegen war. Als man dies in Sparta erfuhr, entsandte man sofort Schiffe und Soldaten, denen jedoch eine Eroberung der attischen Befestigung von Pylos nicht gelang. Auf der Insel Sphakteria stationierte man spartanische Hopliten, um eine attische Besetzung zu verhindern. Die von Zakynthos herbeigeeilten attischen Schiffe konnten jedoch die spartanische Flotte in der Meerenge zwischen Pylos und Sphakteria einschließen, wodurch die spartanischen Soldaten auf der Insel abgeschnitten waren. Es gelang den Athenern unter der Führung von Demosthenes und dem aus Athen zur Verstärkung entsandten Kleon, diese Hopliten als Geiseln zu nehmen. Die Gefangennahme der fast 300 Spartiaten wurde in Sparta, das anscheinend schon damals unter einer rückgehenden Bevölkerungszahl litt, als Katastrophe empfunden und war gleichzeitig auch eine der größten Überraschungen des ganzen Krieges.[28] Dies verdankte sich einer veränderten militärischen Strategie, die nicht mehr ausschließlich auf die schwerbewaffneten Hopliten, sondern zunehmend auf die leichtbewaffneten Peltasten und Bogenschützen setzte.

Sparta bot sofort den Frieden an, den Athen jedoch ablehnte, in der Hoffnung, noch weitere Gebietsgewinne zu erreichen. Diese Hoffnung scheiterte, obwohl die Athener ihre erfolgreiche Strategie, den Krieg in Spartas unmittelbarem Gebiet zu führen, mit der Eroberung von Kythera, der dem lakonischen Golf vorgelegenen Insel, fortsetzen konnten.[29]

Athens Politik der Stärke: Kleon

Unzweifelhaft jedoch war es Athen gelungen, die eigene Position, auch den Bündnern gegenüber, zu stärken. Nicht nur konnte man nun Chios, das schon in den ersten Jahren des Krieges Kontakte nach Sparta unterhalten und Geld dorthin geschafft hatte, zwingen, eine neuerrichtete Stadtmauer wieder einzureißen. Auch die gesamte Organisation der Tributeinziehung wurde erneut gestrafft und die Summe des Phoros drastisch um ca. 300 Prozent auf etwa 1.460 Talente erhöht.[30] Schon 428, nach der Revolte von Mytilene, hatte man den Tribut erhöht. In den Dekreten seit Mitte der 20er Jahre hatte man besonders die Kontrollmittel bei der Einziehung und Ablieferung des Tributes engstens an die Beschlüsse der attischen Volksversammlung und der attischen Gerichte gebunden.

Als Begründung hierfür wird in den Dekreten immer wieder auf die Notwendigkeiten des Krieges, d. h. die dadurch erhöhten Aufwendungen für die Flotte und Belagerungen verwiesen. Sparta seinerseits scheint auch einen Kriegsfond gebildet zu haben, in den u. a. auch Melos und Chios eingezahlt haben. Während Chios offiziell zum attischen Seebund gehörte, ist die Zugehörigkeit von Melos bzw. seine Neutralität umstritten.[31]

Die Verantwortung für diese Maßnahmen wurde Kleon zugeschrieben, einem Politiker, der einen neuen Stil der Auseinandersetzung pflegte. Thukydides, Aristophanes und Plutarch kritisieren ihn, insbesondere sein Auftreten.[32] Aristophanes beschreibt ihn als einen Politiker, der Bestechungsgelder annahm, Tribute erhöhte, seine Gegner mit Prozessen verfolgte und als Oligarchen verdächtigte.[33] Den Erfolg bei Pylos konnte er sich anrechnen und die dadurch gewonnene neue Stärke Athens schlägt sich im Ton der beiden Tributdekrete nieder.

Die Schlacht bei Amphipolis und Friedensverhandlungen

Der Erfolg Kleons wurde durch eine weitere unerwartete Wende des Kriegsgeschehens zunichte gemacht. Der spartanische Feldherr Brasidas konnte mit einer Schar von 700 freigelassenen Heloten im Winter 424/23 quer durch Mittelgriechenland, Thessalien, Perrhaibia und Makedonien bis zur Chalkidike und nach Amphipolis marschieren. Es gelang ihm, dort und im nordägäischen Raum viele Seebundsmitglieder zum Abfall von Athen zu bewegen. Das Konzept, mit dem er die dortigen Städte umwarb und mit dessen Hilfe es ihm gelang, Athens Herrschaft in diesem Gebiet zum Wanken zu bringen, war das Versprechen von Autonomie und Freiheit.[34] Damit waren nicht nur die Befreiung aus dem Seebund und von den Athen geschuldeten Abgaben gemeint, sondern auch die Zusage, sich nicht in die inneren politischen Angelegenheiten einzumischen. Thukydides läßt ihn ganz konkret versprechen, daß Sparta keinerlei Verfassungsänderungen bewirken, also weder zugunsten einer Oligarchie noch zugunsten einer Demokratie intervenieren werde. Dies hatten die Athener offensichtlich zunehmend getan und bei fast allen Frontwechseln dieser Zeit weist Thukydides auf damit verbundene innere Unruhen hin, die in der Regel die Partei des Demos sich zu Athen und diejenige der Wenigen, der Oligarchen, zu Sparta wenden ließ.[35] Auch Sparta selbst hatte seit der Niederlage bei Pylos mit ständigen Gefährdungen seiner inneren Stabilität zu tun und fürchtete einen neuen Helotenaufstand.[36]

Brasidas und Kleon fielen bei der Schlacht um Amphipolis, nach der Athen und Sparta mit ernsthaften Friedensverhandlungen begannen. In Athen war der Beweggrund, daß nach den Niederlagen bei Delion und Amphipolis und den zunehmenden Abfallbestrebungen unter den Bündnern im thrakischen Bezirk anscheinend auch auf den Inseln eine neue Unsicherheit entstanden war. In Sparta hingegen wollte man die Geiseln aus Sphakteria auslösen, die Unruhe unter den Heloten beenden und zudem sich für das bevorstehende Ende des dreißigjährigen Friedens mit Argos rüsten.[37] Unter der Verhandlungsführung seines Strategen Nikias schloß Athen mit Sparta einen fünfzigjährigen Frieden auf der Basis des status quo ante.[38]

Diesem Frieden zwischen Athen und Sparta schlossen sich vor allem die von den Rückgabeverpflichtungen betroffenen Mitglieder des Peloponnesischen Bundes nicht an. Korinth, Elis und Mantineia traten aus dem Bund aus und schlossen mit Argos sowie den Chalkidiern einen separaten Vertrag.[39] Sparta antwortete durch ein Bündnis mit den Böotern, gab auch Amphipolis nicht an die Athener zurück.

3. Die Expedition nach Sizilien

Weitere Auseinandersetzungen und Alkibiades' Sizilien-Plan

Von Athen aus versuchte man, diese Entwicklung zu nutzen. Insbesondere Alkibiades intendierte eine völlige Isolierung Spartas auf der Peloponnes.[40] Mit diesem Ziel schloß man 420 ein auf 100 Jahre angelegtes Defensivbündnis mit Argos, Mantineia und Elis.[41] In der Schlacht von Mantineia 418 unterlag dieser Sonderbund jedoch dem spartanischen Heer, und die spartanische Hegemonie auf der Peloponnes war wiederhergestellt. Argos, Mantineia und Achaia traten dem Peloponnesischen Bund bei.

Von Athen aus begannen erneut kriegerische Auseinandersetzungen. Während Nikias in Thrakien kämpfte, die beiden Strategen Teisias und Kleomedes die Insel Melos, nach Thukydides eine neutrale Polis,[42] unterwarfen, die Bürger dort umbrachten oder in die Sklaverei verkauften, unternahm die attische Besatzung in Pylos, das nach wie vor nicht zurückgegeben worden war, Raubzüge ins Landesinnere. 416 schließlich trat Argos wieder in das Bündnis mit Athen ein.[43]

Schon während des Archidamischen Krieges hatte Athen 427 eine Expedition nach Sizilien gesandt mit dem Auftrag, die Möglichkeit der Kontrolle über ganz Sizilien zu prüfen.[44] Jedoch gelang es den Griechenstädten in Sizilien untereinander zu einer Verständigung zu kommen, die nach Verhandlungen in Gela in einen Frieden zwischen Kamarina, Gela und Sizilien mündete.[45] Die attischen Strategen wurden nach ihrer Rückkehr mit Verbannung und Geldstrafe belegt, da sie – dies war offenbar die Meinung in Athen – die Möglichkeit, Sizilien zu erobern, verschenkt hätten.

Das hinter dem Angriff des Jahres 415 stehende Konzept geht auf einen Plan des Alkibiades zurück, der in dem sizilischen Kommando die Möglichkeit sah, sich selbst nach dem Vorbild der sizilischen Tyrannen eine persönliche Machtbasis zu schaffen.[46] Schon die überaus harte Behandlung der Melier, die sich erst nach Belagerung den Athenern ergaben und daher mit der Hinrichtung aller erwachsenen männlichen Einwohner sowie dem Verkauf aller Frauen und Kinder in die Sklaverei bestraft wurden, soll auf den Ehrgeiz des Alkibiades, sich als Führer zu profilieren, zurückzuführen sein.[47]

In der öffentlichen Debatte galt die Zerstrittenheit der sikeliotischen Poleis untereinander als beste Ausgangssituation, um den damaligen Reichtum Sizi-

liens an Korn, Vieh und großen Tempelschätzen für den attischen Demos aus-
zubeuten. Diese Ansicht fand sich immer wieder durch die Ereignisse in Sizilien bestätigt, wie auch schon 424 ein Umsturz in Messene dieses für einige
Zeit in die Kontrolle von Syrakus' Verbündetem Lokroi brachte.[48] Der Demos
von Leontinoi war vertrieben und die Oberschicht in Syrakus integriert worden. Hierauf schickten die Athener den Strategen Phaiax, um das Volk von Leontinoi zu retten. Er ermutigte die Leontiner und versuchte ein Bündnis sike-
liotischer Poleis gegen Syrakus zu schmieden. Dies gelang ihm jedoch nicht,
und so kehrte er über Unteritalien, wo er wiederum Lokroi für Athen gewinnen konnte, zurück.[49]

In dieser Expedition selbst ist nicht eigentlich eine Neuerung oder Neu-
orientierung der attischen Politik zu sehen; in der Größenordnung und auch in
den Absichten des Strategen Alkibiades jedoch lag das Wagnispotential. Alkibiades konnte die Volksversammlung dazu bringen, eine Expedition von 124
Trieren, 25.000 Mann Besatzung und 3 Strategen, die mit der besonderen Voll-
macht des *strategos autokrator* ausgestattet waren, zu entsenden, obwohl Nikias
deutlich vor den Folgen der Expedition gewarnt hatte.[50] Selbst wenn es gelingen sollte, Sizilien zu erobern, so soll er in der Volksversammlung gefragt haben, wie wäre es den Athenern überhaupt möglich, auf eine solche Entfernung
hin ein anderes Reich zu halten?[51]

Der Hermen- und Mysterienfrevel

Der in Athen unmittelbar vor der Ausfahrt der Flotte sich ereignende Hermenfrevel sowie die Anklage gegen Alkibiades wegen der Profanierung der eleusi-
schen Mysterien weisen auf die erheblichen Spannungsfelder in der attischen
Innenpolitik. Obwohl Einzelheiten und Hintergründe dieser beiden Ereignisse
nicht im einzelnen rekonstruiert werden können, gibt es doch Hinweise aus den
Untersuchungen, Denunziationen sowie den späteren Verurteilungen, die darauf
schließen lassen, daß sowohl der Hermenfrevel als auch die Alkibiades gemachten Vorwürfe in einem Zusammenhang mit oligarchischen Verschwörungen in
Athen standen.

Anscheinend waren in einer einzigen Nacht an allen Hermenstelen, die an
den Straßenkreuzungen, in den Hauseingängen sowie in den heiligen Bezirken
Athens standen, die Gesichter verstümmelt worden. Nicht nur, daß damit die
bevorstehende Ausfahrt der Flotte unter einem bösen Omen zu stehen schien, es
wurden sofort Verdächtigungen laut, daß dies als Zeichen einer bevorstehenden
oligarchischen Verschwörung zum Sturz der Volksherrschaft zu verstehen sei.[52]
Es wurden vergeblich Belohnungen für Informationen ausgesetzt. Allerdings kamen Meldungen über einen Frevel an den Mysterien: Einige junge Athener wurden beschuldigt, sie zum Vergnügen in ihren Häusern parodiert zu haben, u. a.

auch Alkibiades. Die politischen Gegner des Alkibiades nahmen dies zum Anlaß, ihn zu diskreditieren und auch ihm Pläne zur Auflösung der Demokratie zu unterstellen. Alkibiades verlangte einen sofortigen Prozeß, doch dieser wurde von seinen Feinden, die einen Freispruch aufgrund der großen Beliebtheit des Alkibiades fürchteten, verhindert.

Die Flotte lief aus, wobei über einem der sie kommandierenden Strategen die Drohung schwebte, wegen einer Anklage jederzeit zurückgerufen zu werden. In Athen folgten weitere Denunziationen, Verhaftungen und Flucht verschiedener Verdächtiger. Einer der Denunzianten, ein gewisser Diokleides, behauptete, in einer Vollmondnacht etwa 300 Männer in den Straßen gesehen zu haben, die den Hermenfrevel begangen hätten. Er nannte 42 Namen, unter anderem den des Andokides, der sich 399, nach der Wiederherstellung der Demokratie, erneut wegen dieses Vergehens vor Gericht zu verantworten hatte. Aus der damals verfaßten Verteidigungsrede sind die meisten Einzelheiten über die Ereignisse um den doppelten Frevel, der Athen 415 erschütterte, erhalten.[53] Andokides selbst wurde auf die vor der Boule gemeldete Anzeige des Diokleides hin verhaftet und entschloß sich, gegen die Zusicherung von Straffreiheit, selbst auszusagen. Er konnte die Anzeige des Diokleides als Fälschung erweisen. Es sollen in Wahrheit nur 22 an dem Hermenfrevel Beteiligte gewesen sein, von denen 18 bereits durch andere Informanten angezeigt und verhaftet worden waren. Kurz danach wurde dann auf den Antrag eines Isotimides ein Asebie-Gesetz verabschiedet, nicht unähnlich demjenigen des Diopeithes:[54] Jeder, der sich der Asebie (Gottlosigkeit) schuldig gemacht hatte, sollte von den Tempeln und der Agora Athens verbannt werden, gleichgültig, ob man ihm Straffreiheit gewährt hatte oder nicht. Damit war Andokides von der religiösen und politischen Gemeinschaft der Bürger ausgeschlossen und blieb es auch bis zur allgemeinen Amnestie von 403.

Die Namen, die Andokides in seiner Rede nennt, stimmen überein mit der inschriftlichen Überlieferung der Prozesse, die wegen der beiden Vergehen den Beschuldigten in Athen gemacht wurden.[55] So ist insgesamt die in Athen kursierende Befürchtung einer oligarchischen Verschwörung nicht von der Hand zu weisen: Immerhin waren Kritias, sein Vetter Charmides und andere Athener, die 411 und 403 im Zusammenhang der oligarchischen Umstürze genannt werden, offenbar durch enge familiäre, politische und finanzielle Beziehungen miteinander verbunden.[56] Offenbar war der Hermenfrevel eine gezielte Provokation, um die Ausfahrt der Flotte nach Sizilien zu verhindern und das demokratische Athen zutiefst zu verunsichern. Von den Hermenstelen, die dem Frevel zum Opfer fielen, waren insbesondere diejenigen an der Agora, die Kimon 476 nach seinem Sieg über die Perser am Eion errichtet hatte, auf Beschluß des Demos ohne Namensnennung, d. h. stellvertretend für das ganze Volk, aufgestellt worden.[57] In diesem Frevel zeigt sich, ebenso wie in der – allerdings nicht mit der Absicht öffentlicher Provokation durchgeführten – Parodie auf die Mysterien eine Verachtung traditioneller Glaubensformen, die auch auf dem Hintergrund zeitgenössischer Kulturentstehungslehren einzuordnen ist.[58] Wenn Religion und herkömmliche Riten als menschliche Erfindung im Kontext der Einrichtung von Herrschaftsstrukturen betrachtet werden, ist die Instrumentalisierung solcher Vorstellungen im politischen Interesse der nächste Schritt. Von Kritias ist bekannt, daß er sich mit diesen Überlegungen beschäftigt hat, von den anderen Mitgliedern der im Zusammenhang der Frevel erwähnten Hetairien könnte es vermutet werden.

Alkibiades' Flucht und das Scheitern der Sizilienexpedition

Alkibiades, der mit der Flotte bereits in Sizilien angekommen war, wurde zurückgerufen, damit ihm in Athen der Prozeß gemacht werden konnte. Er entzog sich durch Flucht nach Sparta, von wo aus er – ähnlich wie Themistokles – den Feinden Athens mit Rat und Tat zur Seite stand.

Die sizilische Expedition lief nach der Rückbeorderung des Alkibiades eher ziellos weiter. 415 landete die attische Flotte unter der Leitung des Nikias im Hafen von Syrakus, wo sie zuerst auch einen Sieg über die syrakusanische Flotte erreichen konnte. Aus Syrakus richtete man daraufhin ein Hilfsgesuch an Sparta und Korinth, auf das Sparta durch die Entsendung des Gylippos, eines bewährten Soldaten, antwortete. In der Zwischenzeit begannen die Athener damit, Syrakus zu belagern. Mit der Ankunft des Gylippos änderte sich jedoch die Situation, da es den Syrakusanern unter der Leitung des Gylippos gelang, den attischen Belagerungsring zu sprengen und nun ihrerseits die Athener vom Land und von der See zugleich anzugreifen. Trotz einer von Athen gesandten Verstärkung von 75 Schiffen unter Eurymedon und Demosthenes konnte weder die Belagerung erfolgreich durchgeführt noch ein Einschluß der gesamten Flotte im Hafen von Syrakus verhindert werden. Ein Durchbruch zur See scheiterte und die Athener sahen sich gezwungen, ihre Schiffe zu verlassen, um sich auf dem Landweg durchzuschlagen. Dieser Rückzugsversuch endete 413 für 40.000 Mann in Tod und Sklaverei.[59] Die beiden Strategen Nikias und Demosthenes wurden in Syrakus hingerichtet.

Die Gründe für das Scheitern dieser Expedition werden in der Überlieferung hauptsächlich dem Strategen Nikias zur Last gelegt, dessen Untätigkeit und Zaudern den Einschluß der Flotte im Hafen von Syrakus zur Folge gehabt hatte. Insbesondere sein Zögern, das ihn die Ausfahrt der Flotte wegen einer Mondfinsternis verschieben ließ, wird betont.

In Athen und im Seebund hatte die Katastrophe von Sizilien große Folgen. Schon seit dem Sommer 414 war der Krieg gegen Sparta wieder offen ausgebrochen. In Sparta war man der Ansicht, daß Athen durch den zweifachen

Krieg gegen Sparta und Sizilien leichter zu besiegen sei. Schließlich habe nun auch Athen den Frieden gebrochen, während, so nach Thukydides die Meinung damals in Sparta, im ›ersten Krieg‹ die Schuld mehr auf spartanischer Seite gelegen habe.[60]

4. Oligarchie in Athen, Krieg in Attika und Ionien

Invasion der Spartaner in Attika

Im Frühjahr 413 kam es zu der ersten Invasion eines spartanischen Heeres in Attika seit zwölf Jahren. Alkibiades hatte den Spartanern einen strategischen Rat gegeben, der seine Heimatstadt in allergrößte Bedrängnis bringen sollte. Der spartanische König Agis befestigte auf Alkibiades' Rat hin im Norden Athens in 20 km Entfernung den Ort Dekeleia und verwüstete von dort mit einer festen und ständigen Besatzung den Norden Attikas. Damit war die Bevölkerung erneut zu einem Rückzug hinter die Mauern Athens gezwungen, und auch der Zugang zu den Ressourcen des Handels und der Bergwerke war versperrt.

Der Krieg verlagerte sich durch die Besetzung Dekeleias auf die östliche Seite der Ägäis, und Sparta nahm Verhandlungen mit dem Perserkönig auf, um die dringend benötigten finanziellen Ressourcen zu schaffen, die der Unterhalt einer Flotte und die Überwindung dieser Distanzen erforderte. Die Athener hingegen hatten sich, entgegen dem 424 erneuerten oder geschlossenen Vertrag mit Dareios, im Jahre 414 entschlossen, den karischen Dynasten Amorges in seiner Revolte gegen den Perserkönig zu unterstützen. Die Niederlage der Athener in Sizilien und die Schwächung durch die Spartaner nutzten wiederum die Perser zur Einforderung des nach ihrer Ansicht rückständigen Tributes der kleinasiatischen Griechenstädte.[61] Dareios II. forderte die Satrapen von Lydien, Tissaphernes, und Phrygien, Pharnabazos, auf, diesen einzutreiben. Jedoch wird damit wohl kaum gemeint gewesen sein, daß der Tribut seit 478 zurückgezahlt werden sollte, sondern wohl eher seit der Unterstützung des Amorges durch die Athener.[62]

Sparta und Persien

Seit Sommer 412 wurde den Spartanern durch die Perser auch finanzielle Unterstützung gewährt. Als Gegenleistung gaben sie die kleinasiatischen Griechenstädte preis[63] und hatten in den verschiedenen Versuchen, zu einem eindeutigen Abschluß zu kommen, sogar Mühe, dem Perserkönig die Territorien, die während und vor Xerxes' Invasion besetzt gewesen waren und auf die er nun Anspruch erhob, nicht auch noch auszuliefern.[64]

Die Insel Chios sowie Mytilene und Methymna auf Lesbos fielen nun von Athen ab, auch in Milet gab es Abfallsbewegungen. In Athen ordnete man nun erneut die Finanzen; statt des Tributes sollte von nun an ein fünfprozentiger Zoll auf alle in das Seebundsgebiet ein- und aus ihm ausgeführten Waren erhoben werden. Dies erforderte eine noch genauere Kontrolle als die Modalitäten des Tributes, aber man schien ein solches System in Athen für realistisch zu halten.

Die oligarchische Revolution in Athen

Die politischen Strukturen Athens kamen unter dem Druck des äußeren Krieges nun gefährlich in Bewegung. Bereits 413 wurden zehn Probouloi gewählt, die dem Rat der 500 möglicherweise schon einiges an Befugnissen entzogen. Dies war der Anfang eines oligarchischen Umsturzes, der sich in mehreren Etappen vollzog und eine Phase der latent von oligarchischen Bestrebungen gefährdeten innenpolitischen Instabilität in Athen einleitete, die erst 401/400 beendet war.[65] Die für griechische Poleis erstaunliche Konstanz der demokratischen Entwicklung Athens ist nur zweimal durch mehr oder weniger kurze oligarchische Phasen unterbrochen worden, die jeweils mit militärischen Niederlagen und innerem Zusammenbruch verbunden waren. Die erste oligarchische Phase steht am Ende des sog. klassischen Zeitalters und gliedert sich in zwei Abschnitte (412/11 und 404/3), die zusammen nur etwas mehr als zwei Jahre ausmachen. Die zweite Phase in mehreren mehrjährigen oligarchisch ausgerichteten Regimes folgt erst auf den Tod Alexanders d. Gr. im Jahre 323 v. Chr.[66] Die gemeinsamen Elemente der oligarchischen Umstürze im Athen der klassischen und der frühen Diadochenzeit lassen sich einerseits darin sehen, daß die Gemeinschaft der Bürger, die für politische Aktivitäten zur Verfügung standen, radikal eingeschränkt wurde. Andererseits ist ein Bemühen um breite Legalisierung des Vorgehens bzw. der die Verfassungsänderung einleitenden Maßnahmen zu erkennen.[67]

Dem eigentlichen Umbruch des Jahres 412 gingen deutliche Veränderungen im Inneren Athens voraus.[68] So konnte Alkibiades schon 414 bei seiner Rede in Sparta davon sprechen, daß die Bewertung der attischen Demokratie als ›anerkannter Unsinn‹ in der attischen Oberschicht verbreitet sei.[69] Aristophanes kritisierte zur gleichen Zeit in seiner *Lysistrate* die oligarchischen Hetairien.[70] An der Spitze dieser Bewegung in Athen standen Antiphon, der berühmte Redner, Peisandros, Phrynichos und Theramenes.[71] Nach außen hatten sie Kontakt mit Alkibiades aufgenommen, der sich zu der Zeit in Ionien aufhielt. Dieser stellte seinerseits die Verbindung zur attischen Flotte her, die damals in Samos stationiert war, und versprach, einen für Athen günstigen Vertrag mit den Persern zu erwirken, falls es in Athen zu einem oligarchischen Umschwung käme. Dieses Versprechen konnte er jedoch nicht halten, denn 412 erneuerten Sparta und die persischen Satrapen ihren Vertrag.

In Athen gelang es den Oligarchen, so der Verfasser der *Athenaion Politeia*, auf Antrag des Pythodoros eine Kommission aus 30 *syngrapheis*, darunter auch die zehn Probouloi, wählen zu lassen.[72] Die Kommission erhielt den Auftrag, Vorschläge zur Rettung der Polis auszuarbeiten. Nach dieser Darstellung, die sich in gravierenden Punkten von derjenigen des Thukydides unterscheidet, wurde auf Antrag des Kleitophon noch eine Ergänzung beschlossen: Nicht nur konnten alle Bürger ihre Vorschläge der Kommission unterbreiten, sondern es sollten auch die ›altüberkommenen‹ Gesetze des Kleisthenes aus der Zeit, als dieser die Demokratie in Athen einrichtete, mit zu Rate gezogen werden. Der Verfasser der *Athenaion Politeia* führt als Erklärung an, daß Kleitophon und seine Anhänger die Verfassung des Kleisthenes nicht für ›volksfreundlich‹, sondern eher der solonischen ähnlich erachteten.[73] Daraus wird deutlich, daß sie in der Demokratie des Kleisthenes, und erst recht in der Verfassung des Solon, oligarchische Elemente zu erkennen glaubten.[74]

Es zeigt sich damit auch, daß 411 kaum etwas über schriftlich niedergelegte Beschlüsse des Kleisthenes oder auch Solons zur attischen Verfassungsordnung bekannt war. Möglicherweise zielte der Antrag des Kleitophon auf eine Rekonstruktion der oralen Tradition, um darauf aufbauend eine erste schriftlich fixierte Ordnung der die Verfassung konstituierenden Grundsätze zu erstellen.[75] Diese Verbindung der kleisthenischen Reform mit Solon einerseits und dem Konzept der ›altüberkommenen Gesetze‹ bzw. ›altüberkommenen Verfassung‹ (*patrios politeia*) weist auf eine Diskussion um die Richtigkeit und Stabilität von Verfassungen, insbesondere im Verhältnis von Demokratie und Oligarchie, die in dieser Zeit wohl einen ersten Höhepunkt erreicht hatte.[76]

In dem Fragment einer Rede des Thrasymachos, das aus dieser letzten Phase des Peloponnesischen Krieges stammen muß, wird deutlich dargelegt, daß zwei in ihren politischen Konzeptionen einander entgegengesetzte Parteien um das richtige Verständnis der *patrios politeia* miteinander stritten.[77] Das läßt darauf schließen, daß beide Seiten mit der Legitimation der altüberkommenen Verfassung warben. Somit erklärt sich auch, daß sowohl Solon als auch Kleisthenes als Begründer der Demokratie bzw. als Vertreter einer Verfassung mit oligarchischen Anteilen betrachtet werden konnten.[78]

Diese gegensätzlichen Bewertungen derselben politischen Strukturen könnte auch eine Erklärung für den großen Unterschied zwischen Thukydides und der *Athenaion Politeia* in dem sich an die Anträge des Pythodoros und Kleitophon anschließenden Geschehen sein: Nach der *Athenaion Politeia* wurde auf Antrag der 30 eine Verfassung verabschiedet, die auf einer Aktivbürgerschaft von 5.000 Hopliten basierte. Die 5.000 wiederum bestimmten aus ihrer Mitte eine Gruppe von 100 zur Ausarbeitung der Verfassung im einzelnen. Für die Übergangszeit, bis die neue Verfassung in Kraft treten konnte, wurde ein Rat von 400 Bürgern eingesetzt, der die Regierungsgeschäfte ganz unabhängig führen sollte.[79] Die komplizierten

Regelungen, die für die eigentliche Verfassung von 5.000 Bürgern mit einem Rat der 400 beschrieben werden, u. a. eine turnusgemäße Rotation der in vier Gruppen eingeteilten 5.000 zur Verwaltung der Politeia, galten als wenig praktikable Konstrukte, die möglicherweise aus der Propaganda oligarchischer Theorien in die *Athenaion Politeia* eingegangen sind.[80] Generell deutet die Zahl 400, die nur für diesen und nach der *Athenaion Politeia* für den solonischen Rat der 400 bekannt ist, auf eine gewisse Orientierung der Oligarchen auf Solon hin.[81]

Thukydides hingegen berichtet von derselben Volksversammlung, daß auf Antrag des Peisander alle Diäten und Besoldungen aufgehoben und als Leitungsgremium eine Gruppe von fünf Bürgern gewählt werden sollte, die durch Kooptierung bis auf 400 zu erweitern war. Die Auswahl und Bestimmung der 5.000 hingegen – mit der Konzeption, daß an der *politeia*, d. h. an der politischen Ordnung, nur diejenigen Anteil haben sollten, die am leistungsfähigsten seien, und keinesfalls mehr als 5.000; diejenigen, die nicht Kriegsdienst leisteten, sollten generell ausgeschlossen sein und Tagegelder sollten nicht mehr bezogen werden, war schon im Vorfeld und während der Verhandlungen mit Alkibiades in Athen geworben worden[82] – sollten diese 400 nach ihrem Belieben zu einem späteren Zeitpunkt durchführen.[83]

Mit neuer Energie beschlossen die Athener, so Thukydides, den Neubau von Schiffen in Auftrag zu geben, die in den ägäischen Raum ausgesandt wurden, um das Seereich zu retten. Aus dem Jahr 411 sind jedoch zahlreiche Aufstände überliefert: Chios, Erythrai, Klazomenai, Lesbos, Melite, Rhodos, Abydos und Euböa, auch Städte an der ägäischen Nordküste fielen ab.

Umsturz in Samos

Andere jedoch wie die Neopoliten in Thasos[84] und Samos blieben im Seebund und unterstützten Athen, in Samos kam es sogar zu einem demokratischen Umsturz. Samos erhielt daher seine Autonomie zurück und die vor Samos liegende attische Flotte, deren Offiziere sich wiederum an der oligarchischen Bewegung in Athen orientierten, schloß sich der von Samos ausgehenden Bewegung für die Demokratie an. Man setzte die oligarchischen Strategen ab und wählte neue, die der Demokratie verpflichtet waren, unter ihnen Thrasyboulos und Thrasyllos.[85] Die Flotte in Samos hatte sich inzwischen Alkibiades zugewandt, der auch zwischen der Flotte und den 400 vermittelte: Er soll den Vorschlag gemacht haben, die von den Oligarchen in Athen begonnenen Friedensverhandlungen mit den Spartanern abzubrechen, in Athen auszuhalten und auf der Basis der 5.000 den alten Rat der 500 wieder einzusetzen.[86] Dies und vor allem der Verlust Euböas an Sparta blieben nicht ohne Rückwirkung auf Athen selbst, wo die 400 gezwungen wurden, das Regime an einen größeren Kreis, die ursprünglich dafür auch vorgesehenen 5.000, zu übergeben.[87]

Die Verfassung der 5.000

Thukydides beschreibt diese Verfassung in ihren ersten Anfängen als die beste Art, in der Athen zu seinen Lebzeiten regiert worden sei.[88] Diese Verfassung sei ein Ausgleich zwischen den Wenigen und den Vielen gewesen, ein Ende der politischen Unruhe und Entzweiung (*stasis*), und habe die militärische Leistungsfähigkeit Athens wiederhergestellt.[89] Bei dieser Verfassung kann es sich nicht um eine rein oligarchische Konzeption gehandelt haben, wie sie ursprünglich wohl geplant gewesen war: Thukydides sagt ausdrücklich, daß alle diejenigen, die als Hopliten dienten, zu den 5.000 gehören sollten. Da Athen jedoch wesentlich mehr als 5.000 Hopliten hatte, scheint diese Zahl nur symbolischen, aber keinen reellen Wert gehabt zu haben. Es könnten daher auch 10.000 oder mehr attische Bürger, jedenfalls alle, die den entsprechenden Zensus erfüllen konnten, damit gemeint gewesen sein.[90] Auch ein Rat der 500, wenngleich nicht durch das Los bestimmt, ist eingesetzt worden, ebenso ein Gremium von Nomotheten. Es ist dem Bericht des Thukydides nicht zu entnehmen, wie das Wahlrecht in der Volksversammlung bestimmt war: Ob grundsätzlich nur die Hopliten wählen und abstimmen durften, oder ob sich diese sog. 5.000 nur die Besetzung der Ämter vorbehielten, während zumindest in der Ekklesia die Nicht-Hopliten abstimmungsberechtigt waren.[91] Letztere Version würde den Übergang zur ursprünglichen Demokratie, der 410/409 stattgefunden haben muß, als einen fließenden erscheinen lassen.

Wiederherstellung der Demokratie

Wie und wann diese Verfassung der 5.000 dann endgültig zugunsten der rein demokratischen mit Rat, Gerichten und Volksversammlung abgelöst wurde, ist nur aus dem Zusammenhang der Ereignisse in Athen zu rekonstruieren: Das Dekret des Demophantos, wohl aus dem Frühjahr 410 stammend, nennt ausdrücklich einen als ausgelost bezeichneten Rat der 500, der damit deutlich von dem entsprechenden Gremium aus der Zeit der 5.000 zu unterscheiden ist.[92] Auch der Übergang zwischen den Kollegien der Oligarchen-Zeit zu denjenigen, die wieder regulär nach demokratischem Muster bestimmt wurden, verlief vom Amtsjahr 411/10 bis zum Amtsjahr 410/409 nicht reibungslos und erforderte verschiedene Anpassungen.[93] So wurde die Erweiterung des Kollegiums der Hellenotamiai, die von den 5.000 eingeführt worden war, auch nach der Restauration der Demokratie beibehalten.

Hingegen zeigen die verschiedenen Schutzmaßnahmen nach Beseitigung des Regimes der 5.000, daß sich die politische Öffentlichkeit in Athen immer noch sehr verunsichert fühlte.[94] Nach dem Demophantos-Dekret wurden alle Athener auf den Schutz der Demokratie eingeschworen, jeder, der sich auch nur des Versuchs einer Handlung gegen die Demokratie oder der Errichtung einer Tyrannis schuldig machte, konnte auf der Stelle, ohne jedes Gerichtsverfahren oder die Möglichkeit zur Berufung, getötet werden.[95] Die attische Bürgerschaft konstituierte sich so hierbei neu und in einem Schwurverband, der speziell auf die demokratische Verfassung ausgerichtet war. Gleichzeitig diente es dazu, die Bürgerlisten nach der Oligarchie wiederherzustellen.[96]

Möglicherweise auch aus vorbeugenden Interessen begann man mit der zur späteren Publikation geplanten Aufzeichnung der Gesetze Solons und Drakons, gleichzeitig wurde ein *eisangelia*-Gesetz verabschiedet, das die Zuständigkeit der Volksversammlung für alle Verfahren wegen Hochverrats und der Gründung oligarchisch gesinnter Klubs (*hetairiai*) festschrieb.[97] Schließlich legte man nun zum ersten Mal auch eine feste Sitz- und Geschäftsordnung für den Rat der 500 fest.[98] Als wirkliche Neuerung wurde auf Veranlassung des Kleophon die Diobelie eingeführt, eine öffentliche Tageszahlung an alle attischen Bürger, die weder ein Amt bekleideten, noch in Heer oder Flotte Sold bezogen. Dies ist ein klares Gegenprogramm gegen die Verfassung der 5.000 und ihre meritokratische Grundlage.

Der tiefe innere Zwist, den das Intermezzo von 412/11 zeigt, ist jedoch in der Folgezeit nicht bewältigt worden. Die innere, »sozio-politische Bruchlinie« zwischen der großen Masse des Demos und den besitzenden, wohl in der Mehrzahl liturgiepflichtigen Hopliten läßt sich weiterhin verfolgen.[99] Schon 406 wird auf Antrag des Kannonos wiederum ein Gesetz zum Schutz der Herrschaft des Demos, mit der Bestimmung, daß das ganze Volk dies abzuurteilen habe, beschlossen.[100]

Rückkehr des Alkibiades

Alkibiades war es gelungen, 410 bei Kyzikos die spartanische Flotte vollständig zu vernichten und die athenische Kontrolle an den Dardanellen und bei Byzanz wiederherzustellen.[101] Sparta bot sofort einen Frieden an, in dem Dekeleia gegen Pylos und Kythera, das die Athener immer noch hielten, ausgetauscht werden sollte. Doch in Athen lehnte man dies auf Veranlassung des Kleophon ab.[102]

Der Siegeszug des Alkibiades am Hellespont setze sich fort und es gelang ihm, einen Waffenstillstand mit dem Satrapen Pharnabazos zu bewirken. Sieben Jahre nachdem er Athen mit der sizilischen Expedition verlassen hatte, kehrte er triumphal in seine Heimatstadt zurück. Alle Anklagen wurde offiziell zurückgenommen und man wählte ihn, ein Novum in der attischen Geschichte, zum unumschränkten Oberbefehlshaber (*strategos autokrator*) zu Wasser und zu Lande.[103] Diesen Höhenflug fortzusetzen war er jedoch nicht in der Lage. Dem neuen spartanischen Befehlshaber Lysander war es gelungen, den persischen Vizekönig in Sardes, Kyros, davon zu überzeugen, daß nur eine vollständige Niederlage Athens zu einer Wahrung der persischen Interessen führen würde und daher eine Wiederherstellung des alten Gleichgewichtes zwischen Sparta und Athen nicht ausreichen würde.

Lysanders Sieg bei Notion leitete die letzte Phase dieses Krieges ein. Alkibiades wurde in Athen für die Niederlage verantwortlich gemacht und floh auf seine Besitzungen auf der thrakischen Chersones. Nach Athens Niederlage 404 ging er an den Hof des persischen Satrapen Pharnabazos, wo er jedoch auf die Initiative des Lysander hin ermordet wurde.

Kapitulation Athens

Zwar gelang es den Athenern in einer letzten großen Anstrengung noch einmal bei den Arginusen 406 zu siegen, doch war diese Seeschlacht so verlustreich, daß man in Athen die verantwortlichen Strategen ohne ordentlichen Prozeß in der Volksversammlung direkt zum Tode verurteilte.[104] Auch ein erneutes Friedensangebot der Spartaner in diesem Jahr lehnte Athen auf die massive Intervention des Kleophon hin ab. Die im darauf folgenden Jahr (405) wiederum durch Lysander herbeigeführte Niederlage bei Aigospotamoi führte zum Verlust der letzten attischen Flotte und der Gefangennahme von 3.000 bis 4.000 Athenern, die von den Spartanern sämtlich getötet wurden.

Damit war das Schicksal Athens besiegelt. Von Norden marschierten die spartanischen Könige nach Athen ein und setzten sich mit dem Heer an der Akademie, unmittelbar vor den Toren Athens, fest. Im saronischen Golf segelte Lysander mit einer spartanischen Flotte von 150 Schiffen ein. Trotz dieser vollständigen Blockade gelang es Kleophon immer noch, die Athener von einer Kapitulation abzuhalten. Theramenes hatte sich inzwischen in das Lager Lysanders begeben, um zu verhandeln und den absehbaren Sturz Kleophons abzuwarten. Anschließend begab er sich nach Sparta, um die Bedingungen für den Frieden entgegenzunehmen: Athen hatte sämtliche auswärtigen Besitzungen aufzugeben, alle Befestigungen und insbesondere die Langen Mauern waren zu schleifen, die Flotte bis auf zwölf Schiffe mußte ausgeliefert werden und die Rückkehr der Verbannten war zu gestatten. Weiterhin wurde Athen zum Eintritt in den Peloponnesischen Bund gezwungen, d. h. zur Heeresfolge den Spartanern gegenüber.

Die attische Volksversammlung akzeptierte diese Bedingungen nach der Rückkehr des Theramenes, und Ende April 404 v. Chr. segelte Lysander mit seiner Flotte in den Piräus ein.

Trotz dieser verheerenden Niederlagen waren doch Zeitgenossen der Ansicht, daß eigentlich die inneren Auseinandersetzungen die attische Demokratie letztendlich in den Untergang getrieben haben.[105] Nach dem demagogischen Terror des Kleophon hatten die pro-oligarchischen Strömungen, angeführt von Theramenes und Kritias sogar schon in der attischen Boule Rückhalt gefunden.[106] Auf die Forderung Lysanders hin wurde wiederum eine *patrios politeia* in Athen eingerichtet.[107]

Die Tyrannis der 30 in Athen

Erst nach massiver Bedrohung durch Lysander konnte Theramenes über einen Antrag des Drakontides die neue Verfassung im Mai/Juni 404 in der Volksversammlung durchsetzen:[108] Es wurden 30 Machthaber eingesetzt, die ursprünglich wohl die Überprüfung der Gesetze durchführen sollten.[109] Statt dies zu tun bzw. nur dies zu tun, bestimmten sie einen Rat und die Archonten nach ihrem eigenen Belieben.[110] Für ihre gesetzgeberische Tätigkeit zitiert die *Athenaion Politeia*, offenbar nach einer den 30 freundlichen Tradition, einige Beispiele. Genannt werden die Gesetze des Ephialtes und Archestratos über die Areopagiten im Gremium des Areopag, die durch die 30 aufgehoben wurden.[111] Auch hier ist wieder, wie schon in der ersten oligarchischen Phase 412/11, ein Rückgriff auf eine frühere Phase der Demokratie zu konstatieren; mit der Zeit vor Ephialtes ist hier noch am ehesten wieder die Zeit des Kleisthenes zu sehen, die man mit oligarchischen Konzeptionen verbinden zu können glaubte.

Unmittelbar darauf begann die erste Terrorwelle, durch die neben Sykophanten und Demagogen vor allem prominente Demokraten beseitigt wurden. In diese Zeit gehört auch der berüchtigte *katalogos meta Lysandrou*, eine sog. schwarze Liste.[112] Diese enthielt offenbar eine von Lysander selbst gebilligte Liste mit Namen attischer Bürger, die der politischen Gegnerschaft oder sonstiger Auffälligkeiten verdächtig waren. Wie weit dieser ›Regierungsterrorismus‹ ging, belegt Xenophon mit einer Rede des Kritias, nach der es im Grunde genommen erforderlich ist, jeden Gegner der Oligarchie zu töten.[113]

Dieses rigorose Programm umfaßte aber auch eine Abtrennung des Piräus von Athen, indem er einer eigenen Regierung unter 10 Männern unterstellt wurde.[114] Zu dieser wirtschaftlichen Schwächung der Stadt gehörten weiterhin der Abbruch der Werften und Schiffshäuser sowie als symbolischer Ausdruck dieser endgültigen Abkehr von jedem Anspruch auf Seeherrschaft die Verlagerung der Rednertribüne auf der Pnyx, die nun nicht mehr in Richtung See blickte, sondern landwärts gedreht wurde. Die Seeherrschaft als Grundlage der Volksherrschaft sollte gänzlich aus dem Leben Athens entfernt werden.[115]

Doch auch hier beginnt der Widerstand mit einer Forderung nach Ausweitung der Aktiv-Bürgerschaft, die diesmal in einer Liste von 3.000 Bürgern gefaßt wird. Wie mit dieser Liste umgegangen wurde, die auch längere Zeit geheim war, zeigt der bei Xenophon beschriebene Prozeß gegen Theramenes. Dieser war, als seine Forderungen nach breiterer Beteiligung an der Politik bei den 30 Furcht erregten, des Verrats angeklagt worden. Da der Prozeß vor dem Rat sich zu seinen Gunsten zu neigen schien, beschlossen die 30 während der Verhandlung, ihn kurzerhand aus der Liste der 3.000 zu streichen, wodurch er nicht mehr der Gerichtsbarkeit des Rates, sondern der direkten Eingriffsmöglichkeit der 30 unterlag. Diese verurteilten ihn sofort zum Tode.[116]

Als sich der demokratische Widerstand dann unter Thrasyboulos von Phyle aus sammelte und militärisch auch das Regime der 30 zu überwinden drohte,[117] verschärfte sich der Terror in Athen noch einmal: Die 30 riefen ungefähr 300 Bürger aus Eleusis und Salamis zusammen und begingen an ihnen einen geplanten Massenmord, um für sich selbst Zufluchtsorte zu sichern.[118] Die 3.000 stürzten schließlich die 30 und wählten ein Gremium von 10 Männern, je einer pro Phyle.

Wiederherstellung der attischen Demokratie

Erst nachdem sich der spartanische König Pausanias einschaltete, wurde eine Lösung gefunden: Der attische Bürgerverband wurde politisch und territorial gespalten. Die Oligarchen erhielten in Eleusis einen garantierten Sonderstatus, während in Athen im Jahre 403/2 unter der Aufsicht eines Gremiums von 20 Männern die Demokratie wiederhergestellt wurde.[119] Jedoch beschlossen die Athener eine allgemeine Amnestie, die nur die 30, das Gremium der zehn *autokratores*, die elf Scharfrichter und die oligarchischen Archonten des Piräus nicht berücksichtigte. Allerdings wurde eine Ausnahme zugelassen für den Fall, daß nach demokratischem Modus Rechenschaft abgelegt würde.

Diese rechtlichen und politischen Regelungen zwischen den beiden Teilen der attischen Bürgerschaft, in denen etwa die strittigen Eigentumsfragen geklärt wurden, sicherte man durch Eide und Verträge ab, die streng eingehalten wurden.[120] Gerade diese ungewöhnliche und konsequente Durchsetzung von Eintracht (*homonoia*, als Gegenbegriff zur *stasis*) ermöglichte schließlich die Wiedervereinigung der gespaltenen Bürgerschaft im Jahre 401, wenngleich auch hierbei in der Ermordung der oligarchischen Führer von Eleusis die militärische Gewalt, ein für den Aufstieg und Niedergang Athens entscheidendes Element, eine nicht unerhebliche Rolle spielte.[121]

VIII. Spartas Politik und Gesellschaft in der 2. Hälfte des 5. Jahrhunderts: Die Stabilisierung

1. Spartas Politik gegenüber Athen

Spartas Furcht vor Athen

Die Einschätzung der spartanischen Politik, vor allem Athen gegenüber, ist außerordentlich stark von Thukydides geprägt. Das moderne Urteil über die Spartaner findet sich bei Thukydides in Bemerkungen wieder wie derjenigen über den Feldherrn Brasidas, der ein fähiger Redner gewesen sein soll – für spartanische Verhältnisse.[1] Die spartanische Langsamkeit ebenso wie der Mangel an strategischer Weitsicht sollen Sparta zu einem für die Athener höchst geeigneten Kriegsgegner gemacht haben.[2] Die berühmte spartanische ›Doppelzüngigkeit‹ wird von Thukydides ausgiebig am Beispiel des Pausanias beschrieben:[3] Es gilt als typisch, daß Spartaner etwas anderes sagen als sie denken,[4] daß sie hinterlistig sind und sogar die Verletzung von Eiden als anwendbare und gerechtfertigte Kriegslist betrachten.[5] Schließlich häufen sich im 5. Jahrhundert die Nachrichten über erfolgreiche Bestechungen spartanischer Könige und Ephoren.

Andererseits zeigt das durchgängige Ansehen, das Sparta in Griechenland besaß, ebenso wie die Dauer, die den spartanischen Einfluß in der griechischen Politik trotz der verhältnismäßig kleinen Bevölkerungszahl auszeichnet, daß diese Charakterisierung Spartas einseitig ist. In den Komödien des Aristophanes steht hinter allen vordergründigen Boshaftigkeiten ein freundlicheres Sparta-Bild, das so während des langen und heftigen Peloponnesischen Krieges, den Athen in der Zeit dieser Komödien führte, eher überrascht. Die Spartaner werden von der Verantwortung für den Ausbruch des Krieges entbunden und als den Frieden bzw. den Ausgleich mit Athen suchend dargestellt.[6]

Auch die Beurteilung der spartanischen Strategie hat verschiedene Aspekte. Für Thukydides liegt der Grund für den spartanischen Beschluß, 432 gegen Athen Krieg zu führen, nicht in der Furcht, daß der Peloponnesische Bund auseinanderbrechen und Lakonien schutzlos der Gefahr einer Invasion durch ein feindliches Herr ausgeliefert sein könnte (wie dies allerdings 370 tatsächlich eintrat[7]). Thukydides selbst bewertet diese Gefahr als nicht so schwerwiegend wie die in Sparta entstandene Furcht vor der attischen Macht.[8] Seine eigene Darstellung der Entwicklung Athens in den Jahren 445–33 bietet kaum einen Hinweis darauf, warum nun gerade in Sparta eine steigende Furcht vor dem stetigen Anwachsen der attischen Macht zum Kriegsbeschluß geführt haben soll. Höchstens die Niederschlagung der Rebellion in Samos, die Thukydides in seinem Abriß der Pentekontaetia vergleichsweise ausführlich beschreibt, könnte dahingehend verstanden werden, daß es nicht einmal dem mächtigen, reichen Samos gelingen konnte, Athens Herrschaft zu erschüttern.[9]

Doch gerade für die Unterstützung von Samos hatte man in Sparta nicht einmal vier Jahre nach Abschluß des dreißigjährigen Friedens mit Athen votiert. Das Hilfsversprechen an Samos wurde jedoch nicht in die Tat umgesetzt, ebensowenig wie dasjenige an Thasos (s. o. S. 137, S. 84).[10] Seit Mitte der 60er Jahre zeigt sich in Sparta eine konstante Politik gegenüber Athen, die das Ziel hat, Athens Situationen der Schwäche – sei es durch den Abfall gleich mehrerer Bündner (Thasos in den 60er Jahren, Euböa und Megara 446, Samos und Byzanz 440, Poteideia und Chalkidier 432) oder durch entscheidende Kriegsverluste (in Ägypten Mitte der 50er Jahre, in Sizilien 413)[11] – zu einem militärischen oder auch diplomatischen Schlag auszunutzen. Die spartanische Erwartung im Hinblick auf den Verlauf des Krieges erfüllte sich allerdings nicht: Die Athener ließen sich nicht zu einer offenen Schlacht verleiten und auch die fünf aufeinander folgenden Invasionen in den 20er Jahren hinterließen keinen nachhaltigen Zerstörungseffekt in Attika.

Spartas Strategie

Die Frage der Finanzen beleuchtet allerdings sehr deutlich, wie unterschiedlich die beiden Poleis in der Führung des Peloponnesischen Krieges agierten, und zeigt insbesondere die Schwachpunkte in der spartanischen Strategie und den Aspekt der Furcht. Wie Thukydides in der Rede des spartanischen Königs Archidamos vor dem eigentlichen Ausbruch des Krieges hervorhebt, konzentrierte sich die spartanische Strategie im ersten Teil des Krieges vollständig auf die jährlichen Invasionen in Attika. Im Gegensatz dazu hatte Athen schon länger einen kombinierten See- und Landkrieg entwickelt, der sowohl den Einsatz der Flotte als auch den Einsatz der attischen Hopliten – schnell und für den Gegner überraschend mit der Flotte transportiert – vorsah. Sparta konnte sich in der Finanzkraft, die für den wirkungsvollen Aufbau einer Flotte und die damit mögliche Abwerbung von Bündnern Athens notwendig gewesen wäre, in keiner Weise mit den Ressourcen Athens aus dem Seebund messen. Offenbar sind die Beiträge zur Kriegskasse Spartas teils von Poleis, teils von Einzelpersonen, teils von den Sparta zugeneigten Adelsparteien in Poleis, die mit Athen verbündet waren (z. B. Chios), gezahlt worden. Melos, das durch die thukydideische Darstellung der brutalen Unterwerfung durch Athen so be-

rühmt geworden ist, gehörte in diesen Jahren anscheinend auch zum Peloponnesischen Bund, oder die Bürgerschaft war in ihren Interessen ebenso gespalten wie offensichtlich in Chios. Jedenfalls hat auch Melos zur Finanzierung
der spartanischen Kasse beigetragen. Die Beiträge wurden in Naturalien oder
Geld geleistet, dies wiederum in ganz unterschiedlichen Währungen und Grö-
ßenordnungen. Insgesamt läßt sich weder ein festliegendes System von Abgaben erkennen noch überhaupt ein organisierter Einzug von tributähnlichen
Geldern. Daher war, zumindest bis zu dem Zeitpunkt, von dem an die persischen Gelder flossen, für Sparta kaum ein anderes Vorgehen als die jährlichen
Einfälle in Attika möglich. Man war sich in Sparta dieser Unterlegenheit
gegenüber Athen deutlich bewußt, und dies nicht erst seit Ausbruch des Peloponnesischen Krieges, sondern mindestens seit der Rücksendung der attischen
Hilfsexpedition unter Kimon (s. o. S. 84).

Die Konstanz im Ergreifen jeder Gelegenheit zur Intervention, die die spartanische Politik gegenüber Athen prägte, spricht allerdings sehr für die These
des Thukydides von der spartanischen Furcht vor Athen. Hierbei dürfte aber
weniger der von Thukydides angeführte Grund des prinzipiellen Gegensatzes
zwischen der Landmacht Sparta und der Seemacht Athen ausschlaggebend gewesen sein als die Furcht vor der Eigentümlichkeit der athenischen Politik und
ihrem permanent zur Schau gestellten Überlegenheits- und Herrschaftsanspruch.
Dies muß auf eine Gesellschaft wie die spartanische, die in dieser Zeit mit der
Bewältigung existenzieller innerer Krisen (Konflikt zwischen Königen und
Ephoren, Erdbeben und Helotenaufstand) beschäftigt war, in der Tat bedroh-
lich gewirkt haben.

2. Die Veränderung der spartanischen Gesellschaft

Neue gesellschaftliche Gruppen in Sparta

Das konstante Mißtrauen und die latente Feindseligkeit Athen gegenüber stehen
im Zusammenhang einer tiefgreifenden Veränderung der spartanischen Gesellschaft im 5. Jahrhundert. Aus der literarischen Überlieferung sind Bevölkerungsgruppen namentlich überliefert, die im 5. Jahrhundert offenbar neu entstehen; die Zahl der Spartiaten geht dramatisch zurück und es entsteht die
Vorstellung von den *homoioi*, einer Konzeption der Gleichheit aller Spartiaten,
die zu dem Ideal der später als typisch spartanisch angesehenen einfachen Lebensweise führt, die ganz auf das Militärische ausgerichtet ist. Im Kontext des
Mythos Lykurg (s. o.) ist mit diesem Lebensideal auch eine Abkehr von Kunst
und Luxus verbunden worden. Allerdings hat gerade die Untersuchung der Stil-
entwicklung und Kunstproduktion Spartas sehr deutlich gezeigt, daß zwischen

dem 7. Jahrhundert und etwa 500 v. Chr. weder ein Einhalten noch ein Einbruch in der spartanischen Kunstproduktion zu erkennen ist.[12] Vielmehr entwickeln sich gerade am Ende des 6. Jahrhunderts in Sparta drei neue Kunstformen (Bronzestatuetten von Kouroi, Marmorakrotere, Heroenreliefs), die bis in die hellenistische Zeit ungebrochen fortdauern. Insgesamt allerdings zeigt die spartanische Kunstproduktion, wenn man die Entwicklung des 6. mit dem 5. Jahrhundert vergleicht, einen Rückgang der Formenvielfalt. Dieser kann allerdings nicht nach dem Muster des Mythos Lykurg mit der auf eine Reform zurückzuführenden, plötzlich und bewußt einsetzenden Kunstverachtung in Zusammenhang gebracht werden. Die Kunstgüterproduktion in Sparta geht insgesamt nicht wirklich zurück, sondern verlagert sich eher. Gerade dies deutet auf einen komplexen Charakter des Wandels und auch auf einen anderen Zusammenhang als den einer legendären Reform.

Neben den strukturellen Problemen, die durch die Politik des Kleomenes und des Pausanias in Sparta zu einer verstärkten Kontrolle der Könige und Heerführer durch die Ephoren geführt hatten, ist es vor allem der demographische Niedergang, dem eine bedeutende Rolle für die Veränderung der spartanischen Gesellschaft zuzuschreiben ist. Wenngleich die Auswirkungen des großen Erdbebens und die genaue Zahl der Erdbebentoten nur umrißhaft über die Größe der später in der Literatur genannten spartiatischen Heereskontingente zu bestimmen sind, so ist doch zu erkennen, daß der Einschnitt tief gewesen sein muß.[13] Am deutlichsten läßt sich diese Entwicklung anhand des militärischen Einsatzes bzw. der Heeresaufstellungen verfolgen.

Der Bevölkerungsrückgang bei den Spartiaten hatte es wohl notwendig gemacht, immer mehr auf das Reservoir der Heloten zurückzugreifen, um überhaupt genügend Soldaten für die spartanischen Expeditionen bereitstellen zu können. Man hat daher in Sparta mit großer Flexibilität versucht, soziale Schranken zu lockern. Nur so ist es zu erklären, daß gerade in der Überlieferung aus der zweiten Hälfte des 5. Jahrhunderts bzw. dem Beginn des 4. Jahrhunderts völlig neue Bevölkerungsgruppen erwähnt werden. Im Zusammenhang des Brasidas-Zuges (424 v. Chr.) berichtet Thukydides davon, daß den Heloten, die man Brasidas als Hopliten mitgegeben hatte, die Freiheit als solche und die Möglichkeit, sich an beliebiger Stelle niederzulassen, zugesichert worden war. Jedoch wurden diese auch später noch sogenannten *brasideioi* zusammen mit den *neodamodeis* – sog. Neubürgern – 421 an der Grenze zu Elis angesiedelt. Diese Brasideioi wurden demnach von den Neodamoden unterschieden und auch später nicht selbst zu Neodamoden.[14] Unter diesen *neodamodeis*, in diesem Jahr 421 zum ersten Mal überhaupt erwähnt, sind wahrscheinlich diejenigen Heloten zu verstehen, die freigelassen und fest angesiedelt bzw. stationiert wurden.[15] Damit blieben sie weiterhin unter Waffen und konnten jederzeit zu weiterem Kriegsdienst herangezogen werden, wovon man auch reichlich Gebrauch machte.[16] Die Neodamoden wurden keinesfalls zu Vollbürgern und hatten somit nicht die politischen Bürgerrechte, wenngleich sie doch durch ihren Einsatz im Kriegsdienst und bei militärischen Sicherheitsaufgaben zumindest nach außen als Bürger gelten konnten.[17]

Für wie aktuell man die Gefahr eines Helotenaufstandes hielt und wie gezielt man die mögliche Standesveränderung bei den Heloten einsetzte, erweist sich auch daran, daß man den Brasidas-Zug nach Thukydides ausdrücklich dazu nutzte, um 700 Heloten aus Sparta zu entfernen, da man die attische Besetzung der Insel Pylos als permanentes Signal zum Aufstand an die messenischen Heloten fürchtete.[18] Im gleichen Zusammenhang berichtet Thukydides von einer Schutzmaßnahme der Spartaner, die möglicherweise in die gleiche Zeit fällt: Man versprach denjenigen der Heloten, die sich selbst für die tapfersten in den Feldzügen hielten, die Freiheit. So sollten diejenigen enttarnt werden, die gleichzeitig auch das aufrührerischste Potential darstellten. 2.000 Heloten wurden so in die Freiheit entlassen und verschwanden kurz danach spurlos, wobei niemand gewußt haben will, wie dies geschehen sei.[19]

Gleichzeitig tritt auch eine weitere Gruppe der spartanischen Gesellschaft in Erscheinung, die ebenso wie die *neodamodeis* einen Zwischenstatus zwischen Spartiaten und Heloten einnahm. Die spartanischen Hopliten von Sphakteria, die sich in ganz untypischer Weise den Athenern ergeben hatten, statt wie ihre Vorfahren bei den Thermopylen bis zum letzten Mann gegen den Feind zu kämpfen, waren nach dem Frieden von 421 nach Sparta zurückgekehrt und dort auch teilweise schon wieder in Ämtern. Man fürchtete jedoch, daß sie aufgrund des mit der Auslieferung verbundenen Ehrverlustes mit Nachteilen rechnen würden und daher einen Umsturz planen könnten. Dem kam man zuvor, indem man sie mit Ehrverlust bestrafte. Damit hatten sie ihren Stand als Spartiaten nicht verloren,[20] jedoch einen gravierenden Ansehensverlust zu ertragen sowie den Verlust der Qualifikation, sich für die Ämter bewerben zu können, und des Rechtes, Käufe bzw. Verkäufe zu tätigen. Da sie jedoch zu einem späteren Zeitpunkt ihren alten Status wiedererlangt haben, scheinen die Grenzen zwischen dem Stand der verminderten Rechte und demjenigen der Spartiaten immerhin durchlässig gewesen zu sein.[21] In der Beschreibung der sog. Verschwörung des Kinadon, 399 v. Chr., wird die Mehrzahl aller spartanischen Bürger der Gruppe der *hypomeiones* zugerechnet.[22] Diesen Ausdruck verwendet Xenophon offensichtlich als einen Sammelbegriff für die ›Geringeren‹, die deutlich von den Heloten, Periöken und Neodamoden unterschieden waren, jedoch in rechtlicher Hinsicht keine geschlossene Gruppe bildeten.

Zu *hypomeiones* wurden Bürger dann degradiert, wenn sie nicht die körperlichen Voraussetzungen für den Hoplitendienst oder die finanziellen Auflagen für die Syssitien erfüllen konnten. Auch diejenigen, die durch Feigheit in der Schlacht ihre Ehre verloren hatten, konnten möglicherweise den *hypomeiones* zugerechnet werden, obwohl sie anders als die wegen Armut oder mangelnder körperlicher Leistungsfähigkeit aus dem Verband der Vollspartiaten ausgeschiedenen *hypomeiones* weiterhin Spartiaten blieben.[23]

Lockerungen der gesellschaftlichen Hierarchie

Den vielleicht deutlichsten Hinweis auf gesellschaftliche Veränderung gibt das Auftreten der sog. *mothakes*. Bei diesen handelte es sich teilweise um die Söhne spartiatischer Väter, deren Mütter Heloten- bzw. Periöken-Status hatten.[24] Andere *mothakes* stammten u. U. aus fremden Poleis. Gemeinsam war dieser Gruppe, daß sie die Erziehung der Vollspartiaten zusammen mit jeweils einem ehelichen Spartiaten-Sohn genossen hatten.[25] Ihrer Herkunft nach entstammten sie ganz unterschiedlichen Verhältnissen wie etwa den nicht-ehelichen Verbindungen oder den Familien verarmter Spartaner, den Kreisen der ›Geringeren‹.

Da interessanterweise so herausragende Spartiaten wie Lysander und Gylippos als *mothakes* bezeichnet werden, schließt dieser Status offenbar eine Stellung der erwachsenen *mothakes* als Vollspartiaten nicht aus.[26] Jedoch lag der eigentliche Unterschied, der aus einem *mothax* einen Vollbürger werden ließ oder es auch verhinderte, in den wirtschaftlichen Gegebenheiten: Die *mothakes* aus reichen Spartiaten-Familien wurden anscheinend generell zu Vollbürgern,[27] diejenigen aus ärmeren Familien nur unter besonderen Bedingungen, wie etwa Lysander, trotz Armut, aufgrund seiner außergewöhnlichen Tapferkeit.[28] Ebenso wie die verarmten Spartiaten zu *hypomeiones* wurden, weil sie die Beiträge zu den Syssitien nicht leisten konnten, verblieben die ärmeren *mothakes* aus diesem Grund in ihrem ursprünglichen Stand.

Eine der direkten Auswirkungen der Veränderung war also die immer weiter fortschreitende Differenzierung der Gesellschaft, die unter den Bedingungen des Peloponnesischen Krieges wohl noch befördert wurde: Gab es am Anfang nur die Spartiaten als Bürger, von denen die Heloten als Gruppe zwischen Bürgern und Sklaven sowie die Periöken als eine Gruppe zwischen Bürgern und Fremden scharf getrennt waren,[29] so begegnen seit dem Peloponnesischen Krieg *neodamodeis, Brasideioi*, verschiedene Gruppen der *hypomeiones* und der *mothakes*. Diese lassen sich durchaus als Stände mit abgestuften Privilegien und unterschiedlicher Rechtsstellung beschreiben,[30] die die gesellschaftliche Hierarchie Spartas möglicherweise um so schärfer hervortreten ließ, dafür aber eine gewisse Dynamik einbrachte. In diesen neuen Ständen war sowohl Aufstieg als auch Abstieg möglich – im Unterschied zu dem Spartiatenstand, aus dem man nur absteigen, in den man jedoch nicht aufsteigen konnte. Ob diese Diskontinuität zwischen der Entwicklung des Spartiatenstandes und den neuen Gruppen die Leistungsfähigkeit der spartanischen Polis reduziert oder nicht vielmehr stabilisiert hat, läßt sich aus dem historischen Kontext kaum beantworten. Die starke Spannung zwischen diesen Gruppen und den

Spartiaten zumindest läßt sich aus der Verschwörung des Kinadon belegen, die sich 399 abspielte. Von diesem berichtet Xenophon, daß er alle Heloten, Neodamoden, *hypomeiones* und Periöken als Gleichgesinnte für seinen Verschwörungsplan betrachtete: Schließlich könne keiner von diesen, wenn in einem Gespräch die Rede auf die Spartiaten käme, verbergen, ›daß er sie wohl am liebsten roh auffräße‹.[31]

Die Heeresreform

Die sicherlich einschneidendste Veränderung in Sparta war eine Heeresreform, die zwischen den Kämpfen von Plataiai (479 v. Chr.) und Sphakteria (425 v. Chr.) erfolgt sein muß. Weitere Anhaltspunkte zur chronologischen Einordnung sind das Erdbeben der 60er Jahre und der Friedensschluß mit Athen 446/45 v. Chr., der durchaus auch auf eine militärischer Schwäche hindeutet.[32] Bei Herodot werden noch separate spartiatische und periökische Abteilungen des spartanischen Heeres erwähnt und als Lochoi bezeichnet.[33] So setzte sich das Heer aus 2 x 5 Lochoi zusammen[34], während für Xenophon die größte spartanische Heereseinheit die Mora ist (Thukydides nennt sie ebenfalls Lochos[35]), von denen insgesamt sechs existierten. Die fünf spartanischen Lochoi der älteren Ordnung lassen sich nach ihren Namen bestimmten Dörfern zuordnen, so daß sich hier offenbar ein territoriales Gliederungsprinzip niedergeschlagen hat.[36] Aus der Angabe bei Herodot, daß 5.000 Spartaten an der Schlacht von Plataiai teilnahmen, läßt sich auf eine Größe von je 1.000 Mann für einen Lochos schließen. Die spätere Ordnung hingegen bestand aus sechs Morai, die von sechs Polemarchen kommandiert wurden, wobei je drei aus dem Heer und der Reiterei bestanden.[37] Eine Mora setzte sich wiederum aus den vier Lochoi als Unterabteilungen zusammen, so daß im Heer insgesamt zwölf Lochoi gebildet wurden.[38]

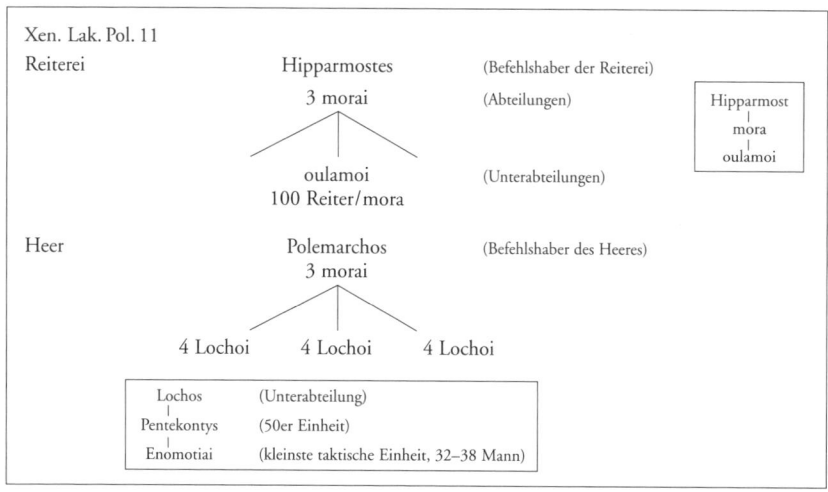

Diese zwölf Lochoi waren aus Spartiaten und Periöken gemischt zusammenge-setzt. Darin spiegelt sich ein grundlegender Wandel der Heereszusammenset-zung, die nun unter strategischen, wohl auch politisch bedingten, Aspekten ge-bildet wurde und dabei von den alten, lokal und territorial definierten Einheiten ganz gelöst wurde.

Die Homoioi-Ideologie

Damit steht in engem Zusammenhang eine Ideologie der Gleichheit, die sich in Verbindung mit dem spartanischen Begriff der *homoioi* in der zweiten Hälfte des 5. Jahrhunderts durchzusetzen begann. Der Begriff selbst begegnet in dieser Form erst bei Xenophon[39], doch läßt sich die Verwendung der Vorstellung auch schon bei Herodot und Thukydides erkennen.[40] Die damit verbundene Vorstel-lung von der Gleichheit der Art und des Seins weist auf ein völlig anderes Kon-zept als das der attischen Isonomie. Es verweist nicht auf Gleichheit des Besitzes oder der bürgerlichen Rechte, sondern auf eine Gleichheit der Mentalität, die sich von anderen Gruppen – in diesem Fall die in den gleichen Einheiten kämp-fenden Periöken – abgrenzt.[41] Gleichzeitig ist in diesem Ideal auch der Anspruch zu erkennen, die herausragenden Einzelnen auf die Gemeinschaft der *homoioi* zu verpflichten und der Wiederholungsgefahr der Pausanias-Affäre entgegenzuwir-ken. Hier ist ein Prozeß der Selbstdisziplinierung zu erkennen, in den sich auch der Veränderungsprozeß der spartanischen Kunstproduktion einordnen läßt: Da ganz offensichtlich die Aufwendungen für den öffentlichen Bauluxus und für entsprechende Weihungen nicht zurückgingen, wie man an den für das 5. Jahr-hundert überlieferten Projekten (Perserhalle, Porträtstatuen, Weihungen in Del-phi) deutlich erkennen kann, hat sich der Wandel auf den persönlichen Bereich konzentriert. Wenn für den Bereich des privaten Luxus Aufwendungen und Zur-schaustellungen drastisch zurückgehen, ohne daß dies im öffentlichen Bereich seine Entsprechung findet, dann ist daran eine Tendenz zur Zurückhaltung des Privaten und zur Indienstnahme der großen Familien der Spartiaten im Interesse des Ganzen, d. h. der Polis Sparta zu erkennen.

Kalokagathia und Reformpläne

Eine weitere Begriffsschöpfung, die sich dieser *homoioi*-Ideologie der Spartiaten verdankt, ist die *kalokagathia*. Die Spartiaten, die sich als *kaloi k'agathoi* bezeich-neten, waren diejenigen unter den Soldaten, die sich dazu verpflichtet sahen, ohne Zögern oder den Gedanken einer Aufgabe bis zum Tod auf dem Schlacht-feld auszuharren.[42] Sie trugen diese Bezeichnung als einen rein militärischen Eh-rentitel, der auf außergewöhnlichen Mut und Tapferkeit hinwies. Soziale oder gesellschaftliche Differenzierungen spielten dabei offenbar keine Rolle. Die in der Kalokagathia zum Ausdruck kommende Vorstellung, daß die individuelle, militärische Bewährung eine Elite unabhängig von Reichtum oder gesellschaftlicher Stellung schafft, ordnet sich ein in den in der 2. Hälfte des 5. Jahrhunderts beginnenden Diskurs über Individualität und Natur. In diesen Kontext ist dann das später von Lysander entwickelte Konzept für eine Veränderung der politischen Ordnung Spartas gut einzuordnen: An der Spitze der spartanischen Regierung sollte in Zukunft ein Wahlkönig stehen, nach Verdienst und Tüchtigkeit (*arete*) aus allen Spartiaten bestimmt.[43] Sein eigenes Schicksal, durch Talent und Erfolg, nicht durch Geburt und Amt für seine Vaterstadt die größten Erfolge und außerordentlichen Reichtum erwirkt zu haben, jedoch gleichzeitig nur kurzfristig die öffentliche Stellung eines politischen Führers innezuhaben, war der Auslöser für diese Konzeption. Für den Plan wollte er die Bürger Spartas, d. h. alle Spartiaten, überzeugen und konnte wohl auch schon auf zahlreiche Anhänger zurückgreifen, die die Umsetzung seines Plans unterstützten.[44] Gescheitert ist die Ausführung der Aktion wohl vor allem an dem Tod Lysanders während des Korinthischen Krieges.

Obwohl der Plan Lysanders – über die Verbreitung der Schrift des Pausanias ist nichts bekannt – nicht in die breite Öffentlichkeit kam und auch von seinen Gegnern erst nach dem Tod Lysanders entdeckt wurde, weist er doch daraufhin, daß am Ende des 5. Jahrhunderts Reformbestrebungen und Veränderungspläne mit dem Ziel existierten, die politische Struktur Spartas dahingehend zu ändern, daß eine breitere Lagerung der Macht auch in Sparta ermöglicht werden sollte, wenngleich der Weg nach wie vor ein völlig anderer als in Athen sein sollte.

IX. Athen und Sparta im 5. Jahrhundert: Gleichheit und Verschiedenheit

1. Bürgerverband und Gesellschaft

In der Geschichte des 5. Jahrhunderts steht die Entwicklung der griechischen Polis stark im Vordergrund. Der dadurch auf die politischen Veränderungen gerichtete Blick des Historikers folgt dabei gern der Sichtweise der Quellen, die sich mit den großen Kriegen, d. h. der Abwehr der Perser und der Auseinandersetzung zwischen Athen und Sparta und schließlich seit dem letzten Drittel des 5. Jahrhunderts auch mit Grundsatzfragen wie dem Verhältnis der menschlichen Natur zu Gerechtigkeit, der Stabilität der Verfassungen und der Verteilung der politischen Macht in der Polis beschäftigen.

Die Grundlage aller Politik in griechischen Gemeinwesen war der personale Bürgerverband, d. h. die spezifische Zusammensetzung einer Polis aus einer begrenzten Zahl erwachsener, männlicher Bürger. Diese Gruppe stellte in der Regel eine mehr oder weniger große Minderheit der Gesamtbevölkerung einer jeden griechischen Polis dar: Es zählten dabei weder die Frauen und Kinder noch die Metöken, Sklaven oder ansässigen Bürger anderer Poleis zu diesem Verband. Waren die Söhne der männlichen Vollbürger immerhin potentielle Bürger und damit wenigstens potentiell für eine Anteilnahme an der Politik vorgesehen, so war die Stellung der Frauen im Hinblick auf das Bürgerrecht und die Teilnahme am politischen Leben der Polis von grundsätzlichem und ausnahmslosem Ausschluß geprägt.

Gruppenzugehörigkeit und Bürgerrecht in Athen

Zwar sind exakte Zahlenangaben über die Verteilung der Gruppen in der Bevölkerung kaum möglich, doch läßt sich etwa für Athen im 5. Jahrhundert erkennen, daß von einer Gesamtbevölkerung von 150.000 Erwachsenen (männliche Bürger, Frauen, Sklaven, Metöken) etwa 10.000 bis 40.000 Metöken waren.[1] Von diesen Metöken ist immerhin bekannt, daß sie ebenso wie die attischen Vollbürger am Kriegsdienst teilnahmen und auch wirtschaftlich eine stabilisierenden, bedeutenden Faktor der attischen Polis darstellten.[2] Aber nicht nur

167

Athen setzte seit Beginn des Peloponnesischen Krieges Metöken in großer Zahl als Hopliten ein, sondern auch Sparta bediente sich für den Hoplitendienst der Periöken, die von ihrem Stand als Nicht-Bürger den attischen Metöken vergleichbar sind. Gerade der Hoplitendienst des bäuerlichen Bürgers ist für die Entwicklung des politischen Konzeptes der Hoplitenpoliteia mit der Vorstellung vom gleichen Anteil der Wehrfähigen an der politischen Ordnung zum wesentlichen Element geworden. Die Funktion der Wehrfähigkeit ist ein entscheidendes Merkmal der bürgerlichen Zugehörigkeit gewesen. Daher ist auch diese Ausweitung der eigentlichen Bürgerpflicht auf Nicht-Bürger in ihren Konsequenzen für Politik und Polis zu betrachten.

Die Exklusivität des Bürgerrechtes ist in Athen nie in Frage gestellt worden; in Sparta hingegen, das auch mit ganz anderen gesellschaftlichen Problemen zu kämpfen hatte, versuchte man, ohne die eigentliche Exklusivität aufzuheben, über die Einführung von Zwischenstufen die veränderte Situation zu bewältigen. Andererseits fällt jedoch auf, daß der Unterschied zwischen oligarchischen und demokratischen Organisationsformen nicht immer als eindeutig oder gravierend empfunden wurde, oder daß sowohl Demokratien als auch oligarchische Strukturen als gemischte bzw. auch gemäßigte Verfassungen bezeichnet werden konnten.[3]

Der hierbei zu erkennende, teilweise fließende Übergang zwischen den Gruppen, die Anteil an der Politeia als politischer Ordnung hatten, d. h. die Gremien besetzten und die Entscheidungen fällten, hat jedoch keine wirkliche Entsprechung in etwaigen Übergängen im Hinblick auf eine Ausdehnung auch des Bürgerrechts. Damit blieb die Politik, die eigentliche Tätigkeit des Bürgers, immer ein Privileg, das streng gehütet wurde. Nicht alle Poleis waren darin so konsequent wie Athen, das seit dem Perikleischen Bürgerrechtsgesetz dieses Privileg an die beiderseitige athenische Abstammung von Bürgern band. Aber Bürgerrechtsverleihungen an größere Gruppen blieben die seltene Ausnahme, und die Heranziehung der Metöken zum Hoplitendienst führte in der Regel nicht zu einer Aufnahme in den Bürgerverband.

Dieser Ausschluß großer Gruppen aus dem Bürgerverband, die nicht einmal bei der Übernahme bürgerlicher Funktionen wie im Fall der Metöken gelockert wurde, weist auf eine erstaunliche Exklusivität des Politischen. Denn in anderen, für die Existenz einer antiken Polis nicht weniger wichtigen Bereichen, ist demgegenüber ein hohes Maß an Integrationsleistungen zu erkennen. Sowohl Feste als auch Kulte sind ebenso unverzichtbare Bestandteile der Stadtkultur antiker Poleis wie die politische Organisationsform der jeweiligen *politeia*. So beschreibt etwa Xenophon die bürgerliche Gemeinschaft als Verbundenheit, die nicht nur in gemeinsamer politischer und militärischer Bewährung entstanden ist, sondern gleichermaßen durch die Teilnahme an Kulten, Opfern und Festen.[4] Auch Thukydides läßt Perikles in der Rede auf die Gefallenen zu

Beginn des Peloponnesischen Krieges die Teilnahme an Festen und Opfern als wesensmäßigen Bestandteil des Lebens in der Polis Athen nennen.[5]

Kulte und Feste repräsentierten Kontinuitäten und Traditionen, die oft wesentlich älter waren als die politischen Ordnungen.[6] Neben der allgemein gemeinschaftsstiftenden Funktion stehen dahinter wirtschaftliche Strukturen, bei denen es um Austausch bzw. auch Umverteilung von Überschuß geht. Dies bezieht sich auf die zentralen Produkte Wein und Fleisch, die aus Anlaß der kultischen Ereignisse aus Stiftungen zu Ehren der Götter verteilt wurden.[7] Gesellschaftliche Rangfolgen werden durch Anteile an dem Fleischverzehr, an den kultischen Aufgaben bestimmter Feste bzw. deren Organisation und Kontrolle ausgedrückt.[8] Der Kreis der Teilnehmenden ist teilweise beschränkt, teilweise jedoch auch ganz offen, so daß die unterschiedlichsten und sich auch überschneidenden Zusammensetzungen zu finden sind.

An den Panathenäen nahmen am Festzug auch Frauen, Mädchen, Knaben und Metöken teil, ebenso waren mit den Bundesgenossen Fremde zugelassen. Insbesondere die Frauen Athens spielten bei diesem Fest eine besondere Rolle: Nicht nur, daß sie an herausgehobener Stelle des Festzuges teilnahmen (als Arrhephoren und Kanephoren, d. h. Kisten- und Korbträgerinnen, als Bäckerinnen der für das Opfer bestimmten Kuchen), sondern vor allem die Herstellung des Peplos (des Gewandes), der als das Kernstück der Feier der Göttin geweiht wurde, kann als Bezug zur und Aufwertung der wichtigsten Tätigkeit attischer Frauen, dem Weben, betrachtet werden.

Die gleiche integrative Einbindung aller Kreise der Bevölkerung in die Fest- und Kultgemeinschaft zeigt sich bei den Dionysien. Nicht nur bei den Großen Dionysien in der Stadt, sondern auch bei den in den größeren ländlichen Demen Attikas zu Ehren des Dionysos gefeierten Festen nahmen Frauen und Sklaven teil, oft, wenn auch nicht unbedingt immer auch als aktive Teilnehmer der Prozession.[9] Zumindest für das 4. Jahrhundert ist ein Zeugnis erhalten, wonach sogar ein Fremder, ein Nicht-Bürger aus Theben, die Funktion des Choregen übernommen hat.[10] Aber auch Metöken konnten in den Demen im kultischen Bereich regelrecht eingegliedert werden, wie es aus dem Demos Skambonidai bereits aus den Jahren um 460 bekannt ist.[11]

Über diese integrative Funktion der Festkulte hinaus reichte offenbar der Mysterienkult, bei dem es keine Einschränkungen der Teilnahme gab, so daß sowohl Frauen als auch Sklaven und Fremde regulär teilnehmen konnten. Diese besondere Rolle der Mysterienkulte, in denen es um tiefergehende, religiöse Erfahrungsbereiche mit komplizierten Initiationsriten ging, kann damit erklärt werden, daß es dabei nicht so sehr um gemeinschaftsstiftende Integration innerhalb der Polis ging, wenngleich Athen etwa die Eleusinischen Mysterien unter den Schutz der Polis stellte und auch die ordnungsgemäße Durchführung beaufsichtigte.[12]

Helotenproblematik und spartanischer Bürgerverband

Demgegenüber war der spartanische Bürgerverband nicht nur anders strukturiert (s. o. Kap. III 1.), sondern stand auch mindestens seit dem 7./6. Jahrhundert ständig unter dem Druck des Helotenproblems. Dies war Spartas »Achillesferse«,[13] und alle spartanischen Einrichtungen waren auf die Gewinnung von Sicherheit gegenüber dieser Bevölkerungsschicht ausgerichtet.[14]

Die Zugehörigkeit zum Bürgerverband der Lakedaimonier umfaßte zwar sowohl Vollspartiaten und *hypomeiones* als auch Periöken, doch hat gerade die Entwicklung der Homoioi-Ideologie in Verbindung mit der Ausgestaltung des Erziehungssystems der Agoge die Kluft zwischen Spartiaten und Periöken so vertieft, daß sich hier interessanterweise keine Zwischenformen entwickelt haben. Hingegen wird deutlich, daß die Restriktionen für die Zugehörigkeit zur einzigen politisch berechtigten Schicht in Sparta so eng waren, daß eben zunehmend weitere Gruppen aus diesem Kreis ausgegrenzt wurden.

Im Vergleich zu dem durchaus auch elitären attischen Konzept von Bürgerschaft zeigt sich daran deutlich, wo die Schwäche des spartanischen Bürgerverbandes lag: Die aus der Eroberungssituation heraus auf die Helotenwirtschaft gegründete, ökonomische Bindung des Bürgerstatus an den Kleros, den Grundbesitz, und die hohen Beiträge zu den Syssitien, die ihrerseits wiederum die Grundlage für den militärischen Status bildeten, waren eine unüberwindbare Schranke für jede Reform oder Weiterentwicklung der spartanischen Gesellschaft im Fall einer Krise.

Nicht zuletzt die dramatischen Auswirkungen des durch das Erdbeben der 60er Jahre bewirkten demographischen Niedergangs zeigen, daß man sich stetig bemühte, die gesellschaftliche Struktur zu stabilisieren oder wiederherzustellen, aber keinen wirklichen Neuansatz fand. Reformüberlegungen wie diejenige des Lysander (Einführung eines Wahlkönigtums nach Leistungskriterien) oder diejenige des Königs Pausanias (Abschaffung des Ephorats) konnten vor diesem Hintergrund nie wirklich einen Ansatz zur Reform darstellen, da sie nicht das eigentliche Problem berührten.

2. Demokratie versus Oligarchie?

Freiheit und Autonomie

Aristoteles konstatiert im 4. Jahrhundert, daß die Mehrzahl der Polisverfassungen seiner Zeit Demokratien seien.[15] Damit war aus einer Herrschaftsform, die sich im 5. Jahrhundert unter dem Entwicklungsdruck der Perserkriege in Athen herausgebildet hatte und die ihre Voraussetzungen in der allgemeinen Anteiligkeitsvorstellung der griechischen Polisstruktur hatte, der Regelfall griechischer Polisverfassungen geworden.

Im 5. Jahrhundert war die Situation in Athen jedoch eine besondere, ebenso wie der attische Demos als ein ungewöhnliches Volk galt.[16] Eine der plausibelsten modernen Erklärungen hierfür setzt bei der Rolle Athens in den Perserkriegen an, die das ansonsten auch andernorts in Griechenland breit gelagerte politische Bewußtsein gerade in Athen zu einer Herrschaftsform des Demos als eines Teiles, wenn auch des größten, über die Gesamtheit geführt hat.[17]

Die Eigentümlichkeit der Entwicklung wird erst von dem Moment an ersichtlich, als die Polis nach den Siegen von Marathon und Salamis durch die Vormachtstellung im Seebund ein besonderes Bewußtsein von Freiheit und Herrschaft entwickelt. Dem Bewußtsein der Übermacht einerseits und der Untertanenschaft andererseits folgte seit den 50er Jahren des 5. Jahrhunderts auch die Entwicklung einer entsprechenden Terminologie, insbesondere da diese Form von Herrschaft einer Polis über andere mit den von Athen entwickelten Instrumenten völlig neu war.[18] Die Gleichsetzung der Untertanenschaft mit einer *douleia* (Knechtschaft) stand in krassem Gegensatz zu dem in der Abwehr der Perser entwickelten Freiheitsgedanken. Die unter dem Begriff *eleutheria* entwickelte Konzeption verstand darunter die Freiheit einer Polis nach außen, das Fehlen einer »Herrschaftsunterworfenheit« durch die Macht einer anderen Polis.[19]

Mit der Zunahme der attischen Herrschaft entstand als Gegenbegriff gegen die *arche* der Athener die Vorstellung von *autonomia*.[20] Diese ist in der Blickrichtung nach innen gewendet und meint die Selbstbestimmtheit, die Freiheit im Inneren. Notwendig wurden solche Begriffsdifferenzierungen jedoch erst, als diese Selbstbestimmtheit nicht mehr selbstverständlich zu sein schien, sondern problematisch wurde, d. h. unter dem Eindruck der Eingriffe Athens in die innere Struktur einzelner Seebundspoleis.[21]

Während die Autonomieklauseln der verschiedenen Verträge, die die Bündner Athens mitbetrafen und die ihnen eben diese Autonomie sichern sollten, schon andeuten, daß der Begriff in eine strittige Diskussion gehört, nahm umgekehrt Athen für sich in Anspruch, die ›freieste aller Poleis zu sein‹, die autonom und selbstbestimmt handelt.[22] Somit war Athen im Zusammenhang der Diskussion um Freiheit und Autonomie dahin gekommen, nicht nur die Herrschaft über andere, sondern im gleichen Zusammenhang die eigene Herrschaftsform zu begründen.[23] In aller Deutlichkeit wird dies von einem Gegner der attischen Demokratie in den 20er Jahren des 5. Jahrhunderts formuliert: Gerade weil die Athener der breiten Masse Anteil an der Politeia geben, haben der Ausbeutungs- und Herrschaftswillen, die zu der Knechtschaft der Bündner führten, so stark an Raum gewonnen. Denn Maßlosigkeit und Ungerechtigkeit seien typisch für das Volk, das daher die Ressourcen der Verbündeten ausbeute.[24] Seeherrschaft und Demokratie werden hierbei von den Gegnern wie von den Vertretern der attischen Demokratie miteinander verbunden.

Ein Element dieser Selbstdarstellung kehrt in der Darstellung des Thukydides immer wieder: Es liege in der menschlichen Natur, daß der Stärkere den Schwächeren beherrsche, und darin sei auch eine – durch diese Gegebenheit der Natur bedingte – Gerechtigkeit zu sehen. [25] Diese Vorstellung ist von einigen der berühmten Sophisten im 5. Jahrhundert vertreten worden. Insbesondere von Thrasymachos, der sich ebenfalls zur *patrios politeia* geäußert hat,[26] ist eine in Athen einflußreich gewordene Ansicht über die politische Bedeutung dieses ›Rechtes des Stärkeren‹ bekannt.[27] Jede Gruppe von Regierenden, gleichgültig, welche spezifische Herrschaftsform sie vertrete, würde die Gesetze im eigenen Interesse gestalten.[28] Er führt den Gedanken weiter, indem er behauptet, daß dies durchaus auch mit Ungerechtigkeit zu vereinbaren sei, wenn es sich um Ungerechtigkeit in großem Maßstab handele, d. h. wenn andere auf diese Weise versklavt würden. Denn Ungerechtigkeit, wenn sie dem Stärkeren nützlich sei, sei auch gerecht.[29] Macht hat hier den höheren Stellenwert, sie definiert das Nützliche und damit auch die Gerechtigkeit.

In dieser Theorie des Stärkeren, der sich kraft seiner naturgegebenen Mittel durchsetzt, ist ein Reflex der Diskussion um die Bewertung von *physis* und *nomos* zu erkennen.[30] In der Vorstellung vom Recht des Stärkeren wird der Natur der Vorrang gegeben vor dem *nomos*. Die darin liegende, konsequente Entwertung des *nomos* scheint jedoch eher von den Gegnern der Demokratie mit dieser Herrschaftsform in Verbindung gebracht worden zu sein, da neben Thrasymachos auch Kritias und Alkibiades als Vertreter dieser Gedanken genannt werden,[31] wobei insbesondere für Kritias das Vorbild Sparta eine große Rolle gespielt hat.

Nichtsdestoweniger haben diese Gedanken, wie gerade die Rechtfertigungsstruktur des Konzeptes der *eleutheria kai autonomia* zeigt, die Herrschaftslegitimation der attischen Demokratie mitgeprägt. Sie begegnen mehr oder weniger zeitgleich mit der Diskussion um die Rolle der Natur und werden teilweise auch durchsetzt mit Konzepten, die sonst eher von den Oligarchen vertreten werden. Eine Erklärung für dieses Zusammentreffen wird darin gesehen, daß die Demokratie als Herrschaftsform ihren integrativen Charakter innerhalb der Polis verloren habe, somit zu einer Partei- und Interessenherrschaft nur einer Gruppe innerhalb der Polis geworden sei, nämlich des *demos*.[32] Von da an erst wurden Ausschluß- und Überlegenheitsargumente wichtig und notwendig, um die Demokratie als Herrschaft des Demos anderen Interessengruppen gegenüber zu rechtfertigen.[33]

Gleichheit im Politischen und Gleichheit der Lebensweise

Das Schlüsselwort für die Konzeption, nach der die politische Struktur der Demokratie im Inneren ausgerichtet war, ist die *isotes*, die Gleichheit.[34] Bei nach wie vor bestehenden Ungleichheiten in sozialer, ökonomischer und gesellschaftlicher Hinsicht war der Anspruch auf politische Gleichheit (*isegoria, parrhesia, isotes*) Grundlage der spezifisch politischen Identität der Athener.

Die in Sparta entwickelte *homoioi*-Ideologie, auch in Verbindung mit dem Begriff der *kalokagathia*, zeigt eine völlig andere Gleichheitskonzeption. Zwar wird Sparta im 4. Jahrhundert, etwa von Isokrates,[35] als Muster einer Demokratie bezeichnet, was Isokrates damit begründet, daß die Spartaner von dem Ideal der *isotes* und *homoiotes* geprägt seien.[36] Auch schon bei Thukydides findet sich scheinbar der gleiche Aspekt betont, der in Sparta – ebenso wie in Athen – *isotes* verwirklicht sieht: Thukydides bezeichnet die Spartaner als *iso-diaitoi*, als seien alle Spartaner der gleichen Lebensform verpflichtet. Hier wird deutlich, daß der angesprochene Aspekt der Gleichheit nicht mit ›Anteilsgleichheit‹ an politischen Rechten im attischen Sinn (z. B. *isegoria* als Recht auf gleichen Anteil am Rederecht) gleichgesetzt werden kann, sondern auf eine ethische Ebene ausgerichtet ist. Es geht dabei um Tapferkeit, militärische Leistungsfähigkeit und Gruppenzusammengehörigkeit. Auf diese Gleichheit der Lebensform bezieht sich Thukydides, wenn er hervorhebt, daß es die Spartaner gewesen seien, die als erste die zu seiner Zeit übliche Mäßigung einführten. Darunter verstand er eine Lebensweise, nach der die reicheren Bürger freiwillig einen mäßigen Lebensstil annahmen, der dem der großen Menge entsprach und auf die Zurschaustellung von Reichtum verzichtete.[37]

Gerade diese ethische Ausrichtung des spartanischen Gleichheitsideals sollte für die weitere Diskussion und Entwicklung politischer Theorien eine wesentliche Grundlage bilden: Einzelne Sophisten, auch Platon, Isokrates und Aristoteles gründeten ihre Überlegungen, welche politische Form die beste sei, welche die größtmögliche Stabilität gewährleiste, auf einen ethischen Ansatz: Nicht die Frage, nach welchen Prinzipien politische Macht verteilt wird (in Athen nach dem Prinzip der Gleichheit), ist Grundlage ihrer Überlegungen, sondern (wie in Sparta) die Mentalität, Lebensweise, deren zugrundeliegende Werte und die entsprechende Erziehung.

So ist also letztlich weniger der für antike Denker gar nicht so fundamentale Gegensatz zwischen attischer Demokratie und spartanischer Oligarchie ausschlaggebend gewesen, sondern die Bewertung einer politischen Ordnung nach ethischen Gesichtspunkten. Die dabei schon am Ende des 5. Jahrhunderts gegenüber dem demokratischen Athen hervortretende Präferenz für Sparta ist erst seit dem 18. Jahrhundert zurückgetreten, als weniger der ethische Aspekt von Gleichheit bewertet wurde, sondern die kulturellen Höhepunkte der perikleischen Zeit wieder als Ausdruck einer politischen Ordnung betrachtet wurden.

Anhang

Anmerkungen

Zur Einleitung

[1] Zu dieser Einschätzung des Jahres 404 als Epochengrenze Raaflaub (1996) 2.

Zu Kapitel I

[1] Vgl. dazu Eder (1995) 15 mit Anm. 22. Welwei (1999) 2 ff.
[2] Ruschenbusch (1979) 43 ff.; Raaflaub (1989a) 1 ff.
[3] Z. B.: Dreros: ML 2 = HGIÜ 2 (Verfassung von Dreros, zw. 625 und 600 v. Chr.); Tiryns: Koerner (1993) Nr. 31; vgl. ders. (1985) 452 ff.; Korkyra: ML 4 = HGIÜ 4 (625–600 v. Chr.); Athen: AP 8,4 (die attische Verfassung zur Zeit Solons, 594 v. Chr.); Chios: ML 8 = HGIÜ 10 (Chios, um 575–550); Elis: IvOl Nr. 2 (Elis um 550?); zu Sparta: Plut. Lyk. 6; dazu Welwei (1986) 178 ff.; anders: Bringmann (1986) 453 f.
[4] Vgl. hierzu Raaflaub (1995) 46 ff.
[5] Vgl. dazu Welwei (1995) 40; ders. (1996) 311 ff.
[6] Eder (1995) 10; grundsätzlich hierzu Meier (1980) 57 ff.
[7] Herod. 5, 44: Sybaris an Dorieus; 5,49: Aristagoras an Kleomenes.
[8] Thuk. 6,55.
[9] AP 18,2: Thessalos; Thuk. 5,54 und Herod. 5,55: Hipparchos.
[10] AP 18,2.
[11] AP 19,1; Herod. 5,62,2; Thuk. 6,59,4.
[12] Herod. 5,62,3.
[13] AP 19. 4–6; dazu Chambers (1990) 218.
[14] Thuk. 6,59 und AP 19,4.
[15] Herod. 5,91,1.
[16] Thuk. 6,59,4; Herod. 5,63,2 ff.; vgl. Herod. 5,91,2–3; ebenso: AP 19.
[17] Herod. 5,65; AP 19,6.
[18] Herod. 5,66,1; vgl. AP 20,1.
[19] IG I² 77, Z. 4–9; vgl. Plut. Arist. 27,4; Vgl. Fornara (1970) 155–80.
[20] Plin. n. h. 34,17; Paus. 1,8,5.
[21] AP 58,1.
[22] AP 20 ist allerdings im wesentlichen eine Zusammenfassung von Herod. 5,66; 69–73. Zu diesem Kontext vgl. Funke (2001) 1 ff.
[23] Herod. 5,66,2: τὸν δῆμον προσεταιρίζεται: »er nahm den Demos in seine Hetairia auf«.
[24] AP 20,1 (Übers. nach Chambers [1990]): ἀποδιδοὺς τῷ πλήθει τὴν πολιτείαν.
[25] Herod. 5,69; AP 21: Für die dort beschriebenen Einzelheiten der Phylenreform gibt es keine Parallelquelle.
[26] Rhodes (1985) 242 ff.; Chambers (1990) 221 ff.
[27] Herod. 5,70 f.; vgl. Rhodes (1985) 79 f.
[28] Thuk. 1,126,3.
[29] Herod. 5,76.
[30] Herod. 5,72.

[31] Ober (1993) 215 ff.
[32] AP 21; dazu Chambers (1990) 224 ff.; Rhodes (1985) 248 ff.; Herod. 5,39.
[33] Chambers (1990) 227 zu der Diskussion darüber, ob Trittys ›ein Drittel‹ bedeutet oder ›eine Gruppe von dreien‹. Da die alten ionischen Phylen in jeweils 4 Trittyen untergliedert waren, ist die Bedeutung ›ein Drittel‹ als Ursprungsbedeutung wohl auszuschließen.
[34] Raaflaub (1996) 156 f. in Ober/Hedrick (1996).
[35] Ostwald (1992) 312. Im einzelnen: Haussoullier (1883); Whitehead (1986) bes. 111 ff.
[36] AP 41; vgl. Ruschenbusch (1958) 398 ff.
[37] Eder (1995) 16; Ryan (1994) 120 ff. zu *demos plethyon* (IG I³105); zu *demo keklemeno* in ML 8, Z. 7 Robinson (1997) 90 ff.
[38] ML 8 = HGIÜ 10 (jetzt nach Jeffery datiert auf 575–550 v. Chr., früher: ca. 600 v. Chr. [Mazzarino (1947) 233–41]): Bei Bestechungen der Beamten (Demarchos und Basileus) werden Bußgeldverfahren und Berufungsverfahren beschlossen, in denen die Volksversammlung und der Rat des Volkes beteiligt sind: A Z. 7: δήμο κεκλημένο (Einberufung der Volksversammlung), C Z. 2–3: βολὴν τὴν δημοσίην.
[39] Curtius/Adler, IvOl V Nr. 2 (Rechenschaftsablegung).
[40] IvOl V Nr. 9–11; Megara IG VII Nr. 41; auch in Athen: AP 16,5.
[41] Herod. 5,66–69.
[42] Oliver (1935) 5 ff.; Latte RE XX 1208 s. v. Phylobasileis; Kron (1976) 22, 51.
[43] Zu der Zahl 100: Herod. 5,69; vgl. dazu Chambers (1990) 227; Lévêque/Vidal-Naquet (1964) 9 ff.; zu den Naukrarien: Kleidemos FGH 323 F8.
[44] Weitere Beispiele bei Traill (1975) 55, 70 f.; anders Hansen (1995) 47 f., der die Trittyen zumindest ursprünglich für regional geschlossene Bezirke hält. Die Unregelmäßigkeiten, die das epigraphische Material des 5. Jh.s zeigt, erklärt er aus demographischen und politischen Veränderungen des 5. Jh.s; ausf. Welwei (1999) 13 ff.
[45] Traill (1986) 133 f., 139 f., 142 ff.
[46] Thompson (1966) 1 ff.; ders. (1969) 137 ff.; Siewert (1982).
[47] Ausf. dazu: Stanton (1994) 218 ff.
[48] Stanton (1994) 218 und 222.
[49] Chambers (1990) 230 f.; vgl. Rhodes, (1985) 253.
[50] Lohmann (1993) 56 ff.; Musche (1994) 211 ff.
[51] Herod. 6,90. Vgl. Welwei (1999) 11 f.
[52] So auch Lohmann a. a. O.; vgl. dazu schon Busolt (1920) 873 mit Anm. 4; Chambers (1990) 227 zu den verschiedenen Konjekturen der Herodoteischen Angabe; Hansen (1995) 47 und 104 nimmt ebenfalls Veränderungen in der Anzahl der Demen und auch ihrer Verteilung an. Anders: Traill (1975) 73–76 und Whitehead (1985) 21.
[53] Busolt (1920) 876; Chambers (1990) 231.
[54] Seit wann die Strategen den Archon Polemarchos im Oberbefehl ablösten, ist nicht bekannt. Da bei Marathon noch der Polemarch Kallimachos über diesen verfügte, kann dies erst nach Marathon geschehen sein.
[55] Vgl. dazu ausf. Ch. Schubert (2000) 103–132.
[56] Hignett (1952) bezweifelt die Existenz grundsätzlich, Rhodes (1972) 208 f. (mit Lit.) bejaht sie dagegen.
[57] Vgl. ähnl. Welwei (1999) 339 mit Anm. 44.
[58] Vgl. dazu AP 31,1 zu dem 411 v. Chr. eingerichteten Rat der 400, der κατὰ τὰ πάτρια konstituiert wurde; dazu Rhodes (1972) 208.
[59] Rhodes (1972) 209.
[60] Vgl. dazu AP 45,3.
[61] Hansen (1975) 19 argumentiert für Eisangelia-Verfahren seit Kleisthenes, jedoch vor der Volksversammlung, Ostwald (1986) 28 ff. nimmt, mit Bezug auf IG I³105 ebenfalls Berufungsverfahren vor Volksgerichten seit kleisthenischer Zeit an, Rhodes (1972) 17 ff. ordnet sie bis 462/1 dem Areopag zu; de Bruyn (1995) 82 ff. ordnet dem Areopag dagegen allgemeine Überwachungsfunktionen im Hinblick auf Gesetze und Verfahren zu.
[62] AP 8,5.
[63] Rekonstruktion des Eides bei Rhodes (1972) 210.
[64] Hansen (1995).
[65] Übersichten: Schubert (1994) 140 ff.; Hansen (1994) 25 ff.; Eder (1995) 11 ff.; Bleicken (1995) 337 ff.

66 Murray (1995) 232.
67 Meier (1980) 144 ff.; ders. (1993) 354 ff.; Martin (1974) 5 ff.; Bleicken (1995) 337 ff.; Raaflaub (1998) 19 f. in Boedeker/Raaflaub (1998).
68 Spivey (1994) 51. Vgl. Levêque/Vidal-Naquet (1964); Ostwald (1969) und (1986) 15 ff.; Welwei (1999) 21.
69 Thompson/Wycherley (1972) 19 ff.; v. Steuben (1989) 81 ff.; T. L. Shear Jr. (1994) 225 ff.
70 AP 3,5; vgl. dazu Shear 225; v. Steuben a. a. O.; skeptisch: Lehmann und Hansen in ihren Diskussionsbeiträgen zu v. Steuben a. a. O.
71 Harpokr. s. v. *Aphrodite Pandemos.*
72 Shear (1994) 228.
73 Thompson (1940) 8 ff.; ders. (1937) 117 ff.; Camp (1986) 39.
74 Mitte des 6. Jh.s wird der dort vorhandene Brunnen geschlossen; Shear (1994) 229 ist der Ansicht, daß es sich um ein privates Wohngebäude mit 2 Räumen handelte.
75 Paus. 1,14,1.
76 Shear (1994) 231.
77 Altes Bouleuterion, da am Ende des 5. Jh.s dort das sog. Neue Bouleuterion errichtet wurde.
78 Shear a. a. O.; vgl. ders. (1993) 383 ff. und (1995) 157 ff.; dagegen Miller (1995) 133.
79 v. Steuben a. a. O. (1989) 86 schätzt die Bedeutung des Peisistratos für diese Entwicklung als bedeutender ein.
80 Shear (1994) 239.
81 Herod. 6,131,1.
82 Aristoteles verwendet den Begriff für Verfassungen des 7. und 6. Jh.s. v. Chr.: Politik 1305b18; ebenso beschreibt Plutarch die Verfassung von Samos im 7. Jh. als Demokratie: Aetia Graeca 57, 303e ff.; Isokrates nennt im 4. Jh. Sparta eine Demokratie: Areop. 61; im 2. Jh. n. Chr. wird auch das römische Kaisertum als Demokratie bezeichnet: Ael. Arist. 213 (373) Dindorf; vgl. dazu grundsätzlich Touloumakos (1985) 8; zu der Geschichte des Wortes ›demokratia‹: Debrunner (1947) 11 ff.; Sealey (1973) 253 ff.; Kinzl (1978) 117 ff.; Frei (1981) 205 ff.; Bleicken (1985) 327 ff.
83 Zur Isonomie vgl. Vlastos (1953) 337 ff.; ders. (1964) 1 ff.; Frei (1981) 205 ff.; Bleicken (1985) 47 f., 327 f.; Meier (1970) 7 ff.; ders., (1980) 275 ff., 326 ff; Triebel-Schubert (1984) 40 ff.; Lengauer (1987) 53 ff; Raaflaub (1995) 46 ff.
84 Bes. dazu: Raaflaub (1989) 33 ff. Die Abfassungszeit des herodoteischen Geschichtswerkes gehört in die ersten Jahre des Peloponnesischen Krieges.
85 Herod. 3,142.; Isegorie (Herod. 5,78 mit Bezug auf die Auswirkung der kleisthenischen Reformen) meint hier das Recht auf gleichen Anteil an der Rede, d. h. Redefreiheit.
86 Vgl. Herod. 6,131,1: Hier sagt Herodot, daß Kleisthenes die Phylen und die Demokratie in Athen eingeführt habe.
87 Schol. Anon. 10,3 f. = 13,3 f. D (893.896 Page, PMG); vgl. dazu Ehrenberg (1940) 293 f.; ders. (1950) 515 ff. Zu Inhalt und Chronologie des Harmodiosliedes: Bowra (1967) 373 f.
88 Raaflaub (1980) 23 ff. betont, daß der Name des Isagoras, Kleisthenes' Gegenspieler, als politischprogrammatischer Name auf die offensichtlich schon damals hohe Bedeutung der Isegoria hinweist. Isegoria und Isonomia gehören in denselben Kontext, denn die Forderung nach Isegoria kann kaum älter sein als diejenige nach Isonomia.
89 DK 24 B 4; Triebel-Schubert (1984) 40 ff.; Schubert (1994) 145 f.; vgl. dazu auch, insbes. zur Frage der Authentizität in dem Alkmaion-Fragment verwendeten Begriffe, vgl. dazu Schubert (1997); Welwei (1999) 8 f.; Rausch (1999).
90 Aer. 16,3–8; 23,6; 24,3; vgl. dazu Schubert (1994) 151 f. und Schubert (1997).
91 Vgl. Herod. 7, 164 zu Kos.
92 Das belegt die aufschlußreiche Wendung bei Thukydides 3,62,3: … οὔτε κατ᾽ ὀλιγαρχίαν ἰσόνομον πολιτεύουσα οὔτε κατὰ δημοκρατίαν (… weder durch eine isonome Oligarchie noch durch eine isonome Demokratie beherrscht …). Anders schätzt Robinson (1997) 118 ff. die Episode in Samos ein: als Beleg für die Option auf eine demokratische Herrschaftsform.
93 Vgl. zu der Diskussion, ob Isonomie sich ursprünglich auf ein aristokratisches Ideal der Gleichheit bezieht oder auf ein demokratisches: Raaflaub (1995) 46 ff.; Touloumakos (1985) 21 ff.; Triebel-Schubert (1984) 40 ff.
94 So etwa die aus den Inschriften von Olympia zu erkennende frühe Verfassung mit einer Vollversammlung des Volkes (δᾶμος πλεθύον) und βωλά (vielleicht um 580 mit Bezug auf Paus. 5,9,4, IvOl V Nr. 2). Vgl. dazu Busolt (1920) 148. Einen δεμος πλεθύον erwähnt auch IG I³105, ein

attisches Gesetz, das nach der Wiederherstellung der Demokratie 409 v. Chr. eine Aufzeichnung älterer Bestimmungen zur Abgrenzung der Befugnisse von Demos und Boule wiedergibt, die wohl auf ein kleisthenisches Gesetz zurückgehen; vgl. dazu ausf. Ostwald (1986) 35; Lewis (1967) 132 mit dem Nachweis, daß in IG I³105 nach einer älteren, schlecht lesbaren Inschrift kopiert worden ist. Vgl. dazu neuerdings Ryan (1994) 120 ff., Robertson (1997) 108 ff.

[95] Pind. Pyth. II 86–88; dazu Touloumakos (1985) 21 ff.

[96] Vgl. Brock (1991) 165 f., der in der Entwicklung abstrakter Begriffe für Herrschaftsformen im 5. Jh. die Auswirkung der politischen Diskussion in Athen sieht, speziell zwischen Vertretern der Demos-Herrschaft und denjenigen der Aristokratenherrschaft.

[97] Stahl (1987); Stein-Hölkeskamp (1989).

[98] Hansen (1995) 117 ff.; Murray (1995) 161 ff.; Meier (1980) 57 ff.

[99] Meier (1980) 113 ff.; vgl. Spahn (1977).

[100] Ober (1989) 27 ff.; 63; 134; vgl. Demont (1995) 202 f.

[101] Vgl. die Kritik von Bleicken (1995) 511.

[102] Morris (1996) in Ober/ Hedrick (1996) 19–48.

[103] Bleicken (1995) 135; Raaflaub (1995) 27.

[104] Stupperich (1977); ders. (1994) 93.

[105] Cic. leg. 2,26.

[106] So vor allem Loraux (1986) 23, 28, 31. Anders Humphreys (1980) 123.

[107] Morris (1992)128–55; ders. (1994) 73 ff.

[108] Morris (1992) 145 f.

[109] ML 5 = HGIÜ Nr. 6 (Ende 6. Jh. v. Chr.).

[110] Frost (1993) 47.

[111] Frost (1994) 49; zu dem territorialen Charakter der Phylen: Hedrick (1991) 242 ff. mit einer Zusammenstellung des Quellenmaterials zu den attischen Phylen.

[112] Arist. Pol. frg. 2 (Chambers).

[113] AP 12,4 zum Verkauf von Athenern in die Sklaverei; dazu Frost (1993) 49 f.

[114] IG II² 976; Jeffery (1962) 133, Nr. 34; dazu mit weiteren Belegen: Frost (1993) 51.

[115] AP 13,4; dazu Chambers (1990) 196 f. Vgl. Connor (1993) 38 ff. zu den auch im 5. Jh. noch vorhandenen regionalen Interessen.

[116] AP 16,3; dazu Rhodes (1985) 214 f.; Link (1991) 13 ff.

[117] Herod. 5, 66; AP 20,1.

[118] Zu dem Diapsephismos, den die Oligarchen kurz vor den kleisthenischen Reformen durchgeführt haben und der sicher auch mit größten Verunsicherungen in Attika einhergegangen ist: Arist. Pol. 1319b 6 ff.; dazu Kinzl (1978) 239.

[119] Arist. Pol. 1275b 37; vgl. dazu Chambers (1991) 225.

[120] AP 21,6: Kleisthenes beließ *gene*, Phratrien und Priestertümer in der bestehenden Form; Arist. Pol. 1319b: Kleisthenes erhöhte die Zahl der Phratrien für die Neubürger. Vgl. dazu Hedrick (1991) 251.

[121] Zu dem Konzept der breiten Lagerung der Macht Meier (1980) 91 ff.

[122] Connor (1994) 36 f.; Frost (1994) 48 f.

[123] Grundsätzlich dazu Scafuro (1993) 4 ff.

[124] Herod. 5,66; AP 21,5; Poll. 8, 110; vgl. Paus. 10,10,1.

[125] Kron (1976) 28; vgl. allg. dazu Scheer (1993) 47.

[126] Dazu Kron (1976) im einzelnen. Vgl. dazu grundsätzlich Connor (1987) 41.

[127] Kron (1976) 228 ff.; Mattusch (1994) 73 ff.

[128] Davies (1992) 369 ff.; Burkert (1990) 53.

[129] Dazu Geertz (1994) 77 ff.

[130] Zur Datierung des Alten Athena-Tempels an das Ende des 6. Jh.s: bes. Childs (1994) 1 ff.; vgl. dazu Stähler (1972); vgl. ebenso: Stewart (1990) 129–30; teilweise: Ridgway (1977) 205–208; vgl. auch: Delivorrias (1974) 178–79.

[131] Goldhill (1987) 41 f.

[132] Kyle (1992) 95 ff.; Neils (1994) 151 ff.; Shapiro (1994) 123 ff.; ders. (1989) 40 ff.

[133] IG II² 2311; 3019; 3025.

[134] Neils (1994) 152.

[135] Dion. Hal. 7,72,7. Kyle (1992) 94.

[136] Vgl. dazu Burkert (1987) 29 f.; Osborne (1993) 21 ff.; ders. (1994) 7.

[137] IG II² 3019; 3025. Kyle (1992) 95 ff.; Neils (1994) 152 ff.

[138] Capps (1943) 1 ff.; vgl. dazu Davies (1992) 374. Die Nachricht von den Aufführungen des Thespis 534 v. Chr. werden oft als der Beginn der Dionysien interpretiert; vgl. dagegen jedoch Davies a. a. O. Möglicherweise ist das Fest der Großen – städtischen – Dionysien eine Neueinführung von 502/1, und die vorausgegangenen Feste waren lokale, dezentrale Ereignisse: Connor (1990) 8 ff.

[139] Burkert (1987) 32.

[140] Goldhill (1987) 58 ff.; Boersma (1970) 209; Dinsmoor (1950) 120; ders. (1951) 309 ff.

[141] Zur Datierung des Schatzhauses: Paus. 10,11,5 gibt, mit Bezug auf eine Weihinschift an, es sei aus der Beute von Marathon geweiht worden; stilistisch gehört der Skulpturenschmuck in den Zeitraum von 510–500 v. Chr.; vgl. dazu jetzt allerdings Neils (1987) 46 ff., mit einer Datierung über die gesamte Phase von 510–490 v. Chr.; Übersicht und Diskussion bei Walker (1995) 50 ff. und 73 f.

[142] Boardman (1975) 2; Neils (1987) 144 ff.

[143] Walker (1995) 51. Eine ebenso interessante Beobachtung ist die, daß auf Vasen in der Phase nach den kleisthenischen Reformen zahlreiche Darstellungen von Wahlprozeduren zu finden sind, die vorher in den mythischen Kontexten nicht zu beobachten sind: Spivey (1994) 50 f.

[144] Osborne (1994) 7 ff.

[145] Für einen Beginn der Demokratie mit Kleisthenes: Lotze (1985) 52 ff.; Fornara/Samons(1991) 39 f.; Hansen (1995) 33 ff.

Zu Kapitel II

[1] Herod. 5,17. Vgl. dazu Fol/Hammond (1992) 234 ff.

[2] Herod. 5,18 ff.

[3] Aufzählung der Namen und Städte bei Herod. 4,128.

[4] Herod. 4,98.

[5] Herod. 4,137,2: βουλήσεσθαι γὰρ ἑκάστην τῶν πολίων δημοκρατέεσθαι μᾶλλον ἢ τυραννεύεσθαι. Zu dem anachronistischen Gebrauch des Wortes Demokratie bei Herodot: s. o.

[6] Herod. 5,37. Vgl. dazu Murray (1992) 461 ff.

[7] Herod. 4,142.

[8] Vgl. dazu Murray (1992) 471.

[9] Herod. 5,30. Dazu Welwei (1999) 27 ff.

[10] Herod. 5,34–35.

[11] Herod. 5,36,1–3.

[12] Herod. 5,37,2.

[13] Herod. 5,98 bezeichnet ihn noch immer als offiziellen Tyrannen, obwohl zu dieser Zeit schon die Isonomie in Milet eingeführt war. Vgl. auch 5,99,2.

[14] Herod. 5,37,2–38,2.

[15] Herod. 5,49–54.

[16] Herod. 5, 97,3 und 99,1.

[17] Herod. 5,96.

[18] Vgl. dazu Murray (1992) 474 ff.

[19] Für politische Gründe: Bengtson (1977) 157.

[20] Herod. 5,101–102.

[21] Herod. 5,103.

[22] Herod. 5,116.

[23] Herod. 5,117–120.

[24] Herod. 5,125.

[25] Herod. 6,11–12.

[26] Herod. 6,14–16.

[27] Herod. 6,42.; Diod. 10,25,4.

[28] Dazu ausf. Raaflaub (1985) 71 ff.

[29] Im einzelnen besprochen bei Raaflaub (1985) 72 ff., 76 f.

[30] Sparta: Herod. 7,101 f.; Korinth: Simonides 94D; Plataiai: Thuk. 2,71,2 f.; 72,1; 3,53 ff. mit 54,3. 56,4. 58,5. 59,4. 62; vgl. dazu HCT II 346 ff.

[31] Pind. Pyth. 1,60–2. Ausf. dazu Raaflaub (1985) 108 f.

[32] So explizit formuliert in der kulturphilosophischen Schrift *Über die Umwelt* (*De aeribus*), die im letzten Drittel des 5. Jh.s verfaßt wurde, jedoch in diesen Teilen auf die älteren Konzeptionen zurückgreift: Aer. 16. 24.

33 Herod. 5,78.
34 Bes. deutlich Aisch. Pers. 591 ff.: Nach der Niederlage und dem Zusammenbruch erkennt der Chor das Entstehen einer ›freien Rede‹. Vgl. dazu Raaflaub (1985) 110 mit Anm. 184.
35 Herod. 6,49 (Aigina); Argos: Herod. 7,148.
36 Herod. 6,44,1.
37 Herod. 6,43.
38 So Heinrichs (1989) 48 mit Anm. 159; Triebel-Schubert (1984) 48 f.
39 Herod. 6,43,3; vgl. 3,80–82.
40 Herod. 6,43–45; vgl. dazu Hammond (1992) 494 ff.
41 Herod. 6,49.
42 Herod. 6,73.
43 Herod. 6,88–91.
44 Herod. 6,91–92 (Aigina); 6,83 (Argos). Vgl. zu Argos Gehrke (1985) 361 ff.
45 Herod. 6,95–99.
46 Herod. 6,100.
47 Herod. 6,101.
48 Zur Schlacht von Marathon ausf. Evans (1993) 279 ff.
49 Herod. 6,106.
50 Plat. leg. 692e, 698d–e; Welwei (1999) 35 hält dies für unglaubwürdig.
51 Dies wird heute in der von Herodot beschriebenen Weise für unmöglich gehalten. Wahrscheinlich haben sich die Athener nur das letzte Stück und nicht über die gesamte Ebene von Marathon im Laufschritt bewegt. Vgl. dazu Garland (1992) 53.
52 Herod. 6,109.
53 Herod. 6,121–124.
54 Nepos, Miltiades 2.
55 Herod. 6,104,2; Marcellin. Vit. Thuc. 13.
56 Herod. 6,104,2. Vgl. dazu Schubert (1993) 32 ff.
57 Herod. 6,132 ff.
58 Herod. 6,136; vgl. Nepos, Milt. 8; Plut. Kim. 4; Diod. 10,30,1.
59 Nepos, Milt. 8; vgl. Platon, Gorg. 516 d9–e2; Schubert (1993) 39.
60 AP 22,3.
61 Flashar (1996) 63 ff.
62 Thuk. 2,34,5.
63 Garland (1992) 47 ff.
64 Paus. 1,17,1; 24,3.
65 AP 22,3; vgl. Androt. 324 F 6 ap. Harpokration s. v. »Ipparco«; Diod. 11,55,1; Philochoros FGH 328 F 30; dazu Schubert (1993) 20 ff.; vgl. Rhodes (1985) 266 f. Zum Ostrakismos: Brenne (2001), ders. In Siewert (2001) 36 f.
66 MS Vat. Gr. 1144, 222ʳᵛ; dazu Lehmann/J. Keaney/A. Raubitschek, AJP 93 (1972) 87–91; Schubert (1993) a. a. O.; Chambers (1990) 239 ff. schließt sich Rhodes (1972) 144 ff. an, der die neuerdings vermutete frühere Stufe des Ostrakismos als die ἐκφυλλοφορία (*ekphyllophoria*), die Selbstausstoßung von Mitgliedern aus dem Rat verstehen will. Dazu Welwei (1999) 21, Funke (2001) 4.
67 ML 11= HGIÜ 21.
68 ML 6=HGIÜ 17.
69 AP 22,6.
70 Arist. Pol. 1284 a14–b25: : ἰσότης.
71 AP 22,6.
72 Lang (1990) Nr. 589: ὁ προδότης.
73 AP 22,8; vgl. Chambers (1990) 247.
74 Publikation der Agora-Ostraka: Lang (1990) und der Kerameikos-Ostraka: Brenne/Willemsen (1991) 147 ff.
75 Brenne (1994) 20.
76 Interpretation des Ostrakismos als Mittel des aristokratischen Machtkampfes: Petzold (1990) 145 ff.; als Demokratisierung des aristokratischen Machtkampfes versteht ihn Stein-Hölkeskamp (1989) 196 ff.; vgl. dagegen Siewert (1991) 3 ff., der den Ostrakismos als Mittel des Demos versteht, um die aristokratischen Politiker zu überwachen. Welwei (1999) 21 sieht im Ostrakismos sogar einen Schutz

der Politiker vor Willkürakten. Für Dreher (2000) 74 handelt es sich um eine ›Blitzableiterfunktion‹ im Interesse der Souveränität des Demos.

[77] Schubert (1993) 20 ff.

[78] AP 22,5; vgl. Chambers (1990) 242; Rhodes (1985) 272 f.

[79] Im Jahr 487/6 wurde die Reform dann zum ersten Mal angewandt.

[80] AP 22,5; vgl. aber AP 8,1.

[81] AP 8,1.

[82] Ostwald (1992) 320. Für einen frühen Ansatz der Ostrakismos-Verfahren s. Vinogradov (2001) 379 ff. zu den Funden aus Chersonesos Taurike.

[83] Welwei (1999) 42 f.

[84] Herod. 6,109,2; vgl. dazu Ostwald a. a. O.

[85] IG I³4 A+B = LSCG Nr. 3.

[86] εὐθύνεσθαι als Auferlegung von Bußen bei der *Euthyna*: Rhodes (1972) 198 mit Anm. 3. In den Persern, der 472 aufgeführten Tragödie des Aischylos, wird auch die Rechenschaftsablegung schon erwähnt: Persai 213 f.; anders schätzen die Kompetenz der Boule ein: Ostwald (1986) 28 ff.; Rhodes (1972) 199 ff., die dies der Boule erst nach 462/1, dem Jahr der Reformen des Ephialtes, zuordnen; vgl. mit Diskussionsübersichten: Bleicken (1995) 36 f.; Raaflaub (1995) 37 f.

[87] Paus. 10,11,4; stilgeschichtlich scheinen die Skulpturen des Athener-Schatzhauses eher in eine frühere Zeit, ca. um 500 oder sogar noch früher, zu gehören. Vgl. dazu insb. Funke (2001) 9 f. Die 10 auf der Marathonbasis aufgestellten Statuen könnten mit den 10 Phylenheroen identifiziert werden.

[88] Beispiele bei Boardman (1982) 16 ff.

[89] Südmetope 8.

[90] Die erste Erwähnung bei Aischylos, 458 v. Chr.: Lager der Amazonen auf dem Areopag (Aisch. Eum. 688; vgl. Plut. Thes. 26 ff.; Paus. 1,2,1. 15,2. 41,7).

[91] Boardman (1982) 12 ff.

[92] Plut. Them. 3,3–4; vgl. Arist. 5,3–4.

[93] Plut. Them. 4,3.

[94] AP 22,7; Herod. 7,144; vgl. Plut. Them. 4,2.

[95] Plut. Them. 4,1; vgl. Herod. 7,144,1–2.

[96] Herod. 7,144 (10 Drachmen); 5,97,2: 30.000 Bürger; vgl. dazu Chambers (1990) 246.

[97] AP 22,7 zu dem Modell der Vorfinanzierung.

[98] So auch Chambers (1990) 246; anders Welwei (1999) 48, der längerfristig angesammelte Überschüsse im Finanzhaushalt der Athener vermutet. Allerdings war es normalerweise nicht üblich, Überschüsse anzusammeln.

[99] Herod. 7,144,1–2.

[100] Herod. 7,22.

[101] Herod. 7,34–35.

[102] Schol. Pind. Pyth. 1,146b Drachmann (= Ephoros FGH 70 F 186).

[103] Herod. 7,32.

[104] Herod. 7,132.

[105] Herod. 7,145.

[106] Herod. 7,168–169: Die Forderung Gelons lautete, ihn zum *strategos* und *hegemon* zu machen.

[107] Herod. 7,148,3.

[108] Herod. 7,140–141.

[109] Murray (1995) 362.

[110] Herod. 8,1.

[111] Simonides XXII a [165 a] W = 91 D; dazu Murray (1995) 364.

[112] So Welwei (1999) 59.

[113] Murray (1995) 354 f.

[114] Cartledge (1979) vermutet einen von vornherein beabsichtigten Opfergang des Leonidas.

[115] ML 23 = HGIÜ 35.

[116] Diod. 18,10,2–3.

[117] Herod. 7,144,3; dazu ML Komm. 51 f.

[118] Herod. 8,14.

[119] Diod. 11,12,3. Vgl. 11,13,2.

[120] Diod. 11,12,5–6.

[121] Diod. 11,15.

122 Herod. 8,75. Vgl. Diod. 11,17.; Plut. Them. 12.

123 Herod. 8,79–81.

124 Herod. 8,90. Vgl. dazu Hammond (1992) 569 ff.

125 Herod. 8,110. Vgl. Diod. 11,19; Plut. Them. 16. Welwei (1999) 64 hält dies für unglaubwürdig.

126 Herod. 8,108,4–109,4.

127 Herod. 9,1–2.

128 Herod. 9,7–11.

129 Herod. 9,37,4 zu Tegea.

130 Herod. 9,77.

131 Thuk. 1,69 ff.

132 Herod. 9,28,2; vgl. dazu Lewis (1992) 102.

133 Diod. 11,29; vgl. Lykurg, Leocr. 81.

134 Siewert (1972)5 ff.; Meiggs (1972) 504 ff.; Tod II 204.

135 Isokr. 4,156.

136 Herod. 9,25 ff.

137 Herod. 9,15–85; vgl. Diod. 11,30 f.; Plut. Arist. 11–19.

138 Herod. 8,131 ff.; 9,90 ff.; Diod. 11,34 ff. Die in den Quellen dargestellte Gleichzeitigkeit der Siege von Plataiai und Mykale wird heute für unglaubwürdig gehalten: Bengtson (1977) 179 Anm. 1; Welwei (1999) 71.

139 Herod. 9,90–91 (Delos); Herod. 8,132,1–2 (Chios); Samos: ergibt sich aus Herod. 9,99,2; vgl. Heinrichs (1989) 4 ff.

140 Thuk. 1,89,2.

141 Heinrichs (1989) 75 f.; Welwei (1999) 72 f.

142 Heinrichs (1989) 83 ff.

143 Thuk. 1,94,2.

144 Zu Sestos vgl. unten ; Heinrichs (1989) 86.

145 Herod. 8,111–112.

146 Herod. 9,112,3 scheint dies anzudeuten.

147 Plut. Them. 21,4.

148 Meiggs (1972) 414 f.

149 Thuk. 1,90.

150 Plut. Them. 19.

151 Thuk. 1,90–91; vgl. Diod. 11,39 ff.

152 Thuk. 1,93,1; vgl. Diod. 11,41–42.

153 Thuk. 1,93,3.

154 Thuk. 1,93,6.

155 Thuk. 1,93,5.

156 Zeitliche Anhaltspunkte für die Tätigkeit des Hippodamos im Piräus: Schol. Aristoph. Equ. 327; vgl. Hesych s. v. Ἱπποδάμου νέμεσις, vgl. Photios s. v.; Bekker, Anecd. 1, 266,28 s. v. Ἱπποδαμεία ἀγορά; zu den im Piräus gefundenen Grenzsteinen IG I² 887–896 und ihrer Datierung; vgl. dazu Burns (1976) 417; zu der Frage der Datierung nach Buchstabenform auch die Diskussion bei ML 46, 119–121.

157 Zu den Metöken: FGH 245 Ktesikles F1; Whitehead (1977) 97 f.; ders. (1986) 83 f.; Davies (1981) 50.

158 Diod. 11,43,3.

159 v. Eickstedt (1991) 111 f. Zur Diskussion um die konzeptionellen Einzelheiten der hippodamischen Anlage: Schubert (1996) 20 ff.

160 Plut. Arist. 23,4 ff.

161 Plut. Arist. 23,4 ff.; vgl. Thuk. 1,95,1.

162 Thuk. 1,95,7.

163 Heinrichs (1989) 79.

164 Vgl. Diod. 11,37, der in einigen Punkten von Herodot abweicht, u. a. darin, daß die festländischen Ionier schon vor der Konferenz in Samos in das Bündnis aufgenommen wurden.

165 Herod. 8,3,2.

166 Plut. Arist. 23,4–6.

167 Diod. 11,50.

168 Giovannini/Gottlieb (1980) 1 ff.; vgl. dageg. Rhodes (1992) 40.

[169] Für eine Neugründung: Meiggs (1972) 42 ff.; ebenso Steinbrecher (1985); Rhodes (1992) 36 ff.; Welwei (1999) 78; dagegen: Giovannini/Gottlieb (1980) 1 ff; Dreher (2001) 86.
[170] Plut. Arist. 21,1.
[171] Rhodes (1992) 37.
[172] Thuk. 1,95; vgl. Herod. 9,106.
[173] Thuk. 1,96.
[174] Plut. Arist. 24,1.
[175] Thuk. 5,18,5; AP 23,5; Plut. Arist. 24.
[176] Plut. Arist. 24,3.
[177] Meiggs (1972) 63.
[178] Schubert (1994) 62 ff.
[179] Thuk. 1,96; vgl. Plut. Arist. 24,1–3.
[180] AP 23,5; Plut. Arist. 25,1.
[181] Vgl. dazu Schubert (1994) 45 f. mit Anm. 113; Meiggs (1972) 45; Chambers (1990) 251.
[182] Als Symbol für die ewige Dauer, d. h. bis die Metallklumpen wieder auftauchen: Chambers (1990) 252.
[183] Thuk. 6,76,3 (Rede des Hermokrates in Kamarina). Vgl. Sealey (1966) 233 ff.
[184] Thuk. 1,97,1.
[185] Murray/Price (1980) VII; Gawantka (1985) 9 mit Anm. 1; Effenterre (1985) 24 f.
[186] Grundsätzlich dazu Hansen (1995a) 21 ff. mit Übersicht und Diskussion der Lit.
[187] Bickerman (1958) 313 ff.; Ostwald (1982) 1 ff.; Hansen (1995a) 25.
[188] Hansen (1995a) 26.
[189] IG II^2 43,18–23; Hansen (1995a) 31.
[190] Thuk. 1,98.
[191] Der Begriff ist zum erstenmal belegt bei Soph. Ant. 821 (441 v. Chr.); wahrscheinlich war er aber Bestandteil des Friedensabkommens zwischen Athen und Sparta von 446 v. Chr.
[192] Das ist dem Verbot der Getreideausfuhr aus Attika durch Solon zu entnehmen; vgl. dazu Bleicken (1995) 118.
[193] Bleicken (1995) a. a. O.
[194] Bleicken (1995) 118 ff., 124 ff. mit Übersicht zur Literatur.
[195] Bleicken (1995) 129.
[196] Errechnet aus der Anordnung der Ruderbänke in drei übereinanderliegenden, leicht versetzten Reihen: Bleicken (1995) 154–156.
[197] Raaflaub (1995) 31 nennt dies den integrativen Anspruch der kleisthenischen Ordnung.
[198] Ihre Mitgliedschaft im Rat der 500 läßt sich aus der Relation der Zahlen erschließen: 5000 Bürger mußten jeweils vorgewählt werden und, da eine Iteration ausgeschlossen war, wären die notwendigen Quoren ohne die Theten nie zu erreichen gewesen.
[199] Bleicken (1995) 158; Raaflaub (1995) 36; vgl. Schuller (1984) 87 ff.
[200] Raaflaub (1996) in Ober/Hedrick (1996) 156 ff.

Zu Kapitel III

[1] Rebenich (1998) 336 ff. Link (200); Cartledge (2001).
[2] Herod. 1,65
[3] Thuk. 1,18,1
[4] Hellanikos v. Lesbos FGH 70 F 118 = Strab. 365–6.8.5.5.
[5] Finley (1986) 328; vgl. Boardman (1963) 1 ff.
[6] Arist. Pol. 1306b 36 ff.
[7] P. Oxy 24,2390 = (Alkman) fr. 5,2 PMG = fr. 80 Calame.
[8] Plut. Kimon 23,1; Thuk. 4,26,6 f.; Cartledge (1979) 164.
[9] Strab. 8,365; Paus. 3,21,6; Oliva (1986) 318. Talbert (1989) 22: ›state-serfs‹.
[10] Plut. Lyk. 28.
[11] Plut. Lyk. 28; Jeanmaire (1939) 540 ff.
[12] Vgl. Cartledge (1987) 31 f.; Vidal-Naquet (1989) 22 f.; 112 f.
[13] Polyb. 6,45,3
[14] Aristoteles bei Herakleides Lembos 373,12 Dilts; Plut. mor. 238e

15 Arist. Pol. 1270 ff.
16 Cartledge (1979) 164 ff.
17 Plut. Lyk. 8
18 Plut. Lyk. 8; Dikaiarch fr. 72 Wehrli
19 Vgl. Herod. 9,10,1.
20 Figueira, Th. J., Mess Contributions and Subsistence at Sparta, TAPhA 114 (1984) 87–109.
21 Dettenhofer (1994) 15–40.
22 Plut. Comp. Lykurg – Numa 3,5.
23 Arist. Pol. 1269b 12–1270a 33.
24 Busolt (1926) 664 f.
25 Busolt (1926) 666; Cartledge (1979) 180.
26 Cartledge (1979) 179.
27 Tyrtaios fr. 14 G–P = 3aD; Herod. 1,65; Plut. Lyk. 6
28 Bringmann (1986a) 370 ff.; ders. (1986b) 448 ff.; anders Welwei (1986) 426 ff.; Murray (1995) 214 ff.
29 Murray (1995) 206.
30 Herod. 6, 56–58
31 Arist. Pol. 1285a 4; b 28
32 Anders Dreher (2001)104 f., der das spartanische Königtum mit den attischen Strategen vergleicht.
33 Murray (1995) 216; Bringmann (1986a) 362 ff.; zu der Interpretation der Gerousia als eines Volksrates und a. a. O. 385 zum Ephorat.
34 Xen. Lak. Pol. 8–11.
35 Plut. Ages. 4,4–5.
36 Xen. Lak. 15,6–7.
37 Plut. Agis 11.
38 Herod. 3,48–49; dazu Jeffery (1992) 351 ff.
39 Vgl. dazu Euseb. Chron. I, 225 Schöne, der von einer Thalassokratie Spartas zwischen 517 und 515 spricht. Auch die erste Invasion Spartas in Attika erfolgte, auffällig für eine etablierte Landmacht, per Schiff und scheiterte. Dazu ausf. Cartledge (1979) 142 f. Das Hilfsersuchen der Ionier wird in Sparta abgelehnt, weil die Marschentfernungen zu weit *vom Meer* wegführten (Herod. 5,50).
40 Herod. 3,39,1; 44–48,1;54–57; 120–3; 142–9.
41 Herod. 6,84; anders Jeffery (1992) 235 ff.
42 Herod. 6,84.
43 Herod. 6,108.
44 Herod. 5,80–81; vgl. 6,87.
45 Herod. 5,74.
46 Herod. 5,91.
47 Herod. 5,75
48 Herod. 5,75,2
49 Herod. 5,91–93.
50 Herod. 5,91 (Bundesversammlung in Sparta) und 6,49,2: Anklage der Aigineten durch die Athener in Sparta. Auch die für den Peloponnesischen Bund übliche Höhe des Lösegeldes von 2 Minen bei der Auslösung der Geiseln in Chalkis: vgl. Herod. 6,79,1. Bengtson (1977) 162 m. Anm. 1 bezweifelt eine solche Mitgliedschaft.
51 Zu Kleomenes im einzelnen: Carlier (1977); Jeffery (1976) 123 ff.; Ste. Croix (1972).
52 Herod. 5,90,3. Ausf. dazu Cartledge (1979) 147.
53 Cartledge (1979) 147.
54 Die spartanischen Periöken-Poleis stimmten offensichtlich nicht mit ab (dazu s. u.).
55 Zu der Problematik des Autonomie-Begriffes: s. u. und Hansen (1995) 21 ff.
56 Herod. 6,82. Vgl. dazu Thommen (1996) 93.
57 Herod. 6,67,1; Meier (1999) 97 ff.
58 Thommen (1996) 95.
59 Vgl. dazu Luraghi (2001) 279 m. Anm. 2
60 Herod. 6,75
61 Thommen (1996) 97 f.; Meier (1999) 107.
62 Xen. Lak. Pol. 10,2; Arist. Pol. 1270b 38–40, 1294b 31–4. Anders Cartledge (1987) 123.
63 Thuk. 2,71,2; Raaflaub (1985) 126.

[64] Raaflaub (1985) 132 ff.; 146 ff.

[65] Vitruv, De architectura 1,6.

[66] Paus. 3,16,6.

[67] Die bei Paus. 3,14,1 genannten 40 Jahre werden als Verschreibung betrachtet, da die Regierungszeit des Königs Pausanias II. erst 409 v. Chr. beginnt. Es könnte aber auch umgekehrt und hier statt Pleistoanax Pausanias wiederholt worden sein.

[68] Paus. 10,9,7 f.

[69] Hölscher (1998) 176.

[70] Herod. 6,86,1.

[71] Cartledge (1979) 212.

[72] Thuk. 1,128,5. Diod. 11,44,2: 50 Schiffe vom Peloponnesischen Bund und 30 aus Athen. Fornara (1966) 257 ff. ist der Ansicht, daß die Monate des ersten Aufenthaltes in Byzanz nicht ausreichten, um Briefe mit dem Perserkönig zu wechseln, da die Entfernung zwischen Byzanz und Susa zu groß sei, um sie in dieser Zeit zweimal zu überwinden.

[73] Thuk. 1,129,3 ff. Vgl. Diod. 11,44 ff.

[74] Badian (1993) 87.

[75] Badian (1993) 73 ff.

[76] Justin 9,1,3.

[77] Thuk. 1,131,1: Pausanias hatte die Skytale, den sog. Briefstab bei sich, den jeder spartanische Beamte mit sich führte, wenn er Sparta verließ. Mit der Skytale konnten Nachrichten entschlüsselt werden, die die Ephoren spartanischen Magistraten im Ausland zukommen ließen. Dazu Badian (1993) 87.

[78] Thuk. 1,135,2.

[79] Thuk. 1,137,2 (Naxos) und Thuk. 1,137,3 (Artaxerxes).

[80] Datierungsmöglichkeiten s. Zeittafel.; im einzelnen dazu Badian (1993) 88 f.

[81] Thuk. 1,132,2.

[82] Thuk. 1,132,5.

[83] Thuk. 1,28,1.

[84] Schumacher (1987) 218 ff.; Cartledge (1979) 214; Oliva (1971) 146 ff.

[85] Thuk. 1,128,2. Zu der Bedeutung und den folgen des Erdbebens Luraghi (2001).

[86] Diod. 11,63. Vgl. Plut. Kim. 16,6: Die gesamte Stadt Sparta wurde bis auf 5 Häuser zerstört; Polyän. 1,41,3. Thuk. 1,101,2; 128,2.

[87] Diod. 11,63,6–7.

[88] Thuk. 1,103,1; vgl. Gomme, HCT ad. loc: δεκάτῳ als Verschreibung für τετάρῳ; vgl. Hornblower (1991) 160, der noch πεμπτῳ vorschlägt, oder ἔκτῳ: also entweder 10 oder 6 bzw. 4 Jahre.

[89] Cartledge (1979) 217 ff.; Oliva (1971) 163.

[90] Diod. 11,63,4; vgl. 84,8; anders Thuk. 101,2.; dazu Cartledge (1979) 219, Luragi (2001) 280 ff.

[91] Thuk. 1,101,2; vgl. Plut. Kim. 16,7; dazu Cartledge (1979) 177.

[92] Herod. 9,64,2. Dazu Luraghi (2001) 286.

[93] Plut. Kim. 16,7 ff. Ausf. zu den beiden Kimon-Expeditionen Luraghi (2001) 282 ff.

[94] Thuk. 1,102,3.

[95] Cartledge (1979) 220.

[96] Thuk. 1,102,3.

[97] Badian (1993) 88 ff.

[98] Herod. 9,10; 7,234.

[99] Link (1991) 98.

[100] Plut. Lyk. 13

[101] Plut. Lyk. 15

[102] Polyb. 12,6b,8; Plut. Lyk. 15,13; comp. Lykurg-Numa 3,3; Moralia 242b; dazu L. Wierschowski, Die demographisch-politischen Auswirkungen des Erdbebens von 464 v. Chr. für Sparta, in: Stuttgarter Kolloquium zur Historischen Geographie des Altertums 6 (1998) 291–306.

Zu Kapitel IV

[1] Thuk. 1,98.

[2] Plut. Kim. 6,6.; Thes. 36.

[3] Thuk. 1,98; Plut. Kim. 7. Vgl. Herod. 7,107.

⁴ Plut. Kim. 7,3; evtl. später dort: Amphipolis: Plut. Kim. 8,2. Die Siedlung in Eion 476/75 scheint wohl früh gescheitert zu sein: Schol. Aischines II 34 (Dindorf); vgl. Meiggs (1972) 68 f.

⁵ Herod. 7,106,2.

⁶ Plut. Kim. 8,6.

⁷ Als ersten Tempel bezeichnen ihn Paus. 1,17,6; Diod. 4,62,4; vgl. Rhodes (1985) 211; für die Annahme eines älteren Gebäudes, das in kimonischer Zeit erweitert wurde: Eurip. Herc. 1328; AP 15,4 15,4; Plut. Thes. 23,5; dazu Walker (1995) 57 mit Anm. 175. Später gab es vier Theseia in Athen.

⁸ Deubner (1932) 224.

⁹ Gell. N. A. 15,20, 3; Walker (1995) 57.

¹⁰ Paus. 1,17,2–3.

¹¹ Herod. 6,99,2; 8,66,2; 8,112,1–2; vgl. Meiggs (1972) 69.

¹² Thuk. 1,98,3.

¹³ Thuk. 1,98,4.

¹⁴ HCT 1,282; ATL 3,155 ff.; Meiggs (1972) 70.

¹⁵ Thuk. 1,99.

¹⁶ Meiggs (1972) 71 f.

¹⁷ Herod. 7,106,2: mehrere Versuche, Dorikos von der persischen Besatzung zu befreien; Meiggs (1972) 71 ist der Ansicht, daß mindestens einer dieser Versuche in die 70er Jahre gehört.; vgl. Ar. Wespen 1097–8.

¹⁸ Plut. Kim. 9.

¹⁹ Thuk. 1,135; Plut. Them. 22,3–23.

²⁰ Plut. Them. 22.

²¹ Vgl. Schubert (1993) 20 ff.; Murray (1995) 351; Lang (1990) 1146–1336.

²² Thuk. 1,135–138. Plut. Them. 23–28.

²³ Plut. Them. 25,2; vgl. Thuk. 1,137.

²⁴ Meiggs (1972) 73 f.

²⁵ Justin 9,1,3.

²⁶ Thuk. 1,137,3; Plut. Them. 25,2; im einzelnen: Badian (1987) 3 ff; vgl. Schubert (1994) 30 und Welwei (1999) 85 f.

²⁷ Plut. Kim. 11.

²⁸ Plut. Kim. 12,4–13,4. Vgl. Diod. 11,60,5–62.

²⁹ Plut. Kim. 13,6–8.

³⁰ Plut. Kim. 13,4.

³¹ Dem. 25,29 (351 v. Chr.); 19, 273 (343 v. Chr.); Lyk. Leocr. 73 (328 v. Chr.); vgl. Schubert (1994) 21 ff.

³² Plut. Kim. 13,5.

³³ Plut. Kim. 13,4: τὴν περιβόητον εἰρήνην ἐκείνην.

³⁴ FGH 115 F 153–154 (=Theon. Progymn. 2 [II 67,22 Sp]); Harpokr. s. v. Ἀττικοῖς γράμμασιν ... Θεόπομπος ...; dazu ausf. Meister (1982) 59 ff.; Badian (1987) 17 f.; Schubert (1994) 24 f.

³⁵ Meister (1982) 88 f. zu αἱ πρὸς βασιλεία Δαρεῖον Ἀθηναίων πρὸς Ἕλληνας συνθῆκαι; vgl. Schubert (1994) 25.

³⁶ Diod. 12,3–4; vgl. 11,60–62 zur Eurymedon-Schlacht; dazu Meister (1982) 24 ff.; Badian (1987) 15 ff.; Schubert (1994) 22. Lewis (1995) hält diesen Frieden für authentisch. Welwei (1999) 107 nimmt für 449 ein zumindest informelles Abkommen an, Dreher (2001) 96 bezweifelt die Historizität.

³⁷ Herod. 7,151; dazu Meister (1982) 44 ff.; Badian (1993) 3 ff.; 18; vgl. Schubert (1994) 27 f.

³⁸ Herod. 7,152.

³⁹ Dem. 19,273; vgl. Meister (1982) 16; Schubert (1994) 22.

⁴⁰ Badian (1993) 8, 92 ff.

⁴¹ So Lewis (1992) 125 ff.

⁴² Badian (1993) 17–29.

⁴³ Thuk. 1,100,1.

⁴⁴ Badian (1993) 5 ff.

⁴⁵ Anders Diodor, der 11,60,1 die Schlacht auf 469 datiert. Meiggs (1972) 81 mit Anm. 4 und App. 2, 454 hält hier allerdings den Kontext für ganz unzuverlässig. Dazu Badian (1993) 5 ff.; der Zusammenhang mit Naxos und der Ankunft des Themistokles zu Lebzeiten des Xerxes, bedeutet zwingend, daß die Schlacht am Eurymedon vor 465 stattgefunden haben muß. Vgl. dazu die Zeittafel.

46 Thuk. 1,100,2–3.
47 Vgl. Herod. 6,46,3; dazu Meiggs (1972) 83.
48 Thuk. 1,100,3.
49 Meiggs (1972) 551.
50 Plut. Kim. 14,2–4.
51 Plut. Kim. 16,8.
52 Vgl. AP 25 und 28,2 mit Plut. Kim. 15,2.
53 Plut. Arist. 2,1; Kim. 15,2; vgl. AP 28,2.
54 Ruschenbusch (1958) 418 ff.
55 AP 25,3–4.
56 Plut. Arist. 26,1–2.
57 Vgl. auch ML 31 = HGIÜ 51 = IG I³ 10: Abkommen mit Phaselis über Rechtsgewährung; nach Plut. Kimon 12,3–4 vor Eurymedon und damit in jedem Fall vor 462/61 und dem eigentlichen Datum für die Reformen des Ephialtes: Das Präskript der Inschrift nennt aber schon eine Prytanie und setzt damit gerade die Neustrukturierung des Rates der 500 voraus, die eigentlich erst durch Ephialtes eingeführt worden sein soll. Andererseits wird die Gerichtsfunktion des Polemarchen genannt, die nach 462/61 ja bei den Dikasterien gelegen hätte. Also könnte man hiernach doch annehmen, daß Ephialtes seine Reformgesetze in mehreren Stufen eingebracht und durchgesetzt hat. Vgl. ML im Kommentar ad loc.
58 AP 26,1.
59 Plut. Kim. 17,2.
60 Plut. Them. 10,6 zitiert AP 23,1; Per. 10,8 zitiert AP 25,4 und Per. 9,2 zitiert AP 27,4; Rhodes (1985) 319.
61 Chambers (1990) 260; vgl. Lenardon (1959) 24 ff.; Rhodes (1985) 319 ist der Ansicht, daß die AP-Ausgabe des Plutarch die Episode mit Themistokles gar nicht enthalten habe.
62 In der Hypothesis zu Isokr. Areopag.; Rhodes (1985) 319.
63 Thuk. 1,107,4.6; vgl. Plut. Kim. 17,4–7; Per. 10,1–3.
64 Aisch. Eum. 858–66; 976–87.
65 Raaflaub (1995) 48.
66 Arist. Pol. 1274a 7 f.; Plut. Kim. 10,8; 15,2; Per. 7,5 f.; 9,2; Mor. 805d; 812d; vgl. Philoch. FGH 328 F64 b (a); Isokr. VII Areop. hyp.
67 AP 25–26. Vgl. 27,1; 28,2; 35,2; 41,2.
68 AP 25,1.
69 Zur νομοφυλακία: AP 8,4; Rhodes (1985) 154, 315 f.; Hall (1990) 325; Cawkwell (1988) 1–12; bei Ephialtes: Philoch. FHG 328 F 64b(a). De Bruyn (1995) 87 ist der Ansicht, daß der Areopag diese nomofulakiva auch nach der ›Reform‹ des Ephialtes bzw. dem sog. Sturz des Areopags behielt. Es gibt allerdings keinen stichhaltigen Hinweis dafür, daß der Areopag nach der Mitte des 5. Jh.s noch irgendwelche Aufsichts- oder Kontrollfunktionen, auch nicht in religiösen Bereichen gehabt hätte. Vgl. dazu ausf. Wallace Rez. BMCR.
70 Rhodes (1985) 320 zu AP 25,3.
71 Plut. Per. 9,3; vgl. 7,5; dazu Bloedow (1992) 92 f.
72 Darauf weist nachdrücklich Bloedow a. a. O. hin.
73 Arist. Pol. 1273 b35 f. (Solon); 1319 b21 f.(Kleisthenes); 1274 a5–15 (Perikles); Bleicken (1995) 346.
74 Chambers (1990) 94 ff.; anders wiederum Bleicken (1995) 353 ff.
75 Anders: Bleicken (1995) 353 der in dieser Polis-Entwicklung keine ›Vorläufer‹ oder Verbindungen zu der attischen Demokratie des 5. Jh.s sehen will.
76 So v. a. Meier (1988) 117 ff.
77 Meier (1988) 124.
78 Flashar (1997) 101.
79 Meier (1988) 177.
80 Flashar (1997) 99 ff., hier bes. 99 zu dem Begriff der Mythenerweiterung und 100 f. zu dem euripideischen Orest.
81 Meier (1980) 144 f., 177 ff.;ders. (1988) 117 ff.; vgl. dazu Bleicken (1995) 529 f.
82 Vgl. dazu Meier (1980) 214 ff., der ausführlich auf die Problematik von Bezügen und Verständlichkeit eingeht.
83 Zur Individualisierung der Konflikte in der Tragödie vgl. Goldhill (1986) 169 f.

84 Für Meier (1980) 156 ff., 216 und ders. (1988) 44 ff., 237 f. liegt die grundsätzliche Bedeutung der attischen Tragödie darin, daß sie die Probleme der sich politisch definierenden Identität der attischen Gesellschaft aufgreift und somit eben auch Veränderungen in dieser Identität durchspielt. Die ›Arbeit am Mythos‹ wird als eine gesamtgesellschaftliche verstanden, als ›mentales Training‹ der Gesamtheit aller Bürger, die dem einzelnen Orientierungswissen und Sinnkredit vermittelt.

85 Flashar (1997) 100.

86 So kommt Flashar a. a. O. 102 berechtigt zu dem Schluß, daß »kein unbefangener Leser der Eumeniden und wohl auch kein Zuschauer des Dramas … spontan den Eindruck gewinnen [kann], Aischylos habe mit der feierlichen Einsetzung des Areopag im mythischen Spiel dessen faktische Absetzung in der historischen Realität billigen wollen«.

87 Plut. Per. 7,5 f.; 9,3 f.; Kim. 15,2 heißt es, daß Perikles, obwohl dieser in der Kimon-Vita neben Ephialtes nur eine Nebenrolle beim Sturz Kimons spielt, schon damals eine mächtige Stellung im Volk gehabt habe; vgl. dazu ausführlich Bloedow (1992) 96 ff., der in diesem Zusammenhang für eine dominierende Rolle des Perikles seit den 60er Jahren in Athen argumentiert.

88 Vgl. dazu Flashar (1997) 103. Den außenpolitischen Aspekt der Vorgänge um Kimons Sturz hat bereits Ruschenbusch (1966) 369 ff. deutlich betont. Vgl. Rhodes (1992) 69.

89 AP 26,2; vgl. dazu Rhodes (1985) 329 f.

90 AP 26,4; Plut. Per. 37,4 mit der Verbindung zu Philoch. FGH 328 F 119, der von einer Kornspende des Psammetich 445 v. Chr. berichtet, die zu einer Revision der Bürgerliste (*diapsephismos*) geführt habe.

91 AP 27,3; vgl. dazu Rhodes (1985) 341 zur Person des Damon und den unterschiedlichen Überlieferungen seines Namens

92 Schubert (1994) 161 zur Datierung.

93 Raaflaub (1996) in Ober/Hedrick (1996) 158.

94 AP 25,2.

95 AP 45,4, Hansen (1995) 142 f., 265 f.

96 Ausf. bei Bleicken (1995) 238 ff., Hansen (1995) 255 ff.

97 AP 43,2.

98 Plut. Quaest. Conv. 628e–f; dazu Rhodes (1972) 17 mit Anm. 4.

99 Plat. Gorg. 516d–e (Prozeß gegen Miltiades); Xanthippos-Ostrakon: ML 21; zur Hekatompedon-Inschrift IG I³ 4 A+B s. o..

100 Auch für die älteren Naukrarien sind Prytaneis überliefert: Wüst (1957) 177 ff.

101 Plut. Kim. 12.

102 IG I³10 = ML 31 = HGIÜ 51. Vgl. IG I³ 11 = ML 37 = HGIÜ 58 (Attischer Volksbeschluß über ein Bündnis mit Segesta), wo ebenfalls die Prytanie genannt wird; allerdings wird dieses Dekret von Mattingly (1986) 167 ff. = (1996) 473 ff. auf 418/17v. Chr. datiert, da er den Archontennamen als denjenigen eines Antiphon identifiziert.

103 Vgl. Kommentar ML a. a. O. 68 mit Bezug auf Wade-Gery (1958)180–192.

104 AP 44,1. Zu der Bedeutung τριττύς τῶν πρυτανέων: Rhodes (1971) 385 ff.

105 AP 43,3. Dazu Chambers (1990) 348.

106 Thompson (1940) 126 ff., 153; vgl. Rhodes (1972) 18; Francis (1990) 18 ff.

107 Nilsson (1976) 78 f.

108 Vernant (1996) 57; Gernet (1976) 389.

109 Vernant (1996) 58.

110 Vernant (1996) 59; Lévêque/Vidal-Naquet (1983) 23.

111 AP 4,4; Rhodes (1972) 202 ff.; ders. (1985) 316 ff.

112 AP 9,1. Vgl. dazu Schubert (2000) 103 ff.

113 Rhodes (1972) 204 f.

114 AP 48,3. De Bruyn (1995) 73, 82 ist der Ansicht, daß die Euthyna generell seit Kleisthenes bei der Heliaia lag; so auch Wallace (1989) 43 ff., 67 ff.

115 AP 42–45.

116 Rhodes (1972) 177; Hansen (1995) 226 ff. zu dem späteren Verfahren.

117 Anax. FGH 72 F13; vgl. Pollux 8,128 (in das Prytaneion); ausf. dazu Rhodes (1985) 134 f.

118 IG I³105; dazu Rhodes (1972) 198 f.; daß dieser Punkt umstritten war, ergibt sich auch aus AP 45,1.

119 Sealey (1981) 130 ff.; vgl. Schubert (1993) 35.

120 Beispiele: Rhodes (1972) 204; Sealey (1964) 14 ff.

121 Bleicken (1995) 248.
122 Kimons Prozeß: Plut. Kim. 14,3–4; 15,1; Per. 10,4.
123 Rhodes (1985) 215, 331; Whitehead (1986) 36, 262 f.
124 Whitehead (1986) 36 zu IG I³2.
125 AP 26,5.
126 AP 26,1; Schubert (1994) 159.
127 Für Erbschaftsstreitigkeiten und Landbesitz: Boegehold (1994) 57 ff.; Humphreys (1978) ist der Ansicht, daß solche Maßnahmen grundsätzlich gegen die Aristokratie gerichtet waren; als gegen eine weitere Vermischung der Bevölkerung mit den Metöken gerichtet betrachten Ruschenbusch (1979) 83 ff., Sealey (1984) 131, Rhodes (1985) 325 ff. das Gesetz; als speziell gegen Kimon gerichtet: FGH 328 F 119, 477 ff.
128 Philochoros FGH 328 F 119
129 Manville (1993) 27.
130 Allg. dazu Davies (1992a) 299.
131 So wurde 403/2 eben dieses Gesetz des Perikles mit gleichem Wortlaut wieder neu eingeführt: Eumelos FGH 77 F2 und noch deutlicher in dem Dekret des Aristophon festgehalten, daß Kinder, die nicht von einer *aste* geboren worden waren, *nothos* sein sollten (Athen. 13,577c); dazu ausf. Scafuro in Scafuro/Boegehold (1994) 1 ff.; zu dem Prozeßcharakter dieser Entwicklung: Connor (1994) 34 ff.

Zu Kapitel V

1 AP 26,2. Datiert durch die Nennung des Mnesitheides, der als erster nach der neuen Regelung Archon wurde und dessen Archontat 457/56 bekannt ist.
2 AP 26,1–2.
3 Thuk. 1,102,4.
4 Cartledge (1979) 226.
5 Thuk. 1,103,4.
6 IG I²37; vgl. Merrit (1944), 224–9; Cartledge (1979) 226.
7 Thuk. 1,104; vgl. Diod. 11,71,3–6: legt das Hilfsersuchen der Ägypter an Athen in das Jahr 463 und erhöht die Zahl der entsendeten Schiffe auf 300; 74–75; 77.
8 Thuk. 1,104. Vgl. ML 34 = HGIÜ 55; dazu Schubert (1994) 35 mit Anm. 70
9 Thuk. 1,105.
10 Paus. 1,15,1; 10,10,4; vgl. dazu Meiggs (1972) 469 ff.; Schubert (1994) 35 mit Anm. 71. Vgl. Badian (1993) 73 ff.
11 Plut. Per. 8,7; s. o.
12 Plut. Kim. 17,5
13 Thuk. 1,108,2–3. Diod. 11,81,1–3.
14 Thuk. 1,111,1.
15 Thuk. 1,108,5; zu Gytheion: Diod. 11,84,6.
16 ML 37; anders H. Mattingly, What are the Right Dating Criteria for Fifth-Century Attic Texts, ZPE 126 (1999)117–122; vgl. jedoch A. Henry, The Sigma Enigma, ZPE 120 (1998) 45–48.
17 Paus. 1,27,5 (Boiai); Diod. 11,84,6 (Methone).
18 Cartledge (1979) 228 f.
19 Meiggs (1972) 459–62.
20 Thuk. 1,109–110; vgl. Diod. 11,75–77.
21 Diod. 11,77,4; Ktesias 65.
22 Thuk. 1,110,4. So auch die Bewertung von Badian (1987) 12 und (1988) 318 f.
23 Justin 3,6,6–7; Ktesias 63–64.
24 Meiggs (1972) 105.
25 Plut. Per. 19,4.
26 Plut. Kim. 18,4–5. Thuk. 1,112,4.
27 Plut. Per. 20,2–3.
28 Plut. Per. 18,2; vgl. Per. 17.
29 Plut. Per. 18,2.
30 Hellen. Ox. 16 (11).
31 Ed. Meyer, Theop. Hellenika 92 ff.

32 Thuk. 5,31,6.: ὀλιγαρχία ἰσόνομος.

33 Ausf. zur Authentizität: Schubert (1994) 58 f.; dafür: Meiggs (1972) 512 f.; Welwei (1999) 120, 122; dagegen: Lewis (1992) 127.

34 Plut. Per. 17.

35 Plut. Per. 22,2 und 23,1; vgl. dazu Stadter (1989) 229; Schubert (1994) 41.

36 Thuk. 1,114.

37 Thuk. 115,1.

38 Plut. 12,1.

39 Plut. Arist. 25,2.

40 ATL 3,262 f. schließen aufgrund der Tributlisten, daß das Unternehmen in Ägypten kein größeres Desaster gewesen sein kann.

41 Ausf. bei Meiggs (1972) 109 ff.

42 Diod. 11,88,3.

43 Diod. 11,88,3; vgl. HCT 1,380; ATL 3,298. Allg. zu den Kleruchien der perikleischen Zeit: Plut. Per. 11,5–6; vgl. Schubert (1994) 44 ff.

44 Diod. 11,88,2–3; vgl. Plut. Per. 12,1; 19. ML 48 = HGIÜ 77 bestätigt diese Datierung. Anders: ATL 3,45 f.: seit 445 eine Tributreduzierung 18/13 Talenten auf 3; vgl. Schubert (1994) 39 mit Anm. 88.

45 Diod. 12,22,2; vgl. Plut. Per. 23,4; Thuk. 1,114,3.

46 Dazu ausf. Schubert (1994) 29; es könnte u. U. auch 446 sein.

47 Ausf. Schubert (1994) 19 ff.

48 Thuk. 1,144,2; vgl. 1,67,2; 139,1; 140,3.

49 Thuk. 1,67,2.

50 Vgl. oben zu Phaselis.

51 ML 52 = HGIÜ 79 (Chalkis); StVII 154 = HGIÜ 78 (Eretria); vgl. Schubert (1994) 45 mit Anm. 110.

52 Vgl. Meiggs (1972) 183; allg. zur Entwicklung der Autonomie-Vorstellung im delisch-attischen Seebund: Ostwald (1982).

53 So auch Badian (1987) 21.

54 IG I² = StV II 141 = HGIÜ 61; vgl. Thuk. 1,108,3–5: Möglicherweise wurden auch Geiseln gestellt wie von den opuntischen Lokrern und später Samos (Thuk. 1,117,3).

55 ML 46 = HGIÜ 74.

56 H. Mattingly (1996); neuerdings: ZPE 126, 1999, 117–122; M. Chambers, ZPE 83 (1990) 38–63; anders: A. Henry, ZPE 91 (1992)138 ff.; ders. ZPE 120 (1998) 45 ff.; Welwei (1999) 182 datiert die Dekrete eher in die 20er Jahre.

57 Figueira (1998) 469 ff.

58 Ausf. bei Rhodes (1992) 34 ff. und Lewis (1992)121 ff.

59 Anders Welwei (1999) 130, der das Verhalten der Athener im Seebund für eher maßvoll hält.

60 ML 45 = HGIÜ 68.

61 Vgl. auch IG I³ 21 = HGIÜ 65 zu den Regelungen für Milet: polit. Repräsentanten aus Athen vor Ort.

62 Zu Milet: Gehrke (1980); Hermann (1970); Meiggs (1972) 188 und 562 ff.; vgl. Schubert (1994) 45.

63 Thuk. 1,40,5; Raubitschek (1977) 266 f., Sealey (1975) 106 ff.: erfunden; Kagan (1969) 173 ff., Ste. Croix (1972) 200 ff., Meiggs (1972) 190, Lewis in CAH (1992) 144: historisch; ML 56 =HGIÜ 90: erwähnt die Peloponnesier.

64 Plut. Per. 25,4; Thuk. 8,76,4 (so auch bei Plut. Per. 28,8); Diod. 12,27,3. Vgl. Schubert (1994) 47 ff.

65 Thuk. 1,117,1; Plut. Per. 26,2.

66 Thuk. 1,117,3; ausf. Schubert (1994) 48.

67 So auch Davis 103.

68 Plut. Per. 11,4; vgl. dazu Meiggs (1972) 206 mit Anm. 4 und Endnote 13, 427, der diese Angabe für falsch hält, da sie insgesamt zu hohe Kosten verursacht hätte.

69 ML 40, Z. 14–15 (Erythrai), ATL D 11, Z. 77 (Milet).

70 Eupolis, Πόλεις F 233; Ar. Wespen 235–7; vgl. dazu Meiggs (1972) 207.

71 Thuk. 1,115,2–5 (Samos); IG I³38 (Aigina) = HGIÜ 61.

72 ML 40, Z. 8–17 (Erythrai) = IG I³14 = HGIÜ 63; ML 47 = IG I³ 37 = HGIÜ 76 (Kolophon); auch Samos hat nach der Niederschlagung des Abfalles eine Demokratie eingeführt:, vgl. dazu Meiggs (1972) 209.

73 Ps.-Xen., Ath. Pol. 3,11.
74 ML 40 (Erythrai)
75 AP 24,3.
76 ML 40, Z. 13–14 (Erythrai) = IG I³ 14 = HGIÜ 63; ML 46, Z. 5–6 (Kleinias-Dekret) = IG I³ 34 = HGIÜ 74; Harpocrat. s. v. ἐπίσκοπος; Suda s. v. ἐπίσκοπος; Aristoph, Vögel 1022–52; vgl. dazu Meiggs (1972) 212 f.
77 ML 45 §3 + 4; ML 46, Z. 5–8; IG I³156 = HGIÜ 85.
78 D 11 76–80 = IG I³ 21, Z. 35 ff. (Milet).
79 Ps.-Xen. Ath. Pol. 1,16–18; Thuk. 1,77,1; vgl. dazu Meiggs (1972) 220 ff.
80 ML 40 = IG I³14 = HGIÜ 63, Z. 25 ff.
81 ML 45 § 4; ML 46, Z. 35–41.
82 ML 46 Z. 31–5. Vgl. dazu Meiggs (1972) 223.
83 Meiggs (1972) 223.
84 ML 52, Z. 71–6, wo der Bezug auf ein allgemeines Dekret erhalten ist; dazu Meiggs (1972) 225 f.
85 ML 40 = HGIÜ 63.
86 Isokr. 8,82.
87 Meier (1988) 69 f.
88 Meiggs (1972) 242.
89 Meiggs (1972) 243.
90 ATL 3,206.
91 Muss/Schubert (1988) 110 f.
92 Zum Erechtheion: Lit. bei Ridgway (1992) 126.
93 Muss/Schubert (1988) 116 f.
94 Michaelis (1871) zuerst; Herington (1955) am deutlichsten; Knell (1979) 15 skeptisch; ders. (1990) 123 bezieht die kultische Funktion ganz allg. auf die Panathenäen.
95 Mansfield (1985).
96 Catling (1989) 8 f.; Korres (1994) 56 f.
97 Korres (1994) 56 f.
98 Korres (1994) 57; Ridgway (1992) 125. Zu der Identifizierung des Nachfolgers für den von den Persern zerstörten Alten Athena-Tempels mit dem Erechtheion: Jeppesen (1987); vgl. dazu Ridgway (1992) 126.
99 Muss/Schubert (1988) 109 f.
100 Vgl. dazu Korres (1983) 41 ff.; ders. (1994) 56: K. setzt den Baubeginn auf 490 oder 489 v. Chr.
101 Promachos-Abrechnung: Hesp. 5 (1936) 362–80; 7 (1938) 264–8; Text: SEG 10,243; dazu Meiggs (1972) 94.
102 Ausf. bei Knell (1990)100 ff.
103 Muss/Schubert (1988) 111 und 64 ff.
104 Paus. 1,24,5–7.
105 Die Darstellung der Geburt der Athena im Ostgiebel und des Streites zwischen Athena und Poseidon um Attika im Westgiebel galten bis dahin als außerhalb der Bildtradition stehende Motive: Knell (1990) 123.
106 Für den Bezug auf die neue bürgerliche Ordnung stehen die Darstellungen der zehn Phylenheroen im Fries: Kron (1976) 202 ff.
107 Herod. 9,80; Plut. Per. 13,10; dazu Schubert (1994) 96 ff.
108 Vitruv 5,9,1, der jedoch Themistokles als den Bauherrn nennt.
109 Broneer (1952); dazu Francis (1990) 5.
110 Thompson (1956); ausf. dazu Francis (1990) 5.
111 Ridgway (1992) 139 f. Das bekannteste Beispiel ist das Marmorrelief mit der sog. ›Trauernden Athena‹ von der Akropolis (Akrop. Mus. Nr. 695), das etwa auf 470 zu datieren ist.
112 Plut. Per. 13,11; dazu Stadter (1989)175 f.; ausf. Davison (1958) 36 f.: πρῶτον ist hier sicher falsch, da schon im 6. Jh. musikalische Agone bei den Panathenäen stattfanden. Perikles hat sie wahrscheinlich wiederbelebt. Plutarch bezieht sich hierbei auf ein Psephisma, das er möglicherweise aus der Sammlung des Krateros entnommen hat.
113 Plut. Per. 4,1; vgl. dazu 9,2 und AP 27,4; Stadter (1989) 69 f. Zu der Diskussion um die Identität von Damon und Damonides (AP 27,4): Rhodes, CAAP ad loc.; vgl. Schachermeyr (1969); Meister (1973) 29 ff..

[114] Neubecker (1977) 127 ff.; Anderson (1966).

[115] Plat. rep. 400b; 424c; Schubert (1994) 99 f.

[116] Plat. rep. 424c: Damon sah in einer μεταβολή im Bereich der τρόποι μουσικῆς die Gefahr gegeben, daß dies zu einer μεταβολή πολιτείων führen würde. Zur Bedeutung der μεταβολή in der geistigen Auseinandersetzung des 5. Jh.s: Schubert (1993) 143 ff.

[117] Zu Isokrates vgl. oben S. 173; Thuk. 2,65. Vgl. zu Thukydides oben S. 118.

[118] Shapiro (1992) 74 ff.; Neils (1992) 15.

[119] Neils (1992) 24.

[120] Shapiro (1992) 75 f.

[121] Plut. Per. 12.

[122] Plut. Per. 12,2; vgl. Per. 28,4.

[123] Plut. Per. 8; Thuk. 2,65.

[124] Thuk. 1,140–144; 2,13; 2,35–26; 2,59–64.

[125] Raaflaub (1985) 241.

[126] Thuk. 2,64,3; dazu ausf. Raaflaub (1985) 246.

[127] Raaflaub (1985) 220 f.

[128] Thuk. 2,65; dazu ausf. Schubert (1994) 12 ff.

[129] Ar. Acharner 524 ff.; Friede 605 ff. Vgl. Plut. Per. 31,2; dazu ausf. Schubert (1994) 6, bes. 103 ff.

[130] AP 41,2. Plat. Gorg. 515b ff.

[131] Plut. Per. 7.

[132] Vgl. dazu Will (1995) 12 ff.; 111 ff.

Zu Kapitel VI

[1] Gericke (1994) 80 ff.; vgl. dazu grundsätzlich: Triebel-Schubert (1989a) 190 ff.

[2] DK 58 B4.

[3] Arist. Metaphysik 985 b31 ff.

[4] V. d. Waerden (1979) 396 ff.; Gericke (1994) a. a. O.; Nikomachos v. Gerasa 1,7,1. Euklid VII, Def. 6: »Ἄρτιος ἀριθμός ἐστιν ὁ δίχα διαιρούμενος«. (Gerade ist die Zahl, die sich halbieren läßt).; und: VII, Def. 7: Περισσὸς δὲ ὁ μὴ διαιρούμενος δίχα ἢ [ὁ] μονάδι διαφέρων ἀρτίου ἀριθμοῦ. (Und ungerade die, die sich nicht halbieren läßt, oder die sich um die Einheit von einer geraden Zahl unterscheidet). Diese Einteilung in gerade und ungerade Zahlen ist nach Nikomachos v. Gerasa (1,7,1) die erste Einteilung der Zahlen in der pythagoreischen Zahlenlehre gewesen. Der Vergleich mit einem Fragment aus einer Komödie Epicharms (DK 23 B2), in dem ebendieser Sachverhalt auf der Bühne dargestellt wird, weist ebenfalls auf das zeitgenössische Umfeld der Pythagoreer hin:
‹αἰ› πότ ἀριθμόν τις περισσόν, αἰ δὲ λῆις πότ ἄρτιον,
ποτθέμειν λῆι ψᾶφον ἢ καὶ τᾶν ὑπαρχουσᾶν λαβεῖν,
ἦ δοκεῖ κά τοί γ᾽ ‹ἔθ᾽› ωὗτός εἶμεν;
Wenn einer zu einer ungeraden Zahl, meinethalben auch einer geraden, einen Stein zulegen oder auch von den vorhandenen einen wegnehmen will, meinst du wohl, sie bliebe noch dieselbe?

[5] Arist. Metaphysik 1053a14 ff.; vgl. 983a 20; dazu Triebel-Schubert (1989a) a. a. O.

[6] Stobaios I, S. 20,1 = Aristoxenos Frg. 23 Wehrli = DK 58 B2.

[7] DK 58 B1 = Prokl. in Eucl. S. 65,15 Friedl.

[8] DK 23 B 1–4, hier insb. 4.

[9] DK 23 B4: πεπαίδευται γὰρ αὐταύτας ὕπο.

[10] Vgl. dazu Gladigow (1965) 125; Heinimann (1980) 102 ff.; Schmalzried (1970) 116 ff.; Schubert (1993) 105 f.

[11] Parmenides DK 28 B 16, B 10; vgl. Heraklit DK 22 B1, B123.

[12] Äußerungen zur zweckmäßig eingerichteten Natur: Anaxagoras B4a (Sider); Leukipp DK 67 B2; Xen. Mem. 4,3,5 ff.; Arist. De part. anim. 658 b14 ff.; zur Existenz einer schöpferischen Vernunft: Xen. Mem. 1,4,4–6; vgl. dazu Theiler (1924) 50 ff.; Jaeger (1953) 192; Gigon (1954) 150 f.; Schubert (1993) 107.

[13] Fast die gesamte philosophische, historische, medizinische und rhetorische Literatur der zweiten Hälfte des 5. Jh.s ist durchzogen von den Stellen, die von dem einen oder anderen Aspekt her auf das Verhältnis von νόμος und φύσις hinweisen: Heraklit, DK 22 B10; Eurip. fr. 920 N²; Plat.

Gorg. 483e; Nom. 888e 4 ff; Thuk. 5,105,2; Gorgias, DK 82 B11,6; Dissoi Logoi, DK 90,8,2; De vetere medicina 20; De arte 1; vgl. dazu Schubert (1993) 124 f.

[14] Vgl. dazu Meier, Entstehung 470, 489; s. a. die Äußerung des Antiphon, die Aristoteles in der Mechanik zitiert (847a 20 f) ἐποίησεν Ἀντιφῶν ὁ ποιητής, οὕτω καὶ ἔχει· τέχνῃ γὰρ κρατοῦμεν, ὧν φύσει νικώμεθα.

[15] Dissoi Logoi, DK 90 8,1.

[16] Plat. Phaidr. 269e 4 ff.

[17] Plut. Per. 32,1.

[18] Plut. Per. 32,1. Eine andere Einschätzung bei Raaflaub (2000).

[19] Zur Stellung der Aspasia: Reinsberg (1989) 80 ff.; zu dem Prozeß gegen Phidias: Schubert (1994) 116 ff. Dagegen Raaflaub (2002), Einleitung.

[20] Ar. Thesm. 540 f.; Eurip. Hipp. 421 ff.; Herakl. 62,113, 181 f.; Hik. 438 ff.; Ion 670 ff.; Plat. Gorg. 461e 2; Ps.-Xen. Ath. Pol. 1,2.6–9.

[21] Aus pan-rhesia; zu der dadurch bedingten anderen Akzentuierung vgl. Raaflaub (1985) 277 ff.; ders. (1980) 50 mit Anm. 61.

[22] Raaflaub (1985) 282.

[23] Diog. Laert. 9,18.

[24] Clem. v. Alex., Stro. 5,109,3 = DK 21 B 15.

[25] Mansfeld (1983) 209.

[26] Burkert (1977) 180 ff.

[27] Vgl. Vernant (1990)111 f.

[28] Diog. Laert. 1,109 ff. Ausf. zu diesen Parallelen Dodds (1951) 141 ff.

[29] DK 3 B5 = Damaskios, De principiis 124.

[30] Platon, leg. 642d.

[31] Zur Chronologie, insbesondere zu dem Zusammenhang mit der kylonischen Verschwörung in Athen Chambers (1990) 140 f.

[32] Diog. Laert. 1,110, wo Nikias, Sohn des Nikeratos als Bote zu Epimenides erwähnt wird; es handelt sich zweifellos um den Strategen und Politiker aus der Zeit des Peloponnesischen Krieges.

[33] Zu Pythagoras in Sparta: Diog. Laert. 1,117; Iambl. Vit. Pyth. 25. 92.141.

[34] Paus. 3,11,11.

[35] Diog. Laert. 1,113.

[36] Paus. 3,12,11.

[37] Pind. Ol. 6

[38] Herod. 9,33–35; Paus. 3,11,6.

[39] Paus. 3,11,5.

[40] Paus. 3,18,3.

[41] Plut., Lysander 25; Diod. Sic. 14,13.

[42] Diog. Laert, 9,21–23.

[43] DK 28 B8,50 ff.

[44] Parmenides DK 28 B 8, Z. 42–49.

[45] DK 29 A26 = Arist. Phys. 239b14 ff.

[46] Ferber (1995) 34 ff.

[47] Sext. Emp. 7,65 ff. = frg. 3 (Buchheim).

[48] Plat. Soph. 217c; Parmen. 126c, 127a–d; Alkib. mai. 119a; vgl. dazu Mattingly (1996) 269 mit Anm. 32.

[49] Mattingly (1996) 270.

[50] Diod. 12,53,1 ff.

[51] Dazu ausf. Schubert (1993) 124 ff.

[52] Zu Empedokles: Diog. Laert. 8,51–77.

[53] Diog. Laert. 8,64–66.

[54] Plut. Kim. 7–8; dazu Muss/Schubert (1988) 172; vgl. die Diskussion Plut. Per. 12: Perikles soll die Diskussion um die Finanzierung der Akropolisbauten mit dem Argument für sich entschieden haben, daß bei einer Ablehnung er selbst sie finanzieren und dann auch seinen Namen darauf setzen werde.

[55] Arist. Pol. 1301b 25 ff.

[56] Diog. Laert. 8,67.

[57] Diog. Laert. 8,70. Dk 31 B 112.

[58] Plut. De exil. 607c; Hippol. Haer. 7,29,14–23 = DK 31 B 115.
[59] De natura hominis c. 4 ff.
[60] Plat. Phaidr. 269e 4 ff.; vgl. dazu Joly (1983) 407–421.
[61] De fract. 1; de art. 2.3.47.73; vgl. Schubert (1993) 124 ff.
[62] Aer. 1.11.12; de victu 11; dazu Kudlien (1977); Schubert (1993) 127 ff.
[63] Dissoi Logoi DK 90 8,1.
[64] Grundlegend zu dem Physis-Begriff in der Medizin des 5. Jh.s: Kollesch (1976) 270 ff.
[65] Nestle (1975) 400.
[66] Schol. ad Plat. Tim. 21a (= DK 88 Kritias A3).
[67] DK 88 Kritias B9.
[68] Vgl. dazu Schubert (1990) 94 ff.; Schubert (1989) 203 ff. Allg. bei Diod. 1,8,1 (auf Demokrit zurückgeführt: DK 68 B5,1); Demokrit DK 68 B 154; B 198; vgl. auch VM 7. Literaturübers. bei Schubert (1989) 204 Anm. 6.
[69] DK 68 B 154.
[70] Diod. 1,8,7; vgl. dazu Lämmli (1962)94; Schubert (1989) 210.
[71] Diod. 1,8,2 ff.
[72] Für letzteres plädiert Sokrates im Gegensatz zu Protagoras in dem gleichnamigen Dialog Platons: Plat. Prot. 317bff. Für den größeren Einfluß menschlicher Erziehung und Übung: Aer. 14.
[73] DK 88 B25; Vit. Eur. 33; Ath. 11,496a; vgl. dazu Dihle (1977) 28 ff.
[74] Eine Übersicht bei Nestle (1975) 403 ff.
[75] Xen. Hell. 2,3,24 ff.
[76] Hierzu ausf. Meier (1996)199–222, dessen Ausführungen das Anschließende folgt.
[77] Meier a. O. 207 f. bezieht sich hierbei auf den von Max Weber geprägten Begriff des ›Nomologischen Wissens‹.
[78] Flashar (1996) 105.
[79] Flashar (1996) 109.
[80] So der Titel bei Meier (1988): »Die politische Kunst der griechischen Tragödie«.

Zu Kapitel VII

[1] Powell (1988) 136 ff.
[2] Thasos: Plut. Kim. 14; Hilfe aus Sparta: Thuk. 1,101,2 (vgl. dazu oben S. 83 f.); Samos: Thuk. 1,113, 1–3; Diskussion um ein Hilfsversprechen aus Sparta: Thuk. 1,40,5; Mytilene in den 30er Jahren: Thuk. 1,57,5; 3,2,1.13,1.
[3] ML 58.
[4] S. u.:
[5] Davies (1996) 142 f.
[6] Badian (1993) 125 ff.
[7] Welwei (1999) 140 ff.
[8] Welwei (1999) 141.
[9] Thuk. 1,36,2.
[10] ML 63 und 64.
[11] Plut. Per. 35,3–4; Diod. 12,45,4; vgl. Plat. Gorg. 516a 1–3. Ausf. dazu Schubert (1994) 129 f.
[12] Thuk. 1,67,4; 139,1; 144,2.
[13] Stadter (1984) 264 f.; Fornara (1975) 213 ff. Anders Ste. Croix (1972) 244 ff.; vgl. Schubert (1994) 130 ff.
[14] Thuk. 7,18.
[15] Thuk. 1,127,3. Dazu Welwei (1999) 151 ff.
[16] Plut. Per. 30,1; 31,1.
[17] Plut. Per. 32.
[18] Thuk. 1,80–85 (Rede des spartan. Königs Archidamos); 1,140–144 (Rede des Perikles in Athen).
[19] Thuk. 1,143,5.
[20] Kagan (1996) 24. Vgl. Lewis (1992) 381, 386; Cawkwell (1975) 53 ff.; Holladay (1978) 399 ff.
[21] Thuk. 2,19,2; 22,2; 3,1,2 und 7,27,5.
[22] Z. B. dauerte die erste und längste der Invasionen im Jahr 430 nur 40 Tage: Thuk. 2,57,2; Powell (1988) 147 mit Amn. 69.

23 Thuk. 2,18–19,1; 8,98,2; vgl. 5,3,5. Dazu ausf. Spence (1990) 92 ff.; Ober (1985) 171 ff.; Hanson (1983).
24 Thuk. 4,50.
25 Thuk. 4,51.
26 Davies (1996)147 f.
27 Thuk. 4,1–41.
28 Thuk. 4,40. Dazu Welwei 179.
29 Thuk. 4,53–55. Vgl. Plut. Nik. 6,4.
30 ML 68=HGIÜ 111; ML 69=HGIÜ 113.
31 Zu Melos (ML 67= IG IV 1,1= HGIÜ 110): vgl. Treu (1953/54) 253 ff.; (1954/55) 8 ff; anders: Eberhardt, Historia 8 (1959) 284 ff.; Melos wird ebenfalls in der Kleon-Schatzung als tributpflichtig gegenüber Athen genannt.
32 Plut. Nik. 8,3.
33 Ar. Ritter 312; 1303 f.; Friede 639; Wespen 894–97.
34 Thuk. 4,85–87 (Rede des Brasidas in Akanthos). Thuk. eigene Sichtweise: 4,84.
35 Thuk. 4,46 ff. (Korkyra); 4,71 (Megara); 4,76 (Böotien); 4,130 (Skione); 5,4 (Leontinoi).
36 Thuk. 4,41.80; 5,14,3.
37 Thuk. 4,83.
38 Thuk. 5,18.
39 Thuk. 5,28.31,1–5; vgl. 5,47 und IG I^{3}83 = StVII 193 = HGIÜ 125; dazu Bengtson (1977) 238.
40 Plut. Nik. 10.
41 StV II Nr. 193.
42 Thuk. 5,85 ff.
43 IG I^2 96 = StV II Nr. 196; SEG X 104; etwas anders: Thuk. 5,82; vgl. Bengtson (1977) 240 mit Anm. 1.
44 Thuk. 3,86,4.
45 Thuk. 4,65.
46 Bengtson (1977) 240.
47 Plut. Alk. 16,5; vgl. Andok. 4,22; anders: Thuk. 5,84,1.
48 Thuk. 5,5,1.
49 Thuk. 5, 4–5.
50 Thuk. 6,8,2 ff.; 25,2 ff.; Diod. 12,84,3; Plut. Nik. 12; Alkib. 18; ML 78.
51 Thuk. 6,11.
52 Thuk. 6,27,3. Vgl. Plut. Alkib. 18,6.
53 Andok. Myst. 9–72.
54 S. o.
55 Zehn Stelen, auf denen die Erlöse des verkauften Eigentums der Beschuldigten verzeichnet sind: Pritchett (1953) 240 ff., (1956) 276 ff., (1961) 23 ff.; 2 Texte von Stele 10 bei ML 79 = HGIÜ 132.
56 Aurenche (1971) 51 ff., 83 ff., 123 ff.
57 Aisch. 3, 183; Plut. Kim. 7; Kratippos FGH 64 F 3 spricht davon, daß gerade im Bereich der Agora viele Hermen verstümmelt wurden. Vgl. dazu Aurenche (1971) 173.
58 Vgl. dazu
59 Thuk. 7,72–87; PLut. Nik. 25 ff.; Diod. 13,18 ff.; Polyaen. 1,43,2.
60 Thuk. 7,18.
61 Thuk. 8,5,4–5; dazu Andrewes (1992) 465.
62 Meiggs (1972)354 Anm. 1.
63 Thuk. 8,58,2.
64 Thuk. 4,50; 8,18,1; 8,37,2. 58,2. Vgl. Meiggs (1972)352. StV II Nr. 200–202.
65 Lehmann (1997) 10, bes. 12.
66 Vgl. Lehmann (1997) 62 ff. und Übersicht in der Zeittafel bei Lehmann 131 ff.
67 Lehmann (1997) 21: »Es gab keine Akzeptanz für eine andere Begründung der neu zu schaffenden Verfassung als die aus dem Willen des Demos!«
68 Zum Mysterienfrevel s. o..
69 Thuk. 6,89,6.
70 Ar. Lys. 573.
71 Thuk. 8,68.

72 AP 29,2; anders: Thuk. 8,1,3 und 8,67,1; diese Zahl der 30 wird auch von Androtion FGH 324 F43 und Philochoros FGH 328 F 136 bestätigt. Bei Thukydides werden die Probouloi αὐτοκράτορας genannt. Vgl. dazu ausf. Welwei (1999) 221 ff.
73 AP 29,3; dazu Chambers (1990) 277 ff.; Fuks (1953) 1 ff.
74 AP 29,3: Dazu Chambers (l990) 278; Fuks (1953) 7 ist jedoch der Ansicht, diese Kommentierung habe schon in dem Zusatzantrag des Kleitophon, wie er von der Ekklesia verabschiedet wurde, gestanden.
75 Hansen (1990) 86 f.
76 Fuks (1953) 4 ff.
77 DK 85 B1 (=324,1 f.). Vgl. dazu Fuks (1953) 108; Ruschenbusch (1958) 418 ff.
78 Arist. Pol. 1273 b35 ff. zu den gegensätzlichen Einschätzungen der beiden attischen Politiker; zu Kleisthenes als dem Begründer der Demokratie: s. o.; die ungenauen und falschen Vorstellungen, die in der Zeit des Peloponnesischen Krieges in Athen über die eigene, unmittelbare Geschichte und insbesondere den Sturz der Tyrannis mit den sich daraus entwickelnden politischen Folgen kursierten, kritisiert Thuk. 6,54–59 am Beispiel der Tyrannentöter.
79 AP 30–32.
80 Chambers (1990) 284. Anders: Lehmann (1997) 42 mit Anm. 47 und 48, der AP 30,3 völlig anders bewertet.
81 Hansen 1990, 89.
82 Thuk. 8,65.
83 Thuk. 8,67 f.
84 ML 89.
85 Thuk. 8,73–76.
86 Thuk. 8,86.
87 Thuk. 8,94 (Verlust von Euböa); 8.97 mit AP 33,1 (Absetzung der 400 und Einrichtung der 5000). Vgl. dazu Lehmann (1997) 42 mit Anm. 48. HCT 5,331 ad Thuk. 8,97,2.
88 Thuk. 8,97,2. Vgl. dazu Andrewes HCT 5,331 f. mit folgender Übersetzung: »... the initial period (of this regime) was one of the periods when the affairs of Athens were conducted best, at least in my time ...«
89 Thuk. 8,98.
90 Chambers (1990) 297. HCT 5.205 zu Thuk. 8,96,1. Vgl. Lys. 20,13.
91 Letzteres: Ste. Croix (1956) 1 ff.; ersteres: Rhodes(1985) 380 ff.; dazu Chambers (1990) 298.
92 Andok. Myst. 96–98; Lyk. Leocr. 125–127; vgl. Chambers (1990) 298.
93 Meritt (1932) 101 zu IG I³ 375 = IG I² 304 A = ML 84 = HGIÜ 142.
94 Lehmann (1997) 43 mit Anm. 49.
95 Vgl. dazu Schubert (1993) 63 f.
96 Lehmann (1997) 46 mit Anm. 53.
97 Hansen (1975); vgl. ders. (1980) 89 f.; Rhodes (1979) 103 f.; zur Datierung: Kassel (1994) 33 ff.
98 Philochoros FGH 328 F 140; vgl. dazu Lehmann (1997) 46 mit Anm. 53, der zu diesen Maßnahmen auch IG I³105 zählt, wobei er die die Boule betreffenden Passagen (s. o.) auf die Vermeidung von »Tendenzen zugunsten einer Rats-Regierung« wie diejenige der 400 bezieht.
99 Lehmann (1997) mit Bezug auf IG I³ 1191 Z. 60 f. und IG I3 118 = Syll.³ 112 = StV II 207,28 f.
100 Xen. Hell. 1,7,20; Aristoph. Ekkles. 1089.
101 Xen. Hell. 1,1,9 ff.
102 Diod. 13,53,1.
103 Xen. Hell. 1,4,8 ff.
104 Zum Arginusenprozeß: Xen. Hell. 1,7,1.35. Vgl. dazu: Bleicken (1996) 659 ff.; Lang (1992) 267 ff.; Németh (1984) 51 ff.; Mehl (1982) 32 ff.; Andrewes (1974) 119 f.
105 Thuk. 2,65,12.
106 Xen. Hell. 2,2,15 f.
107 AP 34,3. Vgl. dazu Fuks (1953) 63; Chambers (l990) 303 f.; Lehmann (1997) 49 ff.
108 Lys. 12,71. Welwei (1999) 247.
109 Xen. Hell. 2,3,11.
110 AP 35,1–3; anders Xen. Hell. 2,3,11 f.
111 AP 35,2.
112 Isokr. 18,16 (gegen Kallimachos); Lys. 25,16.

[113] Xen. Hell. 2,3,26. Weitere Beispiele für diesen ›Regierungsterrorismus‹ bei Lehmann (1997) 29 mit Anm. 25 (Lehmann 53 Anm. 61: »ein mörderisches Freund/Feind-Verhältnis gegenüber der demokratischen Mehrheit«). AP 35,4 nennt 1500 Bürger ›in kurzer Zeit‹.

[114] AP 38,4; Xen. Hell. 2,4,38 nennt 15 Schlichter.

[115] Zur Pnyx McK. Camp (1994) 110 ff.

[116] Xen. Hell. 2,3,50 ff.

[117] Welwei (1999) 251 ff.

[118] Xen. Hell. 2,4,8–9; Lys. 12,52; 13,44; Diod. 14,32,4.

[119] AP 39–40.

[120] AP 39; vgl. Lys. 6,39.45.

[121] Xen. Hell. 2,4,43.

Zu Kapitel VIII

[1] Thuk. 4,84,2; vgl. dazu Powell (1988) 96; das negative Urteil über die Spartaner findet sich z. B. bei Meiggs (1972) 355; Jones (1966) 59; Brunt (1953/4) 141.

[2] Thuk. 8,96,5. Vgl. 5,107.

[3] Thuk. 1,132–134.

[4] Herod. 9,54.

[5] Plut.comp. Lysander-Sulla; Plut. Moralia (Apophthegmata Laconica 223a 2 (Kleomenes); 229b 4 (Lysander); 229b 3 (Lysander). Aristoph. Lys. 1268–70; Acharn. 308; Frieden 215 ff.; vgl. dazu ausf. Bradford (1994) 59 ff.; Harvey (1994) 38 ff.

[6] Z. B. Aristoph. Acharn. 652; dazu Harvey (1994) 50.

[7] Cartledge (1979) 231.

[8] Thuk. 1,23,6; vgl. 1,88.

[9] Thuk. 1,115.2–117; vgl. 8,76,4.73,4.86,4.98,4. Vgl. dazu ausf. Ste. Croix (1972) 117, 143, 200 ff.

[10] Thuk. 1,40,5.41,2 (zu Samos). zu Thasos: s. o..

[11] Powell (1988) 119 ff. mit einer Übersicht. Vgl. Zeittafel .

[12] Förtsch (1998) 51 f.

[13] T. Figueira, Population Patterns in Late Archaic and Classical Sparta, TAPhA 116 (1986) 165–213.

[14] Thuk. 5,67,1. Vgl. dazu Link (1994) 15. Welwei (1974) I 144; Ducat (1983) 208.

[15] Thuk. 5,34; ausf. dazu Link (1994) 16; vgl. anders: Andrewes (1992) 434, der darunter Heloten versteht, die speziell für den Kriegsdienst freigelassen wurden;

[16] Vgl. dazu auch Xen. Hell. 6,5,24; dazu Link (1994) 17; Welwei (1974) I 144 f.; anders MacDowell (1986) 51, der die *neodamodeis* als ehemalige *mothakes* versteht, die eine komplette spartanische Erziehung durchlaufen haben.

[17] Diod. 14,36,1; Link (1994) 18.

[18] Thuk. 4,80,2.

[19] Thuk. 4,80,3.

[20] Anders MacDowell (1986) 44 ff., 149.

[21] Thuk. 5,34,3; vgl. dazu Cartledge (1979) 314, der sie den *hypomeiones* zurechnet. Link (1994) 22 rechnet sie den sog. ›Zitterern‹ zu, die wegen Feigheit vor dem Feind zwar nicht das Bürgerrecht, jedoch dafür ihre Ehre verloren haben. Die ehemaligen Gefangenen von Sphakteria hatten darüberhinaus jedoch auch eine Teilverlust bürgerlicher Rechte zu tragen.

[22] Xen. Hell. 3,3,4–11. Vgl. dazu Link (1994) 22.

[23] Link (1994) 22; vgl. Cartledge (1979) 314.

[24] Lotze (1962) 430.

[25] Ael. Var. 12,43; vgl. Xen. Hell. 5,3,9 und Phylarch FGH 81 F 43.

[26] Cartledge (1979) 315; Link (1994) 25 ff.

[27] Ael. Var. 12,43.

[28] Phylarch FGH 81 F 43; Link (1994) 27.

[29] Link (1994) 14.

[30] Zu dem Begriff Stand und seiner Anwendung auf antike Verhältnisse: Finley (1980) 45.

[31] Xen. Hell. 3,3,6.

[32] Cartledge (1987) 431.

[33] Herod. 9,53; 9,11,28.

[34] Arist. Frg. 541

35 Thuk. 5,66
36 Cartledge (1987) 430 f.
37 Xen. Lak. Pol. 11,4; 13,6
38 Xen. Hell. 7,4,20; 5,10
39 Xen. Lak. Pol. 10,7; 13,1,7
40 Herod. 3,55; Thuk. 1,86,2; 4,126,5
41 Thommen (1996) 136 f.
42 Thuk. 4,40,2; Xen. Hell. 5,3,8–9; vgl. dazu Bourriot (1996) 132.
43 Plut. Lys. 24,3 ff., Ages. 8,3; nach einer anderen Überlieferung sollte dieser Wahlkönig nur aus den Familien bestimmt werden, die dem Kreis der Herakliden zugerechnet wurden. (Plut. Lys. 24,5).
44 Plut. Lys. 26,1.

Zu Kapitel IX

1 Hanson (1996) 293; bei der Zahl der Metöken rechnet Hanson hier die Kinder mit.
2 Vgl. oben:
3 Arist. Pol. 1279b 20–1280a 7; vgl. Politik 1290a 30 ff.; Thuk. 3,62,3.
4 Xen. Hell. 2,4,10.
5 Thuk. 2,38,1.
6 Burkert (1987) 28.
7 Vgl. dazu Murray (1993) 256 ff.; Detienne (1979); Vernant (1979); vgl. dazu auch Sahlins (1972), wonach solche Feste auch die soziale Funktion der Zurschaustellung von Reichtum und Macht haben können.
8 Burkert (1987) 29.
9 Zu den ländlichen Dionysien: Whitehead (1986) 212 ff.; Sklaven bei den ländlichen Dionysien als aktive Teilnehmer der Prozession: Aristoph. Acharn. 237–279.
10 IG II²1186, Z. 11–13; dazu Whitehead (1986) 216.
11 IG I³244 c, Z. 4–10, bes. 7–9; dazu Whitehead (1986) 81.
12 IG I³78 = ML 73 = HGIÜ 123.
13 Cartledge (1987)13.
14 Thuk. 4,80,3
15 Arist. Pol.
16 Thuk. 2,37,1.
17 Schuller (1974) 192. Ausf. dazu Schubert (1994) 156 ff.
18 Hierzu grundsätzl. Raaflaub (1985) 207 f.
19 Zu *eleutheria* und den Anfängen dieser Konzeption: Raaflaub (1985) 118 ff.
20 Zuerst literarisch für den Frieden zwischen Athen und Sparta 446, dann in den Verhandlungen von 432 und weiterhin in verschiedenen Verträgen während des Peloponnesischen Krieges erwähnt; dazu Raaflaub 186 ff.
21 Raaflaub (1985) 203 ff.; vgl. dazu auch Schuller (1974) 153 ff.
22 Thuk. 2,41,1: Ξυνελών τε λέγω τήν τε πᾶσαν πόλιν τῆς Ἑλλάδος παίδευσιν εἶναι καὶ καθ' ἕκαστον δοκεῖν ἄν μοι τὸν αὐτὸν ἄνδρα παρ' ἡμῶν ἐπὶ πλεῖστ' ἂν εἴδη καὶ μετὰ χαρίτων μάλιστ' ἂν εὐτραπέλως τὸ σῶμα αὔταρκες παρέχεσθαι. Zusammenfassend sage ich, daß insgesamt unsre Stadt die Schule von Hellas sei, und im einzelnen, wie mich dünkt, derselbe Mensch bei uns wohl am vielseitigsten mit Anmut und gewandt sich am ehesten in jeder Lage selbst genügen kann. (Übersetzung Landmann)

23 Raaflaub (1985) 215 ff.
24 Ps.-Xen. Ath. Pol. 1,4–5.15.
25 Thuk. 1,76,2.77,3 (Rede der Athener in Sparta); 5,86–111 (Melierdialog).
26 S. o.
27 Plat. Pol. 338c 1 ff.; für die Originalität der von der Dialog-Person Thrasymachos geäußerten Gedanken, aber auch die Stringenz seiner Ausführungen: Kerferd (1981) 120 ff.
28 Plat. Pol. 338d–339b; vgl. Ps.-Xen. 1,1 ff.
29 Plat. Pol. 344b–c. Zur Vergleichbarkeit mit den Thesen des Kallikles bei Platon, Gorgias vgl. Kerferd (1981) 122 ff.

[30] S. o.

[31] Xen. Mem. 1,2,40, wo der gleiche Gedankengang, der bei Plat. Pol. 338dff. Thrasymachos zuge-schrieben wird, für ein Gespräch zwischen Alkibiades und Perikles reklamiert wird.

[32] Raaflaub (1985) 269.

[33] Raaflaub a. a. O.

[34] Raaflaub (1996) 140 ff.

[35] Areopagitikos 61

[36] Ober (1998) 280.

[37] Thuk. 1,6,4

Quellenhinweise

Schriftliche Quellen

Texte von zeitgenössischen Autoren sind für die Zeit vom Ende des 6. bis zur Mitte des 5. Jahrhunderts einige erhalten: Größere Passagen bzw. zusammenhängende Werke besitzen wir aus dem Bereich der Lyrik und des Dramas (Simonides, Pindar, Aischylos). Die im 6. Jahrhundert schon einsetzende und sich im 5. Jahrhundert stark erweiternde literarische Überlieferung (Philosophie, Naturwissenschaften, Medizin, Historiographie, Geographie) ist nur in Fragmenten erhalten, die heute durchweg aus den Zitaten späterer Autoren zusammengestellt worden sind. Die beiden wichtigsten Fragmentsammlungen sind Diels/Kranz, *Die Fragmente der Vorsokratiker* (DK) für die wissenschaftlich-philosophischen und Jacoby, *Die Fragmente der griechischen Historiker* (FGH) für die historiographischen bzw. geographischen Texte. DK enthält deutsche Übersetzungen der Fragmente (vgl. dazu Long 2001), FGH jedoch nicht.

Von den später schreibenden Autoren sind Herodot und Thukydides als Autoren des 5. Jahrhunderts für den hier behandelten Zeitraum die Hauptquellen. Neben den politischen und militärischen Ereignissen beschreibt Herodot auch kulturelle und ethnographische Aspekte; insbesondere interessiert ihn aber die epochale Auseinandersetzung der Griechen mit den Persern. Thukydides hingegen, der den großen Krieg zwischen Athen und Sparta (431-404 v. Chr.) schildert, faßt die Phase der Vorgeschichte dieses Konfliktes nur kurz zusammen. Die Darstellung der sog. *Pentekontaetia*, der Geschichte der 50 Jahre, die dem Ausbruch des Peloponnesischen Krieges vorangegangen ist (480-430 v. Chr.), gruppiert die Ereignisse zwar mehr oder weniger chronologisch, ist jedoch vor allem dazu gedacht, die Unausweichlichkeit des Konfliktes zu belegen. Daher ist vieles aus diesen 50 Jahren nicht erwähnt, anderes nur am Rande und einiges wiederum stark hervorgehoben (z. B. die Schicksale von Themistokles und Pausanias).

Die Autoren des 4. Jahrhunderts (Platon, Aristoteles, die attischen Redner, Ephoros und Theopomp, letztere nur in Fragmenten erhalten) gehen in vielem auf Herodot und Thukydides zurück, sind aber in wesentlichen Zügen von der Entwicklung des 5. Jahrhunderts weit entfernt, so daß wichtige Ereignisse bereits unter ihnen in der Historizität umstritten waren. Beispielsweise wurde die Echtheit des Friedens mit den Persern (der sog. Kallias-Frieden) im 4. Jahrhundert von einigen Autoren mit Skepsis gesehen (s. Plut. Kim. 13, s. o. S. 80 ff.).

Aristoteles ist einer der fruchtbarsten Autoren der Antike überhaupt gewesen. Er hat eine Sammlung von 158 verschiedenen Verfassungen angelegt bzw. anlegen lassen, auf die sich seine Analyse der Entwicklung von Herrschaftsformen stützt. Auch seine allgemeinen Aussagen über Politik und politische Theorie basieren auf dieser Sammlung. Die ihm oft, wenngleich nicht mit letzter Sicherheit, zugeschriebene *Athenaion Politeia* (AP), die eine Verfassungsgeschichte Athens gibt, soll eine dieser 158 Verfassungen gewesen sein. Nichtsdestoweniger sieht auch sie den Ablauf der Ereignisse in Athen im 5. Jahrhundert auf dem Hintergrund der Geschichte des 4. Jahrhunderts und stützt sich vor allem in der Bewertung der Entwicklung auf eine für diese Epoche typische Sichtweise: So wird etwa die Einrichtung der Demokratie mit Solon angesetzt und von ihm ausgehend eine stringente Linie über Ephialtes und Perikles bis zum Ende des 5. Jahrhunderts gezogen. Die heutige Sichtweise setzt den Beginn der eigentlichen Volksherrschaft in Athen dagegen überwiegend erst in das 5. Jahrhundert (vgl. dazu S. 13 f.).

Der im 1. Jahrhundert v. Chr. schreibende Historiograph Diodor geht in seiner Universalgeschichte ausführlich auf die Geschichte des 5. Jahrhunderts ein. Eine seiner wichtigsten Vorlagen ist der im 4. Jahrhundert schreibende Ephoros gewesen, dessen thematisch aufgebautes Werk Diodor jedoch in ein annalistisches Schema umgearbeitet hat. Daher sind gerade chronologische Zusammenhänge bei Diodor oft unzuverlässig.

Ein außerordentlich informatives, wenngleich sehr viel später, an der Wende vom 1. zum 2. Jahrhundert n. Chr., geschriebenes Werk sind die Parallelbiographien Plutarchs. Von diesen einander gegenübergestellten Biographien je eines Römers und eines Griechen sind für die hier behandelte Epoche diejenigen des Themistokles, des Aristeides und Kimon, aber auch diejenigen über Lykurg und Lysander besonders wichtig. Plutarch greift auf teilweise sehr zuverlässiges Quellenmaterial, auch urkundlicher Art, zurück. In manchem ist seine Darstellung doch wiederum so anekdotenhaft, daß sie nur mit äußerster Vorsicht benutzt werden kann.

Die Werke aller genannten Autoren liegen in – größtenteils auch deutschen – Übersetzungen vor. Für die Quellenauszüge sind folgende Übersetzungen zugrunde gelegt worden:

Aristoteles, Athenaion politeia. Hrsg. v. M. Chambers, Leipzig [1]1986.
Aristoteles, Der Staat der Athener. Hrsg. v. M. Dreher, Stuttgart 1997.
Alkmaion: In: Die Fragmente der Vorsokratiker I u. II. Hrsg. v. H. Diels/W. Kranz, Berlin 1922 (Hamburg [8]1963).
Herodot, Historien. Übers. v. A. Horneffer, hrsg. v. H. W. Haussig, Stuttgart 1971.
Pindar: E. Thummer, AAHG XIX, 1966, S. 289–322.
Plutarch, Lebensbeschreibungen I u. II, übers. v. J. F. Kaltwasser, bearb. v. H. Floerke. Textrev. u. biogr. Anh. von L. Kroener, Einl. v. O. Seel, München 1964.
Thukydides, Der peloponnesische Krieg. Übers. v. A. Horneffer, durchges. u. eingel. v. H. Strasburger, Berlin 1957.
Thukydides, Geschichte des peloponnesischen Krieges I u. II, hrsg. u. übers. v. G. P. Landmann, München 1973.

Im Vergleich zu der in der Mitte des 5. Jahrhunderts v. a. in Athen einsetzenden breiten Dokumentierung aller öffentlichen Beschlüsse und Vorgänge ist die inschriftliche Überlieferung für das 6. und die erste Hälfte des 5. Jahrhunderts eher karg. Eine gute Zusammenstellung der wichtigsten inschriftlich erhaltenen Texte aus dem gesamten griechischsprachigen Raum mit ausführlichem Kommentar ist bei Meiggs/Lewis, A Selection of Greek Historical Inscriptions (ML) zu finden, die jeweiligen Übersetzungen dazu bietet Brodersen/Günther/Schmitt, Historische griechische Inschriften in Übersetzung (HGIÜ). Die hier abgedruckten Übersetzungen der Inschriften sind aus daraus entnommen.

Nicht-schriftliche Quellen

Für die hier behandelte Epoche vom Ende des 6. Jahrhunderts bis einschließlich der ersten Hälfte des 5. Jahrhunderts ist die Anzahl von nicht-schriftlichen Quellen vergleichsweise groß: Zum einen sind zahlreiche Bauwerke erhalten (Tempel, Gräber, öffentliche und private Gebäude, Befestigungsanlagen), zum anderen geben Töpferwaren (v. a. Vasen) und Weihgeschenke durch ihren Bild- und Skulpturenschmuck Informationen in weitestem Sinn. Sie erlauben Rückschlüsse auf die unterschiedlichsten Bereiche der Gesellschaft, aber insbesondere auf denjenigen der Religion.

Die verschiedenen Produktionsformen der Landwirtschaft, aber auch die verwendeten Fördertechniken zum Abbau von Metallen, die Untersuchung der Zweige des Handwerks sowie die Erforschung der Wege, die der Warenaustausch genommen hat, erlauben detaillierte Einblicke in das Wirtschaftsleben des 5. Jahrhunderts. Die Siedlungsarchäologie und die Feldforschung haben in ländlichen Gebieten wertvolle neue Erkenntnisse ermöglicht: So sind Siedlungsstrukturen, Landwirtschaft, Bergbau und andere Produktionsformen der antiken Wirtschaft für Attika gerade hier durch die Aufnahme zahlreicher Funde und ihre sorgfältige Analyse gut erforscht worden. Für Sparta sind diese Untersuchungen in den 1980er und 1990er Jahren intensiviert worden. Allerdings ist hier bisher nur ein Teil publiziert. Ein Spezialfall ist die attische Hafenstadt Piräus, von deren archäologischer Rekonstruktion wichtige Thesen über antike Stadtplanung, Städtebau und den Zusammenhang mit weltanschaulich-politischen Gegebenheiten ausgehen.

Die für die genannten archäologischen Fragen verwendeten Publikationen sind im Literaturverzeichnis erfaßt.

Abkürzungen

Ael. Arist.	Aelius Aristides
Aer.	De aeribus = Hippokrates, De aere aquis locis (Über die Umwelt), hrsg., übers. und erl. v. H. Diller, Berlin 1970 (= CMG I 1,2)
AfP	Archiv für Papyrusforschung
Aischyl.	Aischylos
Pers.	Perser
Eum.	Eumeniden
Andok.	Andokides
Androt.	Androtion
Anecd. Bekker	Anecdota Graeca, 3 Bde., hrsg. v. I. Bekker, Graz 1965
AP	Aristoteles (?), Athenaion Politeia
Ar.	Aristophanes
Arist.	Aristoteles
Pol.	Politik
Athen.	Athenaios
ATL	B. D. Meritt, H. T. Wade-Gery, M. F. McGregor, The Athenian tribute lists, 4 Bde., Princeton 1939–1953
CAH IV^2	J. Boardman, N. G. L. Hammond, D. M. Lewis, M. Ostwald, Persia, Greece and the Western Mediterranean c. 525 to 479 B. C., Cambridge Ancient History (CAH) Second Edition, Cambridge 1992 (=1988)
CAH V^2	D. Lewis, J. Boardman, J. K. Davies, M. Ostwald, The Cambridge Ancient History (CAH) Second Edition, Vol. V: The Fifth Century B. C., Cambridge 1992
CH	Corpus Hippocraticum
Cic.	Cicero
leg.	De legibus
CMG	Corpus Medicorum Graecorum
Dem.	Demosthenes
Diod.	Diodor
Diog. Laert.	Diogenes Laerios
Dion. Hal.	Dionysios von Halikarnassos
DK	H. Diels, W. Kranz, Die Fragmente der Vorsokratiker, Zürich/Hildesheim ^{6}1951= ^{18}1989
Eurip.	Euripides
Herc.	Hercules
Euseb.	Eusebius
Chron.	Chronik
FGH	F. Jacoby, Die Fragmente der griechischen Historiker, 15 Bde., Berlin/Leiden 1923–1958
Gell.	Gellius
N. A.	Noctes Atticae
HCT	A. W. Gomme, A. Andrewes, K. J. Dover, A Historical Commentary on Thucydides, 5 Bde., Oxford 1956–1981
Herod.	Herodot
Hesych.	Hesychios
HGIÜ	K. Brodersen, W. Günther, H. H. Schmitt, Historische Griechische Inschriften in Übersetzung, Bd.1: Die archaische und klassische Zeit, Darmstadt 1992
Iambl.	Iamblichos
Vit. Pyth.	Vita Pythagorica
IG	Inscriptiones Graecae
IGCH	Index of Greek Coin Hoards
Isokr.	Isokrates
Areop.	Areopagitokos
IvOl	W. Dittenberger, K. Purgold, Inschriften von Olympia, Berlin 1896
LSCG	F. Sokolowski, Lois sacrées des cités Grecques (Ecole française d'Athènes, Traveaux et mémoires 18), Paris 1969; Supplément (Traveaux et mémoires 11) Paris 1962

Lyk.	Lykurg
Leocr.	Leocrates
Lys.	Lysias
Marcellin.	Marcellinus
ML	R. Meiggs, D. Lewis, A Selection of Greek Historical Inscriptions to the End of the Fifth Century B. C., Oxford ²1988
Nepos	Cornelius Nepos
Milt.	Miltiades
Paus.	Pausanias
Phot.	Photios
Pind.	Pindar
Isthm.	Isthmien
Ol.	Olympien
Pyth.	Pythien
Plat.	Platon
Gorg.	Gorgias
Nom.	Nomoi
Pol.	Politeia
Plin.	Plinius,
n. h.	Naturalis Historia
Plut.	Plutarch
Arist.	Aristarch
Lyk.	Lykurg
Kim.	Kimon
Per.	Perikles
Sol.	Solon
Them.	Themistokles
Thes.	Theseus
Poll.	Pollux
Polyän.	Polyänos
Polyb.	Polybios
Schol.	Sylloge Insriptionum Graecarum I–IV, 3. Aufl., hrsg. v. W. Dittenberger, Berlin 1914–24
Soph.	Sophokles
Ant.	Antigone
Strab.	
Theop.	Theopomp
Thuk.	Thukydides
Tod	M. N. Tod, A Selection of Greek Historical Inscriptions, Oxford, I: ²1946, II: 1948
Xen.	Xenophon
Lak. Pol.	Lakedaimonion Politeia
Hell.	Hellenika

Verzeichnis der antiken Autoren

Die fragmentarisch erhaltenen Werke griechischer Historiker und frühgriechischer Philosophen finden sich in den Sammlungen Jacoby (FGH = F. Jacoby, Fragmente der griechischen Historiker, Leiden 1923–58) und Diels/Kranz (DK = H. Diels/ W. Kranz, Die Fragmente der Vorsokratiker, griech.-dt., Berlin ⁶1951–52). Die Inschriften sind zugänglich in HGIÜ (K. Brodersen/W. Günther/H. H. Schmitt, Historische Griechische Inschriften in Übersetzung, Bd. 1: Die archaische und klassische Zeit, Darmstadt 1992). Die Schrift *De aeribus* wird dem Corpus Hippocraticum (CH) zugerechnet.

Aischylos (525/24–456/55 v. Chr.), athenischer Tragiker. In den 472 aufgeführten *Persern* verarbeitet und interpretiert Aischylos die Ereignisse um die Schlacht bei Salamis.

Alkman (2. Hälfte des 7. Jahrhunderts) aus Sardes, Dichter von Hymnen, Trink- und Liebesliedern in Sparta; berühmt für die Chorlieder (Partheneia), die von Jungfrauen bei Festen gesungen wurden.

Aristoteles (384–322 v. Chr.) aus Stageira (Nordgriechenland), Universalgelehrter, Schüler Platons. Wichtig für den Historiker sind seine acht Bücher *Politika*, eine Schriftensammlung über die Verfassungen und Gesellschaftsordnungen verschiedener griechischer Stadtstaaten, und die ihm bzw. seiner Schule zugeschriebene *Athenaion Politeia*, eine Verfassungsgeschichte Athens.

Athenaion Politeia ↗ Aristoteles

Cicero (106–43 v. Chr.), römischer Staatsmann, Redner und Philosoph. In seinem Werk *De legibus* (Über die Gesetze) erwähnt er ein nachsolonisches Luxusgesetz, das vielleicht mit dem Rückgang prächtiger attischer Privatgrabmäler Ende des 5. Jh.s v. Chr. in Verbindung zu bringen ist.

Demosthenes (384–322 v. Chr.) aus Athen, Redner und Politiker, erwähnt in seinen Reden zahlreiche Ereignisse der athenischen Geschichte.

Diodoros Siculus (geb. um 90 v. Chr.) aus Agyrion (Sizilien). Diodor schrieb etwa in den Jahren 60–30 v. Chr. eine annalistisch aufgebaute Universalgeschichte in 40 Büchern. Die erhaltenen Bücher 11–15 liefern eine Geschichte der griechischen Staaten inklusive Siziliens für die Zeit von 480–360 v. Chr.

Diogenes Laertios (ca. Ende des 2./Anfang des 3. Jahrhunderts n. Chr.), Philosophiehistoriker. Von ihm kennen wir das Sammelwerk *Leben und Lehrsätze der Philosophen in 10 Büchern*. Das zweite Buch handelt von Anaximander und Anaxagoras, das achte von Pythagoras.

Dionysios von Halikarnassos (ca. 60/53 v. Chr. – 7 n. Chr.), griechischer Redner und Historiker, wirkte ca. 30–8 v. Chr. in Rom. Sein Geschichtswerk, die *Antiquitates Romanae*, welches die Zeit von der Gründung Roms bis zum

1. Punischen Krieg behandelt, ist eine wichtige Quelle für die Geschichte Großgriechenlands.

Ephoros (4. Jh.) aus Kyme hat die erste Universalgeschichte der Griechen verfaßt. Das Werk hatte großen Einfluß auf die späteren Geschichtsdarstellungen und ist viel zitiert worden. Nur von diesen fragmentarischen Zitaten her ist sein Werk bekannt.

Herodot (vor 480 – vor 420 v. Chr.) aus Halikarnassos, der »Vater der Geschichtsschreibung«, nennt als Ziel seines Werkes, die großen Leistungen der Griechen und der Barbaren nicht in Vergessenheit geraten zu lassen, ebensowenig die Ursachen ihrer Kriege. Sein Geschichtswerk ist die Hauptquelle zur griechischen Geschichte für die Zeit bis zu den Perserkriegen.

Iamblich (ca. 250–330 n. Chr.) aus Chalkis, Neuplatoniker. Verfasser einer Vita des Pythagoras auf der Grundlage hellenistischer, stark legendärer Lebensbeschreibungen.

Ion (ca. 480–420 v. Chr.) aus Chios lebte als Dichter, Historiker und Philosoph in Athen. In dem nur fragmentarisch erhaltenen Werk finden sich Anfänge anekdotischer, biographischer Literatur. So berichtet er etwa in den *Epidemiai* von seinem Zusammentreffen mit den großen Persönlichkeiten seiner Zeit.

Isokrates (436–338 v. Chr.) aus Athen, Redner, bemüht in seinen Reden oft das ruhmreiche Vorbild Athens zur Zeit der Perserkriege.

Iustin ist bekannt durch seine etwa im 3. Jh. n. Chr. erstellte Zusammenfassung der *Historiae Philippicae*, eine ursprünglich 44 Bücher umfassende, lateinische Universalgeschichte des Pompeius Trogus aus augusteischer Zeit, die nur durch Iustinus überliefert ist.

Ktesias (2. H. 5. Jh. – 1. H. 4. Jh. v. Chr.) aus Knidos, Arzt und Historiker, schrieb, nachdem er länger in persischen Diensten gestanden hatte, die *Persika* in 23 Büchern; als Quelle für den Orient vielfach benutzt von Isokrates, Platon und Aristoteles.

Lykurg (ca. 390–324 v. Chr.) aus Athen, Staatsmann und Redner. Von seinen Prozeßreden ist allein die Anklage gegen Leokrates erhalten geblieben. In dieser stellt er das rühmenswerte Beispiel der Vorfahren dem unlauteren Verhalten des Leokrates gegenüber.

Nepos (ca. 100–24 v. Chr.), römischer Biograph. Von seinem Hauptwerk *De viris illustribus*, das mindestens 16 Bücher umfaßte, ist nur ein Buch mit Biographien nichtrömischer Feldherrn erhalten. Für den hier behandelten Zeitraum sind besonders die Lebensbeschreibungen des Miltiades und des Pausanias von Interesse. Nepos schrieb seine Biographien ohne wissenschaftlichen Anspruch als Unterhaltungslektüre.

Pausanias (ca. 115 – nach 180 n. Chr.), schrieb zwischen 160–180 n. Chr. einen Führer zu Denkmälern und Sehenswürdigkeiten des griechischen Festlandes. In seinen Exkursen bietet er reichhaltiges historisches Material.

Platon (427–347 v. Chr.) aus Athen, Philosoph. Seine zahlreichen Schriften bieten Einblick in das Leben der philosophischen Kreise Athens. Auf einer Reise nach Unteritalien knüpfte Platon auch enge Beziehungen zu den Pythagoreern.

Plutarch (ca. 50 – nach 120 n. Chr.) aus Chaironeia, vielseitiger philosophischer und biographischer Schriftsteller. Für seine Parallelviten, in denen er die Lebensbeschreibungen je eines bedeutenden Griechen und Römers nebeneinanderstellt und vergleicht, hat er in erster Linie historische (nicht biographische) Literatur gründlich ausgewertet. Auch wenn seine Viten v. a. eine moralisch-pädagogische Zielsetzung haben, bleiben sie erstrangige historische Quellen.

Pindar (518–438 v. Chr.) aus Böotien, Lyriker. Er schrieb Oden im Auftrag der Sieger der olympischen, isthmischen, pythischen u. a. Wettspiele.

Polybios (ca. 200 – nach 120 v. Chr.) aus Megalopolis (Achaia), Historiker. Lebte nach der Niederlage bei Pydna (168 v. Chr.) quasi als Geisel in Rom, konnte sich aber frei bewegen und verkehrte in vornehmsten römischen Kreisen, v. a. in der Familie der Scipionen. Er schrieb eine Universalgeschichte für die Zeit von 264 bis 146 v. Chr., die auch wichtige Informationen zum Niedergang der Pythagoreer in Großgriechenland enthält.

Pompeius Trogus ↗ Iustin

Stesimbrotos (5. Jh. v. Chr.), aus Thasos, Rhapsode, Homererklärer und Publizist; er verfaßte ein Werk *Über Themistokles, Thukydides und Perikles*, von dem, wie vom restlichen Werk, nur Fragmente erhalten sind.

Strabon (64/63 v. Chr. – nach 20 n. Chr.) aus Amaseia (Pontos), Historiker und Geograph. Seine erhaltenen *Geographika*, eine Beschreibung des seinerzeit bekannten Erdkreises in 17 Büchern, beruhen auf Quellenexzerpten und Augenzeugenberichten.

Theon (ca. 1./2. Jh. n. Chr.) aus Alexandria, Rhetor. Von ihm stammt das früheste uns erhaltene Lehrbuch mit sog. Progymnasmata, propädeutischen Übungen im Rhetorikunterricht.

Theopomp (ca. 378 – nach 322 v. Chr.) aus Chios, Redner und Historiker, verfaßte eine eine umfangreiche *Philippische Geschichte*, die fragmentarisch überliefert ist und auch über das 5. Jahrhundert reiches Material bietet.

Thukydides (ca. 460/54 – nach 404 v. Chr.) aus Athen, Feldherr und Historiker, schrieb nach seinem Exil (ab 424 v. Chr.) eine Geschichte des Peloponnesischen Krieges für den Zeitraum 431–411/10. Das erste Buch seines Geschichtswerkes ist die grundlegende Quelle für die sog. Pentekontaetie, die 50 Jahre Vorgeschichte des Krieges von 478 bis 431 v. Chr.

Tyrtaios (2. H. des 7. Jh.s), aus Milet, lebte als Elegiendichter in Sparta; in seinen Gedichten werden Mahnungen und Aufforderungen zur Bewährung im Kampf gegen die Messenier ausgesprochen, u. a. ist auch der Inhalt der Großen Rhetra daraus überliefert.

Xenophon (ca. 430/25 – nach 355 v. Chr.), Söldner, Historiker, Philosoph. Ursprünglich aus Athen, lebte er nach seiner Verbannung lange Zeit unter spartanischem Schutz. In seiner *Lakedaimoníon politeia* beschreibt er die Verfassung und Gesellschaftsordnung Spartas. Die Schrift ist auch als Beitrag zu der Suche nach einer idealen Verfassung zu lesen.

Literaturhinweise

Dem Verzeichnis der in den Anmerkungen abgekürzt zitierten Literatur seien hier einige allgemeine Hinweise zur schnelleren Orientierung vorangestellt: Ausführliche Übersichtsdarstellungen zur Geschichte der hier behandelten Epoche finden sich bei H. Bengtson, Griechische Geschichte (1977) und in der zweiten Auflage der Cambridge Ancient History (1992), darüber hinaus bei Murray (1995) und Davies (1996). Eine kurze Gesamtdarstellung der Geschichte Athens und Spartas von der archaischen Zeit bis zum Jahre 338 v. Chr. gibt Dreher (2000). Die Geschichte Athens im 5. und 4. Jahrhundert ist ausführlich bei Welwei (1999) beschrieben, und das 5. Jahrhundert als Gesamtdarstellung ist bei Vannier (1999) zusammengefaßt. Zur Einführung in die Quellen, deren Ausgaben, Übersetzungen und Problematik bietet Meister (1997) alles Wesentliche. Besonders wichtig für den gesamten hier behandelten Zeitraum sind die kommentierten Ausgaben der *Athenaion Politeia* von Rhodes (1993 = 1981) und Chambers (1990).

Zu Kapitel I

Eine ausführliche Darstellung geben die Artikel von Lewis, Ostwald, Davies in CAH IV^2 (1992 = 1988).

Hier sei kurz darauf hingewiesen, daß die Diskussion um die Bedeutung der attischen Demokratie offenbar im Zuge der 2500-Jahrfeiern (von Kleisthenes bis 1993 gerechnet) einen neuen Höhepunkt erreicht zu haben scheint. In der Hauptsache bewegen sich die Argumente um die Frage, ob die attische Demokratie eine besondere Entwicklung unter den griechischen Herrschaftsformen ist oder ob sie auf dem Hintergrund einer breiten archaischen Egalisierungs- und Demokratisierungstendenz zu erfassen ist.

Eine Übersicht des Forschungsstandes gibt Raaflaub in verschiedenen Aufsätzen (1995–1998); für die Frage nach den Veränderungen, die in Athen durch und mit der kleisthenischen Reform eintraten: Scafuro/Boegehold (1994) und Connor (1990/2); insbesondere für neuere Aufschlüsse durch Ausgrabungen und entsprechende Neuinterpretationen: Coulson et al. (1994), Hurwit (1999), Camp (2001).

Für die Ergebnisse der Demenforschung sei auf Traill (1975, 1986), Stanton (1994) und Lohmann (1993) verwiesen.

Darüberhinaus zeigt gerade das Beispiel Athen, daß eine direkte Demokratie in der Antike sehr stark von kollektiven Elementen der Bewußtseinsprägung bestimmt war: Gremien und Institutionen sind auch als Ausdruck eines Volkswillens zu betrachten, der sich als Ergebnis von sozialen und politischen Interaktionen zwischen den verschiedenen Gruppierungen und Schichten der Gesellschaft bildet (s. dazu Ober [1989]). Über die Untersuchung von Ritualen und Symbolen ist dieser Prozeß für die Kultur Athens im 5. Jh. besonders gut zu erschließen; vgl. dazu die Sammelbände: Connor (1990/2), Osborne (1994); Scafuro/Boegehold (1994); Neils (1992). Diese Aspekte sind jedoch aufgrund der Quellenlage für das 5. Jh. nur in Athen zu verfolgen und verstärken damit leider die ohnehin schon starke Tendenz, das Athen des 5. Jh.s als ein Phänomen besonderer Art zu betrachten: s. dazu neuerdings Meier (1996).

Zu Kapitel II

Der Kampf der Griechen gegen die Perser wird bei Burn (1984) im einzelnen erörtert, s. a. CAH IV² (der Autor der entsprechenden Artikel ist N. G. L. Hammond).

Für die Zeit ab Salamis ist vor allem die Darstellung von Meiggs (1972) wichtig. Die CAH V² (Autoren der entsprechenden Abschnitte sind Davies, Rhodes und Lewis, 1992) gibt hier ebenfalls eine ausführliche Übersicht. Welwei (1999) behandelt den Zeitabschnitt besonders unter Berücksichtigung der Quellenlage und den sich daraus ergebenden Forschungsdiskussionen.

Zu Kapitel III

Die Geschichte Spartas beschreibt Cartledge (1979) sorgfältig und ausführlich, für die Diskussion um einzelne Fragen sei auf den von Christ herausgegebenen Sammelband (1986) verwiesen, wobei der Nachtrag von Lewis (1984) Wesentliches ergänzt. In den Arbeiten von Thommen (1996) und Cartledge (1987) sind die heute im Hinblick auf die Entwicklung Spartas zentralen Fragen (seit wann hat sich der Mythos Lykurg entwickelt, welche Rolle spielt das Ephorat, wie läßt sich die gesellschaftliche Entwick-lung Spartas rekonstruieren) ausführlich diskutiert. Für die Agoge Kennell (1995).

Zur Chronologie des Pausanias vgl. v. a. Badian (1993).

Zur Entwicklung der Kunst in Sparta vgl. die Übersicht von Stibbe (1996). Neuere Ergebnisse der Sparta-Archäologie finden sich in dem von Cavanagh herausgegebenen Sammelband (1998).

Zu Kapitel IV und VII

Die chronologische und interpretatorische Problematik der 70er und 60er Jahre des 5. Jh.s ist bei Badian (1993) am besten erläutert. Auf seinen Überlegungen basiert die hier gegebene Darstellung. Die Authentizität des Kallias-Friedens ist außerordentlich umstritten, die Darstellung orientiert sich hier vor allem an der ausführlichen Untersuchung aller damit zusammenhängenden Fragen durch Meister (1982), der die Ungeschichtlichkeit dieses Abkommens stark betont; demgegenüber plädiert die CAH V^2 (Autor des entsprechenden Abschnittes ist Lewis) für einen wirklich 449 v. Chr. abgeschlossenen Frieden.

Der Areopag ist als Institution und in seiner historischen Entwicklung ausführlich von Wallace (1989) untersucht worden. Allgemein zu der Entwicklung der Gerichte und Gerichtshöfe in Athen Boegehold (1995). Die hier gegebene Darstellung, die die Rolle des Areopags in den 60er Jahren des 5. Jh.s für weniger bedeutend hält, ist ausführlich von Verf. in ZRG (2000) erläutert worden; dazu auch Bloedow (1992), der die entscheidende Passage in der Athenaion Politeia in Frage stellt. Die Interpretation der *Orestie* des Aischylos hat durch die Arbeiten von Braun (1998) und Flashar (1997) eine neue Perspektive erhalten, die ebenfalls die Aussage der *Athenaion Politeia* über einen »Sturz« des Areopags relativiert.

Zum Ausbruch des Peloponnesischen Krieges siehe v. a. CAH V^2, dazu Kagan (1994), Schubert (1994), Ste. Croix (1989), zum Verlauf Kagan (1992, 1994, 1996/2), zu den oligarchischen Umstürzen Lehmann (1997).

Zu Kapitel V

Für die Entstehung des Seebundes und seiner Herrschaftsorganisation sei auf Schuller (1974) verwiesen. Speziell mit der attischen Verfassung der Demokratie befassen sich Bleicken (1995) und Hansen (1995), für die Forschungsdiskussion sei auf den von Kinzl herausgegebenen Sammelband (1995) verwiesen, indem Raaflaub den gegenwärtigen Diskussionstand zusammenfaßt. Die attische Ideologie von Herrschaft und Freiheit ist grundlegend bei Raaflaub (1985) behandelt. Für die Abschnitte Krieg und Expansion vgl. Welwei (1999) sowie Verf. (1994). Für den Abschnitt Kunst und Religion vgl. Verf. (1994), Boedeker/Raaflaub (1998), speziell zu den Bauten auf der Akropolis Hurwit (1999). Zu Perikles vgl. die Biographie von Will (1995), Podlecki (1998) und Verf. (1994).

Zu Kapitel VI

Eine zusammenfassende und anschauliche Darstellung der vorsokratischen Philosophie ist bei Buchheim zu finden (1994), die grundlegenden Werke hierzu sind Guthrie (1962–69) und die von Flashar herausgegebene Reihe *Die Philosophie der Antike* (Grundriß der Geschichte der Philosophie, 1998); zum neuesten und internationalen Forschungsstand vgl. Long (2001).

Zu Kapitel VIII

Zu der Politik Spartas gegenüber Athen s. Powell (1988, 1989), zu den Veränderungen in Sparta Powell/ Hodkinson (1994), Thommen (1996), Hodkinson in Rich/Shipley (1993); der Ansicht von Thommen, daß die spartanische Homoioi-

Ideologie sich erst in der zweiten Hälfte des 5. Jahrhunderts in Sparta entwickelt habe und auch eine Antwort auf die Krise Spartas war, schließt sich die obige Darstellung an.

Neuerdings hat Bourriot (1996) die These aufgestellt, daß der Begriff Kalokagathia eine spartanische Prägung sei, die von Sparta aus erst in der zweiten Hälfte des 5. Jahrhunderts ihren Weg nach Athen gefunden habe.

Zu Kapitel IX

Eine Zusammenstellung und Aufarbeitung aller Fragen, die mit dem Begriff, der Geschichte und Entwicklung des Polis-Phänomens in Verbindung stehen, sind in den vom Kopenhagener Polis Center herausgegebenen Sammelbänden (s. Hansen 1993, 1995, Whitehead 1994, Hansen/Raaflaub 1995, diess. 1996, Nielsen 1997) enthalten.

Mit den dem zur Antithese stilisierten Verhältnis zwischen Athen und Sparta zugrundeliegenden Aspekten von Demokratie und Gleichheit, Oligarchie und Hierarchie befassen sich Ober/Hedrick (1996), Raaflaub (1996) und Cartledge (1996, 1998).

Literatur

Ameling (1985) = W. Ameling, Plutarch, Perikles 12–14, Historia 34 (1985) 47–63

Asheri (1992) = D. Asheri, Carthaginians and Greeks, in: J. Boardman (1992)

Aurenche (1974) = O. Aurenche, Les groupes d'Alcibiade, Paris 1974

Badian (1993) = E. Badian, From Plataea to Potidaea, Baltimore/London 1993

Baumann (1990) = R. Bauman, Political Trials in Ancient Greece, London 1990

Beloch (1914) = K. J. Beloch, Griechische Geschichte, Leipzig ^{2}1914

Bengtson (1977) = H. Bengtson, Griechische Geschichte, München ^{5}1977 (= HdAW 3,4)

Bérard (1963) = J. Bérard, La Magna Grecia. Storia delle colonie greche dell'Italia meridionale, Turin 1963

Berve (1967) = H. Berve, Die Tyrannis bei den Griechen, 2 Bde., München 1967

Bickerman (1958) = F. J. Bickerman, Autonomia: Sur un passage de Thucydide (1,144,2), RIDA 5 (1958) 313–44

Bleicken (1985) = J. Bleicken, Die athenische Demokratie, Paderborn/München 1985

Bleicken (1995) = J. Bleicken, Die athenische Demokratie, Paderborn/München ^{5}1995

Bleicken (1995a) = J. Bleicken, Wann begann die athenische Demokratie?, HZ 260 (1995) 337–364

Bloedow (1992) = Bloedow, E. F., Pericles and Ephialtes in the Reforms of 462 BC, Scholians Vol. 1 (1992) 85–101

Boardman (1963) = J. Boardman, Arthemis Orthia and Chronology, BSA 58 (1963) 1–7.

Boardman (1975) = J. Boardman, Herakles, Peisistratos an Eleusis, JHS 95 (1975) 1–12

Boardman (1982) = J. Boardman, Herakles, Theseus and Amazons, in: D. Kurz, B. Sparkes, The Eye of Greece, Cambridge (1982) 1–28

Boardman (1992) = J. Boardman, N. G. L. Hammond, D. M. Lewis, M. Ostwald, Persia, Greece and the Western Mediterranean c. 525 to 479 B. C., Cambridge Ancient History Second Edition Vol. IV, Cambridge 1992 (= 1988)

Boardman (1994) = J. Boardman (Hrsg.), The Cambridge Ancient History. Plates to Volumes V and VI. The Fifth and Fourth Centuries B. C. New Edition, Cambridge 1994

Boedeker/Raaflaub (1998) = D. Boedeker, K. Raaflaub, Democracy, Empire, and the Arts in the Fifth-Century Athens, Cambridge Mass./London 1998

Boegehold (1994) = A. L. Boegehold, Perikles' Citizenship Law of 451/0 B. C., in: Scafuro/Boegehold (1994) 57–66

Boegehold (1995) = A. Boegehold, the Lawcourts at Athens, the Athenian Agora Vol. XXVIII, Princeton 1995

Boersma (1970) = J. Boersma, Athenian Building Policy from 561/0 to 405/4 B. C., Groningen 1970

Bourriot (1996) = F. Bourriot, Kaloi Kagathoi, Kalokagathia à Sparte aux époques archaïque et classique, Historia 45 (1996) 129–140

Bowra (1964) = C. P. Bowra, Pindar, Oxford 1964

Bowra (1967) = C. P. Bowra, Greek Lyric Poetry, Oxford ^{2}1967

Bradford (1994) = A. S. Bradford, The duplicitious Spartan, in: A. Powell, S. Hodkinson, The Shadow of Sparta, London/New York 1994, 59–68

Braun (1998) = M. Braun, Die Eumeniden des Aischylos und der Areopag, Classica Monacensia 19, Tübingen 1998

Brenne (1994) = S. Brenne, Ostraka and the Process of Ostrakophoria, in: Coulson (1994) 13–24

Brenne/Willemsen (1991) = S. Brenne, F. Willemsen, Verzeichnis der Kerameikos-Ostraka, AM 106 (1991) 147–156

Brenne (2001) = S. Brenne, Ostrakismos und Prominenz in Athen, Wien 2001

Brenne (2001) = S. Brenne, Die Ostraka als Testimonien, in: P. Siewert (Hrsg.), Ostrakismos-Testimonien I (2001) 36–166

Bringmann (1986a) = K. Bringmann, Die Entstehung des spartanischen Kosmos, in: Christ (1986) 351–386

Bringmann (1986b) = K. Bringmann, Die soziale und politische Verfassung Spartas – Ein Sonderfall der griechischen Verfassungsgeschichte?, in: Christ (1986) 448–469

Brunt (1953/54) = P. Brunt, The Hellenic League against Persia, Historia 2 (1953/4) 135–163

Bruyn (1995) = O. Bruyn, La compétence de l'Aréopage, Stuttgart 1995 (HE 90)

Buchheim (1994) = T. Buchheim, Die Vorsokratiker, München 1994

Burkert (1962) = W. Burkert, Weisheit und Wissenschaft. Studien zu Pythagoras, Philolaos und Platon, Nürnberg 1962

Burkert (1977) = W. Burkert, Griechische Religion der archaischen und klassischen Epoche, Stuttgart 1977

Burkert (1987) = W. Burkert, Die antike Stadt als Festgemeinschaft, in: Stadt und Fest, hrsg. v. P. Huggeret et al., Unterägeri und Stuttgart 1987, 25–44

Burkert (1990) = W. Burkert, Wilder Ursprung, Berlin 1990

Burn (1984) = A. R. Burn, Persia and the Greeks, London 1984

Burns (1976) = A. Burns, Hippodamus and the Planned City, Historia 25, (1976), 414–428

Bury/Meiggs (1978) = J. B. Bury, R. Meiggs, A History of Greece to the Death of Alexander the Great, New York ⁴1978

Busolt (1920) = G. Busolt, Griechische Staatskunde, München 1979 (= 1920) (HdAW 4.1.1)

Camp (1986) = J. M. Camp, The Athenian Agora, London (1986)

Camp (2001) = J. M. Camp, The Archaeology of Athens, New Haven/London 2001

Capps (1943) = E. Capps, Hesperia 12 (1943) 1 ff.

Carlier (1977) = P. Carlier, La vie politique à Sparte sous le règne de Cléomène 1ᵉʳ: essai d'intepretation, Ktema 2 (1977) 65–84

Cartledge (1979) = P. Cartledge, Sparta and Lakonia. A regional history 1300–362 B. C., London/Boston/Henley 1979

Cartledge (1987) = P. Cartledge, Agesilaos and the Crisis of Sparta, London 1987

Cartledge (1998) = P. Cartledge, Die Griechen und wir, Stuttgart/Weimar 1998

Cartledge (2001) = P. Cartledge, Spartan Reflections, London 2001

Catling (1989) = JHS (1989) Archaeological Reports 35

Cawkwell, G. L. (1988) = Νομοφυλακία and the Areopagus, JHS 108 (1988) 1–12

Chambers (1990) = M. Chambers, Aristoteles. Staat der Athener. Übers. und erl. v. M. Chambers, Berlin 1990 (E. Grumach, H. Flashar, Aristoteles. Werke in deutscher Übersetzung, Bd. 10,1)

Childs (1994) = W. A. P. Childs, The Date of the Old Temple of Athena on the Athenian Acropolis, in: Coulson (1994) 1–6

Christ (1986) = K. Christ (Hrsg.), Sparta, Darmstadt 1986

Clauss (1983) = M. Clauss, Sparta, München 1983

Connor (1987) = W. R. Connor, Tribes, Festivals and Processions: Civic Ceremonial and Political Manipulation in Archaic Greece, JHS 107 (1987) 40–50

Connor (1990) = W. R. Connor, City Dionysia and Athenian Democracy, in: Connor (1990) 7–32

Connor (1990/2) = W. R. Connor, M. H. Hansen, K. A. Raaflaub, B. S. Strauss, Aspects of Athenian Democracy, Kopenhagen 1990

Connor (1994) = The Problem of Athenian Civic Identity, in: Scafuro/Boegehold (1994) 34–44

Coulson (1994) = W. D. E. Coulson, O. Palagia, T. L. Shear, H. A. Shapiro, F. J. Frost, The Archaeology of Athens and Attica under the Democracy, Oxford 1994

Davies (1981) = J. K. Davies, Wealth and the Power of Wealth in Classical Athens, Princeton 1981

Davies (1992) = J. K. Davies, Religion and the State, in: Boardman (1992) 368–388

Davies (1992a) = J. K. Davies, Society and Economy, in: Lewis (1992) 287–305

Davies (1996) = J. K. Davies, Das klassische Griechenland und die Demokratie, München 1996

Davison (1958) = J. A. Davison, Notes on the Panathenaea, JHS 78 (1958) 23–42

Debrunner (1947) = A. Debrunner, DHMOKRATIA, in: Festschrift E. Tièche, 1947, 11–24

Delivorrias (1974) = A. Delivorrias, Attische Giebelskulpturen und Akrotere des fünften Jahrhunderts, Tübingen 1974

Demont (1995) = P. Demont, A propos de la démocratie athénienne et de la cité grecque, REG 108 (1995) 198–210

Detienne (1979) = M. Detienne/J.-P. Vernant, La cuisine du sacrifice en pays Grec, Paris 1979

Deubner (1962) = L. Deubner, Attische Feste, Darmstadt 1962 (= Berlin 1932)

Dihle (1977) = A. Dihle, Das Satyrspiel »Sisypho«, Hermes 105 (1977) 28–42

Diller (1962) = H. Diller, Hippokrates. Schriften, Hamburg 1962

Dinsmoor (1950) = W. B. Dinsmoor, The Architecture of Ancient Greece, London 1950

Dinsmoor (1951) = W. B. Dinsmoor, The Athenian Theater of the Fifth Century, Studies Presented to D. M. Robinson, Saint Louis 1951, 309–30

Dodds (1951) = E. R. Dodds, The Greeks and the Irrational, London 1951

Dreher (2000) = M. Dreher, Verbannung ohne Vergehen. Der Ostrakismos (das Scherbengericht), in: L. Schneider/U. v. Ungern-Sternberg, Große Prozesse im antiken Athen, München 2000, 66–77

Dreher (2001) = M. Dreher, Athen und Sparta, München 2001

Ducat (1983) = J. Ducat, Sparte archaïque et classique. Structures économiques, sociales, politiques, REG 96 (1983) 194 ff.

Dunbabin (1948) = T. J. Dunbabin, The Western Greeks: The History of Sicily and South Italy from the Foundation of the Greek Colonies to 480 B. C., Oxford 1948

Eder (1995) = W. Eder, Die Athenische Demokratie im 4. Jahrhundert v. Chr. Krise oder Vollendung?, in: W. Eder (Hrsg.), Die athenische Demokratie im 4. Jahrhundert v. Chr. Vollendung oder Verfall einer Verfassungsform?, Stuttgart 1995, 11–28

Effenterre (1985) = H. van Effenterre, La cité grecque, Paris 1985

Ehrenberg (1940) = V. Ehrenberg, s. v. Isonomie, RE Suppl. VII (1940) 293 f.

Ehrenberg (1950) = V. Ehrenberg, Origins of Democracy, Historia 1 (1950) 515–548

Erxleben (1969–71) = E. Erxleben, Das Münzgesetz des delisch-attischen Seebundes I, APF 19 (1969) 91–137, II, APF 20 (1970) 66–132, III, APF 21 (1971) 145–162

Evans (1993) = J. A. S. Evans, Herodotus and the Battle of Marathon, Historia 42 (1993) 279–307

Ferber (1995) = R. Ferber, Zenons Paradoxien der Bewegung und die Struktur von Raum und Zeit, Stuttgart ²1995

Figueira (1998) = Th. Figueira, The Power of Money. Coinage and Politics in the Athenian Empire, Philadelphia 1998

Finley (1980) = M. I. Finley, Die antike Wirtschaft, München ²1980

Finley (1986) = M. I. Finley, Sparta, in: Christ (1986) 327–350

Flashar (1996) = M. Flashar, Die Sieger von Marathon – Zwischen Mythisierung und Vorbildlichkeit, in: Retrospektive, hrsg. v. M. Flashar, H.-J. Gehrke, E. Heinrich, 1996

Flashar (1997) = H. Flashar, Orest vor Gericht, in: W. Eder, K.-J. Hölkeskamp, Volk und Verfassung im vorhellenistischen Griechenland, Stuttgart 1997, 99–111 (FS K.-W. Welwei)

Flashar (1998) = H. Flashar (Hrsg.), Die Philosophie der Antike, Bd. 2/1: Sophistik, Sokrates, Sokratik, Mathematik, Medizin, Basel 1998

Förtsch (1998) = R. Förtsch, Spartan art: its many different deaths, in: Cavanagh/Walker (1998) 48–54

Förtsch (2001) = R. Förtsch, Kunstverwendung und Kunstlegitimation im archaischen und frühklassischen Sparta, Mainz

Fol/Hammond (1992) = A. Fol, N. G. L. Hammond, Persia in Europe, apart from Greece, in: Boardman (1992), 234–253

Fornara (1966) = Ch. W. Fornara, Some Aspects of the Career of Pausanias of Sparta, Historia 15 (1966) 257–71.

Fornara (1970) = Ch. Fornara, The Cult of Harmodios and Aristogeiton, Philologus 114 (1970) 155–80

Fornara/Samons (1991) = Ch. W. Fornara, L. J. Samons II, Athens from Cleisthenes to Pericles, Berkeley 1991

Francis (1990) = E. D. Francis, Image and Idea in Fifth-Century Greece, hrsg. v. M. Vickers, London 1990

Frei (1981) = P. Frei, Ἰσονομία. Politik im Spiegel griechischer Wortbildungslehre, MH 38 (1981) 205–19

Frost (1993) = F. J. Frost, Aspects of Early Athenian Citizenship, in: Scafuro/Boegehold (1994) 45–56

Funke (2001) = P. Funke, Wendezeit und Zeitenwende: Athens Aufbruch zur Demokratie, in: D. Papenfuß/V. Strocka, Gab es das Griechische Wunder? Mainz 2001, 1–16

Gall (1979) = H. von Gall, Das Zelt des Xerxes und seine Rolle als persischer Raumtyp in Griechenland, Gymnasium 86 (1979) 444–462

Garland (1987) = R. Garland, The Piraeus from the Fifth to the First Century B. C., 1987

Garland (1992) = R. Garland, Introducing New Gods, London 1992

Gawantka (1985) = W. Gawantka, Die sogenannte Polis, Stuttgart 1985

Geertz (1994) = C. Geertz, Religion als kulturelles System, in: Dichte Beschreibung, Frankfurt/M. 1994, 44–95 (= Religion as a cultural system, in: Anthropological Approaches to the Study of Religion, ed. M. Banton, London 1966, 1–46)

Gehrke (1985) = H.-J. Gehrke, Stasis. Untersuchungen zu den inneren Kriegen in den griechischen Staaten des 5. und 4. Jahrhunderts v. Chr., München 1985 (Vestigia 35)

Gehrke (1980) = H.-J. Gehrke, Zur Geschichte Milets in der Mitte des 5. Jahrhunderts v. Chr. Historia 29 (1980) 17–31

Gericke (1994) = H. Gericke, Mathematik in Antike und Orient. Mathematik im Abendland von den römischen Feld,messern bis zu Descartes. Wiesbaden ³1994

Gernet (1976) = L. Gernet, Sur le symbolisme politique en Grèce ancienne: Le Foyer commun (1951), in: ders., Anthropologie de la Grèce antique, Paris ²1976

Gigon (1954) = O. Gigon, die Theologie der Vorsokratiker, Genf 1954 (Entretiens sur l'antiquité classique I: La notion du divin depuis Homère jusqu'à Platon)

Giovannini/Gottlieb (1980) = A. Giovannini, G. Gottlieb, Thukydides und die Anfänge der athenischen Arche, SHAW 1980.7, Heidelberg 1980

Goldhill (1986) = S. Goldhill, Reading Greek Tragedy, Cambridge 1986

Goldhill (1987) = S. Goldhill, The Great Dionysia and civic Ideology, JHS 107 (1987) 58–76

Guthrie (1962) = W. K. C. Guthrie, A History of Greek Philosophy, Cambridge 1962 ff.

Hall (1990) = Lindsay G. H. Hall, Ephialtes, the Areopagus and the Thirty, ClQ 40 (1990) 319–328

Hammond (1992) = N. G. L. Hammond, The Expedition of Datis and Artaphernes. The Expedition of Xerxes, in: Boardman (1992), 491–517 und 518–591

Hansen (1974) = M. H. Hansen, Eisangelia, Odense 1975

Hansen (1990) = M. H. Hansen, Solonian Democracy in Fourth-Century Athens, in: Connor (1990) 71–99

Hansen (1993) = M. H. Hansen (Hrsg.), The Ancient Greek City-State, Kopenhagen 1993

Hansen (1994) = M. H. Hansen, The 2500th Anniversary of Cleisthenes' Reforms and the Tradition of Athenian Democracy, in: R. Osborne, S. Hornblower, Ritual, Finance, Politics: Athenian Democratic Accounts presented to D. Lewis, Oxford 1994, 25–51

Hansen (1995) = M. H. Hansen (Hrsg.), Sources for the Ancient Greek City-State, Kopenhagen 1995

Hansen (1995) = Die Athenische Demokratie im Zeitalter des Demosthenes, Berlin 1995

Hansen (1995a) = M. H. Hansen, The »Autonomous City-State«. Ancient Fact or Modern Fiction?, in: Hansen/Raaflaub (1995) 21–43

Hansen/Raaflaub (1995) = M. H. Hansen, K. Raaflaub (Hrsg.), Studies in the Ancient Greek Polis, Stuttgart 1995

Hansen/Raaflaub (1996) = M. H. Hansen, K. Raaflaub (Hrsg.), More Studies in the Ancient Greek Polis, Stuttgart 1996 (HE 95)

Hanson (1983) = V. D. Hanson, Warfare and agriculture in classical Greece, Pisa 1983

Hanson (1996) = V. Hanson, Hoplites into Democrats: the Changing Ideology of Athenian Infantry, in Ober/Hedrick (1996) 289–312

Harvey (1994) = D. Harvey, Lacomica: Aristophanes and the Spartans, in: Powell/Hodkinson (1994) 35–56

Haussoullier (1883) = B. Haussollier, La vie municipale en Attique: Essai sur l'organisation des dèmes au quatrième siècle, Paris 1883

Hedrick (1991) = Ch. W. Hedrick, Phratrie Shrines of Attica and Athens, Hesperia 90 (1991) 241–268

Heinrichs (1989) = J. Heinrichs, Ionien nach Salamis, Diss. Bonn, 1989

Herington (1955) = C. J. Herington, Athena Parthenos ans Athena Polias, Manchester 1955

Hermann (1970) = P. Hermann, Zu den Beziehungen zwischen Athen und Milet im 5. Jahrhundert, Klio 52 (1970) 163–173

Hölkeskamp (1993) = K.-J. Hölkeskamp, Demonax und die Neuordnung der Bürgerschaft von Kyrene, Hermes 121 (1993) 404–421

Hölscher (1973) = T. Hölscher, Griechische Historienbilder des 5. und 4. Jahrhunderts, Würzburg 1973

Hölscher (1998) = T. Hölscher, Images and Political Identity: The Case of Athens, in: Boedeker/Raaflaub (1998) 153–184

Humphreys (1980) = S. Humphreys, Family Tombs and Tomb Cult in ancient Athens: Tradition or Traditionalism?, JHS 100 (1980) 96–126

Hurwit (1999) = J. Hurwit, The Athenian Acropolis, CUP 1999

Jacobson (1975) = H. Jacobson, The oath of the Delian League, Philologus 119 (1975) 256–58

Jaeger (1953) = W. Jaeger, Die Theologie der frühen griechischen Denker, Stuttgart (1953)

Jeanmaire (1939) = H. Jeanmaire, Couroi et Courètes, Lille (1939)

Jeffery (1962), = L. H. Jeffery, The Inscribed Gravestones of Archaic Attica, BSA 57 (1962) 115–53.

Jeffery (1976) = L. H. Jeffery, Archaic Greece. The city-States c. 700–500 B. C., London 1976

Jeffery (1992) = L. H. Jeffery, Greece before the Persian Invasion, in: Boardman (1992), 350–366

Jeppesen (1987) = K. Jeppesen, The Theory of the Alternative Erechtheion, Aarhus 1987

Jones (1966) = A. H. M. Jones, Sparta, Oxford 1966

Joly (1983) = R. Joly, Platon, Phèdre et Hippocrate: Vingt ans après, in: Formes de pensée dans la Collection Hippocratique ed. par F. Lassere/Ph. Mudry, Actes du IVe Colloque International Hippocratique (Lausanne, 21–26. Septembre 1981) Genf 1983, 407–422

Kagan (1992) = D. Kagan, TheFall of the Athenian Empire, Cornell UP ³1992

Kagan (1994) = D. Kagan, The Outbreak of the Pelonnesian War, Cornell UP ³1994

Kagan (1996) = D. Kagan, The Archidamian War, Cornell UP ³1996

Kagan (1996/2) = D. Kagan, The Peace of Nicias and the Sicilian Expedition, Cornell UP ³1996

Kennell (1995) = N. Kennell, The Gymnasium of Virtue, London 1995

Kierdorf (1966) = W. Kierdorf, Erlebnis und Darstellung der Perserkriege. Studien zu Simonides, Pindar, Aischylos und den attischen Rednern, Göttingen 1966

Kinzl (1978) = K. H. Kinzl, Δημοκρατία. Studie zur Frühgeschichte des Begriffes, Gymnasium 85 (1978) 117–27 und 312–26

Kinzl (1995) = K. H. Kinzl (Hrsg.), Demokratia. Der Weg zur Demokratie bei den Griechen, Darmstadt 1995

Kirk/Raven/Schofield (1994) = G. S. Kirk, J. E. Raven, M. Schofield, Die vorsokratischen Philosophen, Stuttgart/Weimar 1994

Knell (1979) = H. Knell, Perikleische Baukunst, Darmstadt 1979

Koerner (1985) = R. Koerner, Tiryns als Beispiel einer frühen dorischen Polis, Klio 67 (1985) 452–457

Koerner (1993) = R. Koerner, Inschriftliche Gesetzestexte der frühen griechischen Polis, Köln/Weimar/Wien 1993

Kollesch (1976) = J. Kollesch, Vorstellungen vom Menschen in der hippokratischen Medizin, in: R. Müller, Der Mensch als Maß der Dinge, Berlin 1976, 269–282

Korres (1983) = M. Korres, Ch. Bouras, Meleti Apokatastaseos tou Parthenonos, Vol. 1, Athen 1983

Korres (1994) = M. Korres, The Parthenon, Athen 1994

Kron (1976) = U. Kron, Die Zehn attischen Phylenheroen, Berlin 1976, MDAI Beih. 5

Kudlien (1977) = F. Kudlien, Das Göttliche und die Natur im hippokratischen Prognostikon, Hermes 105 (1977) 268–274

Kyle (1992) = D. G. Kyle, The Panathenaic Games: Sacred and Civic Athletics, in: J. Neils, Goddess and Polis, Princeton 1992, 77–102

Lämmli (1962) = F. Lämmli, Vom Chaos zum Kosmos, Basel 1962 (Schweizerische Beiträge zur Altertumswissenschaft H. 10)

Lang (1990) = M. L. Lang, The Athenian Agora XXV: Ostraka, Princeton 1990

Lang (1992) = M. L. Lang, Theramenes and Arginousai, Hermes 120 (1992) 267–279

Lehmann (1997) = G. A. Lehmann, Oligarchische Herrschaft im klassischen Athen, Vorträge der Nordrhein-Westfälischen Akademie der Wissenschaften, Opladen 1997

Lenardon (1959) = R. J. Lenardon, The Chronology of Themistokles' Ostracism and Exile, Historia 8 (1959) 24–48

Lengauer (1987) 53 ff. = W. Lengauer, Die politische Bedeutung der Gleichheitsidee im 5. und 4. Jahrhundert v. Chr. Einige Bemerkungen über ijsonomiva, in: FS Wirth, 53–87.

Levêque/Vidal-Naquet (1964) = P. Levêque, P. Vidal-Naquet, Clisthène, L'athénien. Besançon 1964.

Lévêque/Vidal-Naquet (1983) = P. Lévêque, P. Vidal-Naquet, Clisthène l'Athénien. Paris ²1983

Lewis (1967) = D. Lewis, A Note on IG I² 114, JHS 87 (1967) 132 ff.

Lewis (1992) = D. Lewis, Mainland Greece 479–451 B. C., in: D. Lewis, J. Boardman, J. K. Davies, M. Ostwald, The Cambridge Ancient History Second Edition, Vol. V: The Fifth Century B. C., Cambridge 1992, 96–120

Link (1991) = S. Link, Landverteilung und sozialer Friede im archaischen Griechenland, Stuttgart 1991 (HE 69)

Link (1994) = S. Link, Der Kosmos Sparta, Darmstadt 1994

Link (2000) = S. Link, Das frühe Sparta. Untersuchungen zur spartanischen Staatsbildung im 7. und 6. Jahrhundert v. Chr., St. Katharinen 2000

Lohmann (1993) = H. Lohmann, Atene, Köln/Weimar/Wien 1993

Long (2001) = A. A. Long, Handbuch Frühe Griechische Philosophie. Von Thales bis zu den Sophisten. Stuttgart/Weimar 2001

Loraux (1981) = N. Loraux, L'inventions d'Athènes, Paris 1981

Lotze (1962) = D. Lotze, MOQAKES, Historia 11 (1962) 427 ff.

Lotze (1970) = D. Lotze, Selbstbewußtsein und Machtpolitik. Bemerkungen zur machtpolitischen Interpretation spartanischen Verhalten in den Jahren 479–477 v. Chr., Klio 52 (1970) 255–275

Lotze (1981) = D. Lotze, Zwischen Politen und Metöken. Passivbürger im klassischen Athen?, Klio 63 (1981) 159–178

Lotze (1983) = D. Lotze, Entwicklungslinien der athenischen Demokratie im 5. Jahrhundert v. Chr., Oikumene 4 (1983) 9–24

Lotze (1985) = D. Lotze, Die Teilhabe des Bürgers an Regierung und Rechtsprechung in den Organen der direkten Demokratie des klassischen Athen, in: E. Kluwe (Hrsg.), Kultur und Fortschritt in der Blütezeit der griechischen Polis, Berlin 1985, 52–76

Luraghi (2001) = N. Luraghi, Der Erdbebenaufstand und die Entstehung der messenischen Identität, in: D. Papenfuß/V. Strocka, Gab es das Griechische Wunder? Mainz 2001, 279–303

MacDowell (1986) = D. M. MacDowell, Spartan Law, Edinburgh 1986

Mansfeld (1983) = J. Mansfeld, Die Vorsokratiker I, Stuttgart 1983.

Mansfeld (1986) = J. Mansfeld, Die Vorsokratiker II, Stuttgart 1986

Manville (1993) = Ph. Manville, Toward a new Paradigm in Athenian Citzenship, in: Scafuro/Boegehold (1994), 21–33

Martin (1974) = J. Martin, Von Kleisthenes zu Ephialtes. Zur Entstehung der athenischen Demokratie, Chiron 4 (1974) 5–42

Mattingly (1986) = H. B. Mattingly, The Alliance of Athens with Egesta, Chiron 16 (1986) 167–170 (= Mattingly (1996) 473–476)

Mattingly (1996) = H. B. Mattingly, The Athenian Empire Restored. Epigraphical and Historical Studies, Ann Arbor 1996

Mattusch (1994) = C. Mattusch, The Eponymous Heroes: The Idea of Scultural Groups, in: Coulson (1994) 73–81

Mazzarino (1947) = S. Mazzarino, Fra Oriente e Occidente, Ricerche di storia greca arcaica, Firenze 1947

McK. Camp (1994) = J. McK. Camp, The Civic Life of Athens, in: J. Boardman (Hrsg.), The Cambridge Ancient History. Plates to Volumes V and VI. The Fifth and Fourth Centuries B. C. New Edition, Cambridge 1994, 109–120

Meier (1970) = Chr. Meier, Die Entstehung des Begriffes Demokratie, Frankfurt/M. 1970

Meier (1980) = Chr. Meier, Die Entstehung des Politischen, Frankfurt/M. 1980

Meier (1987) = Chr. Meier, Die Entstehung einer autonomen Intelligenz bei den Griechen, in: S. N. Eisenstadt, Kulturen der Achsenzeit I, Frankfurt/M. 1987, 89–127.

Meier (1988) = Chr. Meier, Die politische Kunst der griechischen Tragödie, München 1988

Meier (1993) = Chr. Meier, Athen. Ein Neubeginn der Weltgeschichte, Berlin 1993

Meier (1996) = Chr. Meier, Kultur als Absicherung der attischen Demokratie, in: M. Sakellariou (Hrsg.), Colloque International: Démocratie Athénienne et Culture. Athen 1996, 199–222

Meier (1998) = M. Meier, Aristokraten und Damoden, Stuttgart 1998

Meiggs (1972) = R. Meiggs, The Athenian Empire, Oxford 1972

Meinel (1980) = R. Meinel, Das Odeion, Frankfurt/M. 1980

Meister (1982) = K. Meister, Die Ungeschichtlichkeit des Kalliasfriedens und deren historische Folgen, Wiesbaden 1982

Meister (1997) = K. Meister, Die Interpretation historischer Quellen, Schwerpunkt: Antike, Bd. 1, Paderborn 1997

Michaelis (1871) = A. Michaelis, Der Parthenon, Leipzig 1871

Miller (1995) = S. G. Miller, Old Metroon and Old Bouleuterion in the Classical Agora of Athens, in: Hansen/Raaflaub (1995) 133–156

Morris (1992) = I. Morris, Death Ritual and Social Structure in Classical Antiquity, Cambridge 1992

Morris (1992a) = I. Morris, Law, Culture and Funerary Art in Athens, 600–300 B. C., Hephaistos 12, 1992, 35–50

Morris (1994) = I. Morris, Everyman's Grave, in: Scafuro/Boegehold (1994) 67–101

Morris (1996) = I. Morris, The Strong Principle of Equality and the Archaic Origins of Greek Democracy, in Ober/Hedrick (1996) 19–48

Murray (1992) = O. Murray, The Ionian Revolt, in: Boardman (1992), 461–490

Murray (1995) = O. Murray, Das frühe Griechenland, München ²1995

Murray/Price (1990) = O. Murray, S. Price (Hrsg.), The Greek City-State from Homer to Alexander, Oxford 1990

Muss/Schubert (1988) = U. Muss, Ch. Schubert, Die Akropolis von Athen, Graz 1988

Mussche (1994) = H. F. Mussche, Thorikos During the Last Years of the Sixth Century B. C., in: Coulson (1994) 211–215

Neils (1987) = J. Neils, The Youthful Deed of Theseus, Rom 1987
Neils (1992) = J. Neils, Goddess and Polis, Princeton 1992
Neils (1994) = J. Neils, The Panathenaia and Kleisthenic Ideology, in: Coulson (1994) 151–160
Nestle (1975) = W. Nestle, Vom Mythos zum Logos, Suttgart 1975 = ²1941
Nielsen (1997) = Th. Heine Nielsen (Hrsg.), Yet More Studies in the Ancient Greek Polis, Stuttgart 1997 (HE 117)
Nilsson (1976) = M. Nilsson, Geschichte der Griechischen Religion Bd. I, München 1976 = ³1967 (HdAW V 2,1)
Ober (1989) = J. Ober, Mass and Elite in democratic Athens. Rhetoric, Ideology, and the Power of People, Princeton 1989
Ober (1993) = J. Ober, The Athenian Revolution of 508/7 B. C. E.: Violence, Authority, and the Origins of Democracy, in: C. Dougherty, L. Kurke, Cultural Poetics in Archaic Greece, Oxford 1993, 215–232
Ober (1998) = J. Ober, Political Dissent in Democratic Athens, Princeton 1998
Ober/Hedrick (1996) = J. Ober, Ch. Hedrick, Demokratia, Princeton 1996
Oliva (1971) = P. Oliva, Sparta and her Social Problems, Prag 1971
Oliva (1986) = P. Oliva, Die Helotenfrage in der Geschichte Spartas. In: Christ (1986) 317–326.
Oliver (1935) = J. H. Oliver, Greek Inscriptions, Hesperia 4 (1935) 5–70
Osborne (1993) = R. Osborne, Competitive Festivals and the Polis, in: A. Somerstein (Hrsg.), Tragedy, Comedy and the Polis, Bari 1993, 21–38
Osborne (1994) = R. Osborne, Introduction: Ritual, Finance, Politics, in: R. Osborne, S. Hornblower, Ritual, Finance, Politics: Athenian Democratic Accounts presented to D. Lewis, Oxford 1994, 2–21
Ostwald (1982) = M. Ostwald, Autonomia: Its Genesis and History. APA Amer. Class. Stud. 11 (1982)
Ostwald (1986) = M. Ostwald, From Popular Sovereignty to the Sovereignty of Law. Law, Society, and Politics in Fifth-Century Athens, Berkeley/Los Angeles/London 1986
Ostwald (1992) = M. Ostwald, The Reform of the Athenian State by Cleisthenes, in: Boardman (1992) 303–346
Petzold (1990) = E. Petzold, Zur Entstehungsgeschichte der athenischen Demokratie, RivFil 118 (1990) 145–178
Podlecki (1998) = A. J. Podlecki, Pericles and his Circle, London/New York 1998
Powell (1988) = A. Powell, Athens and Sparta. Constructing Greek Political and Social History from 478 BC, London 1988
Powell (1989) = A. Powell, Classical Sparta: Techniques behind her Success, London 1989
Powell/Hodkinson (1994) = A. Powell, S. Hodkinson, The Shadow of Sparta, London/New York 1994
Pritchett (1953) = W. K. Pritchett, The Attic Stelai I, Hesperia 22 (1953) 240–49
Pritchett (1956) = W. K. Pritchett, The Attic Stelai II, Hesperia 25 (1957) 276–81
Pritchett (1961) = W. K. Pritchett, Five New Fragments of the Attic Stelai, Hesperia 30 (1961) 23–29
Raaflaub (1985) = K. A. Raaflaub, Die Entdeckung der Freiheit, Müchen 1985 (Vestigia 37)
Raaflaub (1989) = K. A. Raaflaub, Contemporary Perceptions of Democracy in Fifth-Century Athens, C&M 40 (1989) 33–70
Raaflaub (1989a) = K. A. Raaflaub, Die Anfänge des politischen Denkens bei den Griechen, HZ 248 (1989) 1–32
Raaflaub (1995) = K. A. Raaflaub, Einleitung und Bilanz: Kleisthenes, Ephialtes und die Begründung der Demokratie, in: K. H. Kinzl (Hrsg.), Demokratia. Der Weg zur Demokratie bei den Griechen, Darmstadt 1995
Raaflaub (1996) = K. A. Raaflaub, Warrior Bands, Citizen-Soldiers, and the Rise of the Early Greek Polis, in: P. J. Rhodes (Hrsg.), The Development of the Polis in Archaic Greece, London 1996
Raaflaub (1996) = K. A. Raaflaub, Equalities and Inequalities in Athenian Democracy, in Ober/Hedrick (1996) 139–174
Raaflaub (1997) = K. A. Raaflaub, Greece, in: S. Burstein. R. MacMullen, K. A. Raaflaub, A. M. Ward, Ancient History: Recent Works and New Directions, Claremont, California 1997, 1–35
Raaflaub (1998) = K. A. Raaflaub, The Transformation of Athens in the Fifth Century, in Boedeker/Raaflaub (1998) 15–42
Raaflaub (2000) = K. A. Raaflaub, Den Olympier herausfordern? Prozesse im Umkreis des Perikles, in: L. Schneider/J. v. Ungern-Sternberg, Große Prozesse im antiken Athen, München 2000
Rausch (1999) = Isonomia in Athen, Frankfurt/M. 1999
Rebenich (1998) = S. Rebenich, Die Verfassung der Spartaner, Griech. u. dt., Darmstadt 1998

Rebenich (1998) = S. Rebenich, Fremdenfeindlichkeit in Sparta? Überlegungen zur Tradition der spartanischen Xenelasia, Klio 80 (1998) 336–359

Reinsberg (1989) = C. Reinsberg, Ehe, Hetärentum und Knabenliebe im antiken Griechenland, München 1989

Rhodes (1971) = P. J. Rhodes, ΤΡΙΤΤΥΣ ΤΩΝ ΠΡΥΤΑΝΕΩΝ, Historia 20 (1971) 385–404

Rhodes (1972) = P. J. Rhodes, The Athenian Boule, Oxford 1972

Rhodes (1981) = P. J. Rhodes, A Commentary on the Athenaion Politeia, Oxford 1981, Neuaufl. Oxford 1993

Rhodes (1992) = P. J. Rhodes, The Delian League, in: Lewis (1992) 34–61

Rhodes (1992) = P. J. Rhodes, The Athenan Revolution, in: Lewis (1992) 62–95

Rich/Shipley (1993) = J. Rich, G. Shipley (Hrsg.), War and Society in the Greek World, London/New York 1993

Ridgway (1977) = B. S. Ridgway, The Archaic Style in Greek Sculpture, Princeton 1977

Ridgway (1992) = B. S. Ridgway, Images of Athena in the Akropolis, in: Neils (1992) 119 ff.

Robinson (1997) = E. W. Robinson, The First Democracies. Early Popular Government Outside Athens, Stuttgart 1997 (HE 107)

Ruschenbusch (1979) = E. Ruschenbusch, Athenische Innenpolitik im 5. Jahrhundert v. Chr. Ideologie oder Pragmatismus?, Bamberg 1979

Ruschenbusch (1958) = E. Ruschenbusch, ΠΑΤΡΙΟΣ ΠΟΛΙΤΕΙΑ. Theseus, Drakon, Solon und Kleisthenes in Publizistik und Geschichtsschreibung des 5. und 4. Jahrhunderts v. Chr., Historia 7 (1958), 418 ff.

Ruschenbusch (1966) = E. Ruschenbusch., Ephialtes, Historia 15 (1966) 369–376

Ryan (1994) = F. X. Ryan, The Original Date of the δῆμος πληθύων Provision in IG I³ 105, JHS 114 (1994) 120–134

Ste. Croix (1989) = G. E. M. de Ste. Croix, The Origins of the Peloponnesian War, London ³1989

Scafuro (1994) = A. Scafuro, Introduction: Bifurcations and Intersections, in: Scafuro/Boegehold (1994) 1–20.

Scafuro/Boegehold (1994) = A. Scafuro, A. Boegehold, Athenian Identity and Civic Ideology, Baltimore 1994

Scheer (1993) = T. Scheer, Mythische Vorväter, München 1993

Schmitt (1993) = H. H. Schmitt, s. v. Staat, hellenistischer, in: H. H. Schmitt, E. Vogt, Kleines Lexikon des Hellenismus, Wiesbaden ²1993, 751 ff.

Schubert (1984) = Ch. Schubert, Der Begriff der Isonomie bei Alkmaion, Klio 66 (1984) 40–50

Schubert (1989) = Ch. Schubert, Symmetrie und Medizin: Zur Verwendung eines mathematischen Begriffes in den frühen Schriften des Corpus Hippocraticum, Sudhoffs Archiv 73 (1989) 190–199

Schubert (1993) = Ch. Schubert, Die Macht des Volkes und die Ohnmacht des Denkens. Studien zum Verhältnis von Mentalität und Wissenschaft im 5. Jahrhundert v. Chr., Stuttgart 1993 (HE 77)

Schubert (1994) = Ch. Schubert, Perikles, Darmstadt 1994

Schubert (1996) = Ch. Schubert, Land und Raum in der römischen Republik, Darmstadt 1996

Schubert (1997) = Ch. Schubert, Die Physis des Patienten: Menschenbild und Normwandel in der klassischen Zeit, in: H. Flashar, J. Jouanna (Hrsg.): Ethik und Medizin, Entretiens sur L'Antiquité classique, Fondation Hardt, Genf 1997

Schubert (2000) = Der Areopag als Gerichtshof, ZRG 117 (2000) 103–132

Schuller (1974) = W. Schuller, Die Herrschaft der Athener im ersten Attischen Seebund, Berlin/New York 1974

Schuller (1978) = W. Schuller, Die Stadt als Tyrann – Athens Herrschaft über seine Bundesgenossen, Konstanz 1978

Schuller (1979) = W. Schuller, Zur Entstehung der griechischen Demokratie außerhalb Athens, in: H. Sund, M. Timmermann (Hrsg.), Auf den Weg gebracht. Idee und Wirklichkeit der Gründung der Universität Konstanz, Konstanz 1979, 433–447

Schuller (1984) = W. Schuller, Wirkungen des Ersten Attischen Seebundes auf die Herausbildung der athenischen Demokratie, in: J. M. Balcer et al., Studien zum Attischen Seebund, Konstanz 1984, 87–101

Schumacher (1987) = L. Schumacher, Themistokles und Pausanias. Die Katastrophe der Sieger, Gymnasium 94 (1987) 218 ff.

Sealey (1966) = R. Sealey, The Origin of the Delian League, in: Ancient society and institutions. Studies pres. to V. Ehrenberg, Oxford 1966, 233–255

Sealey (1973) = R. Sealey, The Origins of Demokratia, CSCA 6 (1973) 253–295

Sealey (1976) = R. Sealey, A History of the Greek City States, ca. 700–338 B. C., Berkeley/Los Angeles/London 1976

Sealey (1984) = R. Sealey, On Lawful Concubinage at Athens, CA 3 (1984) 111–113

Seel (1964) = O. Seel, Plutarch, Lebensbeschreibungen, München 1964

Shapiro (1989) = H. A. Shapiro, Art and Cult under the Tyrannis in Athens, Mainz 1989

Shapiro (1994) = H. A. Shapiro, Religion and Politics in Democratic Athens, in: Coulson (1994), 123–130

Shear (1993) = T. L. Shear Jr., The Persian Destruction of Athens, Hesperia 62 (1993) 383–482

Shear (1994) = T. L. Shear Jr., Ἰσονόμου τ᾽ Ἀθήνᾶ ἐποιήσατην: The Agora and the Democracy, in: Coulson (1994), 225–248

Shear (1995) = T. L. Shear Jr., Bouleuterion, Metroon and the Archives at Athens, in: Hansen/Raaflaub (1995) 157–190

Siewert (1972) = P. Siewert, Der Eid von Plataiai, München 1972

Siewert (1982) = P. Siewert, Die Trittyen Attikas und die Heeresreform des Kleisthenes, München 1982 (Vestigia 33)

Siewert (1991) = P. Siewert, Accuse contro i »candidati« all'ostracismo per la loro condotta politica e morale, CISA (1991) 3–14

Snell (1952) = B. Snell, Plutarch, Von der Ruhe des Gemüts, Zürich 1952

Spahn (1977) = P. Spahn, Mittelschicht und Polisbildung, Frankfurt/M./Berlin 1977

Spence (1990) = I. G. Spence, Perikles and the Defence of Attika during the Peloponnesian War, JHS 110 (1990) 91–109

Spivey (1994) = N. Spivey, Psephological Heroes, in: R. Osborne, S. Hornblower, Ritual, Finance, Politics: Athenian Democratic Accounts presented to D. Lewis, Oxford 1994, 39–51

Stadter (1989) = Ph. A. Stadter, A commentary on Plutarch's Pericles, Chapel Hill/London 1989

Stähler (1972) = K. Stähler, Zur Rekonstruktion und Datierung des Gigantomachiegiebels von der Akropolis, in: Antike und Universalgeschichte, FS H. E. Stier, Münster 1972, 88–112

Stähler (1978) = K. Stähler, Der Zeus aus dem Gigantomachiegiebel der Akropolis? Boreas 1 (1978) 28–31

Stanton (1994) = G. R. Stanton, The Rural Demes and Athenian Politics, in: Coulson (1994), 217–224

Stein-Hölkeskamp (1989) = E. Stein-Hölkeskamp, Adelskultur und Polisgesellschaft, Stuttgart 1989

Steinbrecher (1985) = M. Steinbrecher, Der Delisch-Attische Seebund und die athenisch-spartanischen Beziehungen in der kimonischen Ära (ca. 478/7–462/1), Stuttgart 1985

Stewart (1990) = A. Stewart, Greek Scuplture. An Exploration, New Haven 1990

Stibbe (1996) = C. Stibbe, Das andere Sparta, Mainz 1996

Strocka (2001) = V. Strocka, Einführung, in: D. Papenfuß/V. Strocka, Gab es das Griechische Wunder? Mainz 2001, XIX–XX

Stroud (1974) = Hesperia 33, 157–188

Stupperich (1977) = R. Stupperich, Staatsbegräbnis und Privatgrabmal im klassischen Athen, Münster 1977

Stupperich (1994) = R. Stupperich, The Iconography of Athenian State Burials in the Classical Period, in: Coulson (1994) 93–103

Talbert (1989) = R. J. A. Talbert, The Role of the Helots in the Class Struggle at Sparta, Historia 37 (1989) 22–40

Theiler (1924) = W. Theiler, Zur Geschichte der teleologischen Naturbetrachtung bis auf Aristoteles, Diss. Basel (1924)

Themelis (1997) = P. Themelis, Ἀνασκαφὴ Μεσσήνης, PAAH 1994 (1997) 81–86

Thommen (1996) = L. Thommen, Lakedaimonion Politeia. Die Entstehung der spartanischen Verfassung, Stuttgart 1996

Thompson (1937) = W. E. Thompson, Hesperia 6 (1937) 117–127

Thompson (1940) = W. E. Thompson, The Tholos of Athens and Its Predecessors, Hesperia Suppl. 4, Baltimore (1940)

Thompson (1966) = W. E. Thompson, ΤΡΙΤΤΥΣ ΤΩΝ ΠΡΥΤΑΝΕΩΝ, Historia 15 (1966) 1–10

Thompson (1969) = W. E. Thompson, Kleisthenes and Aigeis, Mnemosyne 22 (1969) 137–152

Thompson/Wycherley (1972) = H. A. Thompson, R. E. Wycherley, The Athenian Agora XIV, The Agora of Athens: History, Shapes and Uses of an Ancient City Center, Princeton 1972

Thummer (1968) = E. Thummer, Die isthmischen Gedichte I, Heidelberg 1968

Touloumakos (1985) = J. Touloumakos, Die theoretische Begründung der Demokratie in der Klassischen Zeit Griechenlands, Athen 1985
Traill (1975) = J. S. Traill, The Political Organization of Attika. A Study of the Demes, Trittyes and Phylai, and Their Representation in the Athenian Council, Princeton 1975
Traill (1986) = J. S. Traill, Demos and Trittys. Epigraphical and Topographical Studies in the Organization of Attica, Toronto 1986
Triebel-Schubert (1984) = Ch. Triebel-Schubert, Der Begriff der Isonomie bei Alkmaion, Klio 66 (1984) 40–50
Triebel-Schubert (1989a) = Ch. Triebel-Schubert, Medizin und Symmetrie. Zur Verwendung eines mathematischen Begriffes in den frühen Schriften des Corpus Hippocraticum, in: Sudhoffs Archiv 73, 1989, 190–199.
Triebel-Schubert (1989b) = Ch. Triebel-Schubert, Evolution und politische Anthropologie im 5. Jh. v. Chr.: Bemerkungen zu der hippokratischen Schrift de vetere medicina, in: Medizinhistorisches Journal 24, 1989, 203–213.
v. Eickstedt (1991) = K. V. v. Eickstedt, Beiträge zur Topographie des antiken Piräus, Athen 1991
v. Fritz (1940) = K. v. Fritz, Pythagorean Politics in Southern Italy, New York 1940
van der Waerden (1979) = B. L. van der Waerden, Die Pythagoreer, Zürich 1979
Vannier (1999) = F. Vannier, Le Ve siècle, Paris 1999
Vernant (1979) = J.-P. Vernant, Réligions, histoires, raisons, Paris 1979
Vernant (1982) = J.-P. Vernant, Die Entstehung des griechischen Denkens, Frankfurt/M. 1982
Vernant (1990) = J.-P. Vernant, Mythe et pensée chez les grecs, Paris 1990
Vernant (1996) = J.-P. Vernant, Raum und politische Organisationsform in antiken Griechenland, in: ders., Der maskierte Dionysos, Berlin 1996, 55–74
Vinogradov (2001) = J. Vinogradov, Ostrakismos als strenges Kampfmittel für Demokratie im Lichte der neuen Funde aus Chersonesos Taurike, in: D. Papenfuß/V. Strocka, Gab es das Griechische Wunder?, Mainz 2001, 379–386
Vlastos (1953) = G. Vlastos, Isonomia, AJP 74 (1953) 337–366.
Vlastos (1964) = G. Vlastos, Ἰσονομία πολιτική, in: J. Mau, E. G. Schmidt, Isonomia, Berlin 1964, 1–35.
Wade-Gery (1958) = H. T. Wade-Gery, Essays in Greek History, Oxford 1958
Walker (1995) = H. J. Walker, Theseus and Athens, Oxford 1995
Wallace (1989) = R. Wallace, The Areopagos Council, Johns Hopkins UP 1989
Welwei (1974) = K. W. Welwei, Unfreie im antiken Kriegsdienst I, Wiesbaden 1974
Welwei (1986) = K. W. Welwei, Die spartanische Phylenordnung im Spiegel der Großen Rhetra und des Tyrtaios, in: Christ (1986) 426–447
Welwei (1995) = K. W. Welwei, Zwischen Affirmation und Kritik. Die demokratische Polis des 5. Jahrhunderts im Spiegel der zeitgenössischen Literatur, in: G. Binder, G. Effe, Affirmation und Kritik, Trier 1995, 23–50
Welwei (1999) = K. W. Welwei, Das Klassische Athen. Demokratie und Machtpolitik im 5. und 4. Jahrhundert, Darmstadt 1999
Whitehead (1977) = D. Whitehead, The Ideology of the Athenian Metic, Princeton 1977
Whitehead (1986) = D. Whitehead, The Demes of Attica 508/7 – ca. 250 B. C. Princeton 1986
Whitehead (1994) = D. Whitehead (Hrsg.), From Political Architecture to Stephanus Byzantius: Sources for the Ancient Greek Polis, Stuttgart 1994
Will (1995) = W. Will, Perikles, Hamburg 1995
Wittenburg (1978) = A. Wittenburg, Griechische Baukommissionen des 5. und 4. Jahrhunderts, Diss. München 1978
Wüst (1957) = F. Wüst, Zu den πρυτάνιες τῶν ναυκράρων und zu den alten attischen Trittyen, Historia 6 (1957) 176–191

Glossar

Acharnai	Größter ↗ Demos Attikas und Schauplatz militärischer Auseinandersetzungen im Peloponnesischen Krieg
Aetna	Vulkan auf Sizilien und gleichnamige Stadt an dessen Südhang
Aiakiden	Berühmtes Geschlecht aus Aigina, Salamis und Thessalien, das sich auf den Stammvater Aiakos zurückführte
Aigina	Insel und Stadtstaat im ↗ Saronischen Golf zwischen der Peloponnes und Attika, Rivalin Athens
Aigospotamoi	Ortschaft und Fluß am Hellespont (Dardanellen)
Agoge	Erziehungssystem der Spartaner bis zum 30. Lebensjahr mit einer Einteilung nach drei Altersklassen (später nach Jahrgängen)
Agon	Wettkampf
Agora	(1) Markt; (2) großer Platz nordwestlich der ↗ Akropolis, politisches Zentrum Athens
Akropolis	›Oberstadt‹; (1) allg. Burganlage; (2) in Athen Kult- und Repräsentationszentrum
Akroter	Schmückendes Bauglied an den Ecken oder auf dem Giebel eines Tempeldaches
Alkmeoniden	Attisches Adelsgeschlecht, das um die Wende zum 6. Jh. einen Umsturzversuch in Athen blutig niedergeschlagen hatte und im 6. Jh. lange die attische Politik dominierte; stand im Verdacht, bei Marathon mit den Persern paktiert zu haben; berühmte Alkmeoniden: Megakles, ↗ Kleisthenes, Perikles
Amazonomachie	Kampf mythischer Heroen mit den Amazonen, einem sagenhaften Volk kriegerischer Frauen
Amphiktyonie	Zusammenschluß von Stämmen mit einem bestimmten Heiligtum als politisch-geographisches Zentrum; bekannt ist vor allem die A. von Delphi
Andros	Insel in der Ägäis (Kykladen)
Aparche	Erstlingsgabe; sechzigster Teil der Abgaben der Mitglieder des ersten attischen Seebundes, welcher der Göttin ↗ Athena geweiht wurde
Apatouria	Typisches Fest der ionischen Stämme, das von den ↗ Phratrien auf dem Land gefeiert wurde
Apodektai	Einnehmer; in Athen Gremium von zehn Magistraten, zuständig für die Überwachung der staatlichen Einnahmen und deren Verteilung an die einzelnen Behörden

Apoikie	Von der Mutterstadt unabhängige Kolonie mit eigenem Bürgerrecht
Apollon	Gott der Mantik und Musik, berühmteste Orakelstätte ist Delphi
Arche	(1) allg. Herrschaft; (2) Amt (↗ Archon)
Archegetes	Anführer einer Gruppe, die zur Gründung einer Kolonie ausgesandt wurde; oftmals ein mythischer Ahnherr
Architekton	Verantwortlicher Baumeister für die öffentlichen Bauten
Archon, -nten	Neun jährlich wechselnde Oberbeamte in Athen: Archon Eponymos (namengebend für sein Jahr), ↗ Basileus, ↗ Polemarch und sechs ↗ Thesmotheten
Areopag	(1) Hügel des Ares (Kriegsgott) in Athen, südlich der ↗ Agora zwischen ↗ Akropolis und Pnyx gelegen; (2) ursprünglich Adelsrat in Athen, bestehend aus den ehemaligen ↗ Archonten
Arginusen	Kleine Inselgruppe in der Ägäis nahe Lesbos
Argos	Hauptstadt der Landschaft Argolis auf der Peloponnes
Aristagoras	Herrscher von ↗ Milet und Urheber des ionischen Aufstandes
Aristokratia	Herrschaft der ›Besten‹, Adelsherrschaft
Arrephoria	Fest der ↗ Athena; in Athen im Monat Skirophorion (Mai/Juni); Arrephoren hießen jene Mädchen, die kultische Aufgaben übernahmen (u. a. das Weben des ↗ Peplos der Göttin)
Artemis	Jungfräuliche Göttin der Jagd, in Attika auch Beschützerin junger Frauen bei der Geburt
Asebeia	»Unglaube«, Gottlosigkeit; alle Arten von sakralen Delikten, die in Athen zur Anklage kamen; berühmt ist die Hinrichtung des Sokrates aufgrund einer Asebie-Anklage
Asty	(1) allg. Gebiet der Stadt im Gegensatz zu dem Land (↗ Chora); (2) das Drittel Attikas, das seit der kleisthenischen Reform das Stadtgebiet Athens umfaßte
Asylie	Fremden gewährte Schutzgarantie für ihre persönliche Freiheit und ihr Eigentum
Atelie	Befreiung von Abgaben
Athenaion Politeia	Schrift über die Entwicklung der attischen Verfassung aus dem 4. Jh. v. Chr.; vermutlich von Aristoteles oder aus seiner Schule stammend
Athena	Schutzgöttin der Städte, besonders Athens; Beinamen Pallas, Polias, Parthenon, ↗ Chalkioikos u. a.
Athos	Berg auf der östlichsten Landzunge der Halbinsel Chalkidike

Atimie	Verlust der Bürgerrechte
Aulos	Flöten- oder pfeifenartiges Musikinstrument
Basileia	Monarchie
Basileus	(1) allg. König; (2) einer der neun attischen ↗ Archonten; nahm die religiös-kultischen Funktionen wahr, welche vormals der König ausgeübt hatte
Boukolikon	Sitz des Basileus
Boule	(1) allg. Ratsgremium; (2) seit ↗ Kleisthenes ein Rat der 500 in Athen; aus jeder der zehn ↗ Phylen wurden 50 Bouleuten für ein Jahr ausgelost; beriet Anträge ehe sie an die Volksversammlung gingen (↗ Probouleuma); höchstes Verwaltungsgremium
Bouleuterion	(1) allg. Ratsgebäude; (2) Versammlungsort der ↗ Boule auf der ↗ Agora in Athen
Byzanz	Griechische Stadt, strategisch gut am Bosporus gelegen
Cella	Innenraum eines Tempels
Chalkioikos	Beiname der Athena in Sparta; in ihrem Tempel kam Pausanias zu Tode
Chersones	(1) thrakische C. – heutige Gallipolihalbinsel an den Dardanellen; (2) taurische C. – heutige Krimhalbinsel
Chora	(1) allgemein Land; (2) das Umland einer Stadt
Delos	Insel in der Ägäis (Kykladen) mit Heiligtum des ↗ Apollon
Demagoge	Meinungsführer, besonders in der athenischen Volksversammlung; den peiorativen Beiklang »Volksverführer« brachten die Gegner Kleons in einer Phase der radikalisierten Demokratie ins Spiel
Demarchos	Vorsteher eines ↗ Demos
Demos	(1) allg. das Volk; (2) Volksversammlung; (3) Gemeindebezirk
Demosion	Öffentliche Kasse
demosios (Adj.)	Öffentlich im Gegensatz zu privat
Demotikon	Bestandteil des Namens, der die Herkunft aus einem ↗ Demos angibt
Diapsephismos	Überprüfung der Bürgerlisten, ggf. verbunden mit einem Ausschluß aus der Bürgerschaft
Dikasterion	Volksgerichtshof
Dionysien	Fest für Dionysos; die Großen Dionysien wurden in Athen im Monat Elaphebolion (Februar/März) abgehalten
Dokimasia	Überprüfung von Bürgern; in Athen besonders die von der ↗ Boule oder der ↗ Heliaia durchgeführte Prüfung der designierten Beamten auf ehrwürdiges und rechtmäßiges Verhalten

Dorier	Griechischer Stamm, nahm ab dem 12. Jh. v. Chr. Gebiete der Peloponnes, Kreta und die südliche Ägäis bis nach Kleinasien in Besitz; altgriechische Dialektgruppe
Dorieus	(1) Spartanischer Königssohn, versuchte Ende des 6. Jh.s vergeblich, sich in Nordafrika und auf Sizilien eine Herrschaft zu errichten; (2) erfolgreicher Athlet aus Rhodos, im Peloponnesischen Krieg antiathenischer Gesinnung, jedoch 395 v. Chr. von Spartanern als Verräter hingerichtet
Douleia	Knechtschaft, Unterjochung
Drachme	Gewichts- und Münzeinheit; Silbermünze; 1 Drachme = 6 ↗ Obolen
Eisangelia	(1) Anzeige bei einem Ratsgremium; (2) Strafverfolgungsverfahren
Eisphora	Außerordentliche, in Bedarfsfällen erhobene Vermögenssteuer
Ekklesia	Volksversammlung; rede- und stimmberechtigt waren alle erwachsenen, männlichen Bürger
Ekphyllophoria	Abstimmung mit Ölbaumblättern über den Ausschluß eines Mitgliedes aus einem Gremium
Eleaten	Philosophen einer nach der Stadt Elea bezeichneten Schule; wichtige Vertreter waren Xenophanes, Parmenides und Zenon
Eleutheria	(1) persönliche Freiheit; (2) politische Konzeption von Freiheit einer Polis
Elis	Landschaft und Stadt im Nordwesten der Peloponnes
Ephesis	Berufung an die ↗ Heliaia
Ephesos	Stadt an der Westküste Kleinasiens, im Peloponnesischen Krieg auf Seiten Spartas
Ephoren	Die fünf höchsten gewählten Jahresbeamten in Sparta
Epilykeion	Sitz des Archon ↗ Polemarchos
Epimeleten	(1) die drei Vorsitzenden einer ↗ Phyle; (2) niedrige Beamte in Athen
Epirus	Landschaft im Nordwesten Griechenlands
Episkopoi	Von Athen in abhängige Städte entsandte Aufsichtsbeamte
Epistates	Täglich wechselnder Vorsteher der ↗ Prytanen
Eponymoi	↗ Archon
Erechtheion	Tempel des attischen Heros Erechtheus auf der ↗ Akropolis; Kultgemeinschaft mit ↗ Poseidon, ↗ Athena, Hephaistos u. a.
Eretria	Stadt auf Euboia nördlich von Attika
Erythrai	Stadt in der Landschaft Boiotien nordöstlich von Attika
Eupolis	Dichter und Klassiker der Alten Komödie Ende 5. Jh. v. Chr.
Eurymedon	1) Athenischer Feldherr im Peloponnesischen Krieg, fand bei der Sizilienexpedition den Tod; 2) Fluß im Süden Kleinasiens

Euthyna	Verfahren der Rechenschaftslegung für alle attischen Funktionsträger nach Ende ihres Amtsjahres; vor dem Gremium der Euthynoi (zehn aus der ↗ Boule erloste Ratsmitglieder) abzulegen, wobei jeder Athener gegen die ehemaligen Amtsträger Klage erheben konnte
Genos, gene (Pl.)	Gruppe von Personen, die sich auf einen gemeinsamen Ahnen zurückführen und durch gemeinsame Kulte verbunden waren; die *gene* waren Teil des größeren Verbandes der ↗ Phratrie
Gerousia	Ältestenrat in Sparta, bestehend aus den beiden Königen und 28 Geronten; die lebenslange Mitgliedschaft ist erst ab einem Alter von 60 Jahren möglich; hauptsächlich Gerichtsfunktion
Graphe	Öffentliches Strafverfolgungsverfahren
Gigantomachie	Darstellung des Kampfes der Götter gegen die Giganten, einem sagenhaften Volk göttlicher Urwesen; Szenen der G. waren auf dem ↗ Peplos der ↗ Athena dargestellt
Hegemon	Führer, Anführer, Befehlshaber
Heliaia	(1) Volksgericht in Athen; im 4. Jh. gleichbedeutend mit ↗ Dikasterion; (2) Gebäude, in dem die Gerichtsverhandlungen der großen Volksgerichtshöfe stattfanden
Hellenotamiai	Gremium von 10 (später 20) Beamten, welches die Abgaben der Mitglieder des ersten attischen Seebundes verwaltete
Hellespont	wichtige Meerenge zwischen Kleinasien und Europa, heute Dardanellen
Heloten	Von den Spartanern unterworfene Bevölkerung in Lakonien und Messenien
Hetairia	(1) ursprünglich aristokratische Vereine; (2) später Zusammenschluß oligarchisch Gesinnter, vergleichbar einem »politischen Klub«
Hieropoios	Opferdiener; niederer Kultbeamter
Hieron	(1) Herrscher von Gela und Syrakus auf Sizilien, 1. H. 5. Jh. v. Chr.; (2) König von Syrakus ca. 275 – 215 v. Chr.
Hippeis	Ritter; (1) seit ↗ Solon die Angehörigen der zweiten Vermögensgruppe, die jährlich 300–500 ↗ Medimnen (Maß) an Getreide, Wein oder Öl erwirtschafteten; (2) die Kavallerie
Hippoboten	Adelige Grundbesitzer in Chalkis (Stadt auf Euboia nördlich von Attika), Träger der ↗ Oligarchie
Homoioi	(1) Angehörige gleichberechtigter Familien in aristokratisch-oligarchischen Verfassungen; (2) Spartiaten, die durch Teilnahme an ↗ Agoge und ↗ Syssitien sowie Besitz eines ↗ Kleros den Status des Vollbürgers innehatten

Hoplit	Fußsoldat mit schwerer Rüstung aus Helm, rundem Schild, Panzer und Beinschienen
Hybris	ethischer Begriff, im Sinne von ›Selbstüberschätzung‹
Hyperakrioi	Bewohner der Berggegenden Ost-Attikas
Hypomeiones	Verarmte Spartiaten minderen Rechts
Insula	Rechteckiger Häuserblock, von vier Straßen umgeben
Ionier	Griechischer Stamm, seit dem 11. Jh. v. Chr. Ausbreitung von Attika über die Kykladeninseln in der Ägäis bis an die Westküste Kleinasiens; altgriechische Dialcktgruppe
Isegoria	Freiheit unbeschränkter Meinungsäußerung; in übertragenem Sinn auch gleich-bedeutend mit Gleichheit und Demokratie
Isonomie	(1) allg. Gleichheitskonzept; (2) politisch oft synonym mit Demokratie verwendet
Isthmos	Landenge von Korinth zwischen Mittelgriechenland und der Peloponnes
Kanephoren	kultische Funktionsträger bei Prozessionen; ›Korbträgerinnen‹
Karystos	Stadt auf der Insel Euboia nordöstlich von Attika
Kentauromachie	Kampf mythischer Heroen mit ↗ Kentauren (Mischwesen aus Mensch und Pferd)
Kephallenia	Insel im Ionischen Meer (Adria) westlich der Peloponnes
Kleisthenes	Athenischer Reformer Ende des 6. Jh.s v. Chr.; bedeutend waren die territoriale Neugliederung Attikas und die Neuordnung der ↗ Phylen
Kleros	Unveräußerlicher Grundbesitz; in Sparta Voraussetzung zur Teilnahme an den ↗ Syssitien
Kleruchie	Von Athen ausgesandte Kolonie mit beschränkter Selbstverwaltung und ohne eigenständige Außenpolitik; die Siedler behielten das Bürgerrecht der Mutterstadt
Kleruchos	Siedler einer ↗ Kleruchie
Kolakretes	Für die öffentliche Kasse zuständiger Finanzbeamter in Athen
Korkyra	Insel im Ionischen Meer (Adria), heute Korfu
Krypteia	Militärische Ausbildung spartanischer Jungmänner
Kybele	Kleinasiatische Erd- und Berggöttin, alte orientalische Muttergottheit
Kyzikos	Stadt am Südufer der Propontis (heute Marmara-Meer)
Lekythos	Schlankes Salbölgefäß
Lemnos	Große Insel in der nördlichen Ägäis
Lesbos	Große Insel in der östlichen Ägäis vor der Küste Kleinasiens, bedeutendste Stadt ↗ Mytilene
Lexiarchikon grammateion	Liste aller Bürger

Lochos	Militärische Einheit; die Gliederung in Lochoi ist u. a. für das spartanische Heer bezeugt
Logisten	Gremium von 30 Beamten, welches die Abrechnungen der ↗ Hellenotamiai überprüfte
Losung	ursprüngl. Form zur Ermittlung des göttlichen Willens; seit den Reformen des ↗ Kleisthenes Besetzung der staatlichen Ämter durch Losentscheid mit Hilfe spezieller Losmaschinen
Mantineia	Stadt auf der Peloponnes
Marathonomachai	Die Kämpfer in der Schlacht von Marathon
Medimnos	Scheffel; attisches Hohlmaß für Getreide, ca. 52–53 Liter
Medismos	Vorwurf des Verrates an die Perser
Memphis	Eine der Hauptstädte Altägyptens, etwas südlich des Nildeltas gelegen
Metöken	Mitwohner; in Athen freier Fremder ohne Bürgerrecht mit Rechtsschutz, Steuer- und Wehrpflicht
Metope	Viereckige, oft mit Reliefs verzierte Platte am Gebälk eines Tempels
Metroon	Schrein der Demeter (Muttergöttin) auf der ↗ Agora
Milet	Bedeutende Stadt an der Westküste Kleinasiens
Mine	Gewichts- und Münzeinheit; 1 Mine = 100 ↗ Drachmen
Mora	Bezeichnung militärischer Einheiten in griechischen Heeren; löste etwa im 4. Jh. v. Chr. den Begriff ↗ Lochos ab
Mothakes	Kinder spartiatischer Väter und ↗ helotischer Mütter; nahmen an der ↗ Agoge teil und wurden bei Besitz eines ↗ Kleros Vollbürger
Mykale	Gebirgszug an der Westküste Kleinasiens
Mytilene	Größte Stadt der Insel ↗ Lesbos
Naxos	Insel in der Ägäis (größte Kykladeninsel)
Naukrarie	Unterabteilung der vier attischen ↗ Phylen in archaischer Zeit; eine Phyle bestand aus 12 Naukrarien; der in späteren Quellen hergestellte Zusammenhang zwischen der Flotte und den N. (›Schiffsbesorger‹) läßt sich nicht nachweisen
Neodamodeis	Spartanische Bezeichnung für freigelassene ↗ Heloten, die zum Kriegsdienst herangezogen wurden
Nomos	(1) von den ↗ Nomotheten verabschiedetes Gesetz; (2) auch allg. ›das Gesetz‹
Nomotheten	Mitglieder des Ausschusses, der in Athen nach Anhörung der Debatte per Handzeichen über einen Gesetzesantrag abstimmte
Obole	Gewichts- und Münzeinheit; 6 Obolen = 1 ↗ Drachme
Odeion	Überdachter Bau für Musikveranstaltungen

Oikos	vieldeutiger Begriff: Haus und Hof, Hausstand, Familie und Vermögen
Oligarchie	Herrschaft der Wenigen; Herrschaftsform, in welcher die Macht von einem kleinen Kreis des Adels ausgeübt wird
Olymp	Höchster Berg Griechenlands (2.918 m), myth. Wohnsitz der Götter
Opistodom	Hintere Halle des ↗ Parthenon, die als Schatzhaus diente
Orchomenos	Stadt in Boiotien (Mittelgriechenland)
Ostrakismos	»Scherbengericht«, bei dem die Volksversammlung darüber abstimmte, welcher führende athenische Politiker für zehn Jahre in die Verbannung gehen sollte; jeder athenische Bürger war stimmberechtigt
Pan	Ländlicher Fruchtbarkeitsgott
Panathenäen	Fest zu Ehren der Stadtgöttin ↗ Athena am 28. Hekatombaion (Juni/Juli); alle vier Jahre fanden die Großen Panathenäen statt, das Hauptfest der Athener
Panhoplie	Volle Bewaffnung eines ↗ Hopliten, bestehend aus Helm, Schild, Beinschienen, Panzer, Speer und Kurzschwert
Paralioi	Bewohner der Küstenregionen im Südosten Attikas
Paros	Insel in der Ägäis (Kykladen), berühmt für seinen Mamor
Parrhesia	›Redefreiheit‹; vgl. ↗ Isegoria
Parthenon	bedeutender Tempel der ↗ Athena Parthenos auf der ↗ Akropolis
Pediakoi	Bewohner der Ebenen Attikas
Peisistratos	Athenischer Tyrann; herrschte – mit Unterbrechungen – in den Jahren 561/60 – 528/27 v. Chr.; die Herrschaft der Peisitratiden wurde durch seine Söhne Hippias und Hipparch 528–10 weitergeführt
Pentakosiomedimnoi	»500-Scheffler«; seit ↗ Solon die Angehörigen der obersten Vermögensgruppe, die jährlich über 500 ↗ Medimnen (Maß) an Getreide, Wein oder Öl erwirtschafteten
Pentekontaetia	›Geschichte der 50 Jahre‹; Vorgeschichte des Peloponnesischen Krieges; v. a. die P. des attischen Historikers Thukydides
Peplos	Frauengewand
Periöken	Umwohner; diejenigen Lakedaimonier, die nicht in Sparta selbst wohnten, sondern in den Berg- und Küstenregionen Lakoniens; sie hatten weniger politische Rechte als die eigentlichen Spartaner
Philia	Freundschaft
Phoros	Tribut; besonders die Abgaben der Mitglieder des attischen Seebundes

Phratrie	Bruderschaft, mit eigenem Kult und dem Hauptfest ↗ Apatouria; Unterabteilung der ↗ Phyle; in der Zeit vor den kleisthenischen Reformen wurde man erst durch die Mitgliedschaft in einer Phratrie vollgültiger athenischer Bürger
Phyle	Stamm; Einheit der athenisch-attischen Bürgerschaft; in archaischer Zeit gab es vier Phylen, seit ↗ Kleisthenes zehn, die jeweils aus drei ↗ Trittyen gebildet wurden
Phylobasileus	Phylenkönig; im 5. und 4. Jh. bestanden seine Pflichten in der Beaufsichtigung und Ausführung alter Opferrituale
Physis	Philosophischer Begriff: Natur, Beschaffenheit, Wesen, natürlicher Entstehungsprozeß; meist in Gegenüberstellung zu ↗ Techne (Können und Kenntnis)
Polemarchos	Einer der neun ↗ Archonten, zuständig insbesondere für die Rechtsprechung
Poletai	Gremium von zehn Beamten in Athen; überwachte die Verpachtung staatlichen Landes, der Silberbergwerke oder der Steuern
Polis, Poleis (Pl.)	(1) Stadtstaat, bestehend aus der städtischen Siedlung und ihrem Umland; (2) in Athen auch speziell die ↗ Akropolis
Politeia	(1) gesamte Bürgerschaft einer ↗ Polis; (2) Bürgerrecht; (3) Verfassung
Poseidon	Gott des Meeres, Bruder des Zeus
Probouleuma	Vorlage der ↗ Boule für die Volksversammlung
Prokrustes	Bösartige mythische Gestalt an der Straße von Eleusis nach Athen; von ↗ Theseus auf seinem Zug nach Athen getötet
Pronaos	Vorhalle eines Tempels
Propyläen	Vorbau, Torgebäude; in Athen Eingang zur ↗ Akropolis
Prosopitis	Ort und altägyptischer Gau (Bezirk) im westlichen Nildelta
Proxenos	Öffentlicher Gastfreund; Person, die in ihrer Stadt Bürgern einer anderen Stadt als Rechtsbeistand diente
Prytaneion	Amtssitz der ↗ Prytanen
Prytanen	50 Mitglieder der ↗ Boule, die jeweils für ein Zehntel des Jahres die Geschäftsführung des athenischen Staates innehatten
Prytanie	Amtszeit der ↗ Prytanen; geschäftsführender Ausschuß der ↗ Boule
Prytanis	(1) allg. Vorsteher, Vorsitzender; (2) in Athen seit Mitte des 5. Jh.s für ein Zehntel des Jahres Vorsitzender des geschäftsführenden Ausschusses der ↗ Boule
Pythia	Priesterin des Apollon in Delphi; verkündete die Orakel der Gottheit

Rhapsode	Berufsmäßiger Sänger und Rezitator
Rhetra	Spartanische ›Verfassung‹ aus dem 7. Jh.; regelte das Verhältnis von Doppelkönigtum, ↗ Gerousia und Volk
Sardes	Stadt im westlichen Kleinasien, Sitz der ↗ Satrapen
Saronischer Golf	Meerbusen zwischen Attika und der Peloponnes
Satrap	Statthalter des persischen Großkönigs
Scholion	Kommentarnotizen aus hellenistischer, römischer oder byzantinischer Zeit zu einzelnen Textpassagen klassischer Autoren
Sestos	Stadt auf der thrakischen ↗ Chersones
Sikyon	Nachbarstadt von Korinth auf der Peloponnes
Skene	Zelte und zeltähnliche Bauten
Skolion	Trinklied, das während eines ↗ Symposion vorgetragen wurde
Solon	Athenischer Politiker Anfang des 6. Jh.s v. Chr.; galt u. a. als Reformer der Zensusgruppen: ↗ Pentakosiomedimnoi, ↗ Hippeis, ↗ Zeugiten und ↗ Theten
Stater	(1) das Doppelte einer Gewichts- und Münzeinheit; (2) Goldmünze; 1 Stater = 24 ↗ Drachmen
Stele	Steinplatte oder Grabstein, oft mit Reliefs und Inschriften versehen
Stoa	Säulenhalle
Strategen	Gremium von zehn Beamten in Athen; oberste Militärbefehlshaber; sie wurden für ein Jahr gewählt, konnten aber wiedergewählt werden
Sybaris	Griechische Stadt in Süditalien
Sykophanten	private Ankläger in öffentlichen Prozessen, die an der Klageerhebung oder an der erpresserischen Drohung damit verdienten, häufig auch als Strohmänner in der Parteipolitik
Symbolai	Rechtsverträge
Symmachie	Bündnis
Symmachoi	Bundesgenossen; Mitglieder einer ↗ Symmachie
Symposion	Zusammenkunft von Männern; Unterhaltung mit Trinkgelage
Synoikismos	Zusammenschluß selbständiger Ansiedlungen zu einer Gemeinde
Syngrapheus	Mitglied eines Ausschusses in Athen, der im Auftrag der Volksversammlung ein Gesetz entwerfen sollte
Syssitien	(1) allg. Speisegemeinschaften; (2) in Sparta Tischgemeinschaften (Phiditien) männlicher Vollbürger, die sich zu regelrechten Lebensgemeinschaften (Zeltgemeinschaften) entwickelten; die Mitgliedschaft war mit Beiträgen verbunden

	und Voraussetzung für den Status als Vollspartiate und damit für die Ausübung aller politischen Rechte
Tainaron	Südlichstes Kap der Peloponnes
Talent	Gewichts- und Münzeinheit; 1 Talent = 60 ↗ Minen = 600 ↗ Drachmen
Tamias, Tamiai (Pl.)	Schatzmeister
Tanagra	Stadt im südöstlichen Boiotien (Mittelgriechenland)
Techne	Philosophischer Begriff: Können, Geschicklichkeit, Kunst-(fertigkeit) und Kenntnis in Gegenüberstellung zu ↗ Physis (Natur)
Tegea	Stadt in der Landschaft Arkadien auf der Peloponnes
Telesterion	Tempel eines Mysterienkultes; bekannt ist v. a. das T. von Eleusis
Tempetal	Tal in Nordgriechenland nahe dem ↗ Olymp, Teilstrecke einer wichtigen Straße zwischen Griechenland und Makedonien
Thermopylen	Wichtiger Küstenpaß zwischen Nord- und Mittelgriechenland
Theseus	Athenischer Sagenheld und Stadtheros
Thespiae	Stadt in Boiotien (Mittelgriechenland)
Thesmotheten	Sechs der neun ↗ Archonten; zuständig insbesondere für die Rechtsprechung
Theten	Attische Bürger mit geringem Einkommen und ohne Grundbesitz; oft Tagelöhner, aber auch Handwerker u. a. Berufe
Tholos	(Sakraler) Rundbau; in der Tholos in Athen wurden die ↗ Prytanen gespeist
Tiara	Asiatische Kopfbedeckung, die bei den Persern nur der König tragen durfte
Triere, Trireme	Dreiruderer, Kriegsschiff
Trierarchen	Mit der Führung und Instandhaltung eines Kriegsschiffes (↗ Triere) beauftragte Personen
Triglyphe	Von zwei ↗ Metopen umrahmte Platte mit drei vertikalen Einkerbungen
Trittyen	Unterabteilung einer ↗ Phyle; seit ↗ Kleisthenes bestand jede Phyle aus drei Trittyen, je eine aus der Küstenregion, der Stadt Athen selbst und dem Binnenland
Troas	Gebirgige Nordwest-Ecke von Kleinasien
Tyrannis	Staatsform; willkürliche Gewaltherrschaft; schon in der Antike überwiegend negativ charakterisiert im Gegensatz zum Königtum

Xenelasia	Ausweisung von Fremden aus Sparta
Xenia	Gastfreundschaft
Xenos	Fremder ohne Bürgerrecht; jeder ↗ Metöke in Athen
Zeugiten	Bürger, die seit ↗ Solon zur dritten Vermögensgruppe zählten mit einem jährlichen Einkommen von 200–300 ↗ Medimnen (Maß) an Getreide, Wein oder Öl

Abbildungsverzeichnis

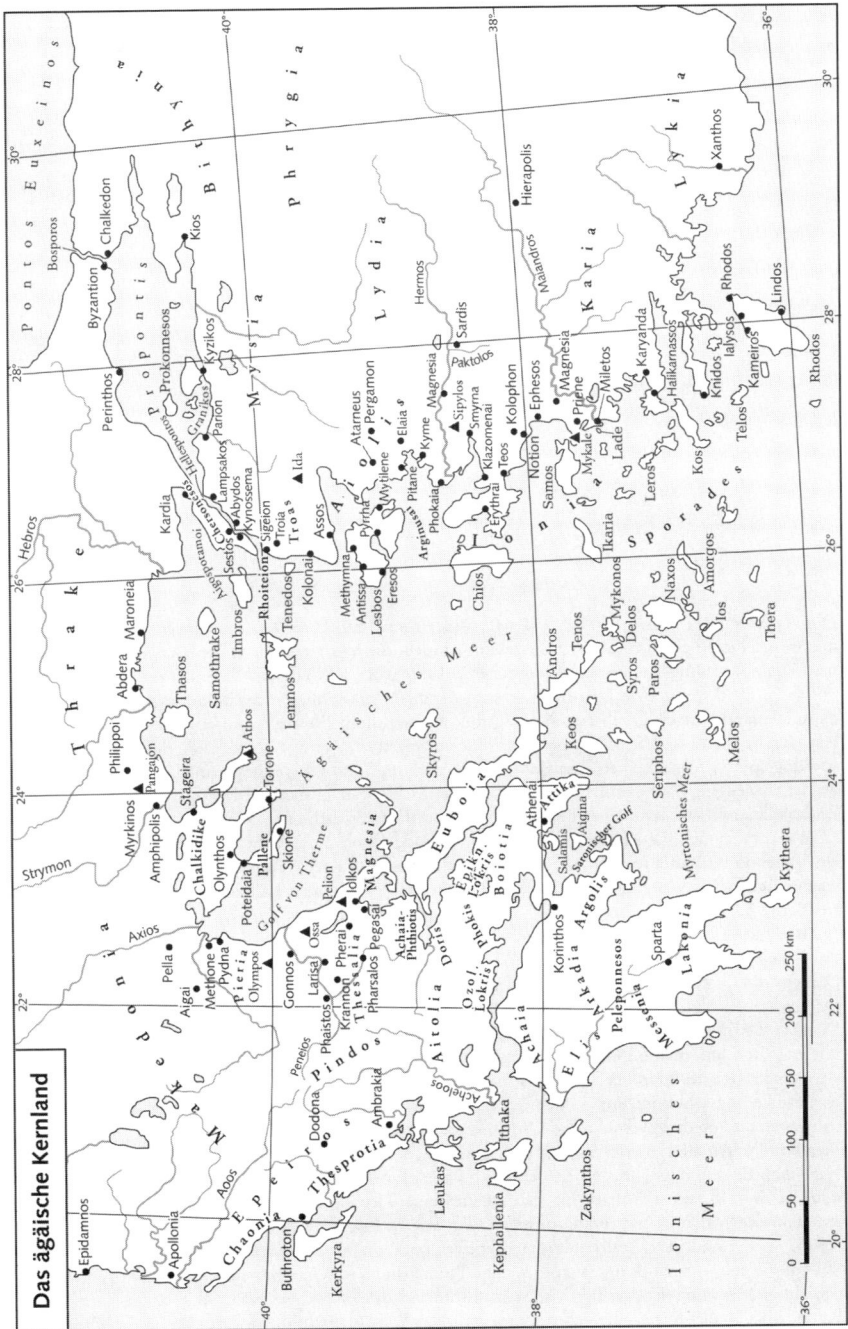

Das ägäische Kernland

Abb. 1: Vorkleisthenische Phylenordnung in Athen (nach AP 21)

Zu Abb. 1–3 vgl. Kap. 1, S. 7 ff.

Die Verteilung der Demen auf die Trittyen ist hier nach Traill (1986) den einzelnen Trittyen zugeordnet, wobei auch diejenigen Demen mitgezählt wurden, die topographisch nicht lokalisiert werden können. Diese Verteilung beruht im wesentlichen auf inschriftlich erhaltenen Angaben des 4. Jh.s.

Die Größe der einzelnen Demen ist, ebenso wie die Lokalisierung, nicht immer exakt zu bestimmen, da mit Veränderungen durch Bevölkerungsfluktuationen und Binnenkolonisation zu rechnen ist. Für den Demos Atene (s. Abb. 3) ist beispielsweise zu zeigen, daß er erst gegen Ende des 6. Jh.s erste Besiedlungsspuren zeigte, seinen Besiedlungshöhepunkt im 5. und 4. Jh. hatte und dann die Besiedlung wieder zurückging (Lohmann 1993). Das kleisthenische System, das eine kurzfristige Wiederwahl der Bouleuten ausschloß, setzt eine gewisse Mindestanzahl von erwachsenen, männlichen Bürgern in einem Demos voraus, um eine jährliche Entsendung zumindest eines Bouleuten zu ermöglichen. Es ist daher eine Relation errechnet worden, die das Verhältnis zwischen dieser Anzahl von Bürgern und Bouleuten wiedergibt: Um regelmäßig einen Bouleuten entsenden zu können, müssen im Durchschnitt mindestens etwa 42 erwachsene, männliche Bürger in einem Demos leben.

Ein anderes, nach wie vor in größeren Teilen ungelöstes Problem ist die Verteilung der Demen auf die Phylen (s. a. Erläuterung zu Abb. 3). Wenn die von Herodot angegebene Zahl von ursprünglich 100 Demen, von denen dann je 10 zu einer Phyle zusammengefaßt worden wären, richtig sein sollte, hätten sich im Vergleich zu der Demenverteilung des 4. Jh.s gravierende Verschiebungen ergeben: In der Phyle IX etwa, die im 4. Jh. aus insgesamt 6 Demen bestand, hätten sich 4 Demen verloren, bei den anderen Phylen wären hingegen 43 Demen hinzugekommen.

Auch die Konstruktion der Trittyen ist nicht abschließend zu klären: Da die Demen entsprechend ihrer Bevölkerungszahl Bouleuten in den Rat entsandten, ist zu fragen, wie die Demen auf die Trittyen verteilt waren und ob diese Verteilung gleichmäßig erfolgte (vgl. dazu oben S. 10 f.). Bei einer gleichmäßigen Verteilung wären alle Trittyen in etwa gleichgroß, nicht nach Territorium, aber nach Bevölkerungszahl. Nach dem Befund des 4. Jh.s waren sie jedoch unterschiedlich groß; aus diesem Grund können sie, zumindest im 4. Jh., nicht als Basis für die Einheiten einer Heeresordnung gedient haben. Auch die Repräsentation der Trittyen in der Boule ist nicht ausgewogen. Insgesamt ist nach den Ergebnissen von Traill (1975, 71) der städtische Bezirk mit seinen Trittyen etwa um 30 % geringer in der Boule vertreten als jeweils die beiden anderen Bezirke von Küste und Binnenland mit ihren Trittyen. Eine ausgewogene, gleichgewichtige Mischung der drei Bereiche Stadt, Küste und Binnenland ist dies wohl kaum gewesen. Dieser Befund erlaubt allerdings keine sichere Aussage für das 5. Jh., denn in dieser Zeit können die Verhältnisse anders gewesen sein.

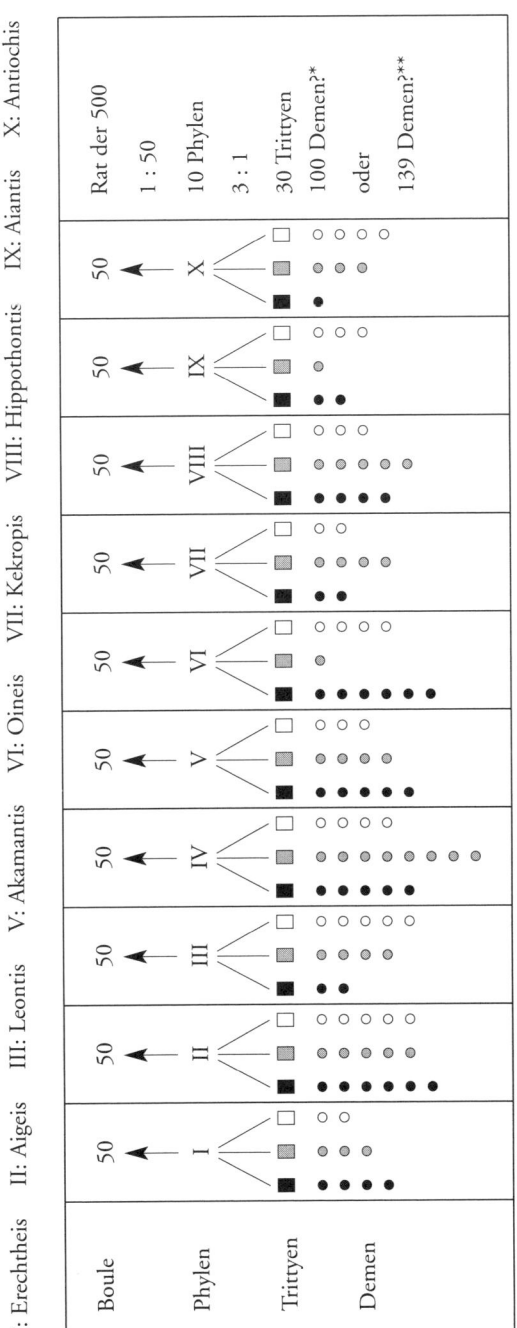

Abb. 2: Die kleisthenische Phylenordnung

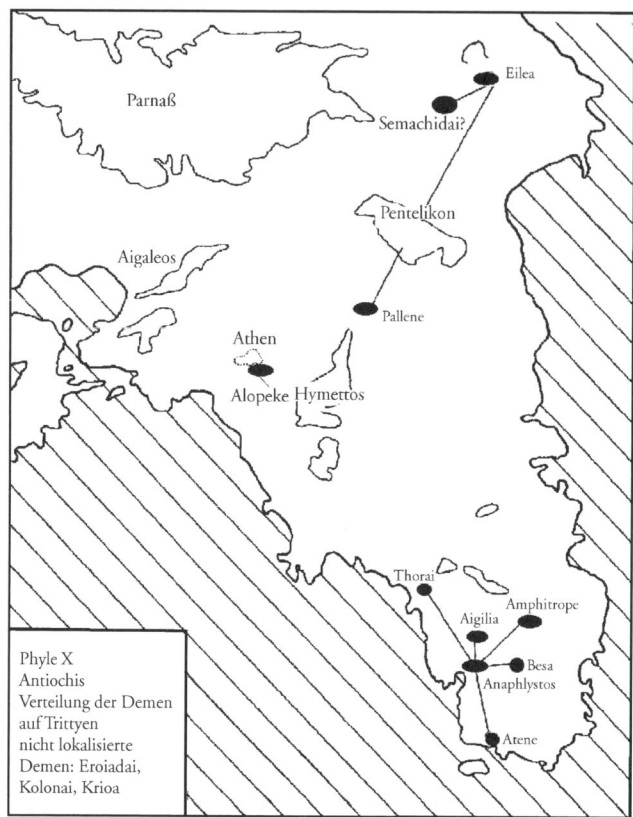

Die hier von Stanton vorgeschlagene Rekonstruktion der Demen und Trittyen der Phyle X unterscheidet sich von derjenigen, die Traill (1986) gibt: Traill ordnet der Küstentrittys die Demen Anaphlystos, Besa, Atene und – unter Vorbehalt – Amphitrope zu, der Stadttrittys den Demos Alopeke und – unter Vorbehalt – die in Nordattika liegenden Demen Kolonai (von Traill an der Grenze zu Böotien lokalisiert) sowie Semachidai, dazu als sicher Eitea. Als Inlandtrittys für die Phyle X nennt er Pallene (nördlich des Hymettos) sowie – unter Vorbehalt – Aigilia und Thorai (die Stanton der Küstentrittys der Phyle X zuordnet). Diese sehr unterschiedlichen Zuordnungen relativieren dann natürlich auch Aussagen wie diejenigen, daß gerade in dieser Phyle der Einfluß der Alkmeoniden besonders hoch gewesen sei und daher darin eine der Motivationen des Kleisthenes für die Reformkonzeption gelegen habe.

Abb. 3: Die Demen und Trittyen der Phyle X (Antiochis) nach Stanton 1994, Fig. 2, S. 219

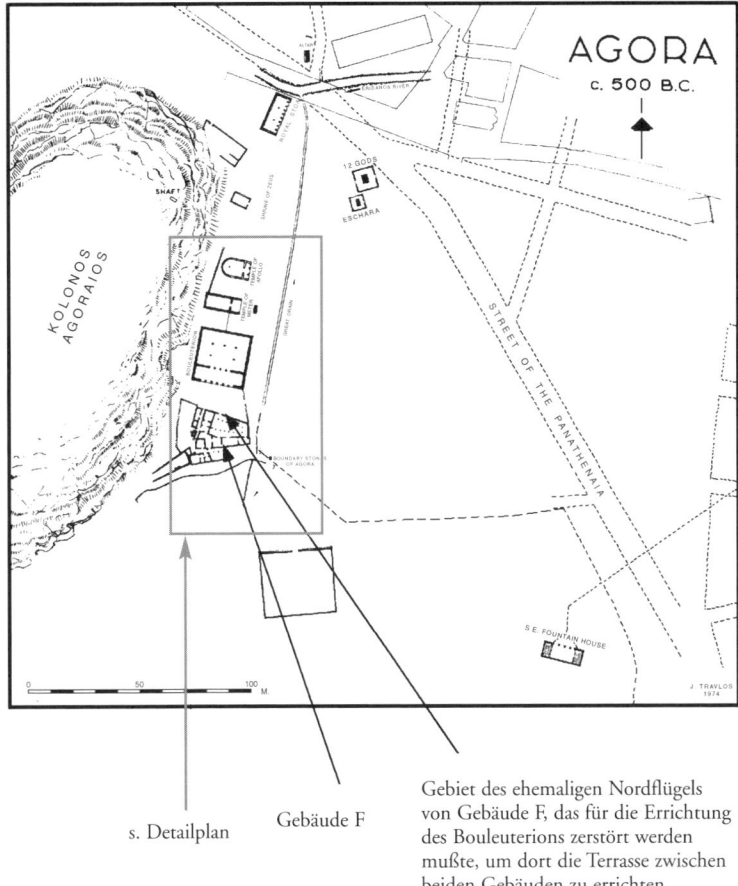

s. Detailplan Gebäude F Gebiet des ehemaligen Nordflügels von Gebäude F, das für die Errichtung des Bouleuterions zerstört werden mußte, um dort die Terrasse zwischen beiden Gebäuden zu errichten

Abb. 4: Plan der Agora um 500 v. Chr. (nach Shear [1994] Fig. 4, S. 232)

Die Rekonstruktion der attischen Agora um 500 zeigt die später als typisch für die Polis betrachteten architektonischen Merkmale: Als Zentrum des politischen Lebens gilt der offene Platz, der jeder Form der Öffentlichkeit vorbehalten war. Dort fanden Wahlen, Gerichtsversammlungen, Volksabstimmungen, Feste, athletische Wettkämpfe, aber auch Markttage statt. Hinzu kamen nach und nach Gebäude für administrative, legislative und Rechtsangelegenheiten der Öffentlichkeit.

Seit dieser ersten Bauphase um 500 residierte der Archon Basileus in der Stoa Basileios am nordwestlichen Eingang des Platzes, etwas weiter in südwestlicher Richtung des Platzes wurde wahrscheinlich gleichzeitig das Alte Bouleuterion, der Versammlungsort des neuen Rates der 500, gebaut. Diese beiden Gebäude können als Ausdruck der neuen politischen Struktur verstanden werden (s. o. S. 14 ff.), die in den später errichteten Amtsgebäuden für die Prytanen (Tholos), die Strategen (Strategeion), die Münzmeister (Süd-Stoa I) und die Gerichte (Heliaia) weiter ausgebaut wurde. Die Gebäude säumten die Agora in Fortsetzung der von Stoa Basileios und Bouleuterion begonnenen Achse am Westrand der Agora und setzten diese Achse am südlichen Ende des Platzes später fort. So bildet sich in der öffentlichen Architektur die Entwicklung und Differenzierung der politischen Institutionen der attischen Demokratie ab.

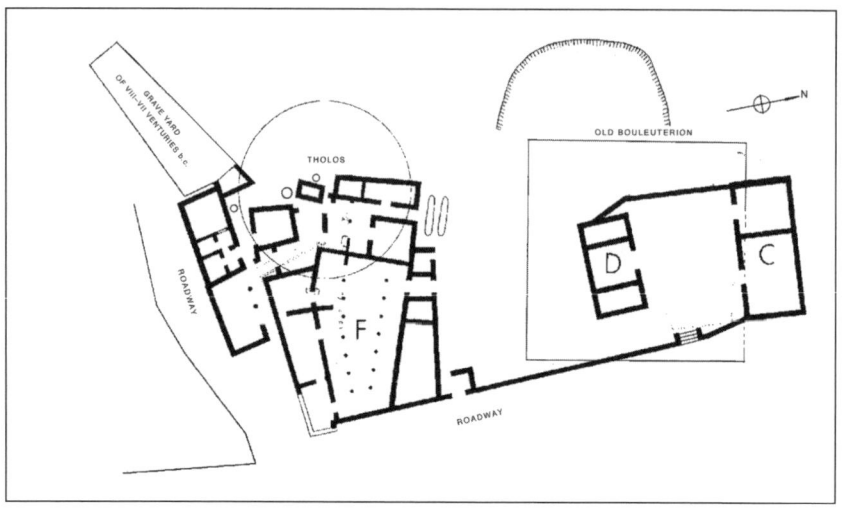

Abb. 5: Detailplan der Agora (nach Camp [1986] 39)

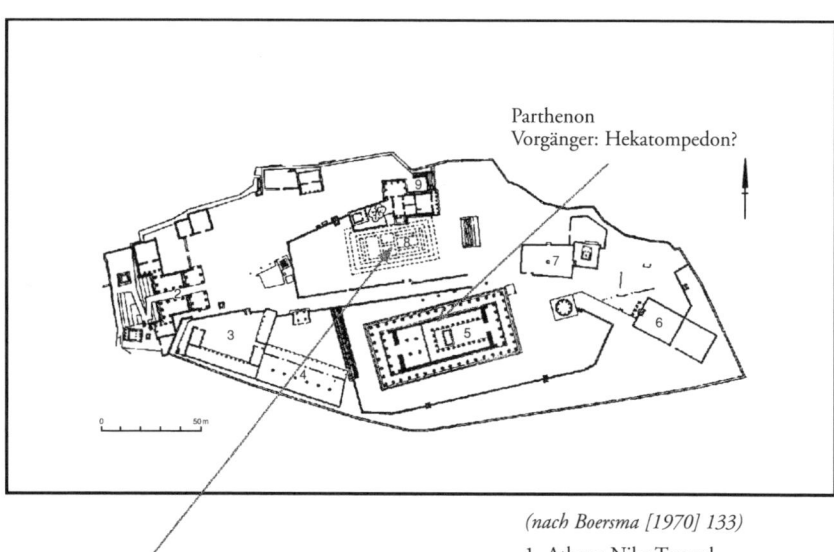

(nach Boersma [1970] 133)

Cella des Alten Athena-Tempels
(wahrscheinlich blieb nur diese nach
den Verwüstungen durch die Perser
stehen, während die übrigen Teile des
Tempels bis auf die Grundmauern
zerstört wurden).

1. Athena Nike Tempel
2. Propyläen
3. Heiligtum der Artemis Brauronia
4. Chalkothek
5. Parthenon
6. Heiligtum des Pandion
7. Heiligtum für Zeus Polieus
8. Alter Athena-Tempel
9. Erechtheion

Abb. 6: Plan der attischen Akropolis im 5. Jahrhundert (nach Boersma 1970, S. 133)

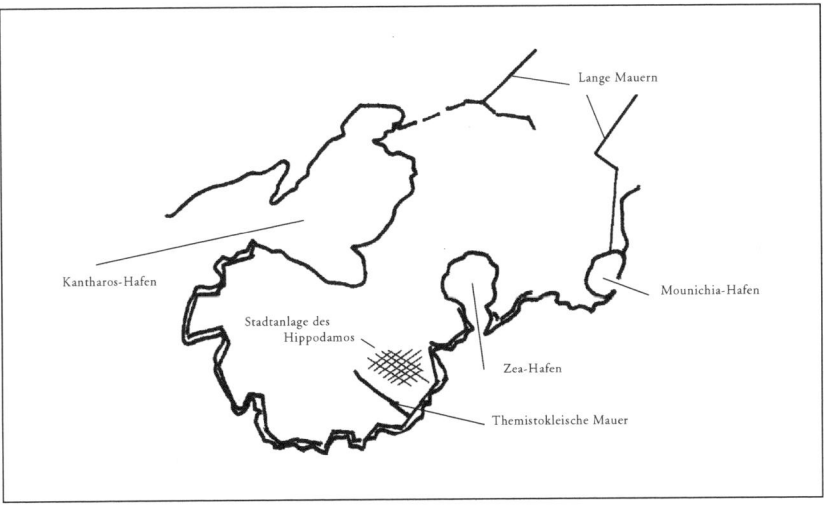

Abb. 7: Plan der Piräus-Häfen

Der Piräus hat drei natürliche Häfen: Die beiden Häfen Zea und Mounichia auf der südlichen Seite der Halbinsel Akte und den großen Hafen Kantharos auf der nördlichen Seite. An den Küsten der beiden südlichen Häfen sind die Reste von Schiffshäusern gefunden worden, die Raum für etwa 300 Triremen boten. Der Kantharos-Hafen wurde sowohl als Handels- wie auch als Militärhafen genutzt. Auf die Initiative des Themistokles hin (s. o. S. 49 f.) erfolgte der Ausbau des Piräus, der eng mit dem Aufstieg Athens zu beherrschenden Seemacht in der Ägäis zusammenhängt.

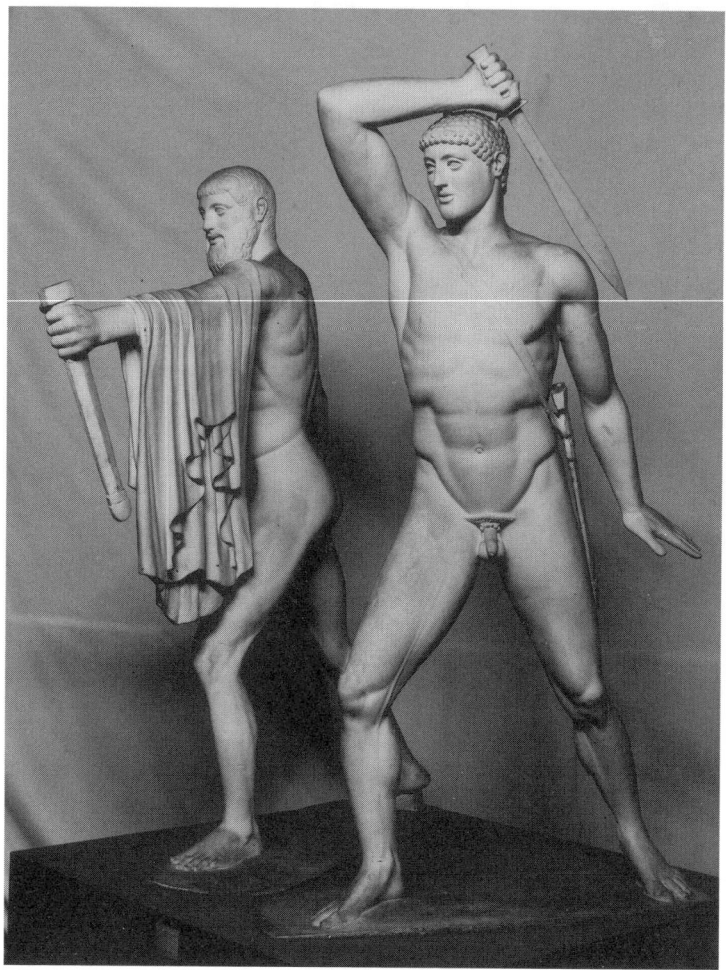

Tafel I: Die Tyrannentöter Harmodios und Aristogeiton

Die 477/76 von Kritias und Nesiotes geschaffene Gruppe ist ebensowenig im Original erhalten wie das erste Monument zu Ehren der Tyrannentöter (s. o. S. 4 f.), das von Antenor wahrscheinlich vor 500 v. Chr. geschaffen wurde. Jedoch gibt es von der zweiten Gruppe kleinformatige Nachbildungen auf griechischen Vasen, Münzen und Marmorreliefs. Die rundplastischen römischen Kopien, vor allem das zur Vollständigkeit ergänzte Statuenpaar aus Neapel (hier abgebildet: Gipsabgüsse aus dem »Museo dell' Arte Classica«, Universität Rom »La Sapienza«), erlauben eine hinlänglich genaue Vorstellung der zweiten Gruppe mit der Darstellung des Aristogeiton als des älteren mit Bart und des jüngeren, bartlosen, Harmodios.

Die Aufstellung der Gruppe auf der Agora verlieh dem Denkmal eine Ausnahmestellung: Bis zum Beginn des 4. Jh.s ist keinem Athener eine vergleichbare Ehrung durch die Errichtung einer öffentlichen Ehrenstatue erwiesen worden. Das Monument war in den bürgerlichen Kontext der attischen Polis einbezogen, da es der Sammelplatz für die attischen Bürger im Fall einer Einberufung oder eines Alarmfalles war (Aristophanes, Lysistr. 633 ff.). So ist in der Statuengruppe durchaus die Symbolisierung eines Zusammenhanges zwischen der Beendigung der Tyrannis und der Einrichtung der neuen politischen Organisationsstruktur in Athen zu erkennen.

Tafel II: Sparta, Blick von der Akropolis zum Taygetos

Sparta liegt in einer von Bergen (im Westen vom Taygetos-, im Osten vom Parnon-Massiv) umringten, schwer zugänglichen Lage (im Vordergrund die Reste des Theaters). Die von Thukydides 1,10 vertretene Ansicht, die Spartaner siedelten dörflich verstreut und die Monumentalität ihrer Stadt ließe sich nicht mit Athen vergleichen, ist eher seinem Darstellungsziel des tiefgreifenden Gegensatzes zwischen Athen und Sparta geschuldet als der Realität. Die von Pausanias im 2. Jh. n. Chr. beschriebenen zahlreichen Tempel, Säulenhallen, Heroa, Gräber, Standbilder usw. sind z. T. bis heute nicht ausgegraben. Für viele der Gebäude auf der Akropolis, der Agora und der wichtigen Heiligtümer sind als Architekten und Bildhauer überregional bekannte Namen von bedeutenden Künstlern überliefert, die dort auffällige und berühmte Werke hinterlassen haben.

Tafel III: Akropolis in Sparta

Auf der spartanischen Akropolis stand weithin sichtbar der Tempel für die Göttin Athena, von dem jedoch nur noch vereinzelte Fundamentspuren erhalten sind. Er ist wohl im 6. Jh. von dem spartanischen Künstler Gitiadas erbaut worden. Von ihm stammten auch die Bronzereliefs, mit denen der Tempel geschmückt war und die ihm den Beinamen Chalkioikos eintrugen. In diesem Tempel hat Pausanias, der Sieger von Plataiai, Zuflucht gesucht, nachdem die Ephoren seine Verschwörungen und Intrigen aufgedeckt hatten (s. o. S. 72 ff.). Dieses Tempelasyl wurde von den Ephoren verletzt bzw. umgangen, in dem man ihn dort zu Tode hungerte. Für diesen Frevel glaubten die Spartaner noch im Peloponnesischen Krieg, schuldig zu sein (s. o. S. 73).

Tafel IV: Rundgebäude (des Epimenides?) in Sparta

Diese Reste eines imposanten Rundbaus (Durchmesser über 43 m) sind sehr unterschiedlich zugewiesen worden: einem Theatron oder dem Heroon des Brasidas bzw. dem von Pausanias als dem einzigen Rundbau in Sparta erwähnten und von Epimenides (s. o. S. 127) errichteten Tempel für Zeus Olympios und Aphrodite Olympia (Stibbe 1996, 36).

Tafel V: Bergkette mit dem Berg Ithome in Messenien

Der Berg Ithome (im Vordergrund Reste des Theaters von Messene) ist das Zentrum der aufständischen Messenier gewesen, die sich vor allem im letzten Aufstand Mitte des 5. Jh.s dort erfolgreich verschanzten (s. o. S. 73). Nach fast zehnjährigen Kämpfen mußten die Spartaner den revoltierenden messenischen Heloten freien Abzug gewähren. Auf dem Gipfel des Berges befand sich ein Heiligtum des Zeus Ithomatas, dessen kultische Verehrung an diesem Ort bereits seit der geometrischen Epoche belegt ist. Verschiedene Mythen und Legenden aus den messenischen Kriegen sind mit diesem Heiligtum verbunden und legen nahe, daß möglicherweise der Kult auch während der mehrhundertjährige spartanischen Besatzung bis hin zur Neugründung Messenes nach der Befreiung im 4. Jh. Bestand hatte.

Tafel VI: Die Akropolis von Westen

*Tafel VII: Fundamente des Alten Athena-Tempels zwischen Parthenon und Erech-
theion (sog. Dörpfeld-Fundamente, Alison Frantz Collection, American School of
Classics, nach Hurwit 1999, Fig. 82, S. 110)*

Vgl. dazu S. 112 ff.. Die Baugeschichte der Akropolis in archaischer und klassischer Zeit ist außerordentlich kompliziert. Aus dem 6. Jh. sind Architekturteile und Baufragmente verschiedener Gebäude
erhalten, die nicht mit letzter Sicherheit zugeordnet werden können. Vor allem zwei Fragen führen immer wieder zu Diskussionen: Wie ist die genaue Abfolge der Bauten im nördlichen Bereich, an der Stelle
des Alten Athena-Tempels bzw. des späteren Erechtheion, und auf der südlichen Seite, wo später der
Parthenon errichtet wurde, und welche Gebäude standen nach der Zerstörung der Akropolis durch die
Perser an diesen Orten.

Für den Alten Athena-Tempel ist eine Bauzeit in den Jahren um 500 v. Chr wahrscheinlich, wenngleich man ihn auch in peisistratidische Zeit (um 525 v. Chr.) datiert hat. Dieser Tempel ist im Persersturm 480 v. Chr. zerstört worden. Wie lange man dann in den Ruinen oder einem Provisorium den
hier zu lokalisierenden Kult für die Stadtgöttin Athena praktiziert hat, ist nicht genau festzustellen. Hier
spielt auch die Frage hinein, ob sich die Griechen 479 v. Chr. nach dem Sieg von Plataiai zu einem
Wiederaufbauverbot der von den Persern zerstörten Tempel verpflichtet haben. Dieses hätte dann erst
durch einen endgültigen Sieg über die Perser aufgehoben werden können. Dieses Wiederaufbauverbot
ist historisch nicht sicher verbürgt, und ob man in dem sog. Kallias-Frieden den geforderten Sieg sehen
kann, ist ebenfalls fragwürdig (s. o. S. 80 ff.). Die Authentizität des sog. Kallias-Friedens ist seit dem
4. Jh. v. Chr. bezweifelt worden, und die Indizien gegen die These vom Wiederaufbauverbot werden immer zahlreicher: die Arbeiten an der Nord- und Südmauer der Akropolis, die zahlreichen, frühklassisch
einzuordnenden Funde von Dachziegeln, Antefixen, Simateilen, der kleine, kürzlich von M. Korres ent-
deckte Naïskos, der in den später errichteten Parthenon integriert wurde (s. o. S. 113), der frühklassischen Tempel an dem Ort des späteren Erechtheions, den Herodot 8,55 erwähnt.

Allerdings ist der Alte Athena-Tempel nicht wieder aufgebaut worden, und es ist gibt außer dem – wie
gesagt fragwürdigen – Wiederaufbauverbot keine Erklärung dafür, warum man den Ort des Hauptkul-
tes der Stadt Athen und der Schutzgottheit des Seebundes in diesem Zustand beließ und erst in den
20er Jahren mit dem Neubau des Erechtheion begann, in dem der Kult für Athena dann seinen Platz
fand.

Tafel VIII: Säulentrommeln in der Nordmauer der Akropolis

In der Nordmauer der Akropolis sind Säulentrommeln mit Architraven, Triglyphen und Geisonplatten des Alten Athena-Tempels zu einem Mahnmal zusammengestellt (zur Zerstörung dieses Tempels 480 v. Chr. s. o. zu Tafel VII). Die Säulentrommeln stammen von dem Vorgängerbau des Parthenon, der schon im Bau war, als der Persersturm die Akropolis verwüstete. Wie weit dieser Bau gediehen war und ob nicht auch in kimonischer Zeit daran gearbeitet wurde, ist nach wie vor nicht eindeutig geklärt. Früher wurde dies als hinlänglich sicher angenommen, heute spricht der archäologische Befund eher gegen eine Bauphase, die nach dem Persersturm, jedoch vor dem Bau der perikleischen Zeit gelegen hätte.

Gleich, ob die Säulentrommeln von einem kimonischen Parthenon stammen, d. h. von einem Bauwerk mit Bezug auf einen innenpolitischen Gegner, oder von einem Gebäude aus der Zeit vor Salamis und so bezugnehmend auf einen außenpolitischen Gegner, es ist in jedem Fall eine Mahnung vor dem Gegner und ein Hinweis auf den Siegeswillen und die Siegesgewißheit der Athener.

Tafel IX: Propyläen

Tafel X: Parthenon von Westen

Tafel XI: Athena Parthenos (Rekonstruktion im Royal Ontario Museum, Toronto)

Tafel XII: Schild der Athena Parthenos (Rekonstruktion im Royal Ontario Museum, Toronto)

Tafeln IX–XII: Die Akropolisbauten der 2. Hälfte des 5. Jahrhunderts

449/48 begann man in Athen mit einer großangelegten Neugestaltung der Akropolis: Hierzu gehörten in perikleischer Zeit vor allem der Neubau eines großen Eingangstores, der Propyläen (437–432 v. Chr.), durch Mensikles; der Parthenon mit seinem überaus reichen und eindrucksvollen Skulpturenschmuck (448/47–443/42 Errichtung des Baus, Arbeiten an den Skulpturen und Giebeln bis 433/32 v. Chr.); die von dem berühmten Bildhauer Phidias angefertigte Goldelfenbeinstatue der Athena Parthenos (438/37 oder 434/33 aufgestellt) und die eherne Statue für Athena Promachos (um 450 errichtet), ebenfalls ein Werk des Phidias. Der Beschluß zur Errichtung eines Tempels für Athena Nike wurde nach der Datierung der inschriftlich erhaltenen Fassung wohl schon um 450 zusammen mit demjenigen für die Errichtung der bereits genannten Bauten gefaßt (IG I³35 = ML 44 = HGIÜ 75), jedoch ist der Tempel erst entweder in den 30er oder erst in den 20er Jahren begonnen und dann auch vollendet worden (s. a. Umschlagabbildung). Auch das Erechtheion, das Gebäude, das wahrscheinlich an Stelle des Alten Athena-Tempels das ehrwürdige, alte Kultbild aus Olivenholz der Göttin Athena beherbergen sollte, wurde in den ersten Jahren des Peloponnesischen Krieges begonnen und, mit mehreren Unterbrechungen zwischen 409 und 406, fertiggestellt. Das Besondere dieses Bauwerks ist die an der Nordseite mehr oder weniger als Annex angebrachte Korenhalle. Die Bedeutung dieser säulenartigen Mädchenstatuen ist bis heute nicht eindeutig geklärt.

Die Bauten der perikleischen Zeit waren nicht nur ungewöhnlich prächtig ausgestattet, sondern wurden auch in kürzester Zeit errichtet. Beides, Pracht und Zeitaufwand, sind immer wieder Anlaß zu Bewunderung oder auch Kritik (s. o. S. 117 f.) gewesen. Da allerdings für fast alle dieser Bauten Bauabrechnungen in mehr oder weniger vollständiger Form erhalten sind, lassen sich die Kosten näherungsweise bestimmen und auch die Prozeduren von Baubeschlüssen sowie Bauausführungen recht gut rekonstruieren.

In der literarischen Überlieferung heißt es, daß die Propyläen allein 2.000 Talente gekostet hätten (Heliodor ap. Harpocr. s. v. *Propylaia tauta*). Hingegen weisen die Bauinschriften bei den Kosten des Parthenon eher auf eine Summe zwischen 470 und 700–800 Talenten hin, bei denjenigen für das Goldelfenbeinbild auf etwa 700–1.000 Talente. Die 2.000 Talente dürften, da die Propyläen sicher nicht so viel mehr gekostet haben als der Parthenon, daher die Gesamtsumme der Kosten aller drei Werke darstellen. Doch auch dies ist eine für antike Verhältnisse gewaltige Summe. So kostete etwa der Asklepios-Tempel in Epidauros 23 Talente und der Aufwand für das gesamte Heiligtum über 100 Jahre hinweg betrug zwischen 240 und 290 Talenten.

Die Entscheidung zur Errichtung solcher Bauten traf die attische Volksversammlung, und auch die einzelnen Schritte der Planung oblagen jeweils wiederum der öffentlichen Diskussion bzw. Beschlußfassung. Das Ausschreibungsverfahren wurde seit den 20er Jahren des 5. Jh.s in folgenden Schritten durchgeführt:

1. Beschluß über die Errichtung eines Bauwerkes und Einsetzung einer Baukommission aus Epistaten und Schreibern.
2. Beschluß der Volksversammlung über die Art der zu verwendenden Materialien (Gold/Bronze/Elfenbein etc.)
3. Aufforderung an alle Interessierten bzw. Architekten, den Epistaten einen Projektentwurf vorzulegen.
4. Öffentliche Auslegung der Pläne.
5. Beratung der Projektvorschläge in der Boule und Erstellung eines Gutachtens für die Volksversammlung.
6. Beratung über die Vorschläge und das Gutachten in der Volksversammlung und Beschluß über die Auftragsvergabe.
7. Boule, Epistaten und Architekten werden aufgefordert, einen Vorschlag über die Bezahlungsmodi für den Architekten und die Einzel- bzw. Unteraufträge vorzubereiten. Hierbei wurden insbesondere Steinmetz-, Bildhauer- und Schnitzarbeiten an skulptierter Bauplastik entweder an Subunternehmer oder eine größere Zahl von selbständigen Handwerkern vergeben.
8. Beratung und Beschlußfassung in der Volksversammlung.

In dieser Organisation des Entscheidungsverfahrens zeigt sich der gleiche Anspruch auf Kontrolle, Rechenschaft und Öffentlichkeit wie in den Bereichen der eigentlichen politischen Herrschaft. Für die Frage nach der schöpferisch-künstlerischen Leistung gerade der Bauskulptur am Parthenon, die heute noch als besonderer Ausdruck einer ›perikleischen Kunst‹ verstanden wird, ist dies als deutliche Warnung vor einer Überbewertung zu verstehen: Bei der beschriebenen Art der Auftragsvergabe ist es nicht möglich, eine schöpferische Eigenleistung des individuellen Künstlers, auch nicht des Phidias, herauszustellen.

Tafel XIII: Pylos/Sphakteria

Auf der der messenischen Küste vorgelagerten Insel Sphakteria, die jeweils im Norden und Süden nur einen schmalen Durchlaß in die Bucht von Pylos eröffnet, haben die Athener im archidamischen Krieg eine für Sparta beträchtliche Zahl von Hopliten und Vollbürgern eingeschlossen (s. o. Kap. VII, S. 142 f.). Grundlage für diesen Erfolg war die Anlage eines festen Vorpostens bei dem dieser Insel gegenüberliegenden Pylos. Von dort aus konnten die Athener unter den messenenischen Heloten die immer latenten Aufruhrtendenzen schüren und boten flüchtigen Heloten einen sicheren Zufluchtsort. Den Versuch der Spartaner, über die Besetzung der Insel Sphakteria Pylos zu erobern, konterten die Athener durch eine Blockade der beiden kleinen Meerengen nördlich und südlich der Insel, die somit von den Athenern leicht eingeschlossen und dann auch gestürmt werden konnte.

Die Installation solcher dauerhafter Forts im feindlichen Kernland – von den Spartanern zehn Jahre später mit der Besetzung von Dekeleia nördlich von Athen kopiert – ermöglichte die permanente Verwüstung des gegnerischen Landes und war von der Zerstörungskraft her deutlich wirksamer als die bis dahin praktizierten, saisonalen Einfälle. Vor allem aber konnte man auf diese Weise Nachschubwege des Feindes leichter blockieren und auch die innere Zwietracht vor Ort direkt sehr viel besser schüren.